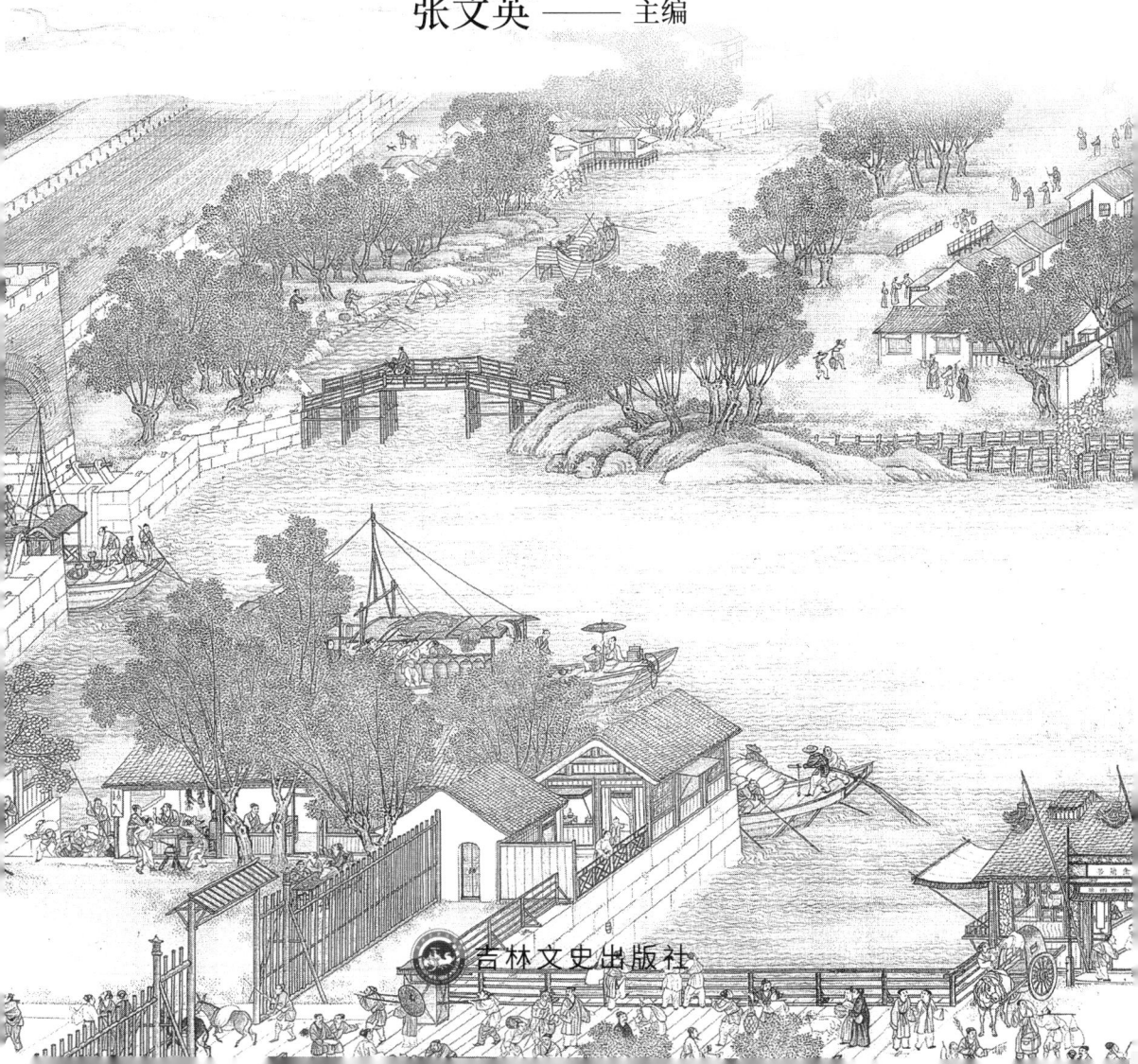

基于深度学习的

高中历史教材解读
及教学案例

《中外历史纲要》(中国史)

张文英 —— 主编

吉林文史出版社

图书在版编目（CIP）数据

基于深度学习的高中历史教材解读及教学案例．中外
历史纲要 中国史／张文英主编．—长春：吉林文史出
版社，2023.2

　　ISBN 978-7-5472-9250-1

　　Ⅰ.①基… Ⅱ.①张… Ⅲ.①中国史课—教学研究—
高中 Ⅳ.①G633.512

　　中国国家版本馆 CIP 数据核字（2023）第 029227 号

基于深度学习的高中历史教材解读及教学案例
——《中外历史纲要》（中国史）

JIYU SHENDU XUEXI DE GAOZHONG LISHI JIAOCAI JIEDU JI JIAOXUE ANLI
——ZHONGWAI LISHI GANGYAO(ZHONGGUOSHI)

主　　编：张文英
责任编辑：李岩冰
封面设计：武艺
出版发行：吉林文史出版社（长春市人民大街 4646 号）
印　　刷：三河市龙大印装有限公司
开　　本：710mm×1000mm　1/16
印　　张：21.75
字　　数：367 千字
版　　次：2023 年 2 月第 1 版
印　　次：2023 年 2 月第 1 次印刷
书　　号：ISBN 978-7-5472-9250-1
定　　价：88.00 元

编 委 会

主　编　张文英

副主编　金文才　肖　凯　况　宇

编　委（按姓氏笔画顺序排列）

毛丽云　王自强　古　晨　刘云航
吴金跃　吴谋忠　肖　瑶　庞方琪
赵　跃　袁琼燕　梅青蓝

序 言

2012 年 11 月，党的十八大报告指出："坚持教育为社会主义现代化建设服务、为人民服务，把立德树人作为教育的根本任务。"2013 年，教育部启动了普通高中课程修订工作，确立了以发展学生核心素养为目标的课程改革方向，新阶段的课程改革正式开启。为适应学生发展核心素养的需要，2018 年《普通高中课程方案》和各学科新的课程标准发布，并于 2020 年进行了修订，与之配套的新教材随即产生。

历史新旧教材之间的内在知识逻辑虽是一以贯之的，但其编写体例和内容体量却迥然不同，新教材在内容体量上由三本必修教材变为两本，授课学时也由三个学期变为两个学期，但教学内容却有了明显的增加，其中尤其是中国古代史和世界史在内容上增加了若干专题史教材相对淡化的内容。这些变化对于一线授课老师来说无疑是一种巨大的挑战，从先行试点省份的教学情况来看，教学任务无法按时完成已成为一种比较普遍的现象。

为适应课程改革的大势，我们力求推出一套紧跟国家新课改步伐、服务高中历史一线教师、具有较强可操作性和推广性的历史新教材教学解决方案。课题组从 2019 年开始着手展开相应的课题研究，课题组成员在"深度学习"理论的指导下，紧抓"立德树人"的根本任务，紧扣历史学科课程标准要求，以《中外历史纲要》（上）的课程教学为研究对象，开展了一系列富有成效的教学实践研究，课题组以贵州省部分高中学校为实践基地，联合贵州省部分一线教师，吸收省外部分专家名师，以初中、高中教材对比为切入点，以单元主题设计为支撑，以课时细节的完善为重要补充，产生了一系列卓有成效的成果。《基于深度学习的高中历史教材解读及教学案例——〈中外历史纲要〉（中国史）》是本课题组的研究成果之一。

本书是一本基础教育历史教学参考辅导类书籍，主要编写了普通高中统编教材《中外历史纲要》（上）各课的教材分析、教学建议及配套的教学案例。主要特点有：

（1）对初、高中教材进行了对比。《普通高中历史课程标准》（2017 年版 2020 年修订）规定，普通高中历史课程，是在义务教育历史课程的基础上，通过高中历史课程的学习，进一步拓宽历史视野，发展历史思维，提高历史学科核心素养，促进学生全面发展的一门课程。要使学生在义务教育的基础上进一步掌握历史知识和技能，拓宽历史视野，强化历史思维，确立正确的历史观念。依据课标的规定，高中历史教育显然与初中历史教育的内容、要求都不同。而要完成高中历史教育教学的任务，首先要明了初中历史的内容及要求。因此，本书首先对部编版初中历史教材和高中历史教材就知识结构、相同内容表述等方面进行了对比，找出其中的共性和差异，并有针对性地提出高中历史教学的建议，这有利于高中教师对教材的处理，也有利于高中历史的教学。

（2）基于深度学习理论，本书尝试以问题为主线进行问题式教学，让学生深度参与课堂学习，真正体现合作学习、探究式学习等学习方式，充分发挥学生的主体地位，提高教育教学效果。

（3）站在高中历史教材单元的高度，对单元知识点进行分析，分析了单元知识点之间的内在逻辑关系，有助于教师对单元知识的整体把握，同时附上相应的教学课件，便利教师进行教学参考。

（4）本书编写者主要来自教学一线，具有一定的教学经验，所编写的教学设计和课件更具有可操作性，推广性强。

在本书的编写过程中，得到了广西南宁市第二中学张协力老师、贵州省六盘水市第一实验中学黄燕老师的大力支持，在本书的出版过程中，得到了人文在线和吉林文史出版社编辑的倾力相助。在此表示感谢！

同时，本书如有不当之处，敬请各位同行批评指正！

课题组

2022 年 4 月于贵阳

|目　录|

第一单元 从中华文明起源到秦汉统一多民族封建国家的建立与巩固

一、课标要求

通过了解石器时代中国境内有代表性的文化遗存,认识它们与中华文明起源以及私有制、阶级和国家产生的关系;通过甲骨文、青铜铭文及其他文献记载,了解私有制、阶级和早期国家的特征。

通过了解春秋战国时期经济发展和政治变动,理解战国时期变法运动的必然性;了解老子、孔子学说;通过孟子、荀子、庄子等了解"百家争鸣"的局面及其意义。

通过了解秦朝的统一业绩和汉朝削藩、开疆拓土、尊崇儒术等举措,认识统一多民族封建国家的建立及巩固在中国历史上的意义;通过了解秦汉时期的社会矛盾和农民起义,认识秦朝崩溃和两汉衰亡的原因。

二、课标解读

本单元以中国历史的时代演进顺序展开,叙述了从中华文明的起源到秦汉统一多民族封建国家的建立、巩固及其衰亡的历史。本单元有六个学习要点:一是认识中华文明起源的多元性特点;二是了解中国早期国家特征;三是理解战国时期变法运动的必然性;四是了解老子、孔子学说和"百家争鸣"的局面及其意义;五是认识大一统国家的建立及巩固在中国历史上的意义;六是认识秦朝崩溃和两汉衰亡的原因。

从历史的纵向演进看,中国是远古人类的重要起源地之一,广泛分布的旧石器时代人类遗址和新石器时代文化遗存,奠定了中华文明多元一体的发展基础。相当于五帝后期的龙山文化时代，国家初始形态产生。夏商西周是我国早期国家的重要发展阶段。周平王东迁后，中国历史进入春秋战国时代。由于社会生产力的发展、阶级关系的变化和激烈竞争的需要，各国纷纷开展变法运动，其中以商鞅变法最为彻底，为秦的统一奠定了雄厚的基础。秦的统一结束了列国纷争局面，中国历史进入秦汉多民族大一统时代。

从历史的横向演进看，社会形态与国家制度也在不断发展之中。中国原始社会组织经历了母系氏族社会和父系氏族社会两大阶段。新石器时代晚期的父系氏族社会，贫富分化加剧，氏族间的联系日益紧密，部落和部落联盟开始形成，中国历史进入了"万邦"林立的邦国时代。夏商西周王朝国家制度初步建立，具有了军队、职官、刑制等国家机器，国家体制以松散的内外服制和分封制为主体。春秋战国时期，周天子的统治秩序瓦解，社会经济发展和列国兼并战争激化、竞争激烈引发的变法运动，直接导致了传统国家治理方式的转变，君主专制、郡县制、官僚制开始产生。百家争鸣是社会变革在思想上的反映，反过来又为社会变革提供了思想理论基础。秦的统一是战国历史发展的必然结果。两汉进一步调整和完善秦的制度，确立了此后两千多年大一统中央集权封建国家的基本政治制度。秦和两汉的灭亡展现了中国古代大一统国家覆亡的主要模式——都亡于内部的社会矛盾，秦亡于危机急剧爆发，两汉亡于危机逐渐积累。

三、初中、高中教材对比

第1课　中华文明的起源与早期国家

（一）教材知识结构的对比

初中历史教材（七年级上册）	高中历史教材《中外历史纲要》（上）
第一单元　史前时期：中国境内早期人类与文明的起源 第1课　中国境内早期人类的代表——北京人 1. 我国境内的早期人类 2. 北京人 3. 山顶洞人 知识拓展：碳－14年代测定	第一单元　从中华文明起源到秦汉统一多民族封建国家的建立与巩固 第1课　中华文明的起源与早期国家 1. 石器时代的古人类和文化遗存 2. 从部落到国家 3. 商和西周

续表

初中历史教材（七年级上册）	高中历史教材《中外历史纲要》（上）
第2课　原始农耕生活 1. 原始农业的发展 2. 河姆渡人的生活 3. 半坡居民的生活 知识拓展：良渚遗址 第3课　远古的传说 1. 炎黄联盟 2. 传说中炎帝和黄帝的发明 3. 尧舜禹的禅让 知识拓展：陶寺都城遗址 第二单元　夏商周时期：早期国家与社会变革 第4课　夏商周的更替 1. 夏朝的建立与"家天下" 2. 商汤灭夏 3. 武王伐纣 4. 西周的分封制 知识拓展：安阳殷墟 第5课　青铜器与甲骨文 1. 青铜器的高超工艺 2. 甲骨文记事 3. 甲骨文的造字特点 知识拓展：金文	

解读	从教材对比来看： 　　相同点： 　　1. 从内容编排来看，初中、高中历史教材均按照时序介绍：中国旧石器时代原始人类、新石器文化遗存、中华早期国家的演进，理解中国上古历史发展的脉络与延续、继承与发展，建构中国上古历史的前后联系，认识历史发展的总体趋势。 　　2. 初中、高中历史教材都是围绕"认识中华起源的多元性特点""了解中国早期国家特征"两个主题展开介绍。 　　不同点： 　　1. 初中教材将"中华文明的曙光"这段历史分设为5课时，而高中教材只有1课时。 　　2. 初中教材内容丰富翔实，突出对历史细节的具体介绍，注重拓展学生的历史视野；高中教材选取展现中国上古历史中优秀文明成果和历史发展大势的最基本、最重要的知识，体系清晰，字斟句酌，简练明了

（二）教材相同内容表述的对比

相同知识点	初中历史教材	高中历史教材	解 读
认识中华起源的多元性特点	1. 远古时代中华大地上生活的不同人群：元谋人、北京人、山顶洞人。 2. 新石器时代半坡遗址与河姆渡遗址	1. 我国新旧石器时代的概念定义及我国境内的原始人类。 2. 新石器时代中晚期文化遗存、划分及特点	1. 初中、高中历史教材都介绍了旧石器时代居住在我国境内的早期人类，说明中国是远古人类的重要起源地。初中教材篇幅用了1课时，而高中教材寥寥一句带过，并附上1幅《中国旧石器时代重要人类遗址分布图》。这一安排说明高中教材考虑到学生已有的初中知识储备，不再一一赘述，很好地体现了初中、高中历史教材衔接，且通过历史地图来引导学生构建历史的时空框架。 2. 初中、高中历史教材都介绍了新石器时代文化遗存：仰韶文化半坡类型、河姆渡文化、大汶口文化、龙山文化，后两个文化遗存在初中教材"相关史料"中都有介绍。而高中教材开宗明义：在教材正文部分首先介绍新旧石器时代的划分、新石器时代中晚期文化遗存的划分及特点。高中教材在文字下面还出示了《中国新石器时代文化遗存分布图》，便于学生通过阅读教材把纷繁庞杂的文化遗存条理化、系统化，并认识到中华文明是人类最古老的文明之一。中华文明多元一体，展现了自身发展道路的独特魅力，让学生形成对中国道路的自信。 3. 初中、高中教材都介绍大汶口文化、良渚文化的墓葬和随葬品已有大小多少的不同，表明私有制和阶级分化已经出现。初中教材是在"相关史事"和"知识拓展"栏目中介绍，而高中教材直接在第一个子目最后一段正文部分介绍大汶口文化和良渚文化，落实了课程标准的要求："通过了解石器时代有代表性的文化遗存，认识私有制、阶级与国家的关系。"以此让学生对人类文明演进史建构正确的理解和解释。 4. 高中教材在课后"学习拓展"栏目设计思考讨论问题"中华文明的多源性与统一性"，可以拓展学生思维的深度、广度、高度，培养学生的史料实证与历史解释的历史学科核心素养。初中教材在课后设计的是阅读历史知识、拓展历史视野的"知识拓展"，也很好地契合了初中生的认知需求

续表

相同知识点	初中历史教材	高中历史教材	解　读
了解中国早期国家特征	1. 远古传说：炎黄联盟、尧、舜、禹及"禅让制"。 2. 夏朝建立与"家天下"、商汤灭夏、武王伐纣、西周分封制。 3. 青铜器、甲骨文的特点和影响	1. 炎黄联盟、尧、舜、禹及"禅让制"。 2. 夏朝与"家天下"、商汤灭夏、商朝内外服制度、武王伐纣、西周分封制与宗法制。 3. 商和西周的经济：农业、手工业的发展情况	第1课的重点内容就是了解中国早期国家特征，要认识到中国早期国家与秦朝之后的大一统国家的相同点和不同点：相同点在于都是王朝世袭，都有军队、职官等国家机器；不同点在于早期国家以部落联盟或分封制为基础，未高度集权，管理较松散、不严密，且带有一定的原始性，血缘纽带还没有被地缘纽带取代。具体如下： 1. 初中、高中历史教材在远古传说、"禅让制"的介绍上基本相同，也都通过陶寺遗址的具体介绍，说明阶级、阶层分化明显，引用专家观点：推论当时具备了国家的初始形态。区别在于初中教材是在课后的"知识拓展"介绍的陶寺遗址，高中教材则在正文主干部分，再一次重申了本课课标内容要求："通过了解文化遗存，认识私有制、阶级与国家的关系。" 2. 高中教材用语专业、规范，如初中、高中历史教材都介绍了"二里头遗址"，高中教材关于"二里头遗址"表述"考古学家在河南洛阳偃师发现的二里头遗址，很有可能是夏文化的遗存"，体现了历史学专业的严谨性。而初中教材"后母戊鼎"介绍中写的仍是"司"字，反映了初中历史教材与历史前沿的脱节。 3. 初中、高中历史教材都介绍了夏朝王位世袭制、夏商西周的更替兴亡发展历史和西周分封制，高中教材增加的内容有"商朝内外服""西周宗法制""商周井田制"。 (1)"商朝内外服"是为西周实行的分封制打基础，说明了分封制既有制度的创新性，也有继承性、延续性。 (2) 高中教材除了在正文部分，还在"历史纵横"栏目补充介绍了宗法制、分封制与宗法制的关系与作用。 (3) 高中教材在本课最后一段正文部分还介绍了商周农业土地制度。显然高中需要理解掌握的历史知识点更多更深，且要运用唯物史观认识生产力与生产关系、经济基础与上层建筑之间的辩证关系。 4. 初中、高中教材都介绍了商周时期奴隶制社会经济的发展与繁荣：农业和手工业发展情况。初中、高中教材分别用"相关史事""历史纵横"栏目介绍了商周的奴隶生存

相同知识点	初中历史教材	高中历史教材	解　读
了解中国早期国家特征			状态和奴隶买卖。高中教材在本课正文部分最后一句表述："劳动人民创造了灿烂的青铜文化。"体现了历史学科五大核心素养的唯物史观和家国情怀培养，也落实了教育立德树人的根本任务，培养学生对祖国、人民的热爱，培养学生成为德智体美劳全面发展的社会主义建设者。 　　5. 初中、高中历史教材都介绍了甲骨和青铜器，是商周时代的物质遗存，体现了古代中国高度发达的文明。但高中能力要求显然在初中基础上更高了，要认识到：甲骨和青铜器还是文献材料，是甲骨文和青铜铭文的载体，以文字形式反映了当时人们的活动和思想，对于了解商周时代具有不可替代的价值。因此，课标要求："通过解读甲骨文、青铜铭文及传世文献，认识私有制、阶级和早期国家的特征。"同时落实史料实证的历史学科核心素养，让学生认识到在中国上古历史中，传世文献与考古材料在历史研究中的不同作用

第2课　诸侯纷争与变法运动

（一）教材知识结构的对比

初中历史教材（七年级上册）	高中历史教材《中外历史纲要》（上）
第二单元　夏商周时期：早期国家与社会变革 第6课　动荡的春秋时期 1. 春秋时期的经济发展 2. 王室衰微 3. 诸侯争霸 知识拓展：步兵逐渐成为军队主体 第7课　战国时期的社会变化 1. 战国七雄 2. 商鞅变法 3. 造福千秋的都江堰 知识拓展："震不垮"的都江堰 第8课　百家争鸣 1. 老子 2. 孔子和儒家学说 3. 百家争鸣 知识拓展：《诗经》和"楚辞"	第一单元　从中华文明起源到秦汉统一多民族封建国家的建立与巩固 第2课　诸侯纷争与变法运动 1. 列国纷争与华夏认同 2. 经济发展与变法运动 3. 孔子和老子 4. 百家争鸣

续表

解读	从教材对比来看： 相同点： 1. 从内容编排来看，初中、高中教材均从政治、经济、思想三个方面讲述"周秦之变"。 2. 初中、高中教材都强调春秋战国时期形成的民族认同感。 不同点： 1. 初中教材严格按照时间顺序，先讲述春秋时期的经济、政治发展与民族交融，然后讲述战国时期的兼并战争与商鞅变法及都江堰，在《百家争鸣》这一课，也是先讲述春秋时期的老子与孔子思想，然后讲述战国时期的"百家争鸣"。高中教材则是从政治、经济、思想三个模块整合叙述，高中教材高度系统化，需要教师按照唯物史观将政治、经济、思想三者之间的关系解析清楚。 2. 高中教材将对周秦之变的概述放在一个课时，学生须掌握铁犁牛耕、封建土地私有制、变法运动、百家争鸣，内容含量大。 3. 初中教材对于细节描述较多，如"知识拓展"内容，而高中教材侧重讲述政治、经济、文化三者之间的互动，重视逻辑思维

（二）教材相同内容表述的对比

相同知识点	初中历史教材	高中历史教材	解　读
列国纷争与华夏认同	1. 春秋五霸。 2. 战国七雄。 3. 周王室衰微。 4. 民族交融	1. 春秋五霸。 2. 战国七雄。 3. 华夏认同	1. 高中教材限于篇幅，春秋五霸、战国七雄的战争过程较初中教材讲得简略，重点论述华夏观念的形成与华夏认同。在"学习聚焦""史料阅读"与"历史纵横"等栏目中皆与华夏认同有关的内容。 2. 初中教材在春秋五霸、战国七雄及春秋战国时期战争目的的变化中叙述较多。在民族认同方面以问题思考的形式，设问春秋时期诸侯争霸有何利弊
经济发展与变法运动	1. 春秋时期农业、手工业、商业货币的发展。 2. 铁器牛耕的出现。 3. 商鞅变法	1. 变法运动的时代背景。 2. 商鞅变法的具体内容。 3. 商鞅变法的影响	1. 关于铁器牛耕的内容，初中教材讲述较多，在正文外以相关史事的形式予以补充，而高中教材则对史事一笔带过，但是以"学习聚焦"的模式考查生产力与生产关系的联系。 2. 关于商鞅变法，初中教材的表述重点放在商鞅变法的内容，高中教材的表述重点放在变法的背景，培养学生运用唯物史观分析问题的能力
百家争鸣	1. 老子的思想主张。 2. 孔子与儒家学说。 3. 百家争鸣（背景与儒道墨法代表人物及主张）。 4. 百家争鸣的影响	1. 老子与孔子的主张。 2. 百家争鸣的时代背景。 3. 讲了阴阳五行家。 4. 百家争鸣的影响	初中教材主要叙述各学派的主张，而高中教材重点在于让学生了解其时代背景，"百家争鸣"中增加了阴阳五行家的内容。高中教材在正文外给出思考点，思考为什么在春秋战国时期出现诸子百家思想

第3课　秦统一多民族封建国家的建立

（一）教材知识结构的对比

初中历史教材（七年级上册）	高中历史教材《中外历史纲要》（上）
第三单元　秦汉时期：统一多民族国家的建立和巩固 第9课　秦统一中国 1. 秦灭六国 2. 确立中央集权制度 3. 巩固统一的措施 知识拓展：举世闻名的秦始皇陵兵马俑 第10课　秦末农民大起义 1. 秦的暴政 2. 陈胜、吴广起义 3. 楚汉之争 知识拓展：破釜沉舟	第一单元　从中华文明起源到秦汉统一多民族封建国家的建立与巩固 第3课　秦统一多民族封建国家的建立 1. 秦的统一 2. 秦朝的暴政 3. 秦末农民起义与秦的速亡
解读	从教材对比来看： 相同点： 　1. 从内容编排来看，初中、高中历史教材均按照通史体例进行编排，以时间为线索梳理历史事件； 　2. 初中、高中历史教材均把秦汉时期归为一个单元。 不同点： 　1. 初中教材用了一个单元共7课对秦汉时期的历史进行讲解，而高中教材则只是一个单元的两课内容； 　2. 高中历史教材的知识点密度大、主题多，对于教师和学生的能力要求都更高

（二）教材相同内容表述的对比

相同知识点	初中历史教材	高中历史教材	解　读
秦的统一	1. 秦统一的背景。 2. 秦灭六国的顺序	秦统一的背景与条件	1. 初中教材更加细致，对于六国灭亡顺序有所介绍，但高中教材则比较简略。 2. 在初中、高中教材中都补充有一些文字材料。但是初中以通俗易懂的历史小故事或者文字很少的古文为主，而高中教材所给出的史料则以古文为主，并且不管在长度还是难度上都明显长于或难于初中。如介绍秦始皇时初中以故事展开，但高中是《史记》节选，高中的古文阅读量明显要大于初中。 3. 对于秦灭六国的影响，初中教材用具有针对性的提问引导学生去思考历史的来龙去脉，让学生去探析历史发展的逻辑关系。高中教材直接给出结论看似更简单，但其实对学生的要求更高，学生需要去剖析结论从何而来，因何而来

续表

相同知识点	初中历史教材	高中历史教材	解　读
秦朝中央集权制度	1. 确立皇帝制度。 2. 郡县制。 3. 三公九卿制。 4. 其余巩固统一的措施	1. 确立皇帝制度。 2. 三公九卿制。 3. 郡县制。 4. 其余巩固统一措施	初中教材中各类图片十分丰富，而高中教材中图片数量明显减少且主要以地图和文物图片为主。例如，在讲解秦朝的君主专制中央集权制度的建立时，初中版既有文字又有秦朝政治建制的示意图，学生能够非常直观地理解秦朝是如何建立起大一统的、从地方到中央的中央集权制度。但在高中教材中，这部分内容只有文字的描述

第4课　西汉与东汉——统一多民族封建国家的巩固

（一）教材知识结构的对比

初中历史教材（七年级上册）	高中历史教材《中外历史纲要》（上）
第三单元　秦汉时期：统一多民族国家的建立和巩固 第11课　西汉建立和"文景之治" 1. 西汉的建立 2. 休养生息政策 3. "文景之治" 知识拓展：田赋 第12课　汉武帝巩固大一统王朝 1. "推恩令"的实施 2. 罢黜百家，尊崇儒术 3. 盐铁专卖 4. 北击匈奴 知识拓展：汉武帝确立察举制 第13课　东汉的兴衰 1. 光武中兴 2. 外戚宦官交替专权 3. 黄巾起义 知识拓展：州牧割据 第14课　沟通中外文明的"丝绸之路" 1. 张骞通西域 2. 丝绸之路 3. 对西域的管理 知识拓展：南海诸岛 第15课　两汉的科技和文化 1. 造纸术的发明 2. 张仲景和华佗 3. 历史巨著《史记》 4. 道教和佛教 知识拓展：农历与节气	第一单元　从中华文明起源到秦汉统一多民族封建国家的建立与巩固 第4课　西汉与东汉——统一多民族封建国家的巩固 1. 西汉的建立与"文景之治" 2. 西汉的强盛 3. 东汉的兴衰 4. 两汉的文化

续表

解读	从教材对比来看： 相同点： 1. 从内容编排来看，初中、高中历史教材均按照通史体例进行编排，以时间为线索梳理历史事件； 2. 初中、高中历史教材均把秦汉时期归为一个单元。 不同点： 1. 高中历史教材中增加了"清议""党锢之祸"等内容。初中教材关于汉朝部分由 5 课内容构成，而高中教材只有 1 课进行讲解，因此高中历史教材的知识点密度更大、主题更多，对于学生和教师的能力要求更高； 2. 初中历史教材对于汉朝的政治、经济、文化等介绍比较均匀，需要学生掌握比较全面的知识。高中历史教材更侧重于政治方面，需要学生通过汉朝采取的措施来认识汉朝对于统一多民族封建国家的巩固作用

（二）教材相同内容表述的对比

相同知识点	初中历史教材	高中历史教材	解　读
汉武帝巩固大一统王朝	1. 推恩令与刺史制度。 2. 罢黜百家，独尊儒术。 3. 盐铁专卖。 4. 北击匈奴	1. 加强中央集权与君权。 2. 盐铁官营，平抑物价，抑制工商业。 3. 独尊儒术。 4. 北击匈奴，加强对西域管理	高中教材每课内容太多，所以也会出现一些高度概括的叙述，缺乏具体内容的叙述，有时会使得知识点比较难理解。例如，高中教材对"推恩令"的介绍非常简洁精练，如果学生的基础不够扎实，很可能就会对推恩令是如何再分封，为什么能分解诸侯王势力等产生疑问。所以高中教材既依托于初中知识，同时又难于初中知识
丝绸之路	1. 通西域的背景。 2. 海上丝绸之路。 3. 丝绸之路的影响。 4. 汉朝对西域的管理	1. 丝绸之路的背景与作用	高中教材 1 课之中的知识点密度大、内容多，因此对于一些在初中讲解非常细致的知识点，高中教材可能只是一笔带过。丝绸之路就是最典型的代表，初中用了 1 课内容进行讲解，而高中则只用三句话进行介绍

四、教学建议

本单元《从中华文明起源到秦汉统一多民族封建国家的建立与巩固》包含第 1 课《中华文明的起源与早期国家》，第 2 课《诸侯纷争与变法运动》，第 3 课《秦统一多民族封建国家的建立》和第 4 课《西汉与东汉——

统一多民族封建国家的巩固》共 4 课内容。本单元时间跨度大，从原始社会、奴隶社会到封建国家的建立，叙述了从早期国家到大一统国家的嬗变轨迹。

本单元"从中华文明诞生到秦汉时期，国家形态和国家治理经历了两次转型。从初始形态'万邦'到夏朝聚族而居和商朝内外服制，以至西周分封与宗法制相结合的早期国家，在经历了诸侯纷争和变法运动后，宗法血缘关系和贵族等级分封制渐趋瓦解，以'邦国'为特征的早期国家向统一多民族'帝国'转变。继秦朝开启帝国与帝制的先河之后，经过两汉的重构和再造，奠定了大一统中央集权国家治理的基本模式。生产力的发展是历史发展的动力，而礼乐文化、诸子百家、汉代经学则是国家形态转型和国家治理方式在意识形态领域的反映"。本单元教学要注意理解以下几点。

（一）理解核心概念

本单元主旨是从早期国家到大一统国家的演变过程，首先要突破理解"早期国家"和"大一统"这两个概念。早期国家特征是有军队、职官等国家机器，王权世袭，但以血缘为基础，集权程度不强，管理比较分散。大一统国家不仅在于国力更加强盛，版图覆盖范围更大，更在于建立了封建君主专制中央集权的官僚制统治，按地域划分管理区域，政权组织结构更加紧密，管理力度也更为强化。

（二）厘清单元内 4 课之间的纵向逻辑关系

第 1 课的重点是认识中华文明的起源、早期国家的产生及特征，夏朝有了世袭王权，但是以血缘为基础聚落而居。到西周出现分封制，分封周王室子弟，大大加强了对地方的控制，但仍是以宗法血缘为基础，所以夏商周属于早期国家。第 2 课的重点是早期国家的瓦解与蜕变。春秋战国，在列国纷争与变法过程中，孕育了新的经济因素，西周宗法制与分封制相结合的早期国家形态和治理体系渐趋瓦解，出现了君主专制、郡县制度、官僚制度等未来国家政治制度的端倪。在礼崩乐坏、乱世之中催生出新的未来国家的治国理念：孔子、老子及百家争鸣。在战争频仍的乱局中铸就出新的华夏认同。第 3 课是秦朝顺应历史潮流，一统天下，开辟了幅员辽阔的统一多民族国家疆域雏形，并初创了以三公九卿、郡县制度为标志的中央集权统治模式。第 4 课内容是汉承秦制。随着秦朝的灭亡，很多举措被质疑和否定，大一统国家发展也受到一定影响。但经历了西汉初年的重构和汉武帝的对内、对外的一系列改革措施，如击匈奴、设内朝、"推恩令"、垄断经济、尊崇儒术，充分巩固了统一多民族国家和中央集权制度。

五、教学设计

第 1 课　中华文明的起源与早期国家

（一）教学主旨

1. 内容要求

通过了解石器时代中国境内有代表性的文化遗存，认识它们与中华文明起源以及私有制、阶级和国家产生的关系；通过甲骨文、青铜铭文及其他文献记载，了解私有制、阶级和早期国家的特征。

2. 教材分析

本课是《中外历史纲要》（上）整本教材第 1 课，主要讲述了从中国人类起源到中华文明诞生、早期国家形成的过程。本课时间跨度大，内容庞杂。所以高中教学需要删繁就简，突出重点。

3. 学情分析

关于中华文明的起源与发展，对高一学生的认知层次来说，有很大难度，但高中学生对久远而未知的历史，又充满好奇心和探索欲。所以需要教师有逻辑、清晰地讲解和解答疑惑。

4. 教学目标

（1）通过展示中国境内远古人类的空间分布图、新石器时代文化遗存的空间分布图，让学生认识中华文明"多元一体"的起源特征，理解中华文明发展脉络，增强对中华文明的认同感。

（2）通过引进考古成果和研读文献资料，认识早期国家形成的特征，培养学生史料实证意识和历史解释的素养。

5. 教学重难点

重点：中华文明起源的特征、中国早期国家的特征。

难点：中华文明起源的特征。

6. 教学策略

通过创设问题情境，研习史料，实证历史，探究历史，落实历史学科的深度学习，培育学生的历史学科核心素养。

（二）教学过程

导入：同学们知道"中国"这两个字最早的记载是在哪里吗？1963 年出土于陕西宝鸡的何尊铭文上赫然有这几个字："宅兹中国。"何尊铭文是周武王灭商后营建东都的事情，所以这里的"中国"指的不是今天我们理解的国家，而是指国之中央，在中间建立都城。但这是目前所见"中国"两字作为词组出现的最早实物证据。今天的中国，中华民族伟大复兴离不开中华文明的伟大复兴，离不开国家和民族的文化认同和文化自信，中华文明是唯一没有中断、延续至今的文明，离不开我们国家和文明的追本溯源。我们是谁？我们的文明是如何起源？何时形成？经历了怎样的过程？有哪些特点？中国又是怎么来的？今天我们就来学习"何以中国——中华文明的起源与早期国家"。

【设计意图】西周何尊青铜器铭文释读，切入本课核心知识点：对中华文明的起源和最早的中国的追本溯源。

1. 满天星斗——"中国"前的中国

作为中国的序曲，"中国"前的中国是什么样？人类在原始社会度过的时间，占去了人类整个发展史的99.9%。原始社会分两个时代：旧石器时代和新石器时代。

（1）旧石器时代

教师设问：回顾初中所学，你知道有哪些中国古人类遗址？观察《中外历史纲要》（上）第2页《中国旧石器时代重要人类遗址分布图》，中国旧石器时代古人类的生产生活、地域分布分别具有什么特点？

教师讲述：旧石器时代的人们茹毛饮血，能用后肢行走，但还需要前肢辅助，属于半直立状态，就像北京周口店山顶洞人。旧石器时代是攫取型经济，是直接从大自然获取现成食物的"拿来主义"，如狩猎和采集，是高流动性的。自从人类发明了火，就进入了熟食时代，但在其他方面还属于不发达的状态，使用的简单工具是打制石器，群居生活。我国已经发现的旧石器时代人类遗址有数百处，区域分布广。

（2）新石器时代

教师设问：观察《中外历史纲要》（上）第3页《中国新石器时代文化遗存分布图》，同学们熟悉的有哪些文化遗存？中国新石器时代人们的生产生活、遗址分布分别具有什么特点？

教师讲述：距今约1万年前，中国进入了新石器时代。新石器时代最明显的标志，一是发明创造了陶器，二是产生了最初的农业，从采集野生植物逐步变成了人工栽培植物，北方种植粟，南方种植水稻。与此同时，家畜饲养业也出现了，是一种生产型的经济方式。当时对使用的石器工具进行了磨制，提高了生产效率。生活方式也由高流动性变为定居生活。迄今为止，我国已发现的新石器时代的文化遗存有1万多处。新石器时代的中国，同时存在着发展水平相近的众多文明，散布在中国广袤的土地上，这种状况被有些学者概括为满天星斗模式，也可以说此时是百花齐放的一个时代。

【设计意图】通过观察教材的两幅地图，既能认识中华文明起源的多元、多样性，也能培养学生的空间意识。

①提出文明起源的中国标准

材料一：坚持马克思主义关于"国家是文明社会的概括"的观点，以国家的出现作为判断一个社会进入文明社会的根本标志的文明观，在没有当时文字记述的情况下，从考古发现中辨识进入文明社会的关键特征：农业与手工业显著发展，出现明确的社会分工；贵重资源和高等级手工业制品的生产和分配为贵族所控制，社会发生显著的阶层分化，出现埋葬贵族的大型墓葬和专门墓地，形成了以某些特殊的贵重器物体现持有者尊贵身份的礼制；出现作为政治、经济、文化中心的都邑以及附属的大型高等级建筑和公共设施；暴力与战争成为较为普遍的社会现象；形成了王权管理的区域性政体，出现了具有强制性的公共权力——国家。

——王巍：《勾勒五千年前的文明图景——"中华文明探源工程"成果巡览》，载《中国社会科学报》2018年9月28日第4版。

教师设问：西方学术界常用的两条非常重要的文明判断标准：文字和金铜冶金技术，是以地中海和两河流域为基础所总结的。我国提出进入文明社会的关键特征是什么？

教师引导学生分析：我国提出的进入文明社会的关键要素是：生产力发展、社会分工、阶级分化、都邑出现和强制性权力出现，以进入"国家形态"作为文明社会开始的标志。中华文明探源工程研究团队得出的结论符合中国历史的特点，体现了人类历史发展有其普遍性的一面，也有特殊性的一面。

②中华文明的产生

教师讲述：中国古代典籍把黄帝和炎帝时期作为中国文明的肇始。但是，古代文献中关于炎黄时代的记述有不少神话的色彩，属于古史传说，还不能作为信史来证明中华文明有5000年。中国史学界大多认为，中华文明开始于中国历史上第一个王朝——夏，而部分国外学者和个别国内学者依然怀疑夏王朝是不是真正存在过的王朝，认为古代中国进入文明社会只能从已经被商代甲骨文所证明的商王朝后期开始算起，按此观点，中华文明的历史只有 3300 年。

教师设问：那中国是什么时候由野蛮进入文明社会的呢？3300 年前还是 5000 多年前？我们大家都耳熟能详的中华五千年文明，实际上究竟有多少历史根据，究竟是真实还是神话传说，这对于中华民族来讲是非常重大的问题。如何实证中华文明有 5000 多年历史？

材料二：新石器时代晚期的浙江杭州良渚遗址，距今 5300～4300 年。良渚古城内城约 300 万平方米。祭祀神灵用的玉琮、玉璧和象征军事指挥权的玉钺等大量精美的玉器，集中在祭坛上的权贵墓地说明当时社会阶级分化已经相当明显。良渚古城外围的水坝，绵延 20 余千米，具备防洪灌溉功能。它反映了该地区的社会经济发展水平以及统治者较强的组织能力，是同时期世界上规模最大的水利工程。这表明距今 5000 年左右，长江下游环太湖地区已经出现区域性早期国家。

教师讲述：在文明初始阶段的满天星斗中，良渚无疑是一颗耀眼的明星。良渚文化遗存表明：稻作农业相当发达，石犁、石镰等工具已普遍使用。这可以看到：农业发展与文明兴衰的关系，农业兴则文明兴，农业衰则文明亡。再次证明，马克思主义历史唯物主义的生产力决定生产关系、经济基础决定上层建筑的理论是颠扑不灭的真理。良渚文化遗存中的玉器、陶器、竹木器与丝麻制作已达到很高水平，玉器和陶器上出现了不少刻画符号，现在还无法完全释读。但良渚古城遗址基本证明了这是一个等级分明、有明显分工、有高度一致精神信仰，且能动员大规模人群进行工程建设的社会。这些证据足以断定以良渚古城为中心的社会已经出现区域性早期国家，良渚文化也因此进阶为文明。2019 年 7 月 6 日良渚古城遗址被列入《世界遗产名录》，这意味着中国文明起源和区域性早期国家形成于距今 5000 年前，得到了国际承认。

教师设问：请同学们用概念图梳理私有制和阶级的产生、国家的形成之间的关系。

【设计意图】概念图能清晰直观地展示私有制、阶级的产生、国家的形成之间的关系，以理解文明起源、形成的过程、特点和国家形成的原因，为下学期学习《中外历史纲要》（下）第 1 课《文明的产生与早期发展》做知识铺垫。

教师补充：能实证中华5000多年文明的还有2020年十大考古发现之一的河南巩义双槐树遗址。除此之外，还有距今4000年的陶寺遗址和石峁遗址。山西陶寺遗址，同样发现了修建于距今4300年前的巨型城址，280万平方米的城内已有宫殿区、手工业作坊区、一般居民区和墓葬区等严格的功能分区。陕西石峁古城总面积达400万平方米，则由皇城、内城和外城构成，古城是用石块在丘陵之上垒筑而成，皇城的城墙高达9米，外城的城门建有雄伟高大的垛楼。

从城址考古看，也是因地制宜的产物。南方是水乡泽国，垣壕并重，以壕为主。壕能划船，能泄洪，能阻挡野兽和人，可以起到多重防御作用，我们可以把南方这类的城址叫水城，以浙江杭州的良渚城为代表。中间黄土高原和黄河中下游地区，城墙用黄土夹板夯筑而成，这个可以叫土城，以山西襄汾陶寺城址为代表。再往北，内蒙古中南部河套到晋陕高原一带，石头特别多，就用石头来砌城墙，我们管它叫石城，以陕西神木石峁城址为代表。

③中华文明起源的特点

材料三：探源工程的研究团队认为，距今5800年前后，黄河、长江中下游以及西辽河等区域出现了文明起源迹象；距今5300年以来，中华大地各地区陆续进入了文明阶段；距今3800年前后，中原地区形成了更为成熟的文明形态，并向四方辐射文化影响力，成为中华文明总进程的核心与引领者。

——《国务院新闻办公室就中华文明起源与早期发展综合研究成果有关情况举行发布会》，载《人民日报》2018年5月28日第1版。

教师小结：

"中国"之前的中国：中华文明在5000多年前即已于燕山内外、黄河上下、长江南北多个地点同时并起；在之后的1000多年时间里，这些多点起源的文明，各自独立并行发展，而又相互影响。各区域文明之间的交流互动，汇聚融合，直到新石器时代晚期，才出现融合到中原的迹象；到了夏商周三代，才逐步完成了以中原地区为中心的中华文明发展的多元一体格局。

【设计意图】通过介绍中国提出的文明社会的标志，良渚、双槐树、陶寺、石峁遗址来论证中华文明的产生，概括中华文明起源的多元一体、兼收并蓄的特点。

2. 月明星稀——最早的"中国"

最早的中国什么时候出现的呢？这里的中国指的是广大地域的王权国

家。最早的中国为什么说是夏朝？

（1）夏朝

约公元前 2700 年，夏朝建立。禹死后，儿子启继承了王位，世袭制取代了禅让制，开启了家天下的时代。夏朝以中原地区为中心，众多部落臣服在它的统治之下。

材料四：中国最早的城市干道网（井字形大道）；东亚最早使用双轮车的痕迹；中国最早的宫城（后世宫城直至明清紫禁城的源头）；中国最早的带有中轴线布局的由大四合院组成的宫室建筑群（中国最早的多进院落宫室建筑群）；中国最早的青铜礼器群；中国最早的青铜近战兵器群；最早的绿松石器作坊……最早的中国自二里头始，像一匹黑马，在整个东亚大陆刮起了一股青铜文明的旋风，并向外大范围辐射。

——许宏：《何以中国——考古学视角下的"中国"诞生史》，载《文明探源：考古十讲》，北京，社会科学文献出版社，2020 年。

教师设问：河南偃师二里头遗址不是最早的，也不是最大的都邑，但为什么重要？

教师讲述：二里头遗址面积约 3 平方千米，已发现宫殿、作坊、一般居住、陶窑、窖穴、墓葬等遗址。二里头遗址引领中国古代文明潮流，开许多制度先河的要素出现了。二里头遗址是中国文明发展史上的一个重要节点。二里头时期，中国的雏形就已经形成了。在二里头之前，中国新石器时代的发展是非常缓慢的，直至距今 4000 年左右才开始大提速，这是中国历史发展的第一次大提速。

【设计意图】 设置疑问和困惑，激发学生的思维，让学生理解二里头遗址的影响。

（2）商朝

据说夏朝末年，国王桀荒淫残暴。约公元前 1600 年，商汤灭夏，建立商王朝。商都多次迁移，在公元前 14 世纪商王盘庚率领族众迁徙到殷（今河南安阳）后，国都才稳定下来，因此商朝又被后世称为殷或殷商。

教师设问：商朝的政治势力与文化影响东到大海，西及陇山，南跨江汉，北至燕山。商朝是怎么做到的呢？

①制度文明

教师设问：商朝实行何种政策来管理地方？甲骨文是研究商朝的实证，同学们知道这些甲骨文是什么字吗？什么是内服？什么是外服？周边方国对商的臣服关系稳定吗？

商代任用中央百官，对以都城为中心的地区实施直接统治，称为内服；对这个地区以外的广大领域，任用众多的侯、伯实行间接管理，这些侯、伯都是异族，称为外服。商王实际上是方国联盟的首领，但称霸一方的周边方国、诸侯有很大的自主权，往往视商的国力兴衰而定，时叛时服。商王对地方的统治是比较松散的，周边方国、诸侯对商的附属关系不算稳固。

②精神文明

教师设问：甲骨文记载的内容主要有"卜辞"，商王以龟甲和兽骨占卜，将相关记录刻写在甲骨上，称作"卜辞"。商王为什么注重占卜？反映出商朝在政治上具有怎样的特点？

从甲骨文可以看出商王利用神权来强化王权，王权与神权相结合，王权具有浓厚的宗教色彩。鬼神崇拜渗透在商代生活的方方面面，文献称殷人尊神。商人把对祖先神灵的崇拜提升到了新的台阶，发展出一套更加精细的祭祀系统。祭祀中要向祖先神灵供奉美酒、佳肴等，即"以酒娱神、以食敬神"，而盛放美酒佳肴的青铜酒器、食器，新增出众多全新的器型。青铜器承载着统治者与神灵的沟通。商王朝的建立和统治主要依靠两个手段：军事和祭祀。

作为当时中国最强盛的政权，商朝对王权神授的追求以及对青铜器的使用，也深深影响了周边地区。但他们并非简单的"复制粘贴"，而是本地化创新利用，如四川三星堆遗址走出了一条与中原风格迥异的青铜之路。

【设计意图】让学生来猜甲骨文字的活动，既能让学生对"商朝内外服制"印象深刻，又能让学生认识到甲骨文的档案性质，具有极高的史料价值，是我们研究商朝历史最重要的史料，也可以直接过渡到下一知识点：商朝王权与神权相结合。

(3) 西周

教师设问：阅读利簋腹内底铸的4行33字铭文："武王征商，唯甲子朝，岁鼎，克昏夙有商，辛未，王在阑师，赐有事利金，用作檀公宝尊彝。"你可以得到什么历史信息？

教师讲述：铭文译为，"武王征伐商国，甲子日早上，岁星正当空，能够在一夜之间占有商土。辛未那天，武王的军队在阑驻扎，赏赐右史利铜，右史利用铜制作了祭祀檀公的宝器"。青铜器利簋印证了武王伐纣，甲子日在牧野打败商军的历史。这与文献史料《尚书·牧誓》中记载的"时甲子昧爽，王朝至于商郊牧野，乃誓"与《史记·殷本纪》中记载的"甲子日，纣兵败"是相印证的。这就是研究历史的重要方法——"二重证据法"，地上文献史料与地下考古史料相互印证。所以教材第5页精准表述"约公元前2070年，禹建立了夏朝""约公元前1600年"商灭夏，而第6页表述"公元前1046年"周武王伐纣并没有"约"字。

【设计意图】落实课标要求，培养学生的史料意识和实证素养。

教师讲述并设问：从公元前1046年周武王灭商到公元前771年，西周被犬戎所灭，周幽王兵败身亡，西周存了276年。如果将西汉与东汉、北宋与南宋分开计算，秦以后的王朝没有超过300年的。明朝存在了276年，唐朝和清朝虽都超过276年，但也不到300年。唐、明、清三朝都有过辉煌的时期，西周从存在的时间上可以与唐、明、清三朝相比，但西周在历史影响方面，可以与唐、明、清比肩吗？西周为什么能够存在这么长的时间？

【设计意图】拿西周与唐、明、清朝比较，既能让学生从长时段来理解历史，也能激发学生思考西周延续发展的原因和阶段特征。

①制度文明

教师设问：武王死后，儿子成王登基，武王弟弟周公旦辅政。周公旦实行了哪些治国政策？西周分封制比商朝内外服制度有何进步？

西周在分封时要举行隆重的"册命礼"，册命礼仪在太庙举行，由周天子授予诸侯册命文书，册命文书由太史起草，并铸造一个祭祀用的礼器，把周王的话铸在上面，受封者世代相传，比如大盂鼎。然后主管土地和人民的太祝再向诸侯"授土授民"，表示将己方土地和人民分给了受封者。分封对象主要以血缘关系为主。而且王畿的面积从镐京（今天的陕西西安西）到洛邑（今天的河南洛阳），大约一千里见方。而封国的面积很小，大的不过方圆百里，小的方圆几十里，这样，中央完全可以控制地方的封国。周王还有权到封国巡猎，诸侯要定期入朝觐见天子，进贡物品。

宗法制是以父系血缘的亲疏来维系政治等级，财产和权力的继承者必须是嫡长子继承制，称为大宗，其余诸子是小宗。宗法制一定程度上维护了统治集团内部的稳定。分封的结果使周王成为政治上的天下共主、血缘上的天下大宗。

礼乐制度强调各个等级的职分，区别尊卑与亲疏。既可规范行为，还有教化作用，目的在于维护统治集团内部秩序。礼乐制度是治国之道，是西周稳定200余年的奥秘。由礼乐制度产生的礼乐文明对后世影响深远，如杨向奎在《宗周社会与礼乐文明》中阐明："礼乐文明是儒家学说的渊源，儒家思想陶冶了民族性格。"西周的宗法制度和礼乐制度具有稳定整个社会、严格等级差别的作用。

教师设问：西周分封制、宗法制和礼乐制的关系是怎样的？

②物质文明

农业是主要生产部门，土地是奴隶主土地国有制，井田制是土地经营的基本方式。青铜铸造是手工业生产中的主要部门。

至夏商周三代，古人以青铜器祭祀祖先神灵，以青铜器构建礼乐制度，以青铜兵器强力维持秩序。青铜器见证了中华文明之初的秩序大构建。夏商周的先人们探索过的种种制度，尊奉祖先、敬畏天地，依然流淌在我们的血液中。无数的青铜器遗产，依然影响着我们的文化，如一言九鼎、加官晋爵、钟鸣鼎食、长幼尊卑等。更重要的是以青铜文化为核心的夏商周，以青铜礼器为载体，在中原及周边形成了一个共同的信仰体系，即中国。

③精神文明

教师设问：周人的宇宙观、生死观、价值观、宗教观、文化艺术是怎样的？

在思想方面，西周统治者逐渐认识到"民"的重要性，从商朝的重神观念向重人观念转变，这对中国历史上民本思想的产生有着重大影响，是文明发展的重要表现。周人形成了民本、重礼、贵和、包容、互惠的理念，构成了多元一体的中华文明深刻的思想基础，为统一多民族国家的形成和发展奠定了坚实的思想基础，也成为中华广袤的具有不同文化传统和生活习俗的各个区域、各个族群得以凝聚不散，5000 年文明得以延绵不断、经久不衰的重要思想根源。

教师小结：有专家将中国古代已具备国家公共权力，但社会组织仍滞留在以血缘纽带为基础的国家形式概括为早期国家，以区别于地区组织和公共权力两者都具备的成熟国家。夏、商、西周时期血缘纽带尚没有被地缘纽带取代，是中国的早期国家时期。

【设计意图】通过制度文明、物质文明、精神文明三个角度了解早期国家夏、商、西周的基本特征。

教师总结：根据中国考古学界泰斗苏秉琦教授观点，原始社会还没有中国可言，但很多文明熠熠生辉，形容为满天星斗，是无中心的多元。良渚、陶寺、石峁这些考古文化，都是满天星斗中比较亮的那些星星，这些星星独立发展的同时相互交流、吸收、碰撞、影响。到了距今 4000 年左右，这些闪亮的文明由于气候等因素相继衰落，只有中原文明不断凸显强大，早期国家崛起，进入夏、商、西周时代，一个核心也出现了，把这一时期形容为月明星稀。之后中原文化一直向四周辐射。从秦汉时代开始的帝国时代，是一体一统化的时代，可以称作皓月当空。

课后作业：贵州是喀斯特地貌的主要分布区，分布有大量石灰岩洞穴，为史前居民提供了良好的栖身之所。贵州的洞穴遗址里存在大量旧、新石器时代过渡的遗址。小组分工查阅"2020 年度全国十大考古新发现之一——贵州省贵安新区招果洞遗址"等贵州洞穴遗址的资料，或实地参观贵州省博物馆"贵州古人类和史前文化"展厅，撰写讲稿并绘制课件，做班级展示介绍：贵州向世界展现中华民族的"万年智慧"。

【设计意图】梳理本课的知识结构图，让学生构建知识体系。通过研学作业，让学生了解体验考古，了解贵州古人类和史前文明，认识贵州人民的创造力和智慧。

（三）板书设计

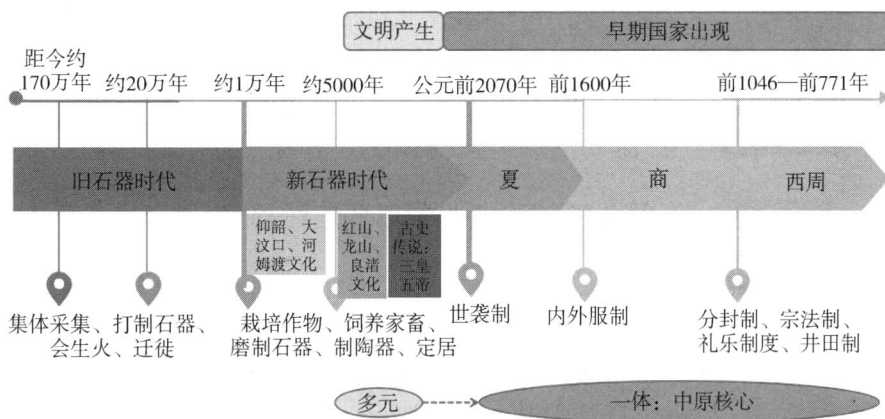

【设计意图】通过时间轴梳理中华文明发展史，让浩瀚复杂的历史呈现一个清晰的发展脉络，进而认知中华文明多元一体、兼收并蓄、源远流长的特点。

（四）教学反思

本课时间跨度大、知识点多、理解难度不小，教师要把《中外历史纲要》（上）第 1 课《中华文明的起源与早期国家》和《中外历史纲要》

（下）第 1 课《文明的产生与早期发展》一起备课，要将中国历史放到世界历史大背景中进行学习，培养学生的全球视野，认识中国文明和世界文明的统一性和独特性。笔者对本课比较满意的是：①注意引入历史前沿知识，如"中华文明探源工程"研究成果到历史课堂，扩展了学生的历史视野。②深挖教材资源，充分利用教材文化遗存分布图、良渚古城、陶寺遗址、何尊等图片，史料阅读、探究与拓展等功能性栏目，既能减轻学生学习负担，又是促进历史深度教学的好抓手。③整合教材，从制度文明、物质文明、精神文明三个角度认识中国早期国家——商周的特征。对本课不满意的地方是：主题还不够突出，设计还不够简洁。

（五）推荐阅读书目

1. 李济：《中国文明的开始》，江苏教育出版社。

2. 王震中：《中国文明起源的比较研究》，中国社会科学出版社。

3. 苏秉琦：《中国文明起源新探》，辽宁人民出版社。

4. 张光直：《中国青铜时代》，生活·读书·新知三联书店。

5. 张帆：《中国古代简史》，北京大学出版社。

6. 许宏：《何以中国》，生活·读书·新知三联书店。

7. 李峰：《西周的政体：中国早期的官僚制度和国家》，生活·读书·新知三联书店。

8. 卜宪群总撰稿：《中国通史》（5 册），华夏出版社。

9.《中国通史》100 集纪录片，CCTV6。

第 2 课　诸侯纷争与变法运动

（一）教学主旨

1. 内容要求

通过了解春秋战国时期的经济发展和政治变动，理解战国时期变法运动的必然性；了解老子、孔子学说；通过孟子、荀子、庄子等了解"百家争鸣"的局面及其意义。

2. 教材分析

本课上承中华文明的起源与早期国家，下启秦汉多民族封建国家的建立与巩固，即史学家所言周秦之变。因此，本课的教学立意围绕春秋战国时期的变化的阶段特征来确定。

3. 学情分析

教学对象是高一年级的学生，在初中阶段对春秋战国时期的历史知识也有一定的学习了解，但主要侧重于知识的记忆，高中则是要在掌握基本史实的基础上，厘清上述问题的内在逻辑关系。

4. 教学目标

（1）学生通过对春秋战国时期政治经济文化发展状况的学习，掌握春秋战国时期变法运动的必然性，能够提高对历史事件之间联系的解释能力。

（2）通过对春秋战国时期民族关系变化的学习，理解华夏认同，增强学生的民族认同感和归属感，树立正确的民族观和价值观，涵育学生的爱国主义情怀。

（3）通过对商鞅变法具体措施的学习，理解改革是推动社会发展的第一动力。

（4）通过对春秋战国时期经济发展和政治变化的学习，理解百家争鸣出现的背景，进一步理解经济基础决定上层建筑，特定时期的思想是特定时期经济和政治的反映。

5. 教学重难点

重点：认识春秋战国时期的社会变化，理解春秋战国时期的政治变革、经济发展和思想活跃在时空上是同时发生的，互相影响。

难点：理解变法运动是春秋战国时期政治、经济、文化大变动合力的结果。

6. 教学策略

通过问题链串联本课的内在逻辑联系，用唯物史观解释逻辑，从而使得学生的核心素养落地。

（二）教学过程

导入：

教师活动：PPT放映春秋战国时期的典故与成语（如烽火戏诸侯、问鼎中原、图穷匕见、纸上谈兵、以柔克刚、朝秦暮楚、卧薪尝胆、城门立柱等）。

设问：与西周时期相比，同学们从成语中发现春秋战国时期社会状况有何变化？最大特点是什么？

学生活动：

生：战争频繁、周天子地位下降等。

【设计意图】按照"最近发展区"原则，从学生已知知识中调动学生积极性。

任务一：乱之世

教师活动：

师：最大特征就是乱、战乱。请同学们对比春秋战国形势图，说说战争带来了什么结果？

师：从春秋五霸到战国七雄。战国七雄中赵国的崛起与开篇哪一个成语典故有关呢？

（赵武灵王胡服骑射。）

结合春秋战国时期形势图上的变化包括诸侯国减少、出现长城、赤狄的消失。各位同学得出什么结论？

师：长平之战据说坑杀 30 万赵军。从春秋到战国时期，战争规模越来越大。

打仗离不开军费，随着战争规模越来越大，所需费用越来越多。

设问：结合课本回答，支撑战国时期庞大战争的经济基础是怎样的？

（春秋战国时期的农业、手工业、商业的变化。）

学生活动：诸侯国越来越少，形成局部统一。

在春秋战国时期，战争促进了中原民族与周边少数民族的交融，出现了华夏认同。

铁犁牛耕的出现、灌溉工程的兴修、手工业分工更加细密、商业进一步发展。

【设计意图】让学生了解战乱、战乱促进民族交融、支撑春秋战国庞大战争的经济来源。春秋战国时期封建生产关系的逐步形成。

任务二：治之道

教师活动：春秋战国时期的社会状况就呈现了出来，一方面是战乱之中出现民族认同，另一方面是经济出现巨大的变革，生产力突飞猛进。在这种大变革时代，统治者与知识分子给出怎样的应对之策呢？治世之道是什么？

请学生阅读教材后，完成表格。

商鞅变法的内容：

重农抑商，奖励耕织；奖励军功，剥夺和限制贵族特权；强制大家庭拆散为个体小家庭；"废井田，开阡陌"，授田于百姓；在民间实行什伍连坐，互相纠察告发；行政管理上普遍推行县制，县的主要官员由君主任免。

以农求富的经济改革：废井田，承认土地私有；重农抑商、奖励耕织；统一度量衡。

加强中央集权的政治改革：实行什伍户籍制度，实行连坐法、推广县制、制定秦律。

提高战斗力的军事改革：奖励军功，实行军功爵制。

加强思想控制的文化改革：移风易俗。

商鞅变法的特点：实行最彻底、措施最全面、为期最长久、影响最深远。

商鞅变法的作用：

任何一场变革运动都存在或多或少的不足，商鞅变法也一样，在历史的长河中也留下了诸多恶疾。对于商鞅变法的评价应当以赞成为主，商鞅的变革迎合了时代潮流，做到了全面具体可操作，具体来说，有以下几个方面：

积极方面：

对秦国：打击了奴隶主旧贵族，加强了中央集权；促进了封建经济的发展，增强了国力；壮大了军事力量；对历史发展：为秦始皇统一六国奠定了基础，也对后世产生了深远影响。

消极方面：法律严酷导致统治暴政，激化社会矛盾；文化专制政策束缚思想文化发展；从长远看，重农抑商阻碍了商品经济发展。

表 2－1　主要学派及其代表

思想家	派别	思想主张
孟子	儒家	仁政、性善、民贵君轻
荀子	儒家	仁义、王道、性恶、君舟民水
庄子	道家	逍遥、自由
邹衍	阴阳家	五行"相生相胜"
墨子	墨家	兼爱、非攻、尚贤
韩非子	法家	依法治国、控制臣民、加强中央集权

教师活动：大家概括得非常好，面对春秋战国时期的大动荡、大变革，各派别不断地发表自己的观点，批驳别人的观点，相互诘难，于是就出现了百家争鸣的思想局面，那么春秋战国时期，为什么会出现百家争鸣的局面呢，有何影响？

【设计意图】问题驱动，通过对思想上百家争鸣产生原因的探究，引导学生理解一定时期的思想是特定时期政治经济的反映，培育学生的唯物史观。

学生活动：春秋战国时期，生产力的进步，社会经济的发展，导致了旧的贵族体系的瓦解，士阶层崛起，他们面对社会的变革，提出了自己的救世主张，并且相互诘难，于是就出现了百家争鸣的局面，这是中国古代历史上第一次思想解放运动，奠定了传统文化的基础，对后世产生了深远的影响。

教师活动：百家争鸣是春秋战国时期社会经济发展、阶级关系变动在思想领域的反映，是中国历史上第一次思想解放运动，为地主阶级登上历史舞台奠定了理论基础，也成为后世中华思想文化的源头活水，影响深远。

面对时代的变化，统治者与知识分子要顺应时代潮流，把握机遇，那么在百年未有之大变局的当下，我国领导人是如何把握机遇的呢？

学生活动：人类命运共同体。

【设计意图】学以致用，将春秋战国时期与当下联系起来。

（三）板书设计

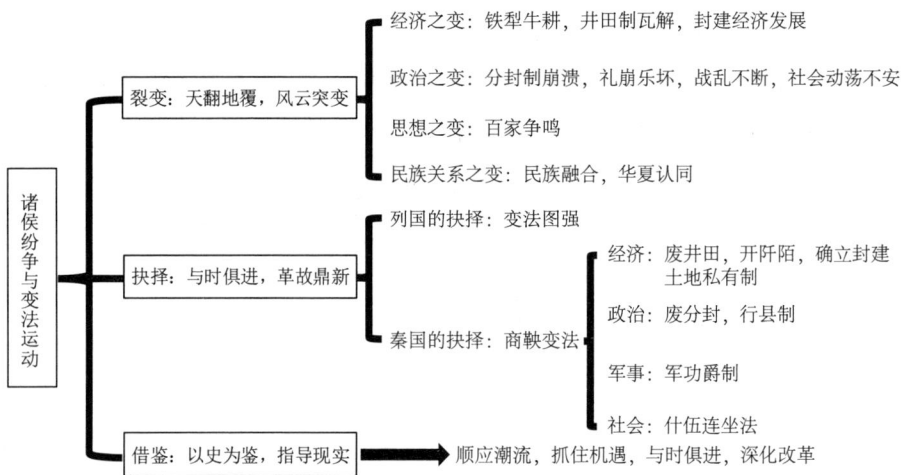

（四）教学反思

本课内容学生在初中阶段已经学习过，有一定的基础，能够自主地学习春秋战国时期社会的巨变和各诸侯国的变法运动，基本上大多数同学能够达到一定水平，但是高一的学生还未形成正确的历史思维，历史学科核心素养较为薄弱，因此对春秋战国社会转型的原因以及商鞅变法的影响理解较为困难。在今后的日常教学中，还需要加强引导学生形成历史思维，掌握学习历史的方法，涵育历史学科核心素养，同时引导学生关注社会热点，以史为鉴，将历史和现实结合起来，将立德树人落到实处。

（五）推荐阅读书目

1. 刘炜：《中华文明传真》，上海辞书出版社。

2. 宫本一夫、平势隆郎、鹤间和幸等：《讲谈社・中国的历史》，广西师范大学出版社。

3. 冯天瑜：《封建考论》（第二版），武汉大学出版社。

4. 葛兆光：《宅兹中国：重建有关"中国"的历史论述》，中华书局。

5. 樊树志：《国史概要》，复旦大学出版社。

6. 王家范：《中国历史通论》，生活・读书・新知三联书店。

7. 张帆：《中国古代简史》，北京大学出版社。

8. 费孝通：《中华民族多元一体格局》，中央民族大学出版社。

9. 童书业：《春秋史》，中华书局。

10. 杨宽：《战国史》，上海人民出版社。

11. 王明珂：《华夏边缘：历史记忆与族群认同》，浙江人民出版社。

12. 李振宏、刘克辉：《民族历史与现代观念：中国古代民族关系史研究》，河南大学出版社。

13. 本尼迪克特・安德森：《想象的共同体：民族主义的起源与散布》，上海世纪出版集团。

第 3 课　秦统一多民族封建国家的建立

（一）教学主旨

1. 内容要求

了解秦朝的统一业绩，认识统一多民族封建国家的建立在中国历史上的意义；通过了解秦朝时期的社会矛盾和农民起义，认识秦朝崩溃的原因。

2. 教材分析

本课为第一单元《从中华文明起源到秦汉统一多民族封建国家的建立与巩固》的第 3 课。既上承春秋战国时期《诸侯纷争与变法运动》，又下启《西汉与东汉——统一多民族封建国家的巩固》，是中国统一多民族国家的奠基时期。本课包含"秦朝的统一""秦朝的暴政""秦末农民起义与秦的速亡"三个子目，其中"秦的统一"为本课重点。这一子目对秦朝统一的原因、过程、巩固统一的措施等方面进行了介绍，系统地梳理出秦朝的发展，与之后两个子目紧密相连。第二、三子目内容相对简单，是第一子目内容的呼应。

3. 学情分析

本课的施教对象为刚进入高中学习的高一新生，本课的内容在七年级上学期已经学过，对于秦朝开创大一统局面和秦的速亡有了一定史实基础，但是对于历史核心素养的理解与关键能力尚处于较低阶段。因此，在教学中既要避免与初中课程雷同，又要符合高一学生的认知水平以及为高中历史学习能力奠基。

4. 教学目标

（1）通过本课学习，学生能够结合地图厘清秦统一的历史脉络，培养时空观念，明白秦朝是我国第一个统一多民族国家。

（2）通过本课学习，学生能够通过多种史料阅读梳理秦朝统一过程、巩固统一的措施以及建立统一多民族国家的重要性，以此加强学生史料实证、历史解释和家国情怀的历史核心价值观培养。

5. 教学重难点

重点：秦朝大一统局面的开创及意义。

难点：秦朝巩固君主专制中央集权的措施；秦灭亡的原因。

6. 教学策略

本课运用材料分析、问题探究、师生问答等方法，将 PPT 与板书结合。

（二）教学过程

导入：

教师活动：出示里耶秦简视频。设置情境：2002 年 6 月，湖南湘西的一座古井里发现了 37400 多枚秦简，震惊了世界。从近 20 万字的秦简中，我们仿佛见到了那个时代的再现。但是如果我们看春秋战国时期的地图，里耶属于楚国，为何会出土秦简呢？秦国为什么能完成统一，是如何统一，又为何会速亡？今天我们一起走进秦朝，探寻一下这些问题的答案。

【设计意图】通过视频及历史情境的创设，吸引学生注意力，激发学生的学习兴趣，由此引入新课。

任务一：秦之兴

自主学习：结合教材正文及初中知识，回答秦统一的原因。

学生活动：带着问题阅读教材，提炼信息，概括秦国是如何从众多的诸侯国中脱颖而出，一统天下的。

教师活动：指导学生阅读，并对其原因进行概括总结。（天时：经济发展需要统一；地利：地理位置优越、物质基础雄厚；人和：民心所向、秦王

励精图治)

【设计意图】通过阅读教材让学生明白秦朝统一顺应了历史发展的趋势，初步感知这一时期的历史演变，了解秦朝建立的原因。

任务二：秦之固

问题1：秦都城在咸阳，里耶在湘西，秦朝面积如此之大，是如何有效管理地方的呢？

学生活动：带着问题阅读教材，从中提炼信息，概括秦朝地方管理制度。

教师活动：指导学生阅读，归纳秦朝对地方的管理措施，并对其归纳举措进行点评。引导学生归纳秦朝加强中央集权举措的特点。

【设计意图】教师设置问题情境，引导学生梳理知识，帮助学生对秦朝加强中央集权的举措有基本的认识。

问题2：思考秦朝地方权力到达中央后如何进行分配？

学生活动：阅读材料文字信息与秦朝权力分布图，分析权力的运作。

教师活动：讲解三公九卿制度和皇帝制度，带领学生从官吏任免以及职权分配方面进行分析，体会秦朝通过各种制度形成了从中央到地方的垂直管理。

【设计意图】深化学生对于秦朝建立的专制主义中央集权制度的理解，引导学生理解秦朝自上而下的权力分配与垂直管理。

探究1：为什么称秦朝是统一多民族封建国家的建立？其大一统体现在哪里？

学生活动：带着问题思考并从不同角度阐释自己的见解，在交流中概括秦朝大一统的表现。

教师活动：引导学生进行归纳。(政治：专制主义中央集权制形成，并历代沿袭；疆域：建立起幅员辽阔的国家，奠定了以后历代疆域的基本版图；经济：空前统一的封建国家促进了各民族的交往与交融，经济交流增多；文化：以华夏文明为核心的多元一体文化局面；民族：民族融合增强)

探究2：秦朝建立的统一多民族封建国家与早期国家有何不同？

学生活动：小组讨论，从不同角度阐释自己对秦朝与早期国家差异的认识。

教师活动：引导学生评价，对学生认识进行互动评价。(区别在于：建立专制主义中央集权制度；官僚政治取代贵族政治；地域划分管理区域；社

会控制加强等）

【设计意图】运用开放性问题驱动教学，通过历史比较，引导学生认识秦朝制度的创新之处，加深学生对所学内容的纵向联系，引导学生多方面认识秦朝制度的意义。让学生更能体会秦统一多民族封建国家的建立在中国历史发展过程中的地位和作用，增强民族认同感、自豪感、使命感。

任务三：秦之亡

教师活动：出示秦朝相关数据资料。（修长城40万人、修阿房宫100万人、击匈奴30万人、平百越60万人——劳民伤财；敢言之人——焚书坑儒；秦律——严苛；秦二世杀亲兄妹——残暴无情）

学生活动：根据资料思考秦朝存在的问题，分析秦速亡的原因与历史教训。

教师活动：带领学生分析秦朝灭亡的原因，得出秦朝亡于政而非亡于制的结论。并让学生思考楚汉争霸后汉朝是如何建立的。汉朝据秦之地、用秦之人、沿秦之制，汉朝是如何在秦朝基础之上发展的？

【设计意图】通过史料的探究，培养学生史料实证与历史解释核心素养。学生能够全面认知秦朝制度，明白不论是成功经验还是失败教训都值得后世借鉴。

（三）板书设计

第3课　秦统一多民族封建国家的建立

一、秦之兴　　　二、秦之固　　　三、秦之亡

（四）教学反思

本课内容较多，但是时间跨度不大，各子目之间的联系性强。本课需要明确由"变"到"治"的历史趋势。借助地图等史料，让学生理解秦朝建立专制主义中央集权制度的必然性；通过对比分析，认识到秦朝建立的统一多民族封建国家与早期国家的差异性；通过分析秦朝巩固统治的各项措施，认识到秦朝制度对后世制度的奠基作用。同时可以借助史学家对秦朝的评价，让学生在提高历史解释这一核心素养的同时也能更辩证地看待秦朝的局限性。

（五）推荐阅读书目

1. 刘炜：《中华文明传真》，上海辞书出版社。

2. 冯天瑜：《封建考论》（第二版），武汉大学出版社。

3. 葛兆光：《宅兹中国：重建有关"中国"的历史论述》，中华书局。

4. 樊树志：《国史概要》，复旦大学出版社。

5. 王家范：《中国历史通论》，生活·读书·新知三联书店。

6. 张帆：《中国古代简史》，北京大学出版社。

第 4 课　西汉与东汉——统一多民族封建国家的巩固

（一）教学主旨

1. 内容要求

通过了解汉朝削藩、开疆拓土、尊崇儒术等举措，认识统一多民族封建国家的巩固在中国历史上的意义；通过了解汉朝时期的社会矛盾和农民起义，认识两汉衰亡的原因。

2. 教材分析

本课为第一单元《从中华文明起源到秦汉统一多民族封建国家的建立与巩固》的最后一课，上承《秦统一多民族封建国家的建立》。本课内容时间跨度大，从公元前 202 年到公元 220 年，介绍了西汉与东汉的建立、衰亡以及两汉时期辉煌灿烂的文化。汉朝对秦朝建立起的大一统局面进一步进行了巩固和加强，并为后世中国社会大一统的稳定局面奠定了基础。本课一共四个子目，前三个子目对两汉的政治经济等做了详细介绍，第四个子目则是介绍两汉时期的文化。

3. 学情分析

本课的施教对象为刚进入高中学习的高一新生，本课的内容在七年级上学期已经学过，对于汉朝的基本史实在初中已经有所了解，但是在细节上不太清楚。由于本课时间跨度较大，内容较多，学生容易对本课内容出现表面化和断裂性，因此要注重教学内容的讲解。

4. 教学目标

（1）通过本课学习，学生能够运用相关史料论述汉朝巩固统一多民族封建国家的措施和重要意义。

（2）通过本课学习，学生能在探讨文景之治、光武中兴的出现和西汉、新朝、东汉的衰亡中，认识到人民群众对历史发展的重要作用。

（3）通过本课学习，学生能够从两汉的文化成就中，认识中国文化的源远流长，增强文化自信。

5. 教学重难点

重点：汉朝专制主义中央集权制度的内容、特征。

难点：两汉衰亡的原因。

6. 教学策略

本课涉及的内容多，时间跨度大，但学生在初中阶段对于"休养生息"政策与文景之治、汉武帝大一统等基本史实已经学习过，积累了一定的基础知识。不过学生对汉朝推恩令、刺史制度、独尊儒术的概念理解不准确，两汉由盛转衰的原因学生知之不多，且并未形成西汉、新朝、东汉的系统知识，缺乏全面把握的能力和理性认识，且提取材料信息、分析问题的能力还比较薄弱，学习能力需要进一步加强。

在梳理本课时，首先要知道本课是继第3课《秦统一多民族封建国家的建立》之后，两汉对统一多民族封建国家的巩固，所以本课首先在回顾秦大一统措施的基础上，带学生思考两汉，尤其是汉武帝时期如何汉承秦制，并结合本朝代实际情况进行了怎样的损益。之后让学生通过学习两汉继秦之后进一步加强国家统治、巩固国家统一的措施，就此自主总结两汉在科学、文化等方面取得的辉煌成就。接下来，就带领学生探究两汉兴亡的原因，其中要与秦相比较，总结中国古代王朝兴衰的基本原因有哪些。最后让学生再认识大一统，并能够理解中国是世界上文明从未间断的国度，增强民族自豪感。

所以本课通过图片与史料等直观材料的展示及设问引导学生层层分析、认识汉朝继续巩固"大一统"的措施和影响，以及两汉崩溃的诸多原因，培养他们的自主学习能力和辩证思维能力，引导他们全面、客观地看待历史。

（二）教学过程

导入：展示汉高祖刘邦的简历（表4-1）。

表4-1

汉高祖简历	
姓名	刘邦，字季
籍贯	沛郡丰邑（今江苏省徐州市丰县）人
个人履历	1. 公元前256年，出身于农家。 2. 秦朝建立后，任沛县泗水亭长。 3. 公元前209年，参加陈胜、吴广起义。 4. 公元前206年鸿门宴之后，受封为汉王。 5. 公元前202年统一天下，成为皇帝。

让学生思考平民刘邦为何能当上亭长，乃至最后当上皇帝？

【设计意图】以此回顾秦朝建立专制主义中央集权大一统国家的措施，使贵族政治转向官僚政治，开启汉在此基础上建立的新帝国，引出新课。

1. 统一王朝的遗产

请学生回顾秦统一多民族封建国家的建立，思考秦在政治制度、经济生活、民族疆域和思想文化上为汉王朝的统治留下了哪些重要遗产，并完成表格（表4-2）。

表4-2 秦王朝的遗产

秦王朝的遗产	
政治制度	
经济生活	
民族疆域	
思想文化	

【设计意图】回顾之前所学，以汉承秦制、有所损益为基础，引出汉对统一多民族封建国家的巩固。

2. 刘氏家族的大业

结合学案，分组讨论在秦的基础上，西汉统治者如何在政治制度、经济生活、民族疆域和思想文化上，开创刘氏家族大业的。并思考为什么要创制这些措施。

【设计意图】在上一子目的基础上，引导学生分组讨论，从政治制度、经济生活、民族疆域和思想文化上，学会阅读课本，概括知识点，并在教师的帮助下，结合时代背景探究创制制度的原因，从而提高学生史料实证、历史解释等能力。

第1组材料——政治制度

材料一（图4-1、图4-2）：

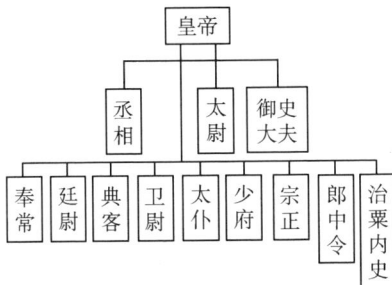

图4-1 秦中央官制

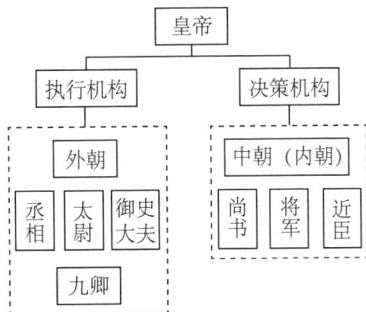

图4-2 汉武帝时期中央官制

33

材料二：展示秦朝地方管理的形势图，可以借鉴《中外历史纲要》（上）第16页的秦朝形势图。

材料三：汉兴之初，海内新定，同姓寡少，惩戒亡秦孤立之败，于是剖裂疆土，立二等之爵。功臣侯者，百有余邑；尊王子弟，大启九国。

——《汉书·诸侯王表·序》

材料四：展示汉初地方制度地图，地图要能明显看出汉初地方的郡国并行状态。

展示七国之乱形势图，可以借鉴《中外历史纲要》（上）地图册第9页。

材料五：选取关于汉朝地方治理措施的变化示意图，突出从汉初分封子弟管理地方，到汉武帝时实行推恩令。

【设计意图】在政治制度中，通过五组材料，分别从中央官制到地方制度的演变，让学生思考总结。其中中央官制的设定在图片中很好总结出来，但设置的原因，老师可以引导学生从中外朝职能等方面，总结出相权对皇权的制约，强调君主专制加强的时代趋势。

在地方官制中，要让学生随着材料的推进，理解汉初郡国并行制的设置，到武帝时推行推恩令的原因，并理解中央与地方的关系。最后教师补充刺史等制度，强调中央集权加强的时代趋势。

第2组材料——经济生活

材料一：展示秦统一货币的示意图（省略）。

展示两汉的五铢钱（省略）。

材料二：汉武帝时期实行国家铸钱、盐铁官营、均输平准及榷酒等一系列经济统制政策。新经济政策的制定者御史大夫桑弘羊开宗明义地讲，是因为对匈奴战争"用度不足，故兴盐铁，设酒榷，置均输，蓄货长财，以佐助边费。今议者欲罢之，内空府库之藏，外乏执备之用，使备塞乘城之士，饥寒于边，将何以赡之"？

——摘编自于传波《汉代盐铁官营再评价》

【设计意图】第二部分，让学生结合课本总结两汉在经济生活方面的措施，并且根据材料，总结出这些措施的影响：有利于统治经济、扩大财源、发展农业、巩固统治等，培养学生历史解释等能力。

第 3 组材料——民族疆域

材料一：展示秦朝地方管理的形势图，突出郡县制，可以借鉴《中外历史纲要》（上）第 16 页的秦朝形势图。

展示西汉的疆域图，可以借鉴《中外历史纲要》（上）第 22 页的西汉形势图。

材料二：展示丝绸之路的路线图，可以借鉴部编版初中历史教材（七年级上册）丝绸之路示意图。

【设计意图】在第三部分民族疆域的介绍中，学生通过课本，结合课件上的地图，能准确标出汉朝管理边疆的措施，知道新疆从汉朝开始就是中国的领土，并通过材料理解这些措施有利于促进边疆开发、增进民族融合、加强对外交往、维护国家统一等意义，涵养家国情怀。

第 4 组材料——思想文化

材料一：汉兴，扫除烦苛，与民休息。至于孝文，加之以恭俭，孝景遵业，五六十载之间，至于移风易俗，黎民醇厚。周云成康，汉言文景，美矣！

——《汉书·景帝纪》

材料二：秦始皇的统一思想是不要人民读书，他的手段是刑罚的裁制；汉武帝的统一思想是要人民只读一种书，他的手段是利禄的诱引。结果，始皇失败了，武帝成功了。

——顾颉刚《秦汉的方士与儒生》

【设计意图】第四部分思想文化，在思想上通过阅读课本及史料了解汉初和汉武帝时推崇的思想有所不同，并思考汉武帝独尊儒术的原因，强调武帝后儒学成为我国封建社会的主流意识形态。文化方面，在学生了解课本内容后，老师以极简的方式总结文化成就，强调政治稳定、国家统一、经济繁荣等对文化辉煌的影响，突出强调唯物史观——社会存在决定社会意识。

在学习完西汉的政治制度、经济生活、民族疆域和思想文化后，教师用简单的语言总结在西汉基础上东汉光武中兴的基本情况，然后总结两汉在秦的基础之上使统一多民族封建国家得以发展与巩固。

3. 汉家天下的衰亡

大汉王朝也逃不过古代封建王朝的衰亡，通过表格图片及三则史料探究两汉衰亡的原因。这里可以从中央和地方两方面探究。

表4-3 东汉部分皇帝即位与死亡年龄

序号	皇帝	即位年龄（岁）	死亡年龄（岁）
1	和帝	10	27
2	殇帝	1	2
3	安帝	13	31
4	顺帝	11	30
5	冲帝	2	3
6	质帝	8	9
7	桓帝	15	36
8	灵帝	12	34
9	少帝	14	14
10	献帝	9	54
平均值		9.5	24

在中央，从表4-3中可以看出东汉皇帝即位年纪小和在位时间短，从而引导学生推断出外戚对朝政的干预。反之，皇帝为夺回皇权，又扶植宦官集团。如此反复，可总结出中央外戚宦官交替专权导致政治腐化。

【设计意图】表格的数据能引起学生的学习兴趣，引导他们不断地推理，能提高学生的逻辑思维。

材料一：禹为人谨厚，内殖货财，家以田为业。及富贵，多买田至四百顷，皆泾、渭溉灌，极膏腴上贾（价）。

——《前汉书》卷八一《张禹传》

材料二：废井田，是以兼并起，贪鄙生，强者规田以千数，弱者曾无立锥之居。

——《汉书》

材料三：州郡记，如霹雳，得诏书，但挂壁。

——崔寔《政论》

在地方，通过材料一、二分析，理解何为土地兼并，并分析出这些措施激化了阶级矛盾，引发农民运动；通过材料三了解到豪强势力强大，严重威胁了中央的权力。

【设计意图】通过对中央和地方问题的分析，总结两汉灭亡的原因，这里要提醒学生把两汉灭亡与秦亡原因相比较，分析异同，总结古代中国王朝衰亡的原因基本如此，同时让学生根据秦汉衰微的原因，思考从中应吸取怎样的历史教训，以史为鉴。

4. 再识国家的统一

经过这节课所学，展示中国古代历史坐标图，让学生观察有怎样的主要发展趋势，并让学生讨论出现这种主流趋势的原因。

展示中国古代历史坐标图，图片要能够明显展示出中国古代历史中统一时间长于分裂时间。

讨论后，展示四大文明古国的示意图，进一步追问学生：我国与其他三个古国的区别？为什么会有这样的区别？强调大一统有利于文明的传承与延续。

展示四大文明古国示意图。

【设计意图】通过展示中国古代历史坐标图和四大文明古国示意图，增强学生的时空观念：纵观中国历史发展历程，更加突出国家的统一是势之所趋、民心所向、大义所在！横看世界文明概况，统一为文化的延续与传承提供了重要的保证！所以如今，我们享受着国家统一稳定下的安定平和，更要正确认识国家统一的重要意义，维护国家的统一与发展，这样升华了本课主题，培养了学生的爱国情怀。

（三）板书设计

第4课 西汉与东汉——统一多民族封建国家的巩固

1. 统一王朝的遗产

2. 刘氏家族的伟业

3. 汉家天下的衰亡

4. 再识国家的统一

（四）教学反思

在本课的教学中，不能忽视初中内容，初中教材这部分内容的基础知识还是比较详尽的，用了5个课时学习，而高中要用1个课时学习这部分内容，从时间上看是比较紧张的，所以对教材内容的讲述要懂得取舍。在教授这课时，大一统是主旋律，所以把握这一主题，在掌握基本知识的基础上，把教学重点放在学生的史学核心素养及历史思辨能力的培养上。

（五）推荐阅读书目

1. 刘炜：《中华文明传真》，上海辞书出版社。

2. 冯天瑜：《封建考论》（第二版），武汉大学出版社。

3. 葛兆光：《宅兹中国：重建有关"中国"的历史论述》，中华书局。

4. 樊树志：《国史概要》，复旦大学出版社。

5. 王家范：《中国历史通论》，生活·读书·新知三联书店。

6. 张帆：《中国古代简史》，北京大学出版社。

7. 费孝通：《中华民族多元一体格局》，中央民族大学出版社。

第二单元　三国两晋南北朝的民族交融与隋唐统一多民族封建国家的发展

一、课标要求

通过了解三国两晋南北朝政权更迭的历史脉络，隋唐时期封建社会的高度繁荣，认识三国两晋南北朝至隋唐时期的制度变化与创新、民族交融、区域开发和思想文化领域的新成就。

二、课标解读

本专题有一个学习要点：认识三国两晋南北朝时期至隋唐时期民族交融、区域开发、制度创新及中外交流的历史意义，以及思想文化领域的新成就。

本单元除了三国两晋南北朝外，还涵盖了隋朝和唐朝。两个时期之间存在着一定的内在联系。即从三国到南北朝，实际上是在为隋唐盛世奠定基础，因此，在学习时就需要注意将这两个时段的相关问题联系起来考虑。这是本专题的难点所在。例如，民族交融问题的主要内容出现在两晋南北朝，但应注意隋、唐盛世在很大程度上是两晋南北朝民族交融的成果，当时的皇室都有民族血统。又如，制度创新主要发生在隋朝和唐朝前期，但应注意其中很多内容（如三省六部制、科举制）在三国两晋南北朝时期已有基础，所谓的"制度创新"并不是截断众流、无所依傍地突然发生的。在区域开发方面，要注意东晋南朝江南开发与隋唐大运河兴修、航运的关系。思想文化和中外交流中的佛教传播、诗歌、书法、绘画，都可以跨越朝代体系联系起来进行考察，这样发展线索更清楚。①

三、初中、高中教材对比

第5课　三国两晋南北朝的政权更迭与民族交融

（一）教材知识结构的对比

初中历史教材（七年级上册）	高中历史教材《中外历史纲要》（上）
第四单元　三国两晋南北朝时期：政权分立与民族交融 第 16 课　三国鼎立 1. 官渡之战 2. 赤壁之战 3. 三国鼎立 第 17 课　西晋的短暂统一和北方各族的内迁 1. 西晋的建立 2. 八王之乱 3. 北方游牧民族的内迁 第 18 课　东晋南朝时期江南地区的开发 1. 东晋的兴亡 2. 南朝的政治 3. 江南地区的开发 第 19 课　北魏政治和北方民族大交融 1. 淝水之战 2. 北魏孝文帝改革 3. 北方地区的民族交融	第二单元　三国两晋南北朝的民族交融与隋唐统一多民族封建国家的发展 第 5 课　三国两晋南北朝的政权更迭与民族交融 1. 三国与西晋 2. 东晋与南朝 3. 十六国与北朝
解读	从教材对比来看： 相同点： 初中、高中教材都按照历史的时序叙述历史事件。高中教材讲述的内容在初中教材基本都涉及。 不同点： 1. 在教材的表述上，初中教材进行了更加具体化和趣味化的处理，如官渡之战、赤壁之战，将战争智慧的优秀传统文化展示在学生面前。而高中教材更加注重政权更迭的逻辑，以及在此背景下的民族交融的主题，由此来强化学生对三国两晋南北朝时期民族交融的深度学习。 2. 初中通过更为详细的时序梳理，将民族内迁与江南开发放在具体的时期，而高中则是以政权更迭为明线，将江南开发与民族交融作为暗线交织在一起，更考验教师对教材的整合能力。

---

①徐蓝、朱汉国：《普通高中历史课程标准（2017 年版 2020 年修订）解读》，北京，高等教育出版社，2020。

续表

解读	3. 在大约四个世纪中，除西晋曾实现过短暂的统一外，全国长期处于分裂割据状态，先后建立过 35 个大大小小的政权。在政权更迭的讲授中建议采用政权演变结构图简易化处理，总结出乱世的时代特征。 4. 在频繁的政权更迭过程中，民族交融是核心主题。人口迁移、区域开发和民族交融杂为一体。另外，则是从长时段来理解北魏孝文帝改革的意义，理解民族交融的曲折性和复杂性。 5. 注重与隋唐盛世教学衔接，两晋南北朝民族交融和区域开发，"实际上是在为盛世奠定基础"

（二）教材相同内容表述的对比

相同知识点	初中历史教材	高中历史教材	解　读
三国到西晋的政权更迭与西、北少数民族内迁	1. 通过官渡之战和赤壁之战叙述三国鼎立的局面，以及西晋统一全国后制定优待大地主、大贵族的政策，八王之乱后西晋走向衰落，最终被灭亡后，"十六国"相互征伐。 2. 西、北少数民族内迁的具体位置，及前秦苻坚任用汉人王猛为丞相进行改革	1. 从三国到西晋统一，以及西晋被匈奴所灭。 2. 东汉至西晋时期，西、北的一些少数民族向内地迁徙	1. 在三国到西晋的政权更迭中，初中教材对著名战役和战役示意图的阐述，将中国战争的智慧的优秀传统文化浇筑在学生心中，而高中教材则是将时间、历史人名、政权更迭情况和地图相结合，更加强调对学生时空观念的培育。 2. 初中教材通过地图与文字相结合的方式说明了西、北少数民族内迁，高中教材则通过"西晋末年内迁少数民族分布与北方流民南迁示意图"说明，强调高中生学科核心素养的能力。 3. 初中教材通过前秦苻坚任用汉人王猛为丞相进行改革来说明胡人在民族交融中的尝试，更加符合民族交融的过程性理解，并与孝文帝改革相呼应，是民族交融的时代趋势。而高中教材无此处理，则需要教师在讲授过程中更加灵活地帮助学生理解民族交融的主题
东晋南朝的政权更迭与江南开发	1. 东晋司马睿与王氏共治天下，以及"南朝"政权更迭频繁，战乱不止，千里绝烟。 2. 西晋末年到东晋后期，大批北方人民进入长江中下游和今天的浙江、福建和广东等地，促进了江南地区的开发	1. 东晋统治对士族的依赖，到其进入武将刘裕之手后进入南朝时期，并阐述了南北对峙过程中的军事情况。 2. 北方人民南下开发江南，以及在开发过程中许多山区的少数民族与汉族的交融	1. 在东晋兴亡与南朝更替的叙述中，高中教材内容更强调逻辑性，以及在此过程中士族争权夺利的影响。 2. 在江南的开发中，初中教材叙述得更加详细，从内迁地理位置、发展因素和开发的行业都有非常详细的阐述。高中教材更强调开发过程中的民族交融和为隋唐盛世奠定的物质基础，并通过"学习之窗"的史实研习来说明江南开发的成就。 3. 在图片资料的使用上，初中教材例举了南朝牛车画像砖、南朝青瓷莲花尊和青瓷刻花单柄壶，高中教材则无任何配图，设置了"学习聚焦"和"思考点"两个小专栏，由此引导师生关注在江南开发中的成就

续表

相同知识点	初中历史教材	高中历史教材	解　读
前秦的崩溃北魏孝文帝改革与北方民族交融	1. 淝水之战之后前秦崩溃与南北对峙局面形成，北方再次陷入混战，北魏孝文帝通过"汉化"促进民族交融。 2. 内迁民族与汉人错居杂处，相互学习，民族关系趋于和缓，北朝后期出现各民族大交融	1. 通过东晋十六国形势图将"十六国"与文字相结合叙述前秦崩溃，以及北魏孝文帝"汉化"政策对民族交融和隋唐盛世奠定的基础。 2. 前秦时期民族交融不充分到孝文帝改革后民族交融的大趋势	1. 在此章节的编写过程中，初中与高中教材有着明显的不同，初中教材强调淝水之战以少胜多的战役；高中教材更强调战役背后，前秦时期内部各族交融不充分，统治基础脆弱，以及前秦崩溃后民族矛盾加剧的深度学习。 2. 孝文帝改革的措施在初中教材是促进民族交融，增加北魏的实力；而高中教材则强调措施对于民族交融的历史大趋势，以及由此带来的民族矛盾缓解和北方统一及为隋唐盛世奠定的基础，将孝文帝改革放在更加长的时段思考其意义。 3. 初中、高中教材都使用了"嘎仙洞遗址和刻石拓片"，高中教材补充了"东晋十六国形势图"和十六国统治者族属表，由此更加直观地了解十六国与北朝时期政权更迭情况和民族交融的要素

第6课　从隋唐盛世到五代十国

（一）教材知识结构的对比

初中历史教材（七年级下册）	高中历史教材《中外历史纲要》（上）
第一单元　隋唐时期：繁荣与开放的时代 第1课　隋朝的统一与灭亡 1. 隋的统一 2. 开通大运河 3. 开创科举取士制度 4. 隋朝的灭亡 知识拓展：隋炀帝派人三赴流求 第2课　从"贞观之治"到"开元盛世" 1. 唐朝的建立与"贞观之治" 2. 女皇帝武则天 3. 开元盛世 知识拓展：唐太宗的用人 第3课　盛唐气象 1. 经济的繁荣 2. 民族交往与交融 3. 开放的社会风气 4. 多彩的文学艺术 知识拓展：敦煌莫高窟艺术 第4课　唐朝的中外文化交流 1. 遣唐使和鉴真东渡	第二单元　三国两晋南北朝的民族交融与隋唐统一多民族封建国家的发展 第6课　从隋唐盛世到五代十国 1. 隋朝兴亡 2. 唐朝的繁荣与民族交融 3. 安史之乱、黄巢起义和五代十国

续表

初中历史教材（七年级下册）	高中历史教材《中外历史纲要》（上）
2. 唐与新罗的关系 3. 玄奘西行 知识拓展：唐朝与大食的友好往来 第5课　安史之乱与唐朝衰亡 1. 安史之乱 2. 黄巢起义与唐朝灭亡 3. 五代十国的更迭与分立 知识拓展：周世宗改革	
解读	从教材对比来看： 相同点： 1. 从内容编排来看，初中、高中历史教材均按通史体例编排。 2. 初中教材的课目和高中教材每节内容的子目高度重合。 不同点： 1. 高中教材三国两晋南北朝、隋唐和五代十国归为一个单元，初中历史教材三国两晋南北朝为一个单元，隋唐到五代十国为另一个单元。初中教材内容丰富，隋唐到五代十国政治、经济、思想文化、民族交融和中外交流均有子目论及。高中教材主要通过这一时期重要的历史事件，形成了这一时期历史发展的主要框架。 2. 初中教材将从隋朝到五代十国的历史分设为《隋朝的统一与灭亡》《从"贞观之治"到"开元盛世"》《盛唐气象》《唐朝的中外文化交流》《安史之乱与唐朝衰亡》5课时内容，高中教材仅安排《从隋唐盛世到五代十国》1课时。高中教材更加注重培养学生在更宽广的时空背景下分析问题的能力。 3. 初中教材的课目和高中教材每节内容的子目高度重合。初中教材各个子目的设置更加有利于学生知识的记忆。高中教材的子目设置有利于学生分析问题能力的培养

（二）教材相同内容表述的对比

相同知识点	初中历史教材	高中历史教材	解　读
隋朝的兴亡	1. 隋朝的建立。 2. 隋朝统治的主要举措：仓库设置、编订户籍、统一南北币制和度量衡、加强中央集权、开通大运河（设置"相关史事"）、开创科举取士制度。 3. 隋朝的灭亡：隋炀帝好大喜功，不恤民力，营建东都洛阳，开凿大运河，修筑长城和驰道，多次巡游，三次征辽东。 4. 课后活动：隋朝速亡的原因	1. 隋朝的建立。 2. 隋朝统治的主要举措：仓库设置、兴建洛阳城、开通大运河（设置"学思之窗"）。 3. 隋朝灭亡：隋炀帝大兴土木，穷奢极欲，三次大举征伐高丽。 4. 探究与拓展：隋朝灭亡的原因与其他朝代有何不同？	1. 初中、高中教材内容重复较多，总的来说高中历史是在初中历史的基础上从简择要。 2. 以大运河部分为例，初中教材设置了"相关史事"，而高中教材设置了"学思之窗"，一个是史实的补充，一个是问题的分析思考，可以看出初中、高中在内容设置上出发点的不同。 3. 探究隋朝灭亡的原因初中教材用了《炀帝陵》中的两句诗，高中教材用了《通典·食货典》和《资治通鉴》中的材料，初中教材材料的引用是为了引出问题，而高中教材材料的引用是要让学生用材料分析解决问题

相同知识点	初中历史教材	高中历史教材	解　读
从"贞观之治"到"开元盛世"	1. 唐朝的建立与"贞观之治"。 2. 武则天的统治举措。 3. 唐玄宗和"开元盛世"	1. 唐朝的建立与"贞观之治"。 2. 武则天废唐称帝。 3. 唐玄宗统治举措	1. 初中、高中教材在这部分内容的介绍上高度重合，如唐太宗和唐玄宗治国理政的具体举措方面，高中教材在初中教材的基础上进行了概括，但两者侧重点却各有不同。 2. 初中教材更偏重于介绍唐太宗、武则天和唐玄宗治国理政的具体举措，如广纳贤才、知人善任等，"相关史事""材料研读"和"知识拓展"增加了对这些具体举措的个例说明。 3. 高中教材在治国理政的具体举措上虽有提及，但并不是强调的重点，如介绍武则天这一部分，初中教材介绍了打击敌对官僚贵族，大力发展科举制，创立殿试制度，不拘一格选拔人才等，高中教材仅仅写了"废唐称帝，改国号为周"。从高中教材这部分内容设置的"学习聚焦"看，高中教材更加强调从唐太宗到唐玄宗的统治对于统一多民族国家进一步巩固和发展的意义
唐朝经济的发展	1. 农业的进步：垦田面积扩大，生产技术改进（曲辕犁和筒车），水利工程的兴修。 2. 手工业的发展。 3. 商业的繁荣	"历史纵横"部分介绍了曲辕犁	高中教材以点代面，让学生意识到在统一多民族国家进一步巩固和发展的过程中，经济因素不容忽视
民族交融	1. 唐朝时周边民族情况和民族关系。 2. 唐蕃和亲和唐蕃会盟	1. 唐朝时周边民族情况和民族关系。 2. 唐蕃和亲和唐蕃会盟	1. 初中教材和高中教材民族交融部分内容介绍都比较多。 2. 初中教材更重史实罗列，高中教材重表达民族交融的意义。例如，"历史纵横"回纥的介绍重在介绍其是维吾尔族先民的主体；唐蕃和亲，强调其促进汉藏友好关系和经济文化交流；唐朝前期疆域和边疆各族分布图（669年），强调周边少数民族建立的政权，对祖国边疆地区的开发做出了积极贡献。 3. "思考点"的设置引导学生综合分析思考隋唐盛世形成的原因
安史之乱、黄巢起义和五代十国	1. 安史之乱爆发原因、过程及影响。 2. 黄巢起义爆发原因及结果。 3. 五代十国政权更迭和发展趋势	1. 安史之乱爆发原因、过程及影响。 2. 黄巢起义影响。 3. 五代十国简介	高中教材"学习聚焦"部分内容为"安史之乱导致唐朝由盛转衰。黄巢起义后，唐朝灭亡，五代十国分裂局面出现"，可见高中教材强调历史节点的重要性

第7课　隋唐制度的变化与创新

（一）教材知识结构的对比

初中历史教材（七年级下册）	高中历史教材《中外历史纲要》（上）
第一单元　隋唐时期：繁荣与开放的时代 第1课　隋朝的统一与灭亡 1. 隋的统一 2. 开通大运河 3. 开创科举取士制度 4. 隋朝的灭亡 知识拓展：隋炀帝派人三赴流求 第2课　从"贞观之治"到"开元盛世" 1. 唐朝的建立与"贞观之治" 2. 女皇帝武则天 3. 开元盛世 知识拓展：唐太宗的用人 第3课　盛唐气象 1. 经济的繁荣 2. 民族交往与交融 3. 开放的社会风气 4. 多彩的文学艺术 知识拓展：敦煌莫高窟艺术 第4课　唐朝的中外文化交流 1. 遣唐使和鉴真东渡 2. 唐与新罗的关系 3. 玄奘西行 知识拓展：唐朝与大食的友好往来 第5课　安史之乱与唐朝衰亡 1. 安史之乱 2. 黄巢起义与唐朝灭亡 3. 五代十国的更迭与分立 知识拓展：周世宗改革	第二单元　三国两晋南北朝的民族交融与隋唐统一多民族封建国家的发展 第7课　隋唐制度的变化与创新 1. 选官制度 2. 三省六部制 3. 赋税制度
解读	从教材对比来看： 　　相同点： 　　从内容编排来看，初中、高中历史教材均注重时序观念，按照时间顺序梳理历史事件。 　　不同点： 　　1. 初中教材强调对基本史实的了解，即了解科举制的史实和意义，对三省六部制和赋税制度并未有所涉及。 　　2. 高中教材则在初中历史学习的基础之上，强调对历史解释，即通过基本史实的梳理来分析选官制度、三省六部制和赋税制度的变化与创新。 　　3. 从子目标题来看，初中教材内容较为丰富，侧重于对基本史实的梳理，给学生留下大致的历史事实。高中教材在内容编排上，时间跨度大，进行专题式的融合，侧重于学科素养的培养

（二）教材相同内容表述的对比

相同知识点	初中历史教材	高中历史教材	解　读
选官制度	魏晋南北朝时期，官吏的选拔权由上层权贵垄断，选官看重门第，不太注重才能，世家大族的子弟通过门第即可进入仕途。隋文帝即位后，废除了前朝的选官制度，注重考察人才的学识，初步建立起通过考试选拔人才的制度。隋炀帝时，进士科的创立，标志着科举制的正式确立。科举制的创立，加强了皇帝在选官和用人上的权力，扩大了官吏选拔的范围，使有才学的人能够由此参政，促进了社会阶层的流动，同时也推动了教育的发展。此后，科举制成为历朝选拔官吏的主要制度，一直维持了约1300年。 贞观时期推行了一系列革新的措施增加科举考试科目，鼓励士人报考，进士科逐渐成为最重要的科目。 武则天统治时期，打击敌对的官僚贵族，大力发展科举制，创立殿试制度，亲自面试考生，不拘一格选拔人才，扩大了统治基础	魏创立了新的选官制度九品中正制。中央委任中正官为各地人才评定等级，共分九等，朝廷依此授以相应的官职。选官标准从初创时期的家世和才能并重，发展到西晋时期主要看重家世。这样，九品中正制逐渐成为维护士族特权的工具。随着士族的没落，九品中正制无法继续。 隋朝建立后，废除九品中正制，开始采用分科考试的方式选拔官员。隋炀帝时，始建进士科，科举制度开始形成。唐朝继承和完善科举制度。唐太宗增加了考试科目，以进士和明经两科为主；武则天扩大科举取士的人数，首创了武举和殿试；唐玄宗任用高官主持考试，提高了科举考试的地位。 科举制使出身社会中下层的读书人通过相对公平的考试参加政权，扩大了统治的基础，提高了官员的文化素质，加强了中央集权	初中教材中涉及科举制的内容分布在《隋朝的统一与灭亡》《从"贞观之治"到"开元盛世"》之中，通过例举皇帝的选官措施，帮助学生更好地理解科举选官的意义。 高中教材叙述了从"九品中正制"到"科举制"的选官制度的变化，更加强调历史学科的时序观，以及知识的系统性。 在教材功能性栏目设置上，高中教材指向性更加明确
三省六部制	在政治上，进一步完善三省六部制，明确中央机构的职权及决策程度	魏晋南北朝时期，尚书台改称尚书省，与中书省和门下省形成三省，它们共同辅助决策，行使权力。 隋文帝时，中央正式确立了三省六部制。隋唐时期，三省的职权分工明确，又彼此制约。中书省负责草拟和颁发皇帝的诏令；门下省负责审核诏令，有不妥者驳回；尚书省负责执行，下设吏、户、礼、兵、刑、工六部，分工处理各项具体政务。三省长	1. 初中教材中仅在《从"贞观之治"到"开元盛世"》之中有所涉及。在高中历史教材中，有"三省六部"的形成过程，在制度上的变化与创新，并由此分析和理解"君主专制的强化"的实质，同时也对君权有一定程度上的限制。 2. 高中历史教材的具体内容既重视在义务教育的基础上有所提高，也注意学生的升学和兴趣的多元

续表

相同知识点	初中历史教材	高中历史教材	解　读
三省六部制		官共议国事，执宰相之职。唐太宗时常给品位较低的官员以宰相名号，扩大任用宰相的范围。宰相会议召开的地方称为中书门下，也叫政事堂，后改称中书门下。政事堂的设立，提高了工作效率，三省出现了一体化的趋势。 　　三省六部制的确立和完善，是中国政治制度的重大变革，对此后历朝产生了深远影响	需要。初中历史讲得细一些，高中历史从简；初中历史注意记忆性，高中历史强调分析性，使历史教育做到循序渐进
赋税制度	武则天统治时期，她继续推行贞观以来减轻人民负担的政策和措施	魏晋时期，开始实行租调制，按户征收粮和绢帛。北魏孝文帝改革，颁布均田令，受田农民承担定额租调，一夫一妇每年纳粟为租，纳帛或布为调。成年男子负担一定的徭役。唐初，将赋税对象定为 21～59 岁的成年男子。除租、调外，男子不去服徭役的可以纳绢或布代役，称为庸。以庸代役保证农民有较充分的生产时间，政府的赋税收入也有了保障。 　　天宝年间，土地买卖和兼并之风盛行，政府直接支配的土地日益减少，均田制无法推行，租庸调制也无法维护，政府财政收入锐减。为了解决财政困难，780 年，唐德宗接受宰相杨炎的建议，实行两税法。规定：每户按人丁和资产缴纳户税，按田亩缴纳地税，取消租庸调和一切杂税、杂役；一年分夏季和秋季两次纳税。 　　两税法简化税收名目，扩大收税对象，保证国家的财政收入。它"惟以资产为宗，不以丁身为本"，改变了自战国以来以人丁为主的赋税制度，减轻了政府对农民的人身控制	赋税制度仅在初中教材《从"贞观之治"到"开元盛世"》一课中有笼统的提法，并没有明确表述。在高中教材中涉及了"租调制""租庸调制""两税法"，高中历史教科书在初中历史教科书基础上有所提升

第8课 三国至隋唐的文化

（一）教材知识结构的对比

初中历史教材（七年级上、下册）	高中历史教材《中外历史纲要》（上）
第四单元 三国两晋南北朝时期：政权分立与民族交融（七年级上册） 第20课 魏晋南北朝的科技与文化 1. 贾思勰和《齐民要术》 2. 科学家祖冲之 3. 书法、绘画与雕塑 知识拓展：郦道元和《水经注》 第一单元 隋唐时期：繁荣与开放的时代（七年级下册） 第3课 盛唐气象 1. 经济的繁荣 2. 民族交往与交融 3. 开放的社会风气 4. 多彩的文学艺术 知识拓展：敦煌莫高窟艺术 第4课 唐朝的中外文化交流 1. 遣唐使和鉴真东渡 2. 唐与新罗的关系 3. 玄奘西行 知识拓展：唐朝与大食的友好往来	第二单元 三国两晋南北朝的民族交融与隋唐统一多民族封建国家的发展 第8课 三国至隋唐的文化 1. 儒学、道教与佛教的发展 2. 文学艺术 3. 科技 4. 中外文化交流
解读	从教材对比来看： 相同点： 从内容编排来看，初中、高中历史教材均为通史体例。 不同点： 1. 高中教材把三国两晋南北朝与隋唐归为一个单元，初中教材则分设为三国两晋南北朝、隋唐两个时期两个单元。高中教材《三国至隋唐的文化》仅安排1课时，而初中教材则细分为3课时。 2. 初中教材内容较为丰富，魏晋南北朝的科技文化、唐朝盛世气象及其中外文化交流的概况均有涉及，而高中部编版教材侧重点较为清晰。高中教材更多地体现出思想性和学术性的倾向，教材的更新率高。新增加了"儒学、道教与佛教的发展"这个子目。 3. 高中教材将初中教材内容重新分配编排，如初中教材《盛唐气象》一课中"经济的繁荣""民族交往与交融"的内容放置到高中教材第6课《从隋唐盛世到五代十国》。将初中《盛唐气象》一课中"开放的社会风气"这一子目内容删除掉了。 4. 高中教材将"中外文化交流"中遣唐使和鉴真东渡、唐与新罗的关系、玄奘西行三个内容放在一个子目中论述，内容含量大

（二）教材相同内容表述的对比

知识点	初中历史教材	高中历史教材	解　读
儒学、道教与佛教的发展	第20课《魏晋南北朝的科技与文化》"相关史事"小专栏简单介绍了范缜的《神灭论》	1. 汉武帝时期，儒学独尊。 2. 魏晋南北朝时，道教广为传播，佛教盛行。 3. 隋朝，三教合一。 4. 唐朝，三教并行。 5. 南朝无神论思想家范缜；统治者灭佛。 6. 唐中期，复兴儒学运动。 7. "学习聚焦"：魏晋南北朝至隋唐时期，思想活跃，呈现多元特征	1. 思想史部分的内容比较难以理解，因此初中教材对该部分内容未做详细的介绍。高中生思维较为理性，思想史作为历史文化的一个重要组成部分，必须纳入高中历史的学习范围。 2. 高中教材中"历史纵横"专栏补充介绍魏晋玄学，拓宽学生的知识视野。 3. 高中教材"学习聚焦"专栏引导学生理解这一时期思想发展的特点，同时也提示高中历史学习需要重视提升学生的归纳概括能力
文学艺术	1. 魏晋南北朝的书法（钟繇、胡昭、王羲之）。 2. 魏晋南北朝的绘画（宗教画、山水画、东晋顾恺之）。 3. 南北朝石窟艺术（云冈石窟、龙门石窟）。 4. 唐朝诗歌（李白、杜甫、白居易）。 5. 唐朝书法（颜真卿、柳公权、欧阳询）。 6. 唐朝绘画（人物画、山水画、花鸟画、宗教画、阎立本、吴道子）。 7. 唐朝音乐、舞蹈。 8. 敦煌莫高窟艺术	1. 魏晋南北朝的文学（建安文学、陶渊明、南朝骈文、南北朝民歌）。 2. 唐朝诗歌（李白、杜甫）。 3. 书法艺术大放光彩（王羲之、颜真卿、柳公权）。 4. 魏晋南北朝的绘画成就（顾恺之）；隋唐画坛（宗教画、人物画、山水画、花鸟画、吴道子）。 5. 魏晋至隋唐时期，石窟艺术（云冈石窟、龙门石窟、敦煌莫高窟）。	1. 高中教材新增介绍魏晋南北朝时期的文学。 2. 高中教材省略了对锺繇、胡昭、白居易、欧阳询、阎立本，以及唐朝音乐舞蹈的介绍。 3. 高中教材限于篇幅，内容较初中教材讲得比较简略。高中教材的知识容量很大，叙述多用概要式语言，不似初中教材那样注重细节叙述。 4. 高中教材内容与初中教材内容重合较多，但史实叙述更简单，很多知识点一句话带过。 5. 高中教材"学习聚焦"引导学生理解这一时期文学艺术成就的地位，提示高中历史学习需要重视提升学生的归纳概括能力。 6. 高中教材"史料阅读"专栏，着重锻炼高中生阅读分析史料的能力，培养学生"论从史出"的能力。 7. 高中教材"思考点"专栏，探究原因，培养问题探究的能力。 8. 课后学习拓展部分，扩大学生的学习范围，培养学生的史学素养

知识点	初中历史教材	高中历史教材	解　读
文学艺术		6. "学习聚焦"：魏晋南北朝的文学艺术成就突出，到唐朝达到新的高峰。 7. "史料阅读"：《元稹集》卷51《白氏长庆集序》，了解唐诗在当时社会上产生的巨大影响。 8. "思考点"：魏晋南北朝隋唐时期，出现了"诗圣""书圣""画圣"等杰出人物。这一时期的文艺成就达到高峰的原因是什么？ 9. "学习拓展"：选读杜甫作品中与当时历史现实有关的诗篇，体会其史料价值	
科技	魏晋南北朝科技（北朝贾思勰、南朝祖冲之、北魏郦道元《水经注》）。	1. 魏晋南北朝时期科技成就（南朝祖冲之、北朝贾思勰、西晋裴秀）。 2. 隋唐科技发展（唐朝雕版印刷术、火药、僧一行、孙思邈、《唐本草》）。 3. 学习聚焦：魏晋南北朝时期的科学技术在诸多领域取得新成果，隋唐时期科技走在世界前列。 4. "学思之窗"：贾思勰的这段话，反映了他怎样的思想？ 5. 图片：雕版印刷《金刚经》卷子，原藏于敦煌藏经洞，现存于大英图书馆	1. 高中教材新增介绍西晋裴秀、隋唐科技发展成就。 2. 高中教材省略了北魏郦道元的《水经注》。 3. 初中历史教材中，贾思勰和《齐民要术》、科学家祖冲之都用了一个小子目的篇幅内容进行介绍，而高中教材则仅用一句话带过，如"北朝贾思勰著述的《齐民要术》，是中国现存最早的一部完整的农书。""南朝祖冲之精确地算出圆周率是在3.141 592 6～3.141 592 7之间。" 4. 高中教材"学习聚焦"：增强学生的民族自豪感。 5. 高中教材"学思之窗"：锻炼学生阅读分析史料的能力。 6. 高中教材"图片"：感受中国古代科技辉煌成就的同时，感慨中国近代的落后挨打，从而培养学生的家国情怀

知识点	初中历史教材	高中历史教材	解　读
中外文化交流	1. 唐朝日本遣唐使。 2. 唐朝鉴真东渡。 3. 唐与新罗的关系。 4. 玄奘西行。 5. 唐与大食的友好往来。 6.《玄奘西行与回国路线图》	1. 东晋法显西行取经。 2. 唐朝玄奘西行取经。 3. 日本空海长安求法。 4. 唐朝鉴真东渡日本。 5. 唐朝中外文化交流活跃（唐长安、日本、新罗、使节、留学生、西亚商人）。 6.《唐朝对外主要交通路线示意图》。 7. "问题探究"：阅读材料，结合所学，谈谈唐朝所受域外文化影响在文化艺术方面的具体表现	1. 高中教材新增介绍东晋法显西行取经、日本空海长安求法。 2. 初中历史教材中，遣唐使和鉴真东渡、唐与新罗的关系、玄奘西行、唐与大食的友好往来都用了一个小子目的篇幅内容进行介绍，而高中教材则仅用一句话带过。例如，"唐朝高僧鉴真六次东渡，历尽艰险最终到达日本。""新罗、日本两国文化都受到唐朝的巨大影响。""唐朝的高僧玄奘，在贞观初年也西行前往天竺取经。他在天竺的佛教中心那烂陀寺钻研多年，又到许多国家周游讲学，成为公认的佛学大师。""唐朝后期，不少经海路来华的西亚商人在广州、泉州等港口城市定居。"同时高中历史教材中省略说明"遣唐使"。 3. 高中教材所出现的地图更加注重反映知识的整体性，反映高中历史教学要着重培养学生的时空观念。 4. 高中教材"问题探究"：高中历史教学要突出培养学生的史料实证这一学科素养

四、教学建议

本单元《三国两晋南北朝的民族交融与隋唐统一多民族封建国家的发展》包含第 5 课《三国两晋南北朝的政权更迭与民族交融》、第 6 课《从隋唐盛世到五代十国》、第 7 课《隋唐制度的变化与创新》和第 8 课《三国至隋唐的文化》共四课。教材将三国两晋南北朝与隋唐合编在一个单元，主要是因为这两个时期在历史发展的进程中存在着一定的内在联系，即三国两晋南北朝时期的"乱世"为隋唐盛世的出现奠定基础。本单元教学要注意理解以下几点：

（1）政权由三国两晋南北朝的政局动荡到隋唐盛世及五代十国的短暂分裂。220 年曹丕称帝至 589 年隋朝统一，在三国两晋南北朝近 400 年间里先后建立几十个政权，政权更迭频繁。618 年隋朝灭亡、唐朝建立，经历

200 多年的盛世之后，到 907 年唐朝灭亡，进入"五代十国"分裂局面。

（2）社会经济和制度在曲折中发展和完善。三国两晋南北朝时期战火不断，政权更迭频繁，社会经济在曲折中发展，江南得到开发。同时，选官制度、三省六部制和赋税制度不断得到发展和完善，如选官制度由看重家世的九品中正制到注重才能的科举制，使得官员选拔相对公平，提高了官员的文化素质，加强了中央集权，扩大了统治基础；三省六部制由单一的尚书台演变成了三省六部制，使得决策更加科学，对历朝历代的政治制度产生深远影响；赋税制度由魏晋时期的租调制到两税法，确立了"惟以资产为宗，不以丁身为本"的原则，改变了自战国以来以人丁为主的赋税制度，减轻了政府对农民的人身控制。

（3）民族关系由冲突走向交融，奠定隋唐盛世的基础。自东汉以来，西北边陲的一些少数民族不断向内地迁徙，由匈奴、羯、鲜卑、氐、羌等族建立政权，并采用中原模式的国号、年号，学习汉族的典章制度。在长期的混乱之中交织在一起，各民族之间差异在缩小，但民族隔阂仍然存在，北魏孝文帝改革打开了民族交融的"阀门"，成为不可阻挡之势，到唐朝时草原各族共同尊奉唐太宗为"天可汗"，正如陈寅恪在《李唐氏族推测之后记》中所述："李唐一族之所以崛兴，盖取塞外野蛮精悍之血，注入中原文化颓废之躯，旧染既除，新机重启，扩大恢张，遂能别创空前之世局。"

（4）多元碰撞下的文化自觉走向了兼收并蓄的恢宏气象。在秦汉大一统王朝分解后，中国经历了魏晋南北朝近 400 年的分裂与动荡，至隋唐 300 余年统一多民族国家的重构与鼎盛。在这一过程中，秦汉时期基本形成的中华文化共同体非但没有崩解，反而在农牧民族互动交融、中外交往不断扩大、南北经济发展等因素的共同作用下，增添了新的活力，从多元碰撞下的文化自觉走向了兼收并蓄的恢宏气象。

五、教学设计

第 5 课　三国两晋南北朝的政权更迭与民族交融①

（一）教学主旨

1. 内容要求

通过了解三国两晋南北朝政权更迭的历史脉络，隋唐时期封建社会的高

---

① 原载于《中学历史教学参考》（下半月·实践）2021 年第 1 期，略有改动。

度繁荣，认识三国两晋南北朝至隋唐时期的制度变化与创新、民族交融、区域开发和思想文化领域的新成就。

根据课标对高中历史的课程性质的定位，即承载着历史学的教育功能，以实现"立德树人"为历史课程的根本任务。故"立德树人"在本课应该落实到在唯物史观的指导下，揭示三国两晋南北朝"乱世与新机"的时代特征，特别是民族交融的过程中所形成的民族文化生命力，以此来培养学生对中华民族的认同感和感知中华文化的生命力。

2. 教材分析

本课是统编版《中外历史纲要》（上）第二单元《三国两晋南北朝的民族交融与隋唐统一多民族封建国家的发展》的第 1 课。在秦汉大一统王朝分解后，中国经历了魏晋南北朝 400 年的分裂与动荡，至隋唐 300 多年统一多民族国家的重构与鼎盛。在这一过程中，秦汉时期基本形成的中华文化共同体非但没有崩解，反而在农牧民族互动交融、中外交往不断扩大、南北经济发展等因素的共同作用下，增添了新的活力，从多元碰撞下的文化自觉走向了兼收并蓄的恢宏气象。

3. 学情分析

本课内容与统编七年级历史教材上册第 16～19 课，即《三国鼎立》《西晋的短暂统一和北方各族的内迁》《东晋南朝时期江南地区的开发》《北魏政治与北方民族大交融》的内容与本课内容重合较多，学生对本段历史有基本的了解。

4. 教学目标

（1）"五胡"进入农耕文明地区后，以苻坚和孝文帝改革为代表，纷纷采取"汉化"的政策，在此过程中实现民族交融。

（2）从 220 年曹丕代汉称帝至 589 年隋朝统一，以政权的年代存续时间来认知政权更迭的时序观念，辅之以少数民族和北方流民的空间流动图，让学生感受到在特定的时间和空间里所形成的三国两晋南北朝的时代特征。

（3）以中国古代主要朝代的存续时间、战争爆发频次和人口流动图来论证三国两晋南北朝的时代特征。通过史料《史记·货殖列传》、韩愈《送陆歙州诗序》和《江南地区开发图》予以说明江南的开发。引用三国两晋南北朝的人物，如西晋的郭钦、匈奴的刘宣、苻坚和崔浩等人的话语来说明胡汉矛盾，用川本芳昭著、余晓潮译的《中华的崩溃与扩大：魏晋南北朝》来理解孝文帝改革中的时代意义，以及朱大谓对南北朝各少数民族融入汉族总人口数考证来证明民族交融。

（4）通过史料和图片总结三国两晋南北朝时期"乱世"特征，即政权更迭频繁、战争频发和人口流动。在这样的"乱世"局面下蕴含着的"新机"，即东晋南朝时期对江南地区的大开发和十六国北朝少数民族与汉族的大交融。

（5）通过对三国两晋南北朝的时代特征"乱世与新机"的把握，以此来透视少数民族与汉族的交融，培养学生对中华民族的认同，感悟中华文化的生命力。

5. 教学重难点

重点：三国两晋南北朝时期的民族交融，学生需要明白：为什么会出现民族交融，为什么能够民族交融，民族交融带来什么样的益处，以及该如何面对民族交融？

难点：三国两晋南北朝时期政权的频繁更迭，370 年 35 个政权更迭所涉及的时间、事件和人物等众多知识点，给学生造成一种记忆梳理的负担。

6. 教学策略

在"乱世与新机"的主题下，对教材进行整合与取舍，在具体的讲解中引用图片、数据和材料，通过设问的方式引导学生思考三国两晋南北朝时期政权更迭、民族交融与江南开发，以期达到对学生学科核心素养的初步培育。

（二）教学过程

导入：

教师：今早（2019 年 12 月 6 日）的室外气温是 2 摄氏度，寒冷的空气让人感觉到不舒适，只想追逐温暖。在公元 2 世纪全球气候变冷，北纬 35°~60°的整个北方地区，即游牧人聚居区陷入严寒。欧亚大陆的游牧民族开始大举南下，在东部有匈奴、鲜卑各族，中部有嚈哒人，西部有日耳曼和斯拉夫各族。在他们的冲击下，东部的西晋帝国和西部的罗马帝国，都先后土崩瓦解。但是，雄踞东部的中华文明在战火硝烟中重新崛起更生，在西晋帝国的废墟上诞生了更加辉煌雄浑的唐帝国。而罗马帝国无法再建立地跨亚非欧的统一国家，请问中华文明为什么能够在硝烟中"重生"呢？

【设计意图】通过学生对"冷"的生活体验，过渡到图片《公元 2 世纪的全球气候变冷》，理解欧亚大陆的游牧民族大举南下造成原有文明"乱世"格局，并以对比的方式诱发学生的探索欲望。

讲授新课：

环节一 乱世：政权更迭与人口流动

1. 乱世之政权更迭频繁

教师：公元 220 年到公元 589 年隋统一，中国历经三国鼎立、西晋短期统一，东晋十六国的分裂，南朝宋、齐、梁与北魏及东、西魏的对峙，南朝陈与北齐、北周三分之局，最后隋统一（图 5－1）。

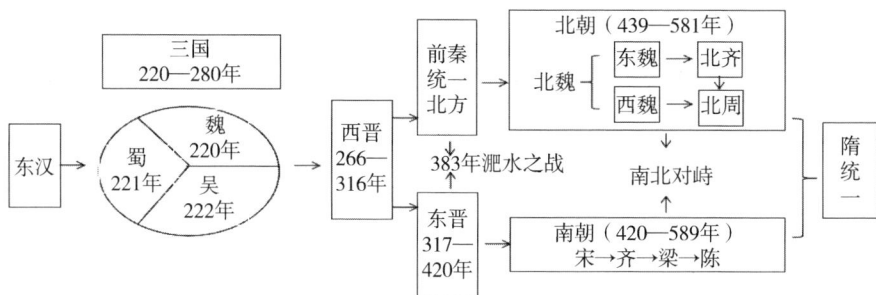

图 5－1 三国至隋唐政权更迭图

表 5－1 中国古代主要朝代存续时间统计表

时段	汉朝	三国两晋南北朝	唐朝	宋朝	元朝	明朝	清朝
存续时间	427 年	370 年	290 年	320 年	163 年	277 年	296 年

教师：通过表 5－1 可知，汉朝存续 427 年，唐朝存续 290 年，宋朝存续 320 年，元朝存续 163 年，明朝存续 277 年，清朝存续 296 年。而三国两晋南北朝存续 370 年，却"先后共建立约 35 个封建政权"，平均 10.57 年更迭一个政权。那么，三国两晋南北朝政权更迭有何特点？

学生：政权更迭频繁。

教师：故此可知三国两晋南北朝"乱世"的表现之一为政权更迭频繁。

教师：在 383 年的淝水之战中出现了"投鞭断流""草木皆兵""风声鹤唳"的成语典故，这是在战争中对苻坚之行的描述。通过这些成语对苻坚的初步印象是什么？

学生：自信与慌乱。

教师：通过以上三个成语我们可能对苻坚产生"自信与慌乱"的初步印象，在接下来的学习中会再次了解他，从另外一个角度去了解苻坚。在这个时期除了淝水之战外，还有许多著名的战争，如赤壁之战、八王之乱、永嘉之乱等，我们可以想象得出当时战争的频繁程度，当时到底有多少次战争呢？

【设计意图】一、三国两晋南北朝的政权更迭在七年级上册第四单元《三国两晋南北朝时期：政权分立与民族交融》中，学生对此已经有初步的了解，故采取简化处理，即通过朝代更迭图和老师的叙述进行回顾，让学生对此有总体认知。二、通过《中国古代主要朝代存续时间统计表》中存续时间的对比，引导学生总结本时期的"乱世"特征即政权更迭频繁。三、通过淝水之战的成语典故，初步了解苻坚的形象，为民族交融中苻坚的视野和格局埋下伏笔，达到多角度认识历史人物的目的，同时过渡到"战争频发"的教学环节。

2. 乱世之战争频发

教师：南京师范大学原博士生导师施和金教授，对顾祖禹所撰写的《读史方舆纪要》进行统计，写成《中国古代战争的时空分布》一文（表5-2）：

表5-2　中国古代战争的时空分布

时期	战争次数	年均次数
先秦（从周平王东迁算起）	661	1.2
秦汉	682	1.6
三国两晋南北朝	1677	4.6
隋唐五代	1411	3.7
宋辽金夏	620	2
元明	1141	3

教师：在施和金教授的统计表中，较中国古代其他时期，三国两晋南北朝的战争次数和频次是最多的，即战争次数达1677次，年均4.6次。由此可知三国两晋南北朝时期"乱世"的表现之一为战争频发。

教师：面对战争，百姓最直接的行动可能会是什么？

学生：四处逃散。

教师：故此三国两晋南北朝的"乱世"表现之一为战争频发。

教师：两晋时期北方少数民族南迁、政权更迭和战争频发交织在一起，给人民带来极大的痛苦，大量的逃亡形成人口的流动。

【设计意图】通过战争的总次数和年均次数，让学生更直观地感受"战争频发"的特点。再通过"面对战争普通百姓最直接的行动可能会是什么"，设问过渡到"乱世"之人口流动。

3. 乱世之人口流动

教师：请同学们观察《西晋末年少数民族与东晋时期北方流民流动示意图》（图略），概括人口流动的主要方向。

学生：由北往南流动。

教师：西晋末年北方的少数民族主要向关中转移，东晋时期北方流民从黄河下游迁往长江中下游以南地区，两晋时期人口流动主要是由北往南流动。故此得到三国两晋南北朝的特征"乱世"的表现之一为人口流动。

教师：陈寅恪先生在《魏晋南北朝史讲演录》中说："两晋南北朝三百年来的大变动，可以说就是由人口的大流动、大迁徙问题引起。"在三国两晋南北朝呈现出"大变动"的"乱世"局面，即政权频繁更迭、战争频发和人口流动。"乱世"除了给社会带来负面的影响外，也有可能蕴藏着"新机"，这里的"新机"可能会是什么呢？

学生：江南开发、民族交融。

教师：西晋末年北方少数民族南迁到黄河流域出现民族交融，东晋时期北方流民南迁到长江中下游地区出现江南开发。

【设计意图】一是通过西晋末年少数民族分布与东晋时期北方流民南迁示意图，引导学生总结人口流动的主要方向，给予学生空间地理位置变动的感观体验。二是引用陈寅恪先生的《魏晋南北朝史讲演录》，总结"乱世"的政权更迭频繁、战争频发和人口流动的"大变动"，通过设问"大变动蕴含着什么样的新机"引导学生探讨"乱世"之中蕴含的"新机"，从而实现过渡。

环节二　新机：江南开发与民族交融

1. 新机之江南大开发

材料一：关中之地，于天下三分之一，而人众不过什三，然量其富，什居其六。

——司马迁《史记·货殖列传》

材料二：当今赋出于天下，江南居十九。

——韩愈《送陆歙州诗序》

教师：通过材料一、二，概述汉唐间江南地区开发程度。

学生：开发很好，经济重心开始南移。

教师：江南地区的开发如韩愈所说的"当今赋出于天下，江南居十九"吗？

学生：不太可能。

教师：此句出自韩愈《送陆歙州诗序》，公元802年（贞元十八年）2月28日，祠部员外郎陆君到歙州做刺史，然而陆君并不想去，才有了韩愈写诗宽慰朋友的话，江南的开发是不可能达到"当今赋出于天下，江南居十九"的。故我们在学习历史的过程中，遇到相关史料时应加以考证。虽然此句是韩愈安慰朋友的话，但对江南地区的描述也不可能完全脱离实际，从某种程度说明汉唐间江南地区得到开发。那么汉唐间的江南地区到底开发到什么程度呢？

教师：请同学们结合教材第31页的内容和《江南地区的开发图》（图略），总结江南地区开发程度。

学生：江浙地区经济发展最快，湖北、湖南和江西等地区发展较快，福建、广东和广西正处于逐渐发展地区；沿着人口流动地区，南方土地得到大量开垦，种植水稻和兴建水利工程；手工业方面，纺织、造纸、制瓷、冶铸等有明显的进步；长江沿岸的荆州、江州、扬州等商业城市兴起。

教师：江南地区的农业、手工业和商业在汉唐间有所发展，也正是在这样的开发中，中国古代的经济重心开始南移。这就是三国两晋南北朝时"乱世"之中蕴含的"新机"，即江南开发，北方流民到达江南地区带来了先进的生产技术和充足的劳动力，从而对江南地区进行开发，为隋唐盛世的出现奠定经济基础。

【设计意图】一是通过史料来证明汉唐之间的开发，即三国两晋南北朝时期江南地区的开发；二是培养学生对史料的辨识意识，以此来培养学生的学科素养；三是与教材叙述相结合，追问三国两晋南北朝江南地区的开发程度，通过层层递进的设问来激发学生的探知欲；四是结合江南地区开发图片，直观地说明江南地区的开发程度。

2. 新机之民族交融

教师："乱世"之中蕴含的江南开发的"新机"，即在北方的少数民族内迁到黄河流域后出现民族交融。在历史学习中同学们已经知道孝文帝改革推动民族交融，那么北魏孝文帝改革的内容有哪些？

学生：①迁都城；②改汉服；③说汉语；④改汉姓；⑤通汉婚；⑥定门第。

教师：从改革的内容看，孝文帝改革有一个明显的方向——"汉化"。请结合教材第30页，概述北魏孝文帝的汉化改革的意义。

学生：促进民族交融，为隋唐繁荣时代的到来奠定基础。

教师：为什么说北魏孝文帝改革促进了民族交融？他的改革到底为隋唐繁荣时代的到来奠定了什么基础？为何我们的历史课一直要讲北魏孝文帝改革的内容？这场改革到底重要在哪里？

教师：历史的问题交给历史，让我们回到那一段历史中去了解这场改革，回到"胡人"大规模进入黄河流域的西晋末年，当胡人与汉人相遇时在对方眼里是什么样子？

材料三：戎狄强犷，历古为患。

——郭钦《徙戎疏》

材料四：晋为无道，奴隶御我。

——房玄龄等撰《晋书》

学生：彼此敌对。

教师：西晋末年的汉人郭钦认为进入黄河流域的胡人会带来祸患，所以他主张对胡人采取措施；另一方面，当八王之乱爆发时，司马颖向匈奴刘渊求救，匈奴拒绝支援，其原因是汉人把匈奴人当作奴隶一样对待。可以说当胡汉在黄河流域相遇时，存在着一个看似牢不可破的"胡汉壁垒"，故川本芳昭在《中华的崩溃与扩大：魏晋南北朝》中说："胡族和汉族之间各自存在着自己（我）和他者（非我族类）的严格区别，各自怀有属于完全不同的集团的强烈意识，相互否定对方。"

【设计意图】通过史料把学生带到胡汉相遇的那个时空中去，去了解当时人们的爱和恨，对历史产生更多的思考和共鸣，同时为学生理解北魏孝文帝改革的重要意义做铺垫。

教师：面对"胡汉壁垒"，有人开始做突破胡汉壁垒的尝试，这样的人有氐族苻坚，也有汉人崔浩。

材料五：吾辈与先帝共兴事业，而不预时权；君无汗马之劳，何敢专管大任？是为我耕稼而君食之乎！

——房玄龄等撰《晋书》

教师：材料五讲述了前秦氐族大臣樊世和汉族大臣王猛之间的一次冲

突，但是在这次冲突之中苻坚毫不犹豫地支持王猛杀掉樊世。这样的做法在当时是很不被理解的，因为氐族势力是前秦统治的重要依托，苻坚这样的做法无异于动摇了自己的统治根基，苻坚为什么要这么做，日本学者川本芳昭给出了一个解释："他轻视本民族氐族，而优待甚至宠任汉族和鲜卑族。为了成就华北统一大业，结束长期的各民族对立局面，当然是需要采取这些政策的。"从川本芳昭的论述中可以得知，苻坚已经看到了要实现统一大业，结束战争局面，推动民族交融是不可回避的问题。

教师：同样，汉人方面出现了像崔浩这样的人，他们出身于汉族世家大族，本来他们心向东晋，但是后来东晋却被出身并不高贵的刘裕取代，他们开始在北方的政权中寻找突破。崔浩在推动北魏实现北方统一过程中立下了汗马功劳，但是后来却因为修史被杀，关于崔浩的死，陈寅恪先生有这样的论述："汉化在胡族中是一种潮流，但在这种潮流中，也有反汉化的逆流。汉化的正流终究要战胜反汉化的逆流。不过在某一个时期，逆流也可能大于正流。在北魏前期的汉化中，逆流要大于正流，这可从崔浩事件得到说明。"

【设计意图】通过事件经历者留下的史料来解释民族交融的艰难性，以学者的观点来分析历史事件的本质，以此来培养学生对历史的理解能力。

教师：通过对以上材料的梳理，将孝文帝改革放在长时段中，同学们能说出北魏孝文帝改革对民族交融的改变吗？

学生：孝文帝改革之前民族交融只是涓涓细流，在此之后民族交融就变成了滔滔江水。

教师：孝文帝的改革就像打开了胡汉壁垒上的一道"阀门"，一个民族交融的大时代由此到来，1400多万的少数民族与汉族交融。

展示材料（图5-2）：

图5-2　南北朝各少数民族融入汉族总人口数考

【设计意图】通过材料的分析，梳理胡汉关系的历史脉络，让学生了解孝文帝改革对民族交融的影响。

教师：也正是在这个民族大交融的时代，孕育出了很多充满传奇色彩的人物，如独孤信。

材料六：信美容仪，善骑射。

信既少年，好自修饰，服章有殊于众，军中号为独孤郎。

又信在秦州，尝因猎，日暮，驰马入城，其帽微侧。诘旦，而吏民有戴帽者，咸慕信而侧帽焉。

——《周书·卷十六·列传第八》

教师：从材料六中可知独孤信是一个美男子，引领时代风尚，但更重要的是独孤信一个女儿嫁给了北周的皇帝，成为北周的皇后，一个女儿嫁给了隋文帝杨坚，成为隋朝的皇后，还有一个女儿是唐朝开国者李渊的妈妈，后来被追封为唐朝的皇后，民族大交融带来了新的民族面貌，对此陈寅恪先生有这样的论述："李唐一族之所以崛兴，盖取塞外野蛮精悍之血，注入中原文化颓废之躯，旧染既除，新机重启，扩大恢张，遂能别创空前之世局。"

教师：民族交融带来了新的民族面貌和新的民族认同，之前胡汉之间是"他们"，而现在胡汉之间是"我们"，这样的一种民族认同，为隋唐大一统时代的到来奠定了民族认同的基础。

【设计意图】引入历史人物的故事，激发学生的兴趣，同时为学生理解民族交融对隋唐盛世的到来做铺垫。

教师小结：三国两晋南北朝是一个"乱世"，即战争频发，政权更迭频繁，人民流离失所，这段历史让人失望，却又蕴含着"新机"，即江南的开发和民族的交融，让人在乱世中看到了一个恢宏的大一统时代即将到来。北魏孝文帝已经"看到了"这样的一个恢宏的大时代，可惜他却没能见证这样一个大时代的到来，中国历史在他打开那个"阀门"的时候，已然成为不可阻挡的趋势。

在这里可以回答进入本课时所提出的问题，"中华文明为什么能够在硝烟中重生？"答案或许就是民族交融，中华文化的包容性推动了民族的交融，而民族的交融又推动了中华文化的新发展。

【设计意图】呼应本课导入中提出的问题。

（三）板书设计

第 5 课　三国两晋南北朝的政权更迭与民族交融

　　1. 乱世

　　（1）乱世之政权更迭频繁

　　（2）乱世之战争频发

　　（3）乱世之人口流动

　　2. 新机

　　（1）大开发：江南新地

　　（2）大交融：北魏孝文帝改革

（四）教学反思

在初、高中教材对比的基础上，基于深度学习理论的指导，采取单元主题式教学，即三国两晋南北朝的民族交融与统一多民族封建国家的发展，揭示三国两晋南北朝"乱世与新机"的时代特征，特别是在民族交融的过程中所形成的民族文化生命力，以及三国两晋南北朝对隋唐盛世的奠基作用，以此培养学生对中华民族的认同感和感知中华文化的生命力。但在教学中对学业质量水平思考不足，没有将讲授内容与学业质量检测相结合。

（五）推荐阅读书目

1. 刘炜：《中华文明传真》，上海辞书出版社。

2. 宫本一夫、平势隆郎、鹤间和幸等：《讲谈社·中国的历史》，广西师范大学出版社。

3. 冯天瑜：《封建考论》（第二版），武汉大学出版社。

4. 葛兆光：《宅兹中国：重建有关"中国"的历史论述》，中华书局。

5. 樊树志：《国史概要》，复旦大学出版社。

6. 王家范：《中国历史通论》，生活·读书·新知三联书店。

7. 张帆：《中国古代简史》，北京大学出版社。

8. 费孝通：《中华民族多元一体格局》，中央民族大学出版社。

第 6 课　从隋唐盛世到五代十国

（一）教学主旨

1. 内容要求

通过了解三国两晋南北朝政权更迭的历史脉络，隋唐时期封建社会的高度繁荣，认识三国两晋南北朝至隋唐时期的制度变化与创新、民族交融、区域开发和思想文化领域的新成就。

2. 教材分析

本课是高中历史部编版教材《中外历史纲要》（上）第二单元的第 2 课，内容紧扣单元"隋唐统一多民族封建国家的发展"这一主题，设置了"隋朝兴亡""唐朝的繁荣与民族交融"和"安史之乱、黄巢起义和五代十国"三个子目，用历史大事件勾勒了隋唐到五代十国历史发展的基本脉络。

3. 学情分析

经过初中阶段的学习，学生对隋唐到五代十国历史的整体框架，如主要事件、主要人物等都有了一定的了解。高中历史教学则需要立足于基本史实，分析隋朝的兴亡、隋唐盛世出现的原因和隋唐由盛转衰的原因，加深对这段历史的认识。

4. 教学目标

（1）通过梳理北周隋唐皇室关系和阅读材料，了解隋唐统治者在民族身份上的独特性，厘清从南北朝到隋唐的历史脉络。

（2）结合教材"问题探究"材料，设置问题，引导学生分析隋朝兴亡的原因，加深对隋朝兴亡的认识。

（3）通过对政治统治、经济发展和民族关系的梳理，设置问题，多角度把握隋唐盛世形成的原因。

（4）通过阅读教材和材料，设置问题，引导学生分析"安史之乱"爆发的原因和藩镇割据对唐朝统治的影响。

（5）通过课堂作业的形式，引导学生认识到历史发展并不是一帆风顺的，有历史的必然性，也有曲折性。

5. 教学重难点

重点：隋唐到五代十国的历史脉络。

难点：民族关系对隋唐到五代十国历史发展的影响。

6. 教学策略

立足于基本史实，以问题为导向，以师生合作探究为教学方式，以落实学科核心素养的培养为出发点，设计本课的教学主题，深化学生对隋唐盛世的认识。

（二）教学过程

导入：

课件展示文物唐三彩骆驼载乐俑图片和简介。

教师活动：引导学生对"乐队"展开讨论。

学生活动：学生分享对"乐队"的了解和认识。

教师讲述：组建乐队是很多同学的梦想，1959年出土的一件文物，让我们看到1000多年前盛唐时期街头一支天团乐队的表演，乐队由八个人组成，乐队的主唱是一位体态丰腴的女子，乐俑所持乐器基本出自西域，他们演奏和歌唱的，很可能是流行于开元天宝年间的胡部新声，从他们的表演中我们似乎看到了盛唐的气象。隋唐盛世是令人向往的一个时代，这样的一个盛世为何能够出现，经历了怎样的更迭，后来又为何走向衰落？带着这些问题，今天我们来学习《从隋唐盛世到五代十国》一课的内容。

【设计意图】从乐队出发，激发学生兴趣，通过盛唐的乐队引出背后的历史疑问，既能吸引学生兴趣，又紧扣本课的重要问题。

任务一：隋朝兴亡

课件展示北周隋唐皇室关系表及相关材料。

隋文帝杨坚有着汉族与鲜卑族混合血统，在他身上兼具汉人胡化、胡人汉化的双重色彩，这种汉人与胡人传统兼容的身份，使他轻而易举地征服了南方的陈朝，恢复了中华帝国的统治。

——樊树志《国史概要》

教师活动：引导学生了解北周、隋朝和唐朝皇室的关系。

学生活动：结合材料分析隋唐皇室独特的民族身份带来的影响。

【设计意图】激发学生学习兴趣，明了隋唐皇室的特殊身份，结合上节课的内容，理解这种特殊性对隋唐大一统时代到来的影响。

课件展示隋朝兴亡概况：

（1）隋朝的建立：581年代周称帝，改国号为隋，589年隋灭陈，结束南北近400年分裂。

（2）隋朝统治的主要举措：仓库设置、兴建洛阳城、开通大运河。

（3）隋朝灭亡：隋炀帝大兴土木，穷奢极欲，三次大举征伐高丽，618年隋炀帝被杀，隋朝灭亡。

问题1：根据教材36~37页"问题探究"材料，结合所学知识，分析隋朝兴盛和灭亡的原因分别是什么，隋朝兴亡的原因说明了什么。

学生活动：分析隋朝的兴亡。

【设计意图】通过问题的设置与探究，加深学生对隋朝兴亡的理解，认识到人民群众是推动历史发展的巨大动力。

任务二：唐朝的繁荣与民族交融

1. 政治清明

课件展示表格（表6-1）：

表6-1 唐朝主要皇帝简介

皇帝	统治简介
唐高祖	618年，李渊在长安称帝，建立唐朝
唐太宗	轻徭薄赋，劝课农桑，戒奢从简，知人善任、虚怀纳谏
武则天	打击敌对官僚贵族，大力发展科举制，创立殿试制度，不拘一格选拔人才
唐玄宗	选贤任能，改革吏治，发展生产，大兴文治，改革兵制，将唐朝推向全盛

教师活动：引导学生分析唐朝政治统治的特点。

【设计意图】引导学生认识到唐初政治清明是推动盛世到来的原因之一。

2. 经济发展

课件展示材料及曲辕犁图片。

（唐朝工部的水部郎中）掌天下川渎、陂池之政令，以导达沟洫，堰决河渠。凡舟楫灌溉之利，咸总而举之。

——《唐六典》

唐朝首都长安是一座约100多万人口的大城市，宽阔的大道纵横交错，大道上时常挤满了波斯人、印度人、犹太人、亚美尼亚人和各种中亚人。

——斯塔夫里阿诺斯《全球通史》

问题2：根据所学，结合以上材料，分析推动唐朝经济发展的因素有哪些。

教师活动：对较难理解的句子进行讲解分析，引导学生从多角度分析问题。

学生活动：分析唐朝经济发展的原因。

【设计意图】通过史料的阅读，加深对唐朝经济发展的了解，认识到经济发展是推动唐朝盛世出现的重要原因，渗透史料实证。

3. 民族交融

课件展示唐朝前期疆域和边疆各族分布图（669年）。

【设计意图】通过唐朝前期边疆形势图，引导学生关注唐朝边疆各族形势，一方面引导学生了解少数民族政权对祖国边疆地区开发的积极贡献，另一方面引导学生了解唐王朝需要面对的是突厥、回纥、吐蕃等强大的部族，民族政策对于唐王朝的统治至关重要，渗透时空观念。

课件展示材料：

夷狄亦人，以德治之，可使如一家。

——《唐会要》

汉武帝穷兵三十余年，疲敝中国，所获无几；岂如今日绥之以德，使穷发之地尽为编户乎！

——《贞观政要》

自古皆贵中华，贱夷狄，朕独爱之如一。

——《资治通鉴》

教师活动：

讲解材料内容，引出问题3：根据材料指出唐太宗李世民在民族问题上与前代有何不同，试分析原因？

学生活动：根据材料指出不同，结合所学分析原因。

【设计意图】引导学生立足于历史与现实因素分析史料，理解唐朝民族政策的独特性，渗透史料实证和历史解释。

课件展示唐朝在民族关系上的具体举措（表6-2）。

表6-2　唐朝在民族关系上的具体举措

民族	举　措
东突厥	武力征服、册封突厥贵族管理故地、"各适其性，全其部落"
西突厥	武力征服、先后设置安西都护府和北庭都护府
回纥	册封首领为怀仁可汗
吐蕃	和亲与唐蕃会盟
粟末靺鞨	唐玄宗册封首领大祚荣为渤海郡王

教师讲解：可以看出唐朝实行了较为开明的民族政策，正是这样的民族政策，促进了民族间的交往沟通，推动民族交融，带来了繁荣的盛世，让我们看到了充满异域色彩的唐三彩骆驼载乐俑，感受到来自盛唐的声音，造就了一个不同于以往的时代。

课件展示材料：

唐人既不是魏晋以前汉人的简单延续，也不是胡族单向地融入汉族，而是汉胡互化产生的共同体。这个民族共同体在唐朝近300年中，又继续不断地与域外、周边的胡人以及来唐的外国人融为一体，不断汲取新鲜血液，因而更加生机勃勃，充满活力，以气吞日月的磅礴气势，海纳百川的博大胸怀，刻意求新的独创精神，缔造出中华文明史上光彩夺目的一页。

——樊树志《国史十六讲》

教师活动：引导学生阅读材料，提出问题4：根据材料分析唐朝开明的民族政策带来了什么影响。

学生活动：根据材料归纳影响。

【设计意图】厘清民族政策和隋唐盛世的关系，回应导入，渗透历史解释。

教师活动：引导学生关注教材第35页"思考点"，提出问题5：结合所学知识，归纳隋唐盛世形成的原因有哪些。

学生活动：讨论分析原因。

【设计意图】引导学生关注教材功能栏目，对所学内容进行归纳概括，学会多角度分析问题，渗透历史解释。

任务三：安史之乱、黄巢起义和五代十国

1. 安史之乱

课件展示材料和天宝十节度使分布图。

中原地区的军事威胁主要来自吐蕃、西突厥、奚、契丹等处于游牧与半游牧状态下的少数民族，而除吐蕃外，他们的目的是快速地劫掠而非长久占领疆土，因此他们会派大部分精兵快速突击。……应对小规模作战，原有的兵制（府兵制）则显得迟滞。手握重兵的节度使应运而生，形成了指挥灵活、反应快速、规模庞大的边兵。

——华林甫《中华文明地图》

教师活动：引导学生阅读材料，提出问题6：阅读教材并根据材料分析安史之乱爆发的原因。

学生活动：根据材料和图片分析原因。

【设计意图】加深学生对安史之乱爆发原因的认识，引导学生辩证地看待唐朝的民族政策，渗透唯物史观。

课件展示材料：

材料一：藩镇是一种帝国为化解安史危机，甚至还包括帝国前期痼疾而采取得相当理性的举措。在与藩镇的博弈中，唐帝国通过不断的学习与调整，重新树立起它对藩镇的权威和控制力。因此，唐政权不仅在乱后重新生存了下来，而且延续时间比代表"盛唐"气象的帝国前期还要长。

——摘编自李碧妍《危机与重构：唐帝国及其地方诸侯》

材料二：自唐末农民战争开始，藩镇的本质发生了根本性的变化，或在农民战争中保存实力，或借农民战争之机脱离唐廷自立，作为国家机器组成部分的藩镇已不复存在，变成了瓦解李唐统治的因素，肢解了大唐帝国，使唐廷彻底丧失了对地方的控制。

——摘编自程志《晚唐藩镇与唐朝灭亡》

设置问题7：根据材料一和材料二，分析藩镇割据对唐朝统治的影响。

教师活动：引导学生分析材料和阅读教材。

【设计意图】加深学生对藩镇割据的认识，了解"安史之乱"后唐朝衰亡的原因。

2. 黄巢起义

教师活动：讲述黄巢起义相关史实。

【设计意图】学生了解基本史实，形成隋唐到五代十国完整的历史脉络。

3. 五代十国

课件展示五代十国相关材料（表6-3）。

表6-3 五代十国朝代信息表

朝代		开国皇帝	身份
五代	后梁	朱温	宣武节度使
	后唐	李存勖	河东节度使
	后晋	石敬瑭	河东节度使
	后汉	刘䍐	河东节度使
	后周	郭威	天雄军节度使
十国	吴越	钱镠	镇海、镇东二镇节度使
	南汉	刘䶮	清海军节度使
	闽	王审知	威武军节度使
	吴	杨行密	淮南节度使
	楚	马殷	武安军节度使
	前蜀	王建	西川节度使
	南平	高季兴	荆南节度使
	后蜀	孟知祥	西川节度使
	南唐	李昪（徐知诰）	升州刺史
	北汉	刘旻	河东节度使

——摘编自朱绍侯、张海鹏、齐涛《中国古代史》

重荣起于军伍,暴得富贵,复睹累朝自节镇遽升大位,每谓人曰:天子,兵强马壮者当为之,宁有种耶!

——《旧五代史》

教师活动:引导学生了解五代十国的时代特征。

课件展示后周世宗柴荣改革的背景、内容和作用。

【设计意图】引导学生认识到藩镇割据对五代十国的影响,了解到抑制藩镇、强化中央集权的历史发展趋势,为讲述下一单元内容做铺垫。

教师活动:布置和引导学生完成课堂作业"以隋唐到五代十国的重要历史事件为节点,用线条勾勒从隋唐盛世到五代十国的历史轨迹"。

【设计意图】总结本课所学,激发学生的创新能力,引导学生认识到历史发展并不是一帆风顺的,有历史的必然性,也有曲折性。

(三)板书设计

第6课 从隋唐盛世到五代十国

1. 隋朝兴亡

(1)隋朝的建立

(2)隋朝统治的主要举措

(3)隋朝灭亡

2. 唐朝的繁荣与民族交融

(1)政治清明

(2)经济发展

(3)民族交融

3. 安史之乱、黄巢起义和五代十国

(1)安史之乱

(2)黄巢起义

(3)五代十国

(四)教学反思

本课内容时间跨度大、知识较为零散,因此在教学中要做好单元定位,结合课标要求,确定本课的重难点,以主要问题统辖本课零散的知识点。

在教学中,我以"隋唐到五代十国的历史脉络"为教学重点,以"民族关系对隋唐到五代十国历史发展的影响"为教学难点,通过小问题的设置,逐步突破重难点,渗透学科核心素养的培养,主要问题的设置达到了预期的效果,加深了学生对隋唐历史的认识。不足之处是在学科核心素养培养方面选择的材料还有待丰富和完善。

（五）推荐阅读书目

1. 宫本一夫、平势隆郎、鹤间和幸等：《讲谈社·中国的历史》，广西师范大学出版社。

2. 冯天瑜：《封建考论》（第二版），武汉大学出版社。

3. 葛兆光：《宅兹中国：重建有关"中国"的历史论述》，中华书局。

4. 樊树志：《国史概要》，复旦大学出版社。

5. 王家范：《中国历史通论》，生活·读书·新知三联书店。

6. 张帆：《中国古代简史》，北京大学出版社。

7. 陆威仪：《世界性的帝国：唐朝》，中信出版社。

第7课　隋唐制度的变化与创新

（一）教学主旨

1. 内容要求

通过了解三国两晋南北朝政权更迭的历史脉络，隋唐时期封建社会的高度繁荣，认识三国两晋南北朝至隋唐时期的制度变化与创新、民族交融、区域开发和思想文化领域的新成就。

2. 教材分析

隋唐时期是我国古代统一多民族封建国家的发展时期，制度创新是其发展的重要内容，隋唐制度是对魏晋以来制度的继承和发展，也对后世的制度产生了深远的影响。本课中隋唐时期的政治和经济制度都属于核心知识，并且属于本单元和中国古代史的重点和难点部分。本课内容关系到对隋唐时期的全面认识和对中国古代制度发展线索规律的认知。

3. 学情分析

高一的学生在初中历史课程中学习了科举制的相关内容，三省六部制和赋税制度在初中历史课本未全面介绍，因而需要获取新知识；学生能通过阅读获取信息，但获取能力比较欠缺，应使学生学会组织和运用相关历史术语对具体史事做出解释，并全面提高论述历史问题的能力与素养。

4. 教学目标

（1）从察举制到九品中正制再到科举制的变化的史实和选官制度创新的意义。

（2）从三省制到三省六部制的变化，理解三省六部制对中央官制发展成熟的意义。

（3）从租调制到租庸调制再到两税法的变化，体会封建国家对农民人身限制的放松。

（4）理解制度变化的原因和制度创新对隋唐封建国家繁荣以及中华文明延续发展的意义。

5. 教学重难点

重点：科举制、三省六部制的内容和影响。

难点：赋税制度的变化。

6. 教学策略

以问题为导向，以师生合作探究为教学方式，以激发学生兴趣、落实学科核心素养的培养为出发点，设计本课的教学主题。

（二）教学过程

导入：

材料一：白居易，字乐天……居易敏悟绝人，工文章……贞元中，擢进士、拔萃皆中……（元和三年）迁左拾遗……（会昌）六年，卒，年七十五，赠尚书右仆射，宣宗以诗吊之。

——《新唐书·白居易传》

师：从这段史料来看，白居易的生平与我们今天要探究的哪些制度有关联呢？

生："擢进士、拔萃皆中……"联系到科举制；"左拾遗""尚书右仆射"联系到三省六部制等。

师：可见，今天我们从历史学科的角度，看到的白居易不仅是一位诗人，更是"举人"和"官员"。那我们就开始一起去认识白居易的新身份和隋唐的这些制度吧。

【设计意图】以文入史，增加学习兴趣。用史书加时间轴的方式展示人物生平，进行时空观念渗透，同时进行文史素养浸润。

新课教学

任务一：选官制度

材料二：慈恩塔下题名处，十七人中最少年。

——白居易《句》

教师活动：激趣——参考教材第 39 页右上角图文信息，请指出此句诗中"慈恩塔下题名处"与唐朝的什么制度相关？

学生活动：学生联系诗句得出这与"科举制"相关。

师生互动：从此诗句分析它反映了白居易当时怎样的心情及其原因，从而引入隋唐的选官制度变化。

1. 从察举制到九品中正制

教师活动：设疑——要求学生依据学案上的材料并结合课本相关知识，指出从汉至魏晋南北朝选官制的变革（提示：从方式、标准、权力归属等方面），并分析魏晋南北朝选官制的弊端。

材料三：察举在汉武帝时形成固定制度，由郡国定期向中央推举人才（西汉时每年推举1人），以及应中央政府的特殊需要，不定期推举若干专门人才。察举标准有四条，"一曰德行高妙，志节清白；二曰学通行修，经中博士；三曰明达法令，足以决疑；四曰刚毅多略，遭事不惑。"察举虽由地方官掌握，但前提往往是被选拔人当地的士人舆论，当地舆论对所有人都有一个基本的评价，评价高者，很自然能够被推举。

——张鸣《中国古代政治制度史导论》

材料四：（九品之制开始）犹有乡论余风（指根据德才评定）。中间渐染，遂计资定品，使天下观望，唯以居位为贵。

——《晋书》卷三六《卫瓘传》

学生活动：展示预习成果，并进行归纳总结。

察举制：选拔方式是"地方推荐"；标准是"品德和才学"；选拔权力归地方掌握。

九品中正制：选拔方式是中央委任中正官为各地人才评定等级，共分九等，朝廷依此授以相应官职；标准从初时的品德才能到后来看家世门第；选官权力被士族所垄断。

九品中正制导致了社会阶层的固化，不利于社会公平，也逐渐成为维护士族特权的工具，威胁了朝廷的权威。

【设计意图】对学生提炼信息、归纳总结、表述能力的培养。

2. 科举制（图7-1、图7-2）

教师活动：设疑——依据材料并结合课本相关知识，指出相比以前，隋唐的选官制有何变化？

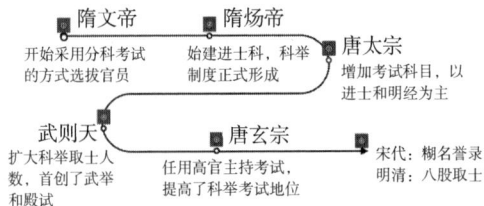

图7-1　科举制发展

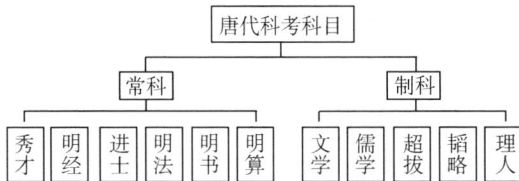

图 7 - 2　唐代科考科目

[注：进士科考试内容主要为帖经、杂文（诗或骈文）、时务策三类]

学生活动：学生展示预习成果，并进行归纳总结。

（1）选拔方式：考试；标准：注重才学；选拔权力：重归中央。

（2）知识小结：古代选官制的演变。（图 7 - 3）（一分钟完善表格内容）

时期	制度	方式	标准	权力归属
夏商西周	世官制	世袭	血缘	贵族集团内部继承
战国至秦朝	军功爵制	中央任免	军功（才能）	中央
汉朝	察举制	自下而上推荐	品德和才能	地方官
三国两晋南北朝	九品中正制	中正官评定授官	初品德才能后家世门第	门阀士族
隋唐至明清	科举制	考试	才学	中央

图 7 - 3　古代选官制的演变

材料五：科举的创新之处就在于不仅为社会底层的知识分子提供了持续流动的可能，而且将其制度化……它那"朝为田舍郎，暮登天子堂"式的"机会均等"……的机制，对知识分子的社会心理是一种塑造，客观上激励了个人的奋斗精神。

——薛明扬《中国传统文化概论》

材料六：缙绅虽位极人臣，不由进士者终不为美……其推重谓之"白衣公卿"，又曰"一品白衫"。其艰难谓之"三十老明经，五十少进士"。……其有老死于文场者，亦无所恨。故有诗云："太宗皇帝真长策，赚得英雄尽白头！"

——王定保《唐摭言》卷 1《散序进士》

教师活动：置疑——依据材料并结合课本相关知识，概括指出与之前的选官方式相比，科举制有何创新之处？产生了怎样的积极影响？

学生活动：

（1）创新：有利于社会阶层流动并将其制度化；更加公平公正；选拔

权力归中央所有。

（2）影响：扩大了统治基础，促进了社会公平，激励了向学风气，提高了官员文化素质，加强了中央集权。

【设计意图】科举考试选拔制度的建立，带来了社会阶层的流动，促进了社会公平。这能激励读书人积极向学的心态。

教师活动：

点拨——小结：中国古代选官制度逐渐走向成熟与完善。

任务二：三省六部制

教师活动：（过渡）科举制度是为国家选拔官员而设，年轻举人白居易很快便被朝廷任用，成为一名官员。（展示时间轴）但从白居易从政的一生来看，可谓宦海沉浮。在他的诗句中，他曾说："昔为凤阁郎，今为二千石。"从我们学案提供的拓展阅读资料可知，这里的"凤阁郎"是指白居易在 808 年曾在朝廷中枢任左拾遗，但之后被贬江州司马，外放杭州刺史等，后又调任中央，直至 842 年，以刑部尚书的高位致仕。这里的"左拾遗""刑部尚书"等官职就和我们今天要学习的"三省六部制"相关。

1. 从尚书台到三省制

材料七：光武皇帝愠数世之失权，忿强臣之窃命，矫枉过直，政不任下，虽置三公，事归台阁（即尚书台），自此以来，三公之职，备员而已。

——《后汉书·仲长统传·法诫篇》

材料八：魏晋南北朝时期，尚书台改称尚书省，与中书省和门下省形成三省，它们共同辅助决策，行使权力。

——《中外历史纲要》（上）

教师活动：设疑——依据材料并结合课本相关知识，概括从汉至魏晋南北朝中枢政务机构的变革过程。

学生活动：（西汉）中外朝制——（东汉）尚书台——（魏晋南北朝）三省制。

2. 从三省制到三省六部制

材料九：唐制，每事先经由中书省，中书做定将上，得旨，再下中书，中书以付门下。或有未当，则门下缴驳……若可行，门下又下尚书省，尚书但主书撰奉行而已。

——《朱子语类》

材料十：唐代宰相是委员制。最高议事机关称政事堂。一切政府法令，须用皇帝诏书名义颁布者，事先由政事堂开会议决。送进皇宫划一敕字，然后由政事堂盖印中书、门下之章发下。

——钱穆《国史新论》

教师活动：设疑——依据材料并结合课本相关知识，概括三省六部制的特点。试分析中枢政务机构权力演变的趋势。

学生活动：

（1）特点：相权三分、职权分明、提高效率、节制君权、寒门参政、加强皇权。

（2）趋势：相权削弱，皇权加强。

（3）知识小结：古代中枢政务机构演变。（表7-1）

表7-1　古代中枢政务机构演变

时期		中枢政务机构	权力分配	趋势
西汉	武帝前	三公九卿	丞相集决策、行政、用人、审议和司法于一身	宰相权力不断分化削弱相权加强皇权
	武帝后	中外朝制	中朝决策，外朝执行	
魏晋南北朝		三省制	三省共同辅助决策	
隋唐		三省六部制	中书起草诏令、门下封驳审议、尚书执行	
……				

教师活动：

点拨——小结：中央决策和行政体系日臻完备。

【设计意图】通过对本部分内容的学习，进一步培养学生的多形式材料阅读能力，并训练抽象概括历史发展趋势、规律的能力。

任务三：赋税制度

教师活动：（过渡）无论是身在中央还是外放地方，作为朝廷官员，白居易始终忧国忧民。他曾说："文章合为时而著，歌诗合为事而作。"所以他的诗歌中有大量的反映民间疾苦的内容，如我们都学过的《卖炭翁》中说"可怜身上衣正单，心忧炭贱愿天寒"，还有一首《重赋》："国家定两税，本意在忧人。"——国家制定两税法，本意是推行仁政，为民解忧。那么，两税法是如何"为民解忧"的，其积极意义是什么呢？让我们一起来分析探讨。

材料十一：至是，炎建议作两税法。先计州县每岁所应费用及上供之数而赋予人，量出以制入。户无主客，以现居为簿，人无丁中，以资富为差。为行商者，在所州县税三十之一，使与居者均，无侥利。居人之税，秋、夏两征之。其租庸调、杂徭悉省。

——《资治通鉴》卷226

教师活动：设疑——阅读材料，概括两税法的征课对象、依据、内容和时间。相对租庸调制，两税法有何创新？两税法改革的积极意义是什么？

学生活动：

（1）概括：对象（主户、客户、商人）；依据和内容：按人丁和资产交纳户税，按田亩交纳地税；时间：夏、秋两季。

（2）创新：扩大征税对象，简化收税名目——增加国家财政收入；按人丁和财产征收赋税，减轻了对人民的人身控制。

（3）积极意义：加强政府统治，有利经济发展，减轻农民负担。

（4）小结：赋税制度的变化，反映出国家对农民的人身控制逐渐放松，直到两税法实行，征税的主要标准从人丁转为财产。

（5）知识小结（图7-4）：

时期	赋税制度	征收依据
春秋末期	"相地而衰征" "初税亩"	以土地为主
汉	编户制度	以人丁为主
魏晋南北朝	租调制	以人丁为主
隋唐	租庸调制	以人丁为主
唐中期	两税法	以人丁和财产为主
……	……	……

图7-4 古代赋税制度演变

【设计意图】通过这部分知识的学习和探究，了解古代中国赋税制度变化过程和初步总结古代中国赋税制度变革的规律。

材料十二：文章已满行人耳，一度思卿一怆然。

——李忱《吊白居易》

教师活动：公元846年，时年76岁的白居易离世。唐宣宗李忱（chén）写诗凭吊。之所以"文章已满行人耳"，可能是因为既是诗人，更是唐朝的一名官员，白居易的诗作展现的内容，体现了他心怀家国的精神，折射了唐代社会发展的一些状况,反映了时代的变迁——包括隋唐时期的制度变化与创新。

【设计意图】**感受制度创新的历史意义,增强制度自信和文化自信,培养家国情怀。**

教师总结:今天我们学习了隋唐时期三个方面制度的变化与创新,总的说来,从察举制到科举制,使人才的选拔权力收归中央,可以总结为"人归君";从三省制到三省六部制,君权得到强化,可以总结为"权归君";从租调制到两税法,国家的赋税收入增加了,可以总结为"钱归君"。通过这些制度的改革创新,最终加强了专制主义中央集权,为隋唐的强盛奠定了制度基础。

而我们又可以看到,制度的变化与创新并不只发生在唐朝。在从秦汉到隋唐,甚至在之后的中华文明发展演进过程中,制度的变革与创新一直在进行着。这是中华文明能够持续发展并保持高度辉煌的活力源泉。习近平总书记指出:"创新是一个民族进步的灵魂,是一个国家兴旺发达的不竭动力,也是中华民族最深沉的民族禀赋。在激烈的国际竞争中,惟创新者进,惟创新者强,惟创新者胜。"

(三) 板书设计

第 7 课 隋唐制度的变化与创新

1. 选官制度

2. 三省六部制 (中枢政务机构)

3. 赋税制度

(四) 教学反思

本课容量大,内容涉及三个方面制度的变化,仅依靠课堂时间是无法完成的。所以设计了前置性预习案,要求学生课前独立完成。从预习案落实情况来看,学生通过将教材和预习案相结合学习,基本能完成预习案上关于制度变化与创新的史实和特点、意义等内容的归纳总结,且落实情况较好。这说明在史料充分的情况下,学生又有了初步的历史解释的素养,是能较好地完成一些基础性和中等难度问题的探究的。

在课堂教学过程中,主要是结合材料引导学生去实践历史解释素养的培养。过程是逻辑清晰的,也较好地完成了预期目标。在问题引领、任务驱动的环节上,还是没有真正意义上实现学生的生成性探索,仍是在教师的预设中去进行探究学习,这一点是改进的重要指导性思路。

用人物作为明线将三个制度串联，使课堂整体性和故事性都得到加强，是本节课设计的亮点。

（五）推荐阅读书目

1. 刘炜：《中华文明传真》，上海辞书出版社。

2. 樊树志：《国史概要》，复旦大学出版社。

3. 王家范：《中国历史通论》，生活·读书·新知三联书店。

4. 费正清、崔瑞德：《剑桥中国史》，中国社会科学出版社。

第8课　三国至隋唐的文化

（一）教学主旨

1. 内容要求

通过了解三国两晋南北朝历史脉络，隋唐时期封建社会的高度繁荣，认识三国两晋南北朝至隋唐时期的制度变化与创新、民族交融、区域开发和思想文化领域的新成就。

2. 教材分析

本课是部编版《中外历史纲要》（上）第二单元《三国两晋南北朝的民族交融与隋唐统一多民族封建国家的发展》的最后一课。在秦汉大一统王朝分解后，中国经历了魏晋南北朝近400年的分裂与动荡，至隋唐300多年统一多民族国家的重构与鼎盛，在这一过程中，秦汉时期基本形成的中华文化共同体非但没有崩解，反而在农牧民族互动交融、中外交往不断扩大、南北经济发展等因素的共同作用下，增添了新的活力，从多元碰撞下的文化自觉走向了兼收并蓄的恢宏气象。

本课上承前面三课《三国两晋南北朝的政权更迭与民族交融》《从隋唐盛世到五代十国》《隋唐制度的变化与创新》，这三课主要从政权变迁、制度变化、社会发展等方面对三国至隋唐时期进行介绍，为本课教师引领学生归纳分析文化成就取得的原因打下基础。

本课以专题形式介绍了从三国至隋唐时期思想、文学、艺术、科技和对外交流等方面的发展状况。而这些文化成就正是国家政治、经济状况在思想领域的反映，是三国至隋唐时期民族交融和统一多民族封建国家发展的结果，是中国思想史发展的重要阶段。

通过对比初中、高中教材发现，本课内容初中已分三节课讲过，基本属于成果罗列型知识，主要从魏晋南北朝的科技与文化、唐朝多彩的文学艺术和中外文化交流三个方面梳理历史知识，史实叙述非常详尽，材料图片非常丰富，学生已对整个这一时期的文化进行宏观以及细节性的掌握。高中新增的内容主要在第一子目：儒学、道教与佛教的发展。其思维含量高、探究价值大，需要教师重点讲解。

这节课内容时间跨度大、内容庞杂，很难驾驭，因此采取了化繁为简、重点突破的策略，通过对比初中、高中教材，对内容做出了详略取舍。三国两晋南北朝时期国家分裂、政权更迭，到隋唐统一多民族封建国家得到发展。分裂时期，往往是思想自由、文化繁荣的时期，魏晋南北朝时期民族融合加速，封建经济继续发展，江南得到开发，为文化的发展奠定了基础。中原文化在吸收、融合外来文化、少数民族文化的基础上实现了自我更新，成为国家走向统一的精神纽带。隋唐经济发展、政局稳定、对外开放，继续推动了文化融合并走向繁荣。因此，本课的教学设计以"互动孕育新生"为主题，以"在碰撞中融合""在融合中创新""在互动中交流"三个环节为主线，勾勒这一时期文化发展中的品质或精神。最后增加一个环节："后记：任重道远，无问西东与古今"让学生进一步认识中国文化是在继承、吸收、融合和创新中不断走向繁荣的。

3. 学情分析

本课的教学对象是高一学生，对高中的历史学习尚处于刚刚接触状态。

（1）在知识层面。学生在初中时期就已经学过《魏晋南北朝的科技与文化》《盛唐气象》《唐朝的中外文化交流》三节内容，对于魏晋南北朝时期的科技、书法、绘画、石窟雕塑等成就，隋唐时期的文化、中外文化交流等已经有了基本了解，但对此时期儒学、道教与佛教的发展了解较少。因此，教师要对教学内容进行详略取舍，化繁为简，对初中所学知识进行回顾，并把第一子目的内容作为讲授的重点。

（2）在学习、接受能力方面。学生在经历初中阶段以及高中前一阶段的学习后，已经具备了一定的学习能力，并对高中历史的课程内容、教师的教学方式、有效的学习方法等，都有了一定的了解和认识。但提取材料、分析信息的能力较弱，因此，教师在本课教学中，要注意借助材料引导学生进行分析和思考，提高他们动手和自主分析的能力。

（3）在认知和心理特点方面。高中生抽象思维能力逐步提升，具有独立思考的能力。青少年思维活跃，求知欲和好奇心强，更容易调动起学习热情。

4. 教学目标

（1）了解三国至隋唐文化的内容，分析三国至隋唐文化发展的社会历史客观基础，由文化到社会存在、由表及里形成对社会存在决定社会意识的唯物史观的认识。

（2）在特定的时间、空间背景下思考文化发展的原因，注意到文化发展、繁荣需要一定的进程。

（3）欣赏这一时期的书法、绘画、壁画、建筑、唐三彩俑，感受其艺术魅力。

（4）通过对材料进行分层、概括，初步掌握阅读史料的方法。

（5）学习三国至隋唐的思想、科技、文艺等方面的成就，认识到文化的繁荣离不开中华文化的自我更新与对异质文化的包容，这也是中华文化强大的体现，在这个过程中了解并认同中华优秀传统文化，认识中华文明的历史价值和现实意义，树立文化自信。

5. 教学重难点

重点：三国至隋唐思想文化领域的新成就。

难点：三国至隋唐儒学、佛教和道教的发展。

6. 教学策略

（1）讲述法：教师通过简明、生动的口头语言向学生传授相关知识，引导学生认识和分析问题，增加学生对基础知识的掌握。

（2）合作探究法：在课堂教学中，充分发挥教师的主导作用和学生的主体作用，在教师的引导下，充分利用集体智慧挖掘集体合作的力量，培养学生在学习活动中的自觉性、主动性、独立性、创造性。

（3）讨论法：在教师的指导下，学生以全班或小组为单位，围绕问题，各抒己见，以培养合作精神，激发学生的学习兴趣，提高学生学习的独立性。

（4）史料分析法：在教师的指导下，学生提取总结史料相关信息，解读史料总结答案，培养历史思维能力。

（二）教学过程

导入：

首先教师展示一段史料：

在中国几千年的文明史中，"分"与"合"交替出现。殷商、西周是一元官学时代；东周则离析出多元私学；秦汉又力加整合、几经试验，终于定型为以儒为宗，兼纳道、法、阴阳的一元帝国文化；魏晋南北朝近四百年间（185～581），社会支离，一元帝国文化随之崩解，这一时期的文化呈多元走向。概括来讲，魏晋文化是声威远播的大汉与多姿多彩的盛唐两次"合"之间的"分",它在乱世孕育了自身,又孕育了后来的隋唐文化。

——王立《风流与盛世:魏晋南北朝隋唐文化简史》

【设计意图】利用学者的这一段话,开门见山,直接引入本课教学主题"互动孕育新生:三国至隋唐的文化"。

讲授新课:

环节一:在碰撞中融合——儒学、道教与佛教的发展

表8-1　儒学、道教与佛教的发展

时间	儒学	道教	佛教
汉朝			
魏晋南北朝			
隋朝			
唐朝			

学生活动:阅读课本第一子目"儒学、道教与佛教的发展",找出儒学、道教和佛教的发展历程并总结其特点。(表8-1)

表8-1　儒学、道教与佛教的发展

时间	儒学	道教	佛教
汉朝	汉武帝时确立正统地位,呈繁盛之势	东汉末兴起,出现大量道教组织,如太平道等	两汉传入中国,汉明帝派使臣去西域求佛法,修建白马寺
魏晋南北朝	受到佛、道的冲击,但仍为主流;吸收佛、道精神,有新发展	在民间广为传播,主张"贵儒"和"尊道"	盛行;吸收儒、道思想,渐趋本土化;范缜反佛,北魏北周统治者几度灭佛
隋朝	提出儒、佛、道"三教合归儒",以儒为主		
唐朝	"三教并行";韩愈提出复兴儒学	奉老子为祖先,道教最受尊崇	武则天时有很大发展,禅宗影响最大

教师在学生回答的基础上,补充指出特点:①思想多元,融合共生;②三教合一的历史趋势;③儒家思想始终在中国封建社会占据主导地位。

【设计意图】设置表格,让学生自主阅读、梳理教材,初步了解儒学、佛教和道教的多元发展。

1. 儒学危机——信仰的崩溃

教师展示《竹林七贤》的图片及史料。

他们极度重视个体精神自由，以放浪形骸、鄙视礼教、行为特异为风度，以鄙视君臣关系、任性旷达而闻名于世；同时，他们又是孝子，教育子侄礼教尚峻。嵇康临终写了《家诫》，教育子孙奉行儒家伦理。阮籍母亲亡故时，别看他照样下围棋、喝酒吃肉，似乎不拘孝子之礼，但酒肉之后他长号吐血，也以孝子闻名。

——金观涛、刘青峰《中国思想史十讲》

学生探究：结合图片和史料，讲述竹林七贤的故事。思考为什么他们会有这样的行为举止？反映了什么实质问题？

学生小组讨论，回答：魏晋南北朝时期，四分五裂，政权更迭频繁，门阀政治、庄园经济盛行，反映了儒学出现危机。

【设计意图】结合图片，讲述历史故事，创设情境，激发学生学习兴趣。

教师展示史料。

魏晋时代，是一个没有权威思想的时代，人们无拘无束地凭借着自己的个性、思想、学识来设计自己的理想模式，故对人自身的认真思考，对精神意境的追求，便构成了思想界的主流，这是一个人的觉醒的时代。

——马良怀《魏晋南北朝时期的社会文化思潮论纲》

教师指出：董仲舒汉代儒学在魏晋南北朝时期不适应当时社会的现实需要，逐渐走向崩溃。

2. 佛道勃兴——信仰的潜行

教师展示三则史料。

史料一：魏晋南北朝时期，人民受尽统治阶级的压迫剥削，长期的战乱又给人民带来无穷的灾难，这种情况造成了宗教流行的土壤。各族统治者为了巩固统治和获得精神安慰，也有意识地提倡。

——朱绍侯《中国古代史》

史料二：儒学传统中，有一个最薄弱与最软弱的地方特别容易受到挑战：他们未能为自己的思想理论找到终极的立足点。

——葛兆光《中国思想史》

史料三：道教强调人生的哀乐、现实的纵情，且备有长生之方、登仙之术，沟通了人与神的联系。……道家的学术思想也就自然成了道教的重要组成部分。人们可由此来超凡脱俗，逍遥神游，求得精神上的充实和超越。佛教致力于解决我国固有文化中难以解决的问题——人生归宿问题，从而有可能稀释、消除人们对于死亡的恐惧。

——马良怀《崩溃与重建中的困惑：魏晋风度研究》

学生探究：阅读史料并结合当时的时代背景，谈谈佛教和道教勃兴的原因。

【设计意图】解读史料，结合教材内容，引导学生结合特定的时空背景分析原因，培养史料实证意识和历史阐释能力。

3. 佛教困厄——信仰的冲突

教师展示现藏于山东省青州博物馆的北魏"龙兴寺佛教造像（残件）"图片和史料。

史料一：人生如树花同发，随风而散，或拂帘幌坠茵席之上，或关篱墙落粪溷之中，坠茵席者殿下是也，落粪溷者下官是也。贵贱虽复殊途，因果竟在何处？

——南朝唯物主义思想家范缜与梁武帝的辩论

史料二：建康佛寺五百余所，僧民十余万，资产丰沃。编民假慕沙门，实避调役。

——《魏书·释老志》

史料三：夫佛本夷狄之人，与中国言语不通，衣服殊制；口不言先王之法言，身不服先王之法服；不知君臣之义，父子之情。况其身死已久，枯朽之骨，凶秽之馀，岂宜令入宫禁？

——韩愈《谏迎佛骨表》

史料四：但令百姓得乐，朕亦不辞地狱诸苦。

——周武帝宇文邕

教师讲述：佛教盛行，广修寺庙，劳民伤财，严重影响政府财政收入。在民间，南朝范缜是当时抨击佛教的代表。同时也出现统治者大规模的灭佛行动，最具典型的就是三武灭佛（北魏太武帝灭佛、北周武帝灭佛、唐武宗灭佛），但佛教的发展并未从根本上受到遏制。

4. 三教融合——信仰的重建

教师展示《虎溪三笑图》及史料。

史料一：……因而儒学在儒、玄、释、道中仍然居于首位，在国家政治生活中发挥着重大作用。时人认为儒学在政治上有利于加强皇权，重振封建纲常，也有利于建立中原正朔形象，感召四夷，建立大一统。这些均是玄、释、道所不能取代的功能。

——朱绍侯《中国古代史》

史料二：从"三教并行"到"三教合一"，反映了中华民族由宗教狂迷回归到华夏理性主义这一个重要而深刻的思想意识的形成。

——许倬云《万古江河》

史料三：魏晋南北朝时期新信仰之传入，只扩大了中国思想领域之新疆界。在中国文化史里，只见有吸收、融合、扩大，不见有分裂、斗争与消灭。

——钱穆《中国文化史导论》

学生活动：阅读史料，感受三教融合的过程及影响。

教师展示国家级重点文物保护单位——贵州镇远青龙洞古建筑群图片，并讲述它是全国为数不多的儒道佛三教合一的典范之一。道、儒、佛三种宗教的寺庙群生就山腰，是中国不同宗教同生共长、和谐发展的典范和楷模。

【设计意图】解读史料，结合教材内容，认识思想融合的趋势，培养史料实证意识和历史阐释能力。同时补充贵州镇远青龙洞古建筑群的介绍，让地方史料走进高中历史课堂，让学生近距离感受身边的历史，增加历史学习兴趣的同时，也培养家国情怀。

教师过渡：宗白华曾说，"魏晋南北朝时期，是政治上最混乱，社会上最痛苦的时代，却是精神上极度自由、解放，最富于智慧、浓于热情的一个时代"。因此，在这一时期出现了魏晋玄学。

教师补充讲述魏晋玄学。

（1）背景：

经济：自给自足的庄园经济；政治：世代沿袭的门阀政治；思想：走向崩溃的两汉经学；社会：动荡不安的社会变局。

（2）特点：崇尚老庄，魏晋时人注重《老子》《庄子》和《周易》，称之为"三玄"。

（3）代表：竹林七贤——阮籍、嵇康、山涛、刘伶、阮咸、向秀、王戎。

（4）影响：形成了寄情山林、纵酒清谈的社会风气。

教师过渡：魏晋玄学的兴起促进了这一时期文学艺术的发展。

环节二：在融合中创新——文学艺术与科技的发展

1. 风格各异的文学

教师展示这一时期代表性的文学家及其代表作品选段。

老骥伏枥，志在千里，烈士暮年，壮心不已。

——曹操《龟虽寿》

采菊东篱下，悠然见南山。山气日夕佳，飞鸟相与还。

——陶渊明《饮酒》

昨夜见军帖，可汗大点兵……归来见天子，天子坐明堂。

——北朝民歌《木兰辞》

人生得意须尽欢，莫使金樽空对月。天生我材必有用，千金散尽还复来。

——李白《将进酒》

朱门酒肉臭，路有冻死骨。荣枯咫尺异，惆怅难再述。

——杜甫《自京赴奉先县咏怀五百字》

学生讨论：以上这些文学作品选段分别反映了什么样的社会现实？

学生回答：建安文学体现面对国家分裂，知识分子渴望建功立业的雄心壮志。陶渊明的田园诗体现了面对当时社会动荡的现实，消极避世的思想。北朝民歌体现了当时民族交融的社会现实。李白的诗体现了张扬个性、蓬勃向上的盛唐景象。杜甫的诗体现了安史之乱后国破家亡、忧国思家之情。

教师补充：唯物史观——社会存在决定社会意识，社会意识反映社会存在。

2. 大放光彩的艺术

教师利用幻灯片直接展示表格，让学生简单快速回顾这一时期书法、绘画、雕塑艺术的成就。

（1）书法艺术（表8-2）：

表8-2 东汉末年至隋唐时期的书法艺术

时期	特点	代表
东汉末年	书法成为一种艺术	
魏晋南北朝	隶书、草书、行书和楷书等各种书体均已完备	东晋王羲之，世称"书圣""飘若浮云，矫若惊龙"
隋唐时期	融汇了南朝的秀美和北朝的雄健，创出新风格	颜真卿：颜体，气势浑雄柳公权：柳体，骨力遒劲并称"颜筋柳骨"

（2）绘画艺术（表8－3）：

表8－3　东晋至隋唐时期的绘画艺术

时期	特点	代表
东晋	开始出现知名的专职画家	顾恺之："以形写神"，《女史箴图》《洛神赋图》
隋唐	题材广泛，风格多样 宗教画生活气息浓厚，人物画注重表现人的形态，山水、花鸟也成为绘画主题	"画圣"吴道子 吴带当风

（3）雕塑艺术：魏晋至隋唐时期，因佛教的广泛传播而修造的石窟很多，如山西大同云冈石窟、河南洛阳龙门石窟、甘肃敦煌莫高窟等。

教师引导学生浏览教材上的相关图片材料，欣赏这一时期书法、绘画、雕塑艺术，并重点提醒学生注意：隋唐时期的书法融汇了南朝的秀美和北朝的雄健，创出新风格；隋唐宗教画生活气息浓厚；魏晋至隋唐时期，因佛教的广泛传播而修造的石窟很多；敦煌莫高窟壁画《胡旋舞》是来自西域游牧民族的一种舞蹈。

【设计意图】赏析这一时期文学、书法、绘画、雕塑作品，了解不同的艺术风格，渗透审美教育。解读史料，认识南北文化、中外文化、胡汉文化的融合。

教师展示图片《送子天王图》。

课堂练习：唐朝吴道子在创作宗教画时总是按照生活的逻辑，自由地对宗教人物作现实的加工。他在《送子天王图》中，将武将的脸型与唐代武士俑的面貌画得完全一致；在千福寺壁画中，他把菩萨画成自己的样子。这表明吴道子的宗教画（D）。

A. 吸收融合外来的绘画方式　　B. 借鉴民间风俗画表现手段
C. 重视线条描绘的写实风格　　D. 具有较强的世俗化的倾向

【设计意图】讲练结合，让学生学以致用。同时借用练习，让学生进一步体会唐朝时绘画艺术进一步走向世俗化的倾向。

学生探究：魏晋南北朝隋唐时期，出现了"诗圣""书圣""画圣"等杰出人物。这一时期的文艺成就达到高峰的原因是什么？

材料一：忆昔开元全盛日，小邑犹藏万家室。稻米流脂粟米白，公私仓廪俱丰实。

——杜甫《忆昔》

材料二：诗至唐而盛，至晚唐而工。盖当时以此设科取士，士皆争竭其心思而为之。

——（宋）杨万里

材料三：李唐一族之所以崛兴，盖取塞外野蛮精悍之血，注入中原文化颓废之躯，旧染既除，新机重启，扩大恢张，遂能别创空前之世局。

——陈寅恪《李唐氏族推测之后记》

教师总结：①经济：经济的发展与繁荣，为文艺成就达到高峰提供物质基础。魏晋南北朝时期北方经济继续发展，江南经济得到开发。隋唐时期大运河沟通南北，社会经济繁荣。②政治：选官制度的发展与官僚政治的成熟，为文艺成就达到高峰提供人才基础。从九品中正制到科举制，促进了官僚政治的发展成熟，官僚成为文学艺术创作的主要群体。③社会：安定的社会环境，为文艺成就达到高峰提供了社会条件。魏晋南北朝时期南方相对安定，隋唐统一后政治稳定，带来了全国的社会安定。④文化：民族交融和开放包容的外交政策，为文艺成就达到高峰提供了多元文化基因。

【设计意图】设置问题，引导学生结合政治、经济背景，分析文化成就取得的原因，培养学生的唯物史观。

3. 先进发达的科技（表8-4）

表8-4 西晋至唐代发达的科技

领域	朝代	人物	成就
地理学	西晋	裴秀	绘制出《禹贡地域图》，并提出绘制地图的方法
数学	南朝	祖冲之	精确地算出圆周率在3.141 592 6~3.141 592 7之间
农学	北朝	贾思勰	中国现存最早的一部完整的农书《齐民要术》
建筑	隋	李春	世界现存最古老的石拱桥——赵州桥
雕版	隋唐		唐朝已有雕版印刷的佛经、日历和书籍 868年，唐朝印制的《金刚经》是世界上现存最早的、有确切日期的雕版印刷品
火药	唐		唐中期的书籍记载了火药的配方 唐末火药开始用于战争，火箭是最早的火药武器
天文学	唐	僧一行	世界上用科学方法实测地球子午线长度的创始人
医学	唐	孙思邈	《千金方》
			唐高宗时编修的《唐本草》，是世界上最早由国家颁行的药典

教师指导学生完成教材第45页"学思之窗"：贾思勰的这段话，反映

了他怎样的思想？

【设计意图】制作表格，让学生自主阅读、梳理教材，由繁变简，了解这一时期科学技术在诸多领域取得的新成果。通过强调世界之最，增强学生的文化自信心和自豪感。

教师展示史料。

材料一：中华文化的第三次突破集中出现在南北朝时期……这一次的突破与前两次所不同的是，它既是中华文化内部"僵化"和"转变"的结果，也是外来文化冲击的产物。但是，外来文化并未征服中国传统思想文化，而是被整合进中华文化体系之中，进而形成了新的中国文化。

——许倬云《中国文化与世界文化》

教师展示：图片（南朝帝陵石雕中的多棱立柱和带翅石狮均非中国原生纹饰）、史料。

材料二：李唐起自西陲，历事周隋，不唯政制多袭前代之旧，一切文物亦复不闻华夷，兼收并蓄。第七世纪以降之长安，几乎为一国际的都会，各种人民，各种宗教，无不可于长安得之……异族入居长安者多，于是长安胡化盛极一时，此种胡化大率为西域风之好尚：服饰、饮食、宫室、乐舞、绘画，竞事纷泊；其极社会各方面，隐约皆有所化，好之者盖不仅帝王及一二贵戚达官已也。

——向达《唐代长安与西域文明》

学生探究：阅读材料，结合所学，谈谈唐朝所受域外文化影响在文化艺术方面的具体表现。

教师过渡：这一时期中外文化交流频繁，异域文化对中国文化产生了深远影响。那中国文化对周边国家的影响有哪些呢？

环节三：在互动中交流——中外文化交流

1. 佛法交流

教师展示《中国文化西传与东传》示意图，并重点指出：东汉到北朝陆续有中亚、天竺的高僧来华，将大批佛经翻译成汉文。东晋的法显从长安出发，经西域至天竺，收集大批梵文经典。玄奘在贞观初年前往天竺取经，在佛教中心那烂陀寺钻研多年。鉴真东渡日本；新罗、日本常常派遣学问僧，其中代表为日本空海。

2. 其他文化交流

教师展示：《唐朝对外主要交通路线示意图》及史料。

材料一：唐朝统治者具有"华夷一家"的观念，与300多个国家和地区保持友好往来。来到唐朝的各国使者、商人、教徒、艺人等络绎不绝，日本派往的"遣唐使"就达13次。佛教盛行，景教（基督教教派）、祆（xiān）教（拜火教）也在唐朝得到尊重。外国人还可以通过科举考试在唐朝入仕为官。据韩愈记载，"岭之南，其州七千……外国之货日至，珠、香、象、犀、玳瑁、稀世之珍，溢于中国，不可胜用"。唐朝在广州设置了管理对外贸易机构市舶司，并在长安、扬州等地为来华经商的波斯、阿拉伯侨民设有"蕃坊"特区，发展为繁华商业区。

——李庆新《唐代广州贸易与岭南经济社会变迁》

教师讲述：①唐都城长安聚集了许多国家和地区的使节、商人、侨民，成为当时的国际大都会。②新罗、日本向唐朝派遣了许多使节和留学生，两国文化都受到唐朝的巨大影响。③唐朝后期，不少西亚商人在广州、泉州等城市定居。

教师展示：《唐招提寺》图片及史料。

材料二：在今天的世界上，围绕宗教问题，以血还血、以牙还牙的暴力冲突此起彼伏。在这种情况下唯有佛教，而且是东亚的佛教一直远离争斗，成为和平的象征。每当我想到我们正享受着佛教带来的莫大的恩惠之时，都觉得应该重新审视隋唐佛教所具有的意义，正是隋唐的佛教给东亚地区带来了共同的精神基础。

——气贺泽保规《绚丽的世界帝国：隋唐时代》

学生讨论：这一时期，中国文化对周边国家的影响有哪些？

学生回答：鉴真东渡主要是为了弘扬佛法，围绕着他的宗教活动，他和他的弟子们对日本的文学、医药、雕塑、绘画、建筑等方面都做出了杰出贡献。日本的书画艺术、语言文字、建筑风格乃至政治制度都受到中国广泛的影响。日本奈良市的唐招提寺是由中国唐代高僧鉴真和尚亲自主持兴建的，是日本佛教律宗的总寺院。……

【设计意图】认识中国文化的世界影响，提升学生对中华传统文化的认同感和民族自豪感，增强文化自信，培养家国情怀。

教师小结：文化不仅具有排他性，而且还具有整合性。所谓整合性，即以不同群体意识与价值观念为内核的不同文化，在相互冲突和颉颃中，相互吸收，相互融化，逐渐趋于一体化。魏晋南北朝的多元文化激荡，终至推出气度恢宏、史诗般壮丽的隋唐文化时代。

教师过渡：雷海宗曾说，"过去中国文明碰到的外敌，要么是有实力没文明的，如蒙古人、满人；要么是有文明没有实力的，如佛教。他们都好对付，游牧民族征服了我们的身体，但我们可以征服他们的灵魂。佛教呢，最后也化为了中国自己的宗教，成为中国文化的一部分。但是近代以后碰到的西方，既有实力，又有文明，他们对中国文化形成的冲击，至今没有化解"。

环节四：后记——任重道远，无问西东与古今

教师讲述：今天许多国人想要观察了解唐代的建筑文化遗存，都选择去日本奈良唐招提寺参观游览。那么，在我们中国到底能不能看到唐代的建筑文化遗存呢？近代日本学者断言：中国已经不可能找到唐代的木构遗存了，要想看只能去日本的京都、奈良。这个狂妄的臆断，让国人颜面扫地，却得到世界建筑权威的认可。

大唐王朝近300年的建筑辉煌，难道就这样在故土消亡了？近代中国著名的建筑学家梁思成和林徽因，他们始终坚信，总还会有那么一座唐代木构建筑，躲过了无数战火的纷扰，经受住千年岁月的侵蚀，在中国大地的某个角落，等着他们去发现，去拨开它身上的萋萋荒草。1932年到1937年，梁思成夫妇先后考察了137个县市，1823座古建筑。每次都兴奋奔去，每次都悻悻而归。直到一幅画的出现……

教师展示：敦煌壁画"五台山大佛光之寺"、五台山佛光寺大殿图片。

教师讲述：当梁思成和林徽因发现五台山佛光寺并完成其绘图测量之后，时间已然是1937年7月5日。中国古建筑的瑰宝，就这样被发现，在这战火迫近的时间里……

【设计意图】制造共鸣，拉近历史和现实的距离，增强家国认同。

课堂小结：

教师讲述：在中华民族前进的征程中，文化自信是多么宝贵的力量。面对近代以来西方文化的冲击，中华民族的文化复兴任重道远。但是我们也坚信，我们中华民族素有文化自信和文化包容的气度！

【设计意图】制造思想火花，老师和学生共同收获感悟和启发。

（三）板书设计

第8课 三国至隋唐的文化

1. 在碰撞中融合——儒学、道教与佛教的发展

（1）儒学危机——信仰的崩溃

（2）佛道勃兴——信仰的潜行

（3）佛教困厄——信仰的冲突

（4）三教融合——信仰的重建

2. 在融合中创新——文学艺术与科技的发展

（1）风格各异的文学

（2）大放光彩的艺术

（3）先进发达的科技

3. 在互动中交流——中外文化交流

（1）佛法交流

（2）其他文化交流

（四）教学反思

这节课内容时间跨度大、内容庞杂，很难驾驭，因此采取了化繁为简、重点突破的策略，通过对比初中、高中教材，对内容做出了详略取舍。三国两晋南北朝时期国家分裂、政权更迭，到隋唐统一多民族封建国家得到发展。分裂时期，往往是思想自由、文化繁荣的时期，魏晋南北朝时期民族融合加速，封建经济继续发展，江南得到开发，为文化的发展奠定了基础。中原文化在吸收融合外来文化、少数民族文化的基础上实现了自我更新，成为国家走向统一的精神纽带。隋唐经济发展、政局稳定、对外开放，继续推动了文化融合并走向繁荣。因此，本课的教学设计以"互动孕育新生"为主题，以"在碰撞中融合""在融合中创新""在互动中交流"三个环节为主线，勾勒这一时期文化发展中的品质或精神。最后增加一个环节——"后记：任重道远，无问西东与古今"让学生进一步认识中国文化是在继承、吸收、融合和创新中不断走向繁荣的。

（五）推荐阅读书目

1. 王立：《风流与盛世：魏晋南北朝隋唐文化简史》，北京出版社。

2. 金观涛、刘青峰：《中国思想史十讲》，法律出版社。

3. 葛兆光：《中国思想史》，复旦大学出版社。

4. 许倬云：《万古江河：中国历史文化的转折与开展》，湖南人民出版社。

5. 马良怀：《崩溃与重建中的困惑：魏晋风度研究》，中国社会科学出版社。

注：本课借鉴了江苏省扬州市仙城中学张朝民老师和福建省莆田市城厢区莆田第五中学李章飞老师的教学设计。在此深表感谢！

第三单元 辽宋夏金多民族政权的并立与元朝的统一

一、课标要求

通过了解两宋的政治和军事，认识这一时期在政治、经济、文化与社会等方面的新变化；通过了解辽夏金元诸政权的建立、发展和相关制度建设，认识北方少数民族政权在统一多民族封建国家发展中的重要作用。

二、课标解读

本专题有两个学习要点：①认识两宋在政治、经济、文化与社会等方面的新变化；②认识辽夏金元诸北方少数民族政权在统一多民族封建国家发展中的重要作用。

（一）认识两宋在政治、经济、文化与社会等方面的新变化

第一个要点就是要从政治和军事这两个方面来理解政治、军事措施对两宋政治、经济、文化与社会等方面的影响，讲清楚它们之间内在的逻辑关系。宋初统治者为了改变唐后期以来藩镇割据的局面，制定了一套强化专制主义中央集权的制度，实行强干弱枝、重文轻武、守内虚外的三大基本国策。这些国策主要体现在两宋的政治和军事方面。具体表现在政治上采取措施将地方权力收归中央，削弱地方力量，加强中央集权；在中央实行分化事权，加强皇权。这一方面使宋朝社会内部统治较为稳定，为经济、文化的繁荣发展提供了良好的条件，使这一时期的经济、科技与文化得以发展，呈现出与前代不同的成就，出现一些新的变化。但这也导致政府行政效率低下，机构重叠，冗员严重，加重了北宋的财政负担，出现财政危机。

北宋开国皇帝赵匡胤，面对唐朝由盛而衰直至灭亡以及五代十国政权频繁更迭的历史教训，推行重文轻武的国策，重用文人士大夫，提高文人的社会地位。而最重要的表现就是发展和完善科举制度，这有助于士大夫官僚阶层的兴起，扩大统治基础，加强统治力量，促进社会阶层的流动，人们的思想观念发生一定变化。科举制更提升了宋朝文学、艺术等文化方面的发展水平，提高了印刷业的水平，促进了书籍的传播。

对于科举制主要从以下几个方面进行理解。科举制的内容上体现在三个方面：一是增加取士名额，二是提高科举地位，三是严格考试制度。其带来的影响也表现在三个方面：一是使读书成为社会风气，使整个社会的文化程度普遍提高，文化昌盛，人才辈出，宋朝科技更加发达，特别是印刷业发展迅速。二是促使固化的社会阶层出现松动，促进社会阶层的流动，魏晋时期形成的门阀制度崩溃，促进人们思想观念的变化，出现"取士不问家世，婚姻不问阀阅"的现象。三是形成官僚政治。魏晋是门阀地主专政，隋唐是门阀地主与官僚地主的联合政府（半门阀半官僚），宋朝是典型的官僚政治。门阀政治的特点是门阀地主等级具有世袭性、封闭性；而官僚地主政治的特点同门阀政治刚好相反，官僚地主等级具有非世袭性、开放性。

由于唐末五代藩镇武将专权，北宋政府采取守内虚外的政策，致使军队战斗力较弱，在与北方少数民族交战中处于不利地位，屡战屡败，最后通过签订条约解决边境争端，这一方面有助于北部边境的安定，促进边境贸易和民族的交往，但另一方面加重了北宋的财政负担，出现财政危机。为解决这些问题，北宋先后进行变法，如王安石变法。但是由于各种各样的因素导致变法失败，北宋财政、军事等危机并没有根本解决，为北宋乃至南宋的灭亡埋下了伏笔。

（二）认识辽夏金元诸北方少数民族政权在统一多民族封建国家发展中的重要作用

辽宋夏金元时期是我国历史上继魏晋之后又一个民族政权并立、民族交融的时期。通过对辽夏金元诸政权的建立、发展和相关制度建设的措施的讲解，来认识北方少数民族政权在统一多民族封建国家发展中的重要作用。具体来说可以从以下几个方面来理解：一是辽、西夏、金通过学习中原先进的政治制度，促进本地区政治文明的发展，在一定程度上使边疆地区进一步汉化，为元朝的统一奠定基础。各少数民族政权在学习中原先进的政治制度的同时，根据本民族的特性，"因俗而治"，实行适应本民族的政策，有助于本地区的社会稳定。在经济上，各少数民族政权引进中原先进的耕作技术和工具，有助于边疆经济的发展，促进我国边疆地区的开发，为疆域的扩大和国家的大一统做出了自己的贡献。二是元朝采取的一系列措施在统一多民族封建国家发展中的贡献：①政治上：实现国家的统一；修筑四通八达的驿道，设驿站，促进物资运输及管理。②地方管理上：实行行省制度，同时促进边疆少数民族地区政治、经济和文化的发展。由宣政院管理吐蕃地区，设北庭都元帅府、宣慰司等加强对西域的管辖；设澎湖巡检司管理台湾。③经济上：元朝大力推广棉花种植，促进棉纺织业的发展；宋元时期瓷器出口海外，对外贸易发达，元大都是当时北方最大的经济中心，开辟长途海运航线。④文化上：元曲、少数民族文字等丰富了中华文化内容。三是统一的元朝同周边少数民族的关系与隋唐时期不同，隋唐时期特别是唐朝，同周边少数民族之间是平等的兄弟关系。而元朝通过一系列机构的设置，将这些边疆纳入中央管辖，少数民族地区成为元朝地方行政区域，元朝疆域进一步扩大，统一多民族国家得到进一步发展。例如，唐朝和吐蕃的关系是两个独立政权之间的关系，它们是中国内部的政权，地位是平等的。到元朝，吐蕃成了元帝国的一部分，从此它与中央政权的关系就发生了质的变化，在这以后发生的吐蕃（西藏）任何企图脱离中央政权的行动就是分裂。所以说制度的一致和文化的相同有助于国家的统一。

三、初中、高中教材对比

第9课　两宋的政治和军事

（一）教材知识结构的对比

初中历史教材（七年级下册）	高中历史教材《中外历史纲要》（上）
第二单元　辽宋夏金元时期：民族关系发展和社会变化 第6课　北宋的政治 1. 宋太祖强化中央集权 2. 重文轻武的政策 3. 王安石变法 知识拓展：范仲淹与"庆历新政" 第7课　辽、西夏与北宋的并立 1. 契丹族与党项族 2. 辽与北宋的和战 3. 西夏与北宋的关系 知识拓展：宋与辽、西夏的互市 第8课　金与南宋的对峙 1. 女真族的崛起 2. 金灭辽及北宋 3. 南宋的偏安 知识拓展：金朝统治者对儒学的提倡	第三单元　辽宋夏金多民族政权的并立与元朝的统一 第9课　两宋的政治和军事 1. 宋初中央集权的加强 2. 边防压力与财政危机 3. 王安石变法 4. 南宋的偏安

续表

解读	从教材对比来看： 相同点： 1. 从内容编排来看，初中、高中历史教材均按照时间顺序梳理历史事件。 2. 初中与高中历史教材均把辽宋夏金元时期归为一个单元。 不同点： 1. 初中历史教材将北宋的政治独立设为1课时，两宋与辽夏金的关系分解到辽夏金政权的建立中去，高中教材《两宋的政治和军事》将之整合为1课时。 2. 初中教材内容较为具体详细，对两宋与辽夏金之间的和战更为详细，高中教材侧重点较为清晰。 3. 高中教材对政治制度的变化更关注制度设计与变迁这条主线。 4. 初中教材对北宋中央机构的设置讲得比较简略，线条清晰，但对重文轻武的政策讲得比较仔细，重点讲述了科举制的内容及其历史作用。在地方机构的设置上，初中、高中教材讲述的基本一致，高中教材将宋初加强中央集权的举措浓缩为一子目的内容，内容含量大。 5. 北宋灭亡，初中教材从金灭北宋入手，侧重导致北宋灭亡的外部原因。而高中教材突出王安石变法激化内部矛盾，强调内部因素。 6. 高中教材整合两宋与北方少数民族政权的关系，新增王安石变法内容，知识容量大，教学难度大。且王安石变法是高中教材中继商鞅变法后的又一个重要的变法，建议在教学中重点处理

（二）教材相同内容表述的对比

相同知识点	初中历史教材	高中历史教材	解　读
北宋政治制度的变化	1. 宋朝建立的时间及人物。 2. 宋太祖强化中央集权的措施：收兵权财权、分化事权、重文轻武、改革科举	1. 北宋建立的过程。 2. 宋初加强中央集权。 3. 王安石变法	1. 高中教材限于篇幅，加强中央集权较初中教材精练准确，如将初中提的"重文轻武"改为"崇文抑武"。 2. 对加强中央集权的影响，初中教材主要讲述其积极影响，高中教材则同时强调其消极作用，培养学生运用辩证的方法来看待历史事件。且通过课后问题探究部分提供材料，学生对材料进行分析，认识其利弊得失。 3. 高中教材新增王安石变法内容，且在课后学习拓展部分布置学生查阅王安石变法措施，了解其争议所在。此内容安排符合初中、高中学生特点，锻炼高中学生查寻分析史料的能力
宋与北方少数民族政权的和战	1. 辽与北宋的和战。 2. 西夏与北宋的关系。 3. 金灭辽与北宋	1. 北宋与辽的战争。 2. 北宋与西夏的战争。 3. 金灭北宋	1. 北宋与辽的战争过程，初中讲述更为详细。对战后局面，高中教材表述为"北宋获得北部边防的基本安定"，突出北宋面对辽的被动局面以及边防压力。 2. 北宋与西夏的关系上，高中教材强调北宋送给西夏的钱物为"岁赐"，突出两国地位差异。 3. 金灭北宋初中教材已较为详细讲述，高中教材就简单一笔带过，不再重复

续表

相同知识点	初中历史教材	高中历史教材	解　读
南宋偏安	1. 南宋建立。 2. 岳飞北伐及被杀。 3. 南宋偏安江南	1. 赵构称帝建立南宋。 2. 岳飞抗金与被杀。 3. 南宋与金对峙	1. 南宋建立史实简单清楚，初中、高中教材表述差异不大。 2. 在岳飞之死上，初中教材突出"莫须有"的罪名，高中教材则只讲其被捕杀害。 3. 在宋金达成和议后，高中教材补充宋金几次战争后，南宋不再向金称臣，而"世为侄国"，更符合史实

第10课　辽夏金元的统治

（一）教材知识结构的对比

初中历史教材（七年级下册）	高中历史教材《中外历史纲要》（上）
第二单元　辽宋夏金元时期：民族关系发展和社会变化 第7课　辽、西夏与北宋的并立 1. 契丹族与党项族 2. 辽与北宋的和战 3. 西夏与北宋的关系 知识拓展：宋与辽、西夏的互市 第8课　金与南宋的对峙 1. 女真族的崛起 2. 金灭辽及北宋 3. 南宋的偏安 知识拓展：金朝统治者对儒学的提倡 第10课　蒙古族的兴起与元朝的建立 1. 成吉思汗统一蒙古 2. 蒙古灭西夏与金 3. 元朝的建立与统一 知识拓展：文天祥 第11课　元朝的统治 1. 元朝疆域和民族交融 2. 行省制度 3. 元朝对边疆地区的管辖 知识拓展：四等人制	第三单元　辽宋夏金多民族政权的并立与元朝的统一 第10课　辽夏金元的统治 1. 辽与西夏 2. 金朝入主中原 3. 从蒙古崛起到元朝统一 4. 元朝的民族关系
解读	从教材对比来看： 相同点： 从内容编排来看，初中、高中教材均按照时间顺序梳理历史事件。均把辽宋夏金元时期归为一个单元。 不同点： 1. 初中教材将辽夏金元的政治分为辽与西夏、金、元共4课时，高中教材《辽夏金元的统治》仅安排1课时。 2. 初中教材内容较为具体详细，北方少数民族政权兴起发展历程、与两宋的战和讲述较为详细。高中教材主要侧重于北方少数民族政权自身的政权建设

（二）教材相同内容表述的对比

相同知识点	初中历史教材	高中历史教材	解　读
辽与西夏	1. 契丹族与耶律阿保机建立政权。 2. 党项族与元昊建立西夏。 3. 辽与北宋的和战。 4. 西夏与宋的关系	1. 辽的建立与职官设置。 2. 西夏的建立与制度建设	1. 高中教材限于篇幅，辽、西夏的建立较初中教材更为简略，更突出辽、西夏自身的制度建设。 2. 辽、西夏的建立时间，高中教材用具体年份取代初中较宽泛的世纪，反映了高中阶段对学生历史史实时间观念的更高要求
金朝入主中原	1. 女真族的崛起。 2. 阿骨打建立政权。 3. 金灭辽及北宋	1. 金的建立与入主中原。 2. 金的猛安谋克制度。 3. 金的"大定之治"	1. 高中教材对金的崛起与入主中原讲述更为简略，突出讲述金的管理制度——猛安谋克制度。 2. 高中教材新增讲述金在国家治理上的成就，正确看待少数民族在中国历史上的贡献，有助于渗透家国情怀教育
蒙古崛起与元朝统一	1. 成吉思汗统一蒙古。 2. 蒙古灭西夏与金。 3. 元的建立与统一。 4. 元朝的统治：民族关系、行省制度、边疆地区的管辖	1. 蒙古汗国的建立和扩张。 2. 元的建立与统一。 3. 元朝巩固统治的措施：驿站和急递铺系统，地方行政制度。 4. 元的民族关系：民族交融、四等人制。 5. 元的灭亡	1. 关于蒙古崛起与元的统一过程，由于初中教材已详细讲述，高中教材便不再重复详细讲述。 2. 元巩固统一的措施：初中教材详细讲述行省制度和对边疆地区的管辖；高中教材补充急递铺系统，突出行省制历史地位。 3. 元的民族关系：初中教材只介绍民族交融与回族的形成，四等人制作为课后知识拓展供学生了解。高中教材则把四等人制纳入正文，定性为"差别对待措施"而不是"等级制度"，强调是后人概括

第11课　辽宋夏金元的经济与社会

（一）教材知识结构的对比

初中历史教材（七年级下册）	高中历史教材《中外历史纲要》（上）
第二单元　辽宋夏金元时期：民族关系发展和社会变化 第9课　宋代经济的发展 1. 农业的发展 2. 手工业的兴盛 3. 商业贸易的繁荣 知识拓展：世界上最早的商标广告 第12课　宋元时期的都市和文化 1. 繁华的都市生活 2. 宋词和元曲 3. 司马光和《资治通鉴》 知识拓展：宋元时期的书法和绘画	第三单元　辽宋夏金多民族政权的并立与元朝的统一 第11课　辽宋夏金元的经济与社会 1. 农业和手工业的发展 2. 商业和城市的繁荣 3. 经济重心南移 4. 社会的变化

| 解读 | 从教材对比来看：
相同点：
1. 从内容编排来看，初中与高中历史教材均按照时间顺序梳理历史事件。
2. 初中与高中历史教材均把辽宋夏金元时期归为一个单元。
不同点：
1. 初中历史教材将辽宋夏金元的经济与都市分为 2 课时，高中教材《辽宋夏金元的经济与社会》仅安排 1 课时，且新增社会的变化内容。
2. 初中教材将辽宋夏金元的经济与都市分为 2 课时，高中教材仅安排 1 课时，且新增社会的变化内容，突出其新变化这一特征。
3. 高中教材对宋元时期的农业与手工业、商业与城市的繁荣分别纳入一个子目中论述，内容含量大。
4. 农业的发展，初中教材仅述及宋朝，高中教材则延伸述及辽夏金元的边疆开发，讲述北方少数民族政权在中国历史上的贡献 |

（二）教材相同内容表述的对比

相同知识点	初中历史教材	高中历史教材	解　读
农业和手工业的发展	1. 南方水稻种植面积增加，且在北方推广，水稻产量跃居粮食作物首位。 2. 经济作物茶和棉的推广种植。 3. 手工业繁荣，纺织业、制瓷业、造船业成就突出	1. 农业发展成就突出：南方轮作复种制，棉花等经济作物推广种植。 2. 边疆地区农业进步。 3. 宋元制瓷业发展，成就突出。 4. 矿冶业、印刷业发展	1. 农业发展，高中教材限于篇幅，更加精练简洁，且补充辽夏金元对边疆的开发；初中教材则仅详细介绍了宋代农业发展的成就。 2. 手工业领域，高中教材重点介绍制瓷业，述及矿冶业、印刷业；初中教材则重点讲述纺织业、制瓷业、造船业。初中、高中教材所选择行业存在差异
商业和城市的繁荣	1. 商业贸易繁荣：店铺增加，出现早市、夜市、草市。出现纸币"交子"。 3. 海外贸易超过前代，南宋外贸所得占重要地位。 4. 城市繁荣，市民阶层壮大，市民文化生活丰富	1. 基层市场和各政权贸易往来。 2. 铸币量剧增和纸币的使用。 3. 海外贸易活跃。 4. 城市繁荣：东京、杭州	1. 初中教材详细讲述了宋代"市"的发展情况，加强学生对宋代"市"的发展的认识；高中教材仅用"基层市场蓬勃涌现"一笔带过。 2. 纸币的使用，高中教材不仅讲述其原因，还讲述其带来的影响，更加重视学生对历史发展因果关系的认识。 3. 初中教材将宋代城市商业繁荣和市民娱乐生活丰富分开讲述，高中教材则整合在一起，突出宋元时期城市的变化，符合课标的要求

续表

相同知识点	初中历史教材	高中历史教材	解　读
经济重心南移	南宋完成经济重心南移，中央财政收入主要来自南方	1. 经济重心南移的表现：南粮北运、南北经济差距拉大。 2. 南方文化教育发展	初中教材仅提及南宋完成经济重心南移，高中教材则详细讲述了经济重心南移的表现及其带来的影响

第12课　辽宋夏金元的文化

（一）教材知识结构的对比

初中历史教材（七年级下册）	高中历史教材《中外历史纲要》（上）
第二单元　辽宋夏金元时期：民族关系发展和社会变化 第12课　宋元时期的都市和文化 1. 繁华的都市生活 2. 宋词和元曲 3. 司马光和《资治通鉴》 知识拓展：宋元时期的书法和绘画 第13课　宋元时期的科技与中外交通 1. 活字印刷术的发明 2. 指南针、火药的应用 3. 发达的中外交通 知识拓展："十二气历"和《授时历》	第三单元　辽宋夏金多民族政权的并立与元朝的统一 第12课　辽宋夏金元的文化 1. 儒学的复兴 2. 文学艺术 3. 科技 4. 少数民族文字
解读	从教材对比来看： 相同点： 1. 从内容编排来看，初中、高中历史教材均按照时间顺序梳理历史事件。 2. 初中与高中历史教材均把辽宋夏金元时期归为一个单元。 不同点： 1. 初中历史教材将辽宋夏金元的文化分为文化与科技共2课时，高中教材《辽宋夏金元的文化》仅安排1课时。 2. 高中教材文化上新增儒学复兴、书画艺术和白话小说、少数民族文字创制与运用内容，科技上增加农学成就。 3. 高中教材主要侧重对史事性质、特点的阐释，并适当加强理论方面的阐述，尤其是注重对史事的历史地位、作用、意义和影响等方面的阐发。 4. 高中教材在正文部分省略了宋元时期史学成就的内容，仅作为学习拓展让学生自主学习了解

（二）教材相同内容表述的对比

相同知识点	初中历史教材	高中历史教材	解　读
宋词元曲	1. 词的形式、发展历史、代表人物及其著作与成就。 2. 曲的形式、成就、代表人物及其著作	1. 词、曲的形式和代表人物。 2. 词、曲形成发展的原因。 3. 词、曲的历史地位	1. 高中教材限于篇幅，对词、曲的代表人物及其著作介绍较为简略，强调词、曲发展的原因及其历史地位。 2. 高中教材在正文部分省略了宋元时期史学成就的内容，仅作为学习拓展让学生自主学习了解。此内容安排符合初中、高中生特点，锻炼高中生查寻分析史料的能力
三大发明	1. 活字印刷术原理、发展历程与传入欧洲。 2. 指南针的原理、应用、传入欧洲及带来的影响。 3. 火药的应用、传入欧洲及带来的影响	活字印刷术、指南针、火药的运用为人类文明进步做出贡献	1. 关于三大发明的内容，初中教材用大量篇幅介绍其原理与应用的史实。而高中教材对此压缩不再重复介绍。 2. 对三大发明的影响，初中教材更多是说对欧洲社会的影响；而高中教材则强调为人类文明的进步做出贡献，更加突出其历史地位。 3. 关于天文历法的成就内容，初中教材仅作为知识拓展让学生了解，高中教材则放入正文部分，强调其历史地位。这从更多领域突出宋元时期科技上所取得的成就

四、教学建议

本单元辽宋夏金多民族政权的并立与元朝的统一包含第 9 课《两宋的政治和军事》、第 10 课《辽夏金元的统治》、第 11 课《辽宋夏金元的经济与社会》和第 12 课《辽宋夏金元的文化》共四课。根据布罗代尔长时段理论，我们将辽宋夏金元放在一个比较长的时段来看，它处于两个大一统的中间，此时期，无论是汉族政权还是少数民族政权的政治建设、经济的发展、文化的繁荣和民族间的融合，都为元明清的统一奠定了基础。本单元教学要注意理解以下几点。

（一）政治中心和经济中心逐渐分离

北方少数民族政权的建立，特别是辽金元时政治中心的北移使长城南北成为一个统一的整体，促进了南北政治、经济、文化和民族的交融，为祖国统一奠定了牢固的基础，政治中心的北移对我国统一多民族国家的发展起到了积极的促进作用，也导致此后中国的政治中心和经济中心发生分离。

（二）政治上的分裂与军事上的对峙

宋朝建立，结束了五代十国的分裂局面，内部比较稳定，但与此共存的还有辽、西夏、金等北方几个少数民族政权，呈现多民族政权并立的局面，两宋政府始终没有完成全国的大一统。

两宋由于实行守内虚外的国策，致使两宋政权长期受到北方少数民族政权的进攻，军事上处于对峙状态，同时也使被动挨打、国破家亡的理念渗透到了文化之中。

（三）民族关系呈互相交融趋势

两宋与这些少数民族政权之间有战有和，但和是主流。两宋政权在与少数民族辽夏金政权的冲突、妥协、共存与交融中，使各民族之间政治、经济、文化联系更为持久和稳定，呈现出互相交融的趋势。辽夏金元政权引进中原先进的生产技术、思想文化，推动了本民族政治和经济的发展。处于游牧区的北方少数民族不断南下进入中原汉族农耕文化区，促进了游牧民族经济发展和社会文化转型，并通过与汉族在分布上的交错杂居、经济上的互通有无、政治上的相互借鉴、文化上的相互融合，推进了中国各民族经济、政治、文化的一体化进程。在民族交融过程中，增加了相互间的了解，增强了民族的凝聚力，很多少数民族以"中国之民"自居，"中国"成为统一多民族国家的代名词，促成了各族的民族认同、身份认同，中国的民族意识和国家观念发生重大变化，这对元明清统一多民族国家的形成和发展产生了积极深远的影响。

（四）元朝实现国家统一

元朝是中国历史上第一个由北方草原游牧民族建立的大一统王朝，元朝的统一结束了中国历史上时间比较长的分裂割据局面，使我国疆域空前辽阔，各民族之间的交融得到进一步发展，统一多民族封建国家得到进一步巩固，为元明清700多年统一局面的到来奠定了基础。

根据教材内容的逻辑关系和学生学习的认知逻辑，便于学生更好地学习，建议将本单元四个课时整合为三个课时进行教学，即第9、10课辽宋夏金元的政治、第11课辽宋夏金元的经济与社会和第12课辽宋夏金元的文化。

五、教学设计

第9、10课　辽宋夏金元的政治

（一）教学主旨

1. 内容要求

通过了解两宋的政治和军事，认识这一时期在政治、经济、文化与社会等方面的新变化；通过了解辽夏金元诸政权的建立、发展和相关制度建设，认识北方少数民族政权在统一多民族封建国家发展中的重要作用。

2. 教材分析

教材描述辽、宋、西夏、金、元各政权的兴起和发展过程，重点介绍了辽宋夏金元的制度建设和民族关系，主要包括宋初中央集权的加强、王安石变法、辽夏金的政权建设、元巩固统一的举措及其民族政策。元的统一，既是蒙古族军事力量胜利的成果，也是各民族政权并立之下长期民族交融的结果。

3. 学情分析

学生在初中已经了解赵匡胤建立北宋、加强中央集权、重文轻武，两宋更替，辽夏金元的政权更迭等基本史实，了解宋代加强中央集权的背景、措施和作用。高中阶段，学生需要进一步认识宋代加强中央集权的历史背景及其对后世历史的深远影响，理解辽夏金元的政权建设，能够探讨王安石变法失败的深层次原因等内容，加深对这一时期民族交融影响的认识。

4. 教学目标

（1）通过阅读教材文本及历史地图，梳理辽宋夏金元的历史发展脉络，能够绘制辽宋夏金元政权更迭示意图并加以说明，认识从政权并立到统一的历史发展趋势。

（2）通过阅读教材文本及相关史料，了解各民族政权建设，认识到各民族政权的制度建设推动了统一多民族国家的发展。

（3）通过阅读民族认同的资料，认识中华民族多元一体发展趋势，增强民族认同感。

5. 教学重难点

重点：辽宋夏金元的各政权建设。

难点：从政权并立到元的统一之下统一多民族封建国家的发展。

6. 教学策略

以问题为导向，以师生合作探究为教学方式，以激发学生兴趣、落实学科核心素养的培养为出发点，设计本课的教学主题。

（二）教学过程

导入：

教师活动：出示"五代十国形势图""五代十国时期中原王朝更替简表"，提问五代十国政治形势的特点。

学生活动：学生阐述自己对五代十国政局的认识。

教师活动：教师对学生的认识进行互动评价。（国家分裂、政权更替频繁、政局动荡。）五代十国以后中国的政局又是如何演变的呢？

【设计意图】学生通过回忆所学内容，建立旧课和新课的联系，带着清晰的思路完成本课的学习。由此引入新课。

任务一：辽宋夏金元的政权更迭

自主学习：结合教材正文及地图，绘制辽宋夏金元政权更迭示意图，并概括这一阶段的历史特征。

学生活动：带着问题阅读教材，提炼信息，完成辽宋夏金元政权更迭示意图。根据示意图概括阶段特征。

教师活动：指导学生阅读，并对其完成示意图进行点评。（多民族政权并立到元朝的统一。）

【设计意图】通过绘制示意图的形式让学生自主梳理辽宋夏金元政权更迭的历史脉络，加强时空观念，初步感知这一时期的历史演变，了解辽宋夏金元等民族政权的特点。

任务二：辽宋夏金元的政权建设

问题1：根据教材，概括宋初加强中央集权的举措并归纳其特点。

学生活动：带着问题阅读教材，从中提炼信息，概括宋初加强中央集权的举措，归纳宋初加强中央集权举措的特点。

教师活动：指导学生阅读，并对其学习活动进行归纳和点评。引导学生归纳宋初加强中央集权举措的特点。

【设计意图】教师设置问题情境，引导学生梳理知识，帮助学生对宋初加强中央集权的举措有基本的认识。

问题2：根据材料，结合所学分析宋初加强中央集权的利弊。

材料一：诸镇皆自知兵力精锐非京师之敌，莫敢有异心者。

——司马光

材料二：赵普设计的皇室采办熏笼程序："事下尚书省，尚书省下本部，本部下本曹，本曹下本局，覆奏，又得旨，复依方下制造。"

——《知宋》

学生活动：阅读材料，结合所学从不同角度阐释自己对宋初加强中央集权的利弊的认识。

教师活动：引导学生评价，对学生认识进行互动评价。（利：预防内部动乱，巩固国家统一，强化中央集权；促进经济高度发展，文化繁荣。弊：制度过于僵化，权力分割过细，影响行政效率，政治因循保守；军事力量薄弱，外战常处守势；供养军队官僚，财政情况危机。）

> **【设计意图】** 深化对宋初加强中央集权举措的认识，重点是引导学生深刻理解宋初加强中央集权在维护统一多民族国家方面的作用，渗透历史解释素养。

问题3：根据教材，概括王安石变法的主要举措，并分析其作用。

学生活动：带着问题阅读教材，从中提炼信息，概括王安石变法的主要举措，分析其作用。

教师活动：指导学生阅读，并对其学习活动进行归纳和点评。引导学生分析王安石变法的作用。

探究：阅读材料并结合所学，分析王安石变法取得的成效和失败的原因。

材料三：变法派所制定的一些政策法令及其实践，虽还远远谈不到解放生产力，但对当时生产力的发展总还是有一些帮助的，因而是产生了积极的作用的。王安石既有军政韬略，又有施政才能，是一个卓越的政治家。

——邓广铭《北宋政治改革家王安石》

材料四：（王安石）不忍贫民而深疾富民，志欲破富民以惠贫民……及其得志，专以此为事，设青苗法，以夺富民之利。民无贫富，两税之外，皆重出息十二，吏缘为奸，至倍息，公私皆病矣。

——苏辙《栾城三集》

学生活动：阅读材料，从不同角度阐释自己对王安石变法的认识。

教师活动：引导学生评价，对学生认识进行互动评价。（成效：增加政府财政收入，促进农业生产发展，增强军事实力，在一定程度上扭转积贫积弱的局面。败因：触犯大地主、大官僚的利益，遭到他们阻挠破坏；用人不当，宋神宗在变法后期的动摇及其去世，使保守派重新得势。）

> **【设计意图】** 通过对教材和史料的深度挖掘，运用开放性问题驱动教学，引导学生多方面认识王安石变法，渗透历史解释素养。

问题4：根据教材，概括辽夏金制度建设的主要举措及其特征。

学生活动：带着问题阅读教材，从中提炼信息，概括辽夏金制度建设的主要举措及特征。

教师活动：指导学生阅读，并对其学习活动进行归纳和点评。引导学生归纳辽夏金制度建设的主要特征。

问题5：归纳辽夏金制度建设的共同之处，并分析其意义。

学生活动：根据辽夏金制度建设的主要举措，归纳其共同之处，分析其意义。

教师活动：引导学生归纳分析。（共同之处：保留民族特色，学习汉族文明。意义：因俗而治，有鉴于后世；民族交融，汉化加深；推动少数民族封建化进程。）

【设计意图】通过对教材内容的深度挖掘，引导学生深入认识辽夏金的制度建设，培养学生提取归纳信息的能力和历史解释素养。

问题6：相对于宋朝，元朝中央政治制度有什么特点？

学生活动：观察宋、元中枢机构示意图，回答问题6。

教师活动：展示宋、元中枢机构示意图，引导学生观察。（继承吸收了宋代的政治制度；保留了少数民族的特色，如宣政院；体现了民族交融的大趋势。）

学生活动：根据教材内容，概括元朝为加强地方治理所采取的措施。

教师活动：引导学生概括回答并结合地图进行简要讲述。

【设计意图】以图说史，直观展示宋、元中枢机构的变化。通过历史比较，引导学生认识元中枢机构的创新之处，培养学生历史比较能力和历史解释素养。结合地图，体会元朝加强地方治理的举措，渗透时空观念素养。

任务三：辽宋夏金元的民族关系

教师活动：出示辽宋夏金元政权更迭示意图，结合示意图讲述辽宋夏金经历了长时段的政权并立，彼此间战争时间较短，基本保持和平局面。在多民族政权长时间并存的局面下，民族交融进一步加强。元朝实现大一统后实行怎样的民族政策呢？

材料五：当然，元朝统治者实行的民族歧视和民族压迫政策，并不是一概而论，而是区别对待，一切以巩固统治为目的。元朝统治者对各族的上层都是优容有加，极力笼络联合，以使他们为蒙古政权忠实效劳。

——朱绍侯、张海鹏、齐涛《中国古代史》

学生活动：根据教材内容梳理元朝四等人制内容。结合材料五加深对四等人制的认识。元朝虽然实行民族歧视政策，存在民族矛盾，但不同民族的交往、交流、交融却得到进一步加强。

问题7：根据材料，概括元代"中国观"的变化。

材料六："经郝经的阐发，元人的'中国观'完备形成，其要点是：'中国'的疆域是元朝统治地区加上南宋统治的江南；'中国'的人民是汉人和少数民族两大部分；'中国'的文化是农耕文化和草原文化两大系统；'中国'主权的行使者，可以是汉人政权，也可以是'行中国之道'的少数民族政权。"

——何志虎《"中国观"在元代的转换》

学生活动：根据材料结合所学，从不同角度概括元朝"中国观"的变化。

教师活动：引导学生归纳概括，并对"中国观"的变化进行解读。从"小中国"意识变为"大中国"意识，促进统一的多民族封建国家发展。

【设计意图】通过对"中国观"的解读，学生认识到经历了辽宋夏金元长时期民族交融过程，中华民族多元一体格局形成并发展，促进了统一多民族封建国家的发展。

（三）板书设计

第9、10课　辽宋夏金元的政治

1. 辽宋夏金元的政权更迭

2. 辽宋夏金元的政权建设

3. 辽宋夏金元的民族关系

（四）教学反思

本课内容时间跨度长，空间范围大小不一，且互相交错，学生很难厘清头绪，并且对少数民族政权在统一多民族封建国家发展中的重要作用也无明确的表述。教师设计时就从"小中国"到"大中国"的转变切入，紧紧抓住各民族政权在统一多民族封建国家发展中的作用这一中心，运用地图、表格和时间带帮助学生梳理教材内容，借助史料阅读理解，提炼出各民族的贡献和作用，最终完成教学目标。

（五）推荐阅读书目

1. 刘炜：《中华文明传真》，上海辞书出版社。

2. 宫本一夫、平势隆郎、鹤间和幸等：《讲谈社·中国的历史》，广西师范大学出版社。

3. 樊树志：《国史概要》，复旦大学出版社。

4. 王家范：《中国历史通论》，生活·读书·新知三联书店。

5. 费正清、崔瑞德：《剑桥中国史》，中国社会科学出版社。

第11课　辽宋夏金元的经济与社会

（一）教学主旨

1. 内容要求

通过了解两宋的政治和军事，认识这一时期在政治、经济、文化与社会等方面的新变化；通过了解辽夏金元诸政权的建立、发展和相关制度建设，认识北方少数民族政权在统一多民族封建国家发展中的重要作用。

2. 教材分析

本课是部编版高中历史教材《中外历史纲要》（上）第三单元的第 3 课；本课前两个子目介绍了辽宋夏金元时期农业、手工业和商业的发展情况。第三子目则是"经济重心南移"，主要讲述了经济重心南移给南北方地区经济和文化等方面带来的影响。第四子目是"社会的变化"，介绍宋朝在社会生活方面出现的新变化。

3. 学情分析

高一年级学生经过三年初中历史课程的学习，已经具有一定的历史知识基础，对宋元时期经济的发展也有了一定的了解，这为学习本课奠定了基础。但是，许多学生对类似课程兴趣不高，且缺乏对历史问题的系统、深入分析。因此，教师在备课时特别要注重收集文字、视频、图片等资料，在课堂教学中创设历史情境，加以点拨。

4. 教学目标

（1）通过阅读教材及相关史料，了解宋代经济发展在农业、手工业和商业等方面的主要表现，并在此基础上认识农业、手工业和商业发展之间的相互关系。

（2）通过对史料的解读与分析，引导学生探寻经济重心南移的依据与影响，提升学生阅读归纳能力。

（3）在认识宋代经济新发展的基础上，理解宋代经济的发展对于社会变化的影响，进而认识经济发展和社会变化的相互关系。通过学习两宋时期经济发展的繁荣表现，从而增强对中国古代经济、文化发展的自信心与自豪感。

5. 教学重难点

重点：经济发展的表现和经济重心南移。

难点：宋元时期在经济与社会领域发生的新变化。

6. 教学策略

以问题为导向，以师生合作探究为教学方式，以激发学生兴趣、落实学科核心素养的培养为出发点，设计本课的教学主题。

（二）教学过程

导入：

设置问题"同学们最向往的是中国古代社会的哪个朝代呢?"引出学者余秋雨的观点，顺利导入新课。

【设计意图】通过设置疑问导入新课，吸引学生注意力，引起学生对本课学习内容的好奇心，激发学习兴趣。

任务一：经济发展新高度

学生活动：观察《清明上河图》并结合教材，了解商业和城市的变化。

教师活动：引导学生观察《清明上河图》，对《清明上河图》中体现商业经营及城市生活的信息进行解读说明。通过问题设置，提供辅助材料，加深学生对《清明上河图》中所蕴含信息的理解。

汴京（今河南省开封市）沿街分布着哪些店铺? 涉及哪些行业? 说明了什么? （城市的兴盛，经济功能增强。）

商业繁荣，"市"的发展突破了时空限制。货币需求量激增，出现世界上最早的纸币——交子。市民阶层兴起，城市娱乐活动丰富多彩。

画卷中有哪些交通工具? 哪些人可能从哪里来到汴京做生意? （马车、驼队。可能来自辽、西夏乃至中亚、西亚国家。）反映了各民族间经济往来频繁，榷场贸易活跃，民间贸易也相当活跃。

【设计意图】引导学生运用多元化史料，从细节入手，概述城市商业发展的特点，渗透史料实证和历史解释素养。

探究1：结合材料和所学知识，分析宋代城市商业繁荣的原因。

材料一：宋朝立国之初，宋太祖就号召人们"多积金，市田宅以遗子孙"。宋太宗曾下诏"令两制议政丰之术以闻"，让官员们研究理财求富之术。宋神宗也下达过"政事之先，理财为急"的诏令。

——《宋史》《续资治通鉴长编》

材料二：宋朝政府取消了汉唐以来的很多禁令，比较重要的有：商品与店铺商号不再集中于政府指定的官市，居民区与商业区可以混杂，居民被允许自由地向街开店；取消了宵禁制度，百姓可以在夜间出游、做生意等。

——吴晓波《浩荡两千年》

学生活动：结合材料从不同角度思考分析宋代城市商业繁荣的原因。

教师活动：引导学生从社会环境、经济发展、观念和政策、人口、交通等角度分析，对学生回答进行点评。（环境：相对和平稳定。经济、社会：农业和手工业的显著发展；人口增加。观念、政策：统治者重视经济事务；调整管理政策。地理、交通：地理位置重要，交通便利；水陆运输的发展。）

《清明上河图》汴河航运繁忙反映了宋朝造船业和航海技术的发达，结合补充材料说明海外贸易的繁荣。

探究2：宋代对外贸易以海路为主的原因。

材料三：宋朝中期之后，宋朝廷出于贸易营收依赖等原因开始支持鼓励国家和商业力量的合力……在此后几百多年的时间里，开创出一个中国主导国际贸易的时代。

——《海上丝绸之路》

材料四：精美的华瓷外销，陆上交通，晓行夜宿，辗转搬运，极易破损；而靠海路运输，则不虞路途之遥。而且，海路运输比之陆上运输，不仅安全、安稳，载量也大得多。

——何芳川《中外文化交流史》

材料五：宋代的造船技术和航海技术明显提高，指南针广泛应用于航海，中国商船的远航能力大为加强。宋朝与东南沿海国家绝大多数时间保持着友好关系，广州成为海外贸易第一大港。

——《海上丝绸之路贸易繁盛的原因》

学生活动：结合材料从不同方面思考分析宋代对外贸易以海路为主的原因。

教师活动：引导学生从政治、经济、文化、国际等角度思考，对学生回答进行点评。[政治：少数民族政权并立，陆路中断；政府积极的对外贸易政策。经济：经济重心的南移；商品经济繁荣。文化（科技）：造船和航海技术发达；海路运输的优势（大宗产品的变化；载重量更大，成本更低）。国际：周边环境的和平安定与经济发展。]

【设计意图】培养学生将特定的历史事件放在特定的历史背景中分析的能力。渗透历史解释素养。

宋代商业的发展是建立在农业、手工业生产发展的基础之上的。农业、手工业是商业发达与否的决定性条件。

学生活动：结合教材内容，归纳宋元时期农业发展有哪些表现。

教师活动：指导学生梳理归纳，并对学生归纳内容进行点评。

【设计意图】教师设置问题情境，引导学生梳理知识，帮助学生对农业、手工业发展有基本认识，培养学生归纳和总结信息的能力。

任务二：经济重心新变动

学生活动：思考截至南宋，我国南、北方在人口（表10-1）、农业两方面呈现出怎样的发展趋势？这一趋势折射了哪一历史现象？

材料六：宋神宗元丰六年（1083年）在全国4.62亿亩耕地面积中，南方12路中约有耕地3.18亿亩……唐代中后期，北方已由原来占有优势而衰退变化为与南方保持基本平衡的状态，至南宋时期，南方已跃升为主导地位，粮食产量显著地超过了北方。

——《中国历史地理导论》

表11-1　汉至宋南北方户数变化表（单位：万户）

	西汉元始二年（2年）	晋太康元年（280年）	唐天宝元年（742年）	宋元丰三年（1080年）
北方	965	149	493	459
南方	111	65	257	830

——钱穆《国史大纲》

教师活动：结合材料，提问学生，引导学生回答。（南方农业产量和人口数量均超过北方。经济重心南移。）

【设计意图】以材料、图表引出经济重心南移的主题，顺利过渡到经济在空间上的变化。

学生活动：北京大学邓小南教授认为，北方战乱及其破坏、大规模移民、气候变化等诸多因素促成了经济重心南移。选择其中一个角度，并阐释理由。

教师活动：引导学生思考回答，对学生回答进行点评。

司马光："逐路取人"，按区域分配名额。

欧阳修："凭才取人"，不拘地域额数，实行考试面前人人平等。

学生活动：关于司马光和欧阳修两人的主张，你更支持谁？

教师活动：出示司马光、欧阳修关于科举取士的不同意见，对学生回答进行点评。

【设计意图】通过对教材和史料的深度挖掘，利用开放性问题驱动教学，引导学生深入思考经济重心南移的原因。通过对科举取士不同观点的认识，体味公平选拔人才的重要性，渗透史料实证和培养学生家国情怀素养。

任务三：社会生活新变化

材料七：今世俗之贪鄙者，将娶妇，先问资装之厚薄；将嫁女，先问聘财之多少。

——司马光《书仪》

如工商杂类人内有奇才异行、卓然不群者，亦许解送。

——《宋会要辑稿·选举》

"仁宗朝，商人、佃农、奴婢均为编户齐民。齐，等也。无有贵贱，谓之齐民。"

——郭尚武《两宋良贱制度的消亡及其影响》

盖至于今，授田之制亡矣。民自以私相贸易，而官反为之司契券而取其直。凡人诉论田业，只凭契照为之定夺。

——叶适

学生活动：结合史料思考宋代社会出现了哪些变化？变化的原因是什么？

教师活动：引导学生思考回答，对学生回答进行点评。（变化：婚姻中重财不重身份；科举选士不重家世；社会成员身份趋于平等；官府对土地买卖等限制放松。原因：经济发展，商业发展，思想观念变化，政府管理政策松动。）

【设计意图】通过史料的阅读与分析，学生理解社会生活的变化。渗透史料实证和历史解释素养。

当时农业和手工业有较大发展，都市制度上的种种限制已经除掉，商业高度繁荣。不用说这种变化是由于它的交通发展、政治稳定、居民的种种欲望强烈起来的缘故。

【设计意图】引导学生理解经济发展与社会变迁之间的因果逻辑，渗透唯物史观素养。

（三）板书设计

第10课　辽宋夏金元的经济与社会

1. 经济发展新高度

2. 经济重心新变动

3. 社会生活新变化

（四）教学反思

本课以"辽宋夏金元的经济与社会"为题，但无论从课标要求还是实际情况考虑，都只能以宋朝为主，因为经济发展成就以宋朝最突出，社会变化也以宋朝最明显。辽夏金元诸政权，除元朝相关内容有所涉及外，其余限于篇幅一笔带过。

本课在教材的处理上，对教材进行了整合。本课分"农业和手工业的发展""商业和城市的繁荣""经济重心南移""社会的变化"四子目。前三个子目讲述经济（第三子目涉及文化），后一子目讲社会变化，内容较为庞杂。因此把本课的第一子目"农业和手工业的发展"放在第二子目"商业和城市的繁荣"的背景中去讲，解构了教材并重构了教材，把教材编撰逻辑和学生的认知逻辑进行了统一，厘清了农业、手工业和商业发展的关系，也使得课堂重点突出。

本课在教学中努力探求历史学科核心素养的落实途径。唯物史观统领全课，农业、手工业和商业的关系，经济发展对文化的影响，经济发展引起的社会的变化等，无一不在渗透核心素养。把史料融入史学方法和历史细节中，融合在与学生的交流互动中，注重历史学科思想方法的渗透，并注意引进最新的史学成果来拓展学生的学科视野。

（五）推荐阅读书目

1. 刘炜：《中华文明传真》，上海辞书出版社。

2. 宫本一夫、平势隆郎、鹤间和幸等：《讲谈社·中国的历史》，广西师范大学出版社。

3. 樊树志：《国史概要》，复旦大学出版社。

4. 王家范：《中国历史通论》，生活·读书·新知三联书店。

5. 费正清、崔瑞德：《剑桥中国史》，中国社会科学出版社。

第12课　辽宋夏金元的文化

（一）教学主旨

1. 内容要求

通过了解两宋的政治和军事，认识这一时期在政治、经济、文化与社会等方面的新变化；通过了解辽夏金元诸政权的建立、发展和相关制度建设，认识北方少数民族政权在统一多民族封建国家发展中的重要作用。

2. 教材分析

本课教材从四个方面展现辽宋夏金元时期的文化发展，分别为儒学的复兴、文学艺术、科技、少数民族文字，同时分别对应文化发展的四个新变化——学术上佛、道、儒的合一、文艺上雅与俗的共赏、科技上中西域的互通、各民族文字的借鉴与影响。从正文篇幅上看，本课叙述重点为"儒学的复兴"，但与其他三子目篇幅相差不大；"少数民族文字"一子目的叙述较为具体，为我们提供了重要的文化观察角度。

3. 学情分析

本课授课对象为高一学生，他们在初中阶段对本课知识有一定的了解，但也有不少的陌生点。再加上本课内容较多、较零散，因此调动学生已有知识（如宋词、四大发明等），适当选取难度适中、较有趣味性的史料，引导学生分析理解，是本课在教学设计时的基本思路。

4. 教学目标

（1）运用时空定位，理解两宋文化辐射周边、影响后世，认识两宋文化是了解辽宋夏金元的文化新变化的聚焦点。

（2）通过史料分析，了解这一时期学术上佛、道、儒合一、文艺上雅与俗共赏、科技上中西域互通、文字上各民族借鉴的情况，理解辽宋夏金元文化的新发展，培养对这一时期先人的创新意识的认同感。

（3）结合辽宋夏金元在政治、军事、经济等方面的变化，分析这一时期文化新变化的原因，增强对中华民族文化成就的自豪感，提升承担社会责任的动力与信心。

5. 教学重难点

重点：辽宋夏金元时期文化繁荣的具体表现。

难点：儒学的复兴。

6. 教学策略

以问题为导向，以师生合作探究为教学方式，以激发学生兴趣、落实学科核心素养的培养为出发点，设计本课的教学主题。

（二）教学过程

导入：

华夏民族之文化，历数千载之演进，造极于赵宋之世。

——陈寅恪

展示陈寅恪先生对宋朝的评价，提问学生为何会有如此高的评价。

【设计意图】 通过设置疑问导入新课，吸引学生注意力，引起学生对本课学习内容的好奇心，激发学习兴趣。

任务一：儒学的复兴

学生活动：根据材料，结合所学，分析理学兴起的背景。

材料一：今之学者有三弊，一溺于文章，二牵于训诂，三惑于异端。

——《二程遗书》卷十八

"民不出粟米麻丝、作器皿、通货财以事其上，则诛"（韩愈）之类赤裸裸的恐吓已经无法控制人心，所谓"儒门淡泊，收拾不住"。

——岳麓版高一历史必修 3 教材

自庆历后，诸儒发明经旨……排《系辞》，毁《周礼》，疑《孟子》，讥《书》之《胤征》、《顾命》，黜《诗》之序，不难于议经，况传注乎？

——王应麟《困学纪闻》卷八《经学》

教师活动：引导学生观察图片，解读材料，分析回答问题，并对学生回答进行评价。（外在挑战与发展：儒学受道教、佛教挑战到调和之风兴盛。儒学自身：沉溺训诂考究走向服务学术、服务现实；当时（北宋中期）统治危机，巩固统治的需要；儒学自身自救，构建信仰，维护统治权威地位。）

【设计意图】培养学生将特定的历史事件放在特定的历史背景中分析的能力。渗透时空观念、历史解释素养。

学生活动：依据材料并结合所学知识，概括宋代理学的基本内容。

材料二：问：天道如何？曰：只是理。理便是天道也。且如说"皇天震怒"，终不是有人在上震怒，只是理如此。

——程颐、程颢《河南程氏遗书》卷 22 上《伊川杂录》

宇宙之间，一理而已。天得之而为天，地得之而为地，而凡生于天地之间者，又各得之以为性；其张之为三纲，其纪之为五常，盖皆此理之流行，无所适而不在。

——朱熹《朱子文集》

教师活动：出示材料，引导学生回答问题并进行点评。（世界观：理是自然界和社会的根本法则。认识论：存天理、灭人欲。）

学生活动：结合材料，评价"存天理、灭人欲"。

材料三：朱熹生活的南宋时代，整个社会统治阶级鲜廉寡耻，生活奢侈无度。在这种时代背景下，朱熹提出了著名的"存天理、灭人欲"之说。

——洪映萱《另一种声音——对朱熹"存天理、灭人欲"等理学观念的反思》

天理人欲，不容并立。天理存则人欲亡，人欲胜则天理灭。

——朱熹

饮食，天理也。山珍海味，人欲也。夫妻，天理也。三妻四妾，人欲也。

——朱熹

理学的理欲之辩，本意是想规谏统治者。但事实是统治者顺手接过来，反向一击，理欲之辩由道德修养的圣贤功夫转化成了政治奴役性的残杀工具。

——张立文《宋明理学研究》

教师活动：出示材料，引导学生回答问题并进行点评。（理学本是要求君王和士大夫摒弃过度欲望，追求更高的精神境界，克己修身，体现出严格的道德自律精神，具有一定的积极意义。但是它具有禁锢合理欲望、扼杀人性的潜在可能，极易成为统治者束缚人民的精神工具，最后逐渐僵化。）

学生活动：结合材料，思考理学的影响。

材料四：人生自古谁无死，留取丹心照汗青。

——文天祥

粉身碎骨浑不怕，要留清白在人间。

——于谦

苟利国家生死以，岂因祸福避趋之。

——林则徐

粉身碎骨寻常事，但愿牺牲保国家。

——秋瑾

教师活动：出示材料，引导学生回答问题并进行点评。（积极：重视注重气节、道德；强调人的社会责任和历史使命；显人性尊严，对塑造中华民族性格起了积极作用。消极：理学强调三纲五常和名分等级的永恒性，维系专制统治，压抑、扼杀人们的自然欲求；讲究尊卑等级；重男轻女；因循守旧；重礼轻法等观念盛行；压抑创造力。）

【设计意图】教师以问题链的形式来层层递进、环环相扣地推进课堂生成，帮助学生理解这一时期儒学的复兴。通过史料的阅读与分析，学生理解理学的基本内容，能从不同角度回答理学的影响，培养学生辩证认识历史的思维和史料实证素养。

任务二：文艺与科技

学生活动：根据教材，概括宋元时期文艺与科技发展的表现。

教师活动：指导学生阅读教材，并对其所完成的表格进行点评。

学生活动：宋词、元曲盛行的原因有哪些？

教师活动：引导学生分析，对学生的认识进行互动评价。（宋词盛行原因——政治：宋朝重文轻武，培养了一批优秀文人。经济：商业和城市日趋繁荣，市民队伍壮大，词更适应市井生活的需要。情感需求：娱乐、忧国忧民……）（元曲盛行原因——政治：民族区别对待制度，使得汉族知识分子地位低下。经济：商业和城市经济繁荣，市民阶层壮大，元曲更通俗易懂，符合市井生活。情感需求：面对不公抒发愤懑……）

学生活动：结合所学，谈谈中国传统科技世界领先的原因。

教师活动：引导学生从政治、经济、文化、政策、个人等角度回答，对学生认识进行互动点评。

【设计意图】用表格整理基础知识，形成初步认识，培养学生归纳和总结信息的能力。在分析问题时，将书本材料和补充材料相结合，形成更完整的对辽宋夏金元时期文学艺术的理解。运用开放性问题驱动教学，引导学生从不同角度认识历史，渗透历史解释素养。

任务三：文字的创制

学生活动：观察各少数民族文字，思考其有何共同之处。这说明了什么？

教师活动：引导学生观察分析，对学生回答进行点评。（模仿汉字字形创造本民族文字。说明了以汉字为核心的文化多样性，中华文明多元一体。）

【设计意图】通过对各少数民族文字创制的解读，学生认识到在辽宋夏金元长时期民族交融过程中，中华民族多元一体格局形成并发展，促进了统一多民族封建国家的发展。

（三）板书设计

第12课　辽宋夏金元的文化

　　1. 儒学的复兴

　　2. 文艺与科技

　　3. 文字的创制

（四）教学反思

本课的课堂教学难点主要有：时段跨度较大，内容含量较多、理解较难，各子目较为分散，教材主题不突出。因此本课教学亟须确立明确的课堂教学主题，在一课时的容量内对教材内容进行有效取舍和整合，并在课堂主题下对各子目进行逻辑梳理。只有明确课堂主题、厘清逻辑脉络，才能将教材与补充的史料有机结合，才能有效突破本课的重、难点。

（五）推荐阅读书目

1. 刘炜：《中华文明传真》，上海辞书出版社。

2. 宫本一夫、平势隆郎、鹤间和幸等：《讲谈社·中国的历史》，广西师范大学出版社。

3. 樊树志：《国史概要》，复旦大学出版社。

4. 王家范：《中国历史通论》，生活·读书·新知三联书店。

5. 费正清、崔瑞德：《剑桥中国史》，中国社会科学出版社。

6. 许纪霖：《家国天下：现代中国的个人、国家与世界认同》，上海人民出版社。

7. 许倬云：《万古江河：中国历史文化的转折与开展》，湖南人民出版社。

8. 樊树志：《国史十六讲》，中华书局。

9. 宫崎市定：《宫崎市定中国史》，浙江人民出版社。

10. 白寿彝：《中国通史》，上海人民出版社。

11. 白至德：《白寿彝史学二十讲》，红旗出版社。

第四单元　明清中国版图的奠定与面临的挑战

一、课标要求

通过了解明清时期统一全国和经略边疆的相关举措，认识这一时期统一多民族国家版图奠定的重要意义；了解明清时期社会经济、思想文化的重要变化；通过了解明清时期封建专制的发展、世界的变化对中国的影响，认识中国社会面临的危机。

二、课标解读

本专题有两个学习要点：①认识明清时期统一多民族封建国家版图奠定的意义。②认识明清时期中国社会（包括经济、文化领域）的变化和面临的危机。

1. 认识明清时期统一多民族封建国家版图奠定的意义

讲这一点要注意，在很多政策上明朝和清朝之间具有纵向的连续性。我们在分析国家版图的奠定和面临的危机时都可以从明清两朝进行讲解。从国家版图奠定意义而言，主要是通过统一全国和经略边疆的举措来认识。可以从两个方面理解版图奠定的含义：一是从华夷区别到各族一家。二是从羁縻招抚到直接管理。正是因为对这些地区有了超过以往的有效统治，所以才奠定了今日中国版图的基础。

2. 认识明清时期中国社会（包括经济、文化领域）的变化和面临的危机

讲这一点是要注意明清时期社会变化和面临的危机从横向上与世界的整

体性。明清时期中国出现的许多重大的社会变化，特别是 16 世纪以来的变化，在许多方面一直影响到了现代社会。这些变化是与这一时期的世界变化同步的，甚至是后者的组成部分，注意它与世界的整体性。剧烈的变化必然对原有的格局和秩序形成挑战，西方殖民势力的东来必然引起与当地国家和人民的矛盾，国内人口的流动必然导致移民与原住民的纠纷，商业贸易发展的诉求必然与现有制度相抵触……所以，变化和危机或挑战是相伴相生的。

这一专题的难点在于如何把握两个学习要点或重点之间的逻辑联系；把500 多年的明清历史浓缩为这样两个内容，如何既照顾到这一时期的重要内容，把握其主要特征，又不能事无巨细，面面俱到，也是比较困难的。解决的方法是把国家对于边疆的关注和经略放到整个世界变化的框架中去，将商业贸易、人口流动、区域开发等视为明清国家边疆拓展和加强管理的动力。

三、初中、高中教材对比

第 13 课　从明朝建立到清军入关

（一）教材知识结构的对比

初中历史教材（七年级下册）	高中历史教材《中外历史纲要》（上）
第三单元　明清时期：统一多民族国家的巩固与发展 第 14 课　明朝的统治 1. 明朝的建立 2. 朱元璋强化皇权 3. 科举考试的变化 4. 经济的发展 知识拓展：廷杖 第 15 课　明朝的对外关系 1. 郑和下西洋 2. 戚继光抗倭 3. 葡萄牙攫取在澳门的居住权 知识拓展：明初的对外交往 第 17 课　明朝的灭亡 1. 政治腐败与社会动荡 2. 李自成起义推翻明朝 3. 满洲兴起与清军入关 知识拓展：八旗制度	第四单元　明清中国版图的奠定与面临的挑战 第 13 课　从明朝建立到清军入关 1. 明朝政治制度的变化 2. 海上交通与沿海形势 3. 内陆边疆与明清易代

解读	从教材对比来看： 相同点： 初中、高中教材从内容编排上，均按照时间顺序梳理历史事件。均把明清时期归为一个单元。 不同点： 1. 初中教材将明朝历史分设为政治、对外、文化、灭亡4课时内容，高中教材《从明朝建立到清军入关》仅安排1课时。 2. 高中教材对政治制度的变化更注重君主专制加强这条主线。 3. 高中教材对明代对外关系的概述将郑和下西洋、戚继光抗倭、葡萄牙攫取在澳门的居住权三个重点内容放在一个子目中论述，内容含量大。 4. 明朝的灭亡，初中教材从阶级矛盾入手，侧重导致明朝灭亡的内部原因。而高中教材侧重讲述明清易代，重视历史逻辑过渡，为下课内容做铺垫

（二）教材相同内容表述的对比

相同知识点	初中历史教材	高中历史教材	解　读
明朝政治制度的变化	1. 明朝建立的时间及人物。 2. 朱元璋强化皇权的表现：改革官制、改革科举制度、设锦衣卫和东厂	1. 明朝建立的过程。 2. 朱元璋废宰相。 3. 引出内阁的出现和宦官专权	1. 高中教材限于篇幅，内容较初中教材叙述得比较简略，重点论述"废宰相、设内阁"加强中央集权。 2. 课后问题探究部分高中教材提供材料，学生对材料进行分析，了解明太祖废宰相的原因及废宰相的评价，培养问题探究能力。 3. 初中教材八股取士的知识点在正文部分展现，高中教材在课后学习拓展部分布置学生查阅一到两篇明清八股文，了解其特点。此内容安排符合初中、高中学生特点，锻炼高中生查寻分析史料的能力
海上交通与沿海形势	1. 郑和下西洋的过程以及积极影响。 2. 抗倭斗争，详细讲述抗倭英雄戚继光。 3. 葡萄牙人获得了澳门的居住权	1. 郑和下西洋的过程以及积极影响和消极影响（思考点引导探究） 2. 抗倭斗争，抗倭英雄戚继光及俞大猷。 3. 欧洲殖民者在中国沿海的活动。例如：葡萄牙人获得了澳门的租住权，荷兰和西班牙占据了台湾的南部和北部	1. 关于郑和下西洋的内容，初中教材重点讲述积极影响，目的是培养学生的爱国情怀。而高中教材讲到了积极和消极双方面的影响，培养学生运用辩证的方法来看待历史事件。 2. 关于抗倭的内容，初中教材重点讲述抗倭英雄戚继光，培养学生对英雄人物的认识。高中教材将重点放在沿海的形势，对英雄人物的描述只是一笔带过。 3. 初中教材重点讲述葡萄牙人获取澳门的居住权，而高中教材添加了台湾岛被荷兰和西班牙占领的史实，培养学生认识台湾自古就是中国领土且不容侵犯的。 4. 关于澳门被荷兰侵略，初中教材的表述是居住，高中教材的表述是租住，居住是无偿行为，而租住是有偿行为。表述的精准更有利于学生理解澳门自古就是中国领土且不容侵犯

相同知识点	初中历史教材	高中历史教材	解　读
内陆边疆与明清易代	1. 政治腐败与社会动荡。 2. 李自成起义推翻明朝。 3. 满洲兴起与清军入关	1. 与少数民族关系：蒙古族接受明朝册封，扩大贸易关系；设立了行都指挥使司等机构管理西藏军民事务，并且任用藏族上层人士进行管理。 2. 明朝灭亡：清朝的崛起及打败农民军，确立了清朝统治。 3. 学思之窗讲述了清承汉制，《大明会典》的使用	初中教材主要论述清朝灭亡的内外两方面的原因，而高中教材重点在于让学生了解到清朝末年与周边的少数民族的关系，由此学生可认识到外患明显，加之农民起义的推动之下，明朝灭亡

第14课　清朝前中期的鼎盛与危机

（一）教材知识结构的对比

初中历史教材（七年级下册）	高中历史教材《中外历史纲要》（上）
第三单元　明清时期：统一多民族国家的巩固与发展 第18课　统一多民族国家的巩固和发展 1. 清朝对全国的统治 2. 郑成功收复台湾和清朝在台湾的建制 3. 清廷对西藏地方的有效管辖 4. 巩固西北边疆 5. 雅克萨之战 6. 清朝的疆域 知识拓展：承德避暑山庄 第20课　清朝君主专制的强化 1. 军机处的设立 2. 文字狱与文化专制政策 3. 不断加剧的社会矛盾 4. 闭关锁国政策 知识拓展：清朝前期的主要货币	第四单元　明清中国版图的奠定与面临的挑战 第14课　清朝前中期的鼎盛与危机 1. 康雍乾时期的君主专制 2. 疆域的奠定 3. 统治危机的初显

解读	从教材对比来看： 相同点： 1. 从内容编排来看，初中、高中历史教材均按照时间顺序梳理历史事件。 2. 初中与高中历史教材均把明清时期归为一个单元。 不同点： 1. 高中教材对政治制度的变化更注重君主专制加强这条主线。 2. 初中教材则将清朝历史分设为建立及边疆管理、经济、政治、文学艺术 4 课时内容，高中教材《清朝前中期的鼎盛与危机》及《明至清中叶的经济与文化》仅安排 2 课时。 3. 高中教材对清代疆域的奠定的概述将郑成功收复台湾、雅克萨之战、平定准噶尔部、西北边疆叛乱、理藩院的设置、控制蒙古族和藏族、改土归流七个重点内容放在一个子目中论述，内容含量大

（二）教材相同内容表述的对比

相同知识点	初中历史教材	高中历史教材	解　读
清朝政治制度	1. 军机处的设立。 2. 文字狱的兴起。 3. 闭关锁国。 4. 社会矛盾激化	1. 康熙、雍正、乾隆三位皇帝勤政。 2. 奏折制度。 3. 军机处的设立。 4. 思想文化控制——文字狱	1. 在君主专制强化内容的取舍上，社会矛盾激化是皇权不断加强的弊端，闭关锁国也体现了皇权集中下弊大于利的对外政策，初中将这两个知识点放在《清朝君主专制的强化》这一课的内容中讲述，且与其他君权加强的措施是同级并列子目。高中却将君主专制的强化措施与弊端分成两个子目：《康雍乾时期的君主专制》以及《统治危机的初显》。高中教材这样设计的意图是从内容安排上让学生思考君主专制加强的措施与影响。 2. 关于军机处的讲述，初中教材较为详尽，高中教材教师处理时应适当缩减内容，让学生了解到其设置的目的是加强君主专制即可。 3. 高中教材中加入奏折制度，有图文表述，这是初中教材没有涉及的制度，却是很重要的加强皇权的措施，教师可适当补充。 4. 关于文字狱，初中教材讲述非常详尽，高中教材较为简略，且不为本课的教学重点，教师可做简化处理

续表

相同知识点	初中历史教材	高中历史教材	解　读
疆域的奠定	1. 郑成功收复台湾和清朝在台湾的建制。 2. 清廷对西藏地区的有效控制。 3. 巩固西北边疆。 4. 雅克萨之战。 5. 清朝的疆域	1. 郑成功收复台湾。 2. 雅克萨之战。 3. 平定准噶尔部以及西北边疆叛乱。 4. 理藩院的设置，控制蒙古族、藏族。 5. 改土归流。 6. 清朝的疆域	1. 从教材设置整体来看，初中、高中教材都着眼于清政府如何收复边疆，加强控制。 2. 高中教材从内容上来说多了两个知识点：理藩院的设置、改土归流。 3. 高中教材讲到理藩院管理民族事务，用了"因地制宜"四个字，教师可以让学生思考尊重各民族习俗的管理方法有什么可取之处，与当今中国的少数民族管理制度做一个类比，让历史走进现实，分析现实问题。 4. 初中教材讲到收复台湾地区，提到了钓鱼岛的历史，使学生形成钓鱼岛从来就是中国领土的一部分的观念，培养家国情怀。 5. 初中教材对于清朝疆域的版图的总结为"统一的多民族国家"，高中为"奠定了现代版图"。教师应注意表述的不同，培养学生通过将清朝疆域图与今天的中国地图作对比，认识到历史的延续性
统治危机的初显	1. 社会矛盾激化。 2. 闭关锁国	1. 社会矛盾激化导致农民起义爆发。 2. 闭关锁国政策，以及广州十三行的设立	1. 社会矛盾激化，初中教材提到流民问题，高中教材提到宗教势力煽动下农民起义的爆发。初中教材侧重于现象的描述，高中侧重于让学生了解农民起义的原因及结果，思维层次更深一层。 2. 关于闭关锁国的影响，高中教材较初中教材来说有"无法适应新的外部环境的表述"，教师应适当补充中国落后于西方工业化的相关史实，站在世界的角度看清朝社会。 3. 在高中教材探究与拓展部分，提供了乾隆、嘉庆写给英国国王的敕谕，表现了清朝统治者"天朝上国"的思想，可用作闭关锁国的原因的补充材料

第15课　明至清中叶的经济与文化

（一）教材知识结构的对比

初中历史教材（七年级下册）	高中历史教材《中外历史纲要》（上）
第三单元　明清时期：统一多民族国家的巩固与发展 第14课　明朝的统治 4　经济的发展	第四单元　明清中国版图的奠定与面临的挑战 第15课　明至清中叶的经济与文化 1. 社会经济的发展与局限

初中历史教材（七年级下册）	高中历史教材《中外历史纲要》（上）
第16课　明朝的科技、建筑与文学 1. 科技名著 2. 明长城和北京城 3. 小说和艺术 知识拓展：《徐霞客游记》 第19课　清朝前期社会经济的发展 1. 农业生产的恢复和发展 2. 手工业和商业的发展 3. 人口的增长 知识拓展：康熙时期国库充盈 第20课　清朝君主专制的强化 4. 闭关锁国政策 知识拓展：清朝前期的主要货币 第21课　清朝前期的文学艺术 1.《红楼梦》 2. 昆曲与京剧艺术 知识拓展：大型典籍的编纂、配图：文津阁《四库全书》	2. 思想领域的变化 3. 小说与戏曲 4. 科技
解读	从教材对比来看： 相同点： 　初中、高中教材从内容编排上，均按照时间顺序梳理历史事件，通过介绍科技文化成就增强学生的自信心。 　不同点： 　1. 关于明清经济和文化发展的内容设置，初中教材进行了明确的时代划分，细致介绍了明清两个朝代的具体表现，时间线索清晰。而高中教材则是把明清的经济和文化放在一起论述，凸显了明清经济与文化发展的共同趋势与特点，引导学生把明清时期作为封建社会向近代社会转型的关键时期来理解，承封建社会经济文化发展的脉络，启发封建社会渐趋衰落的原因思考。 　2. 在具体的教材内容上，高中教材对初中教材的内容进行了删减与补充。 　删减的内容有：明朝时期手工业发展在棉纺织与制瓷业上的表现，明长城与北京城的建设，清朝时期人口的增长以及闭关锁国的政策。 　增加的内容有：明朝后期在手工业领域出现资本主义萌芽，明清时期与世界市场的联系（白银流入对中国商业发展的影响），僵化的专制统治限制社会转型，明清时期思想领域的变化与影响（明朝中期起，思想界出现提倡个性自由和反对专制的倾向），"西学东渐"。 　从高中教材增加的内容来看，经过初中历史的学习，高中生已大概掌握中外历史的基本脉络，对明清时期的时代环境已有一定的印象，情感态度、价值观上也更为成熟，有利于学生更好地理解和分析同时期中外的经济交流、政治发展对经济产生的影响，思想文化领域的新变化对政治发展产生的影响，尤其是补充对"中学西渐"内容的介绍，利于学生文化自信的建立，对明清时期有更为全面和客观的认识

（二）教材相同内容表述的对比

相同知识点	初中历史教材	高中历史教材	解　读
明清时期经济发展的表现	人口增长是经济发展的结果，但人口增长也暴露了人地矛盾，阻碍经济持续发展	未提及人口增长这一问题	由于篇幅限制，高中教材对明清时期的经济发展表现的介绍，是把明至清前期糅合在一起进行介绍，相比较而言，初中教材对明朝、清朝前期的经济发展概况介绍得更为细致。但高中教材把小农经济始终占据压倒性的主要地位，封建制度阻碍了经济转型的内容进行补充，为之后介绍晚清危局做了铺垫，更利于思考近代中国各阶级中民主探索的原因
明清时期思想文化的演变和科技、文学艺术成就	对明清时代代表性文学作品、科技成就、艺术成就等介绍十分细致	补充了明清时期心学的发展、对儒学批判性继承的儒家思想发展历程的介绍	受专题设置影响，初中教材对科技、文学和艺术成就介绍十分细致，高中教材在这部分内容的介绍中稍显简略。教师在教授这一部分内容时，需更注重对明清时期科技、文学、艺术成就和主流思想演变的时代特征及影响此特征形成的因素的思考。从唯物史观切入，把握明清政治、经济的发展对思想文化发展的影响

四、教学建议

本单元《明清中国版图的奠定与面临的挑战》包含第 13 课《从明朝建立到清军入关》、第 14 课《清朝前中期的鼎盛与危机》和第 15 课《明至清中叶的经济与文化》共三课的内容。本单元内容的总特征：统一多民族封建国家进一步巩固与发展，社会经济缓慢发展，封建社会由盛而衰。本单元教学需要注意理解以下几点：

（1）政治方面：君主专制空前加强，统一多民族封建国家发展。中央与边疆关系加强。对外由开放转为闭关锁国政策。但是一方面中外经济文化交流频繁，另一方面中国与外来侵略势力矛盾尖锐，如郑和下西洋、戚继光抗倭、葡萄牙侵占澳门、雅克萨自卫反击战。

（2）经济方面：明清时期农耕经济高度繁荣，农业手工业发展超过了前代水平，商品经济空前活跃，资本主义生产关系在明代后期萌芽，但受到重农抑商与闭关锁国的阻碍，发展缓慢。

（3）文化方面：市民文学兴起，西学东渐开始，商品经济发展和封建制度的日趋没落，导致了反封建的民主思想的产生。明清文化具有承古萌新的时代特征，建立在自然经济基础上的传统科技仍走在世界前列，出现了传统科技的总结性巨著。但总体而言已经落后于西方世界潮流，文学艺术具有高度的反封建的思想性和艺术性。文化专制加强思想控制，教育、科举文化政策都体现了君主专制制度强化的色彩。

五、教学设计

第13课　明清统一多民族封建国家的发展

（一）教学主旨

1. 内容要求

通过了解明清时期统一全国和经略边疆的相关措施，知道南海诸岛、台湾及其包括钓鱼岛在内的附属岛屿是中国版图的一部分，认识这一时期统一多民族国家版图奠定的重要意义；通过认识明清时期封建专制的发展，世界的变化对中国的影响，认识中国社会面临的危机。

2. 教材分析

（1）中央行政机构变革：从内阁到军机处

政治制度的变化是本课的第一个要点。政治领域的一大突出变化是封建制度的进一步加强，其目标是在于继续巩固原有的格局和秩序。其间的矛盾就是社会危机产生的主要原因，为接下来的明清时期，中国为何与西方工业文明失之交臂打下知识基础。

（2）地方制度创新：少数民族管理

少数民族的管理政策是本课学习的第二个要点，其基础是要了解相关的基本史实，了解明清时期统一全国和经略边疆的相关措施，重点自然是放在清朝的业绩，但是也不能忽略明朝的作用，要注意两个朝代在这个问题上的联系，也要适当地关注以前朝代所打下的基础。

3. 学情分析

本课的授课对象是高一年级学生，经过初中的学习，对本课的基础史实掌握情况较好，但是要在初中学习基础上进行能力提高，所以要让学生明白两个问题：第一个就是封建专制的一个演变过程；第二个就是少数民族制度管理的一个变化过程。

4. 教学目标

（1）阅读史料，了解内阁与军机处设置的目的及特点，培养史料实证能力。

（2）利用地图了解明清时期少数民族治理的政策，培养时空观念。

（3）通过统一多民族国家发展进程的了解，培养学生家国情怀。

5. 教学重难点

重点：统一多民族国家版图的奠定过程。

难点：明清时期的政治制度的演变。

6. 教学策略

关于本课的教学，教师应注重梳理明清时期政治制度演变的过程，引导学生利用唯物史观的基本立场、观点和方法，在时空框架下把握这一时期的多民族统一国家奠定的政治制度以及在空间上的变化，巩固学生的家国情怀。

（二）教学过程

1. 中央制度创新：内阁与军机处

教师过渡：通过阅读教材，胡惟庸为宰相、张居正为内阁首辅、李鸿章为军机大臣，三位大臣的官职名称的变化代表着从明到清君主权力的不断加强，教材表述军机处的设置标志着君主专制达到顶峰，为什么会有这个结论呢？接下来我们一起来论证。

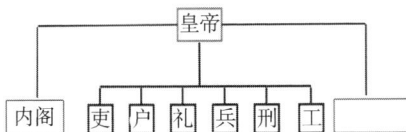

图 13-1　明中枢机构　　　　　图 13-2　清中枢机构

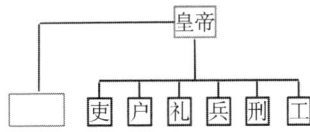

学生活动：阅读教材，完成示意图（图 13-1、图 13-2）。

> 【设计意图】学生阅读书本，调动已有知识，巧妙利用。以上述活动落实课标要求的基本知识点，帮助学生从宏观上了解明清时期中枢机构的设置。

学生活动一：探究明代内阁与清代军机处设置的目的？

材料一：明朝皇帝处理日常政务，主要依赖于两个机构：一是外朝的内阁，二是内朝的司礼监。内阁虽有票拟之权，但所批必须有君王的批朱才生效，而明代中后期的皇帝多昏庸，由司礼监根据皇帝旨意秉笔。

——《明史》卷 74《职官志》

材料二：清代最高统治者为少数民族，其原本的政治体制为原始的部落会议制：各个部落的首领都能参与重大事件的决策。因此，入关后的清王朝一直在寻求削弱部落首领权力的方法，如康熙年间设立南书房作为日常政务的处理机构，以削减议政大臣会议的权力；雍正年间设立的军机处，则真正取代议政大臣会议成为中枢决策机构。

——范秉璋：《小议清代军机处的产生、发展与演变》，载《中学历史教学参考》2018年第10期。

学生回答（预设）：明代内阁：帮助皇帝处理政务；清代军机处：权力的分散，加强皇权。

教师解释：清承明制，在沿袭明朝政治体制的同时又有所变革，最为典型的便是以军机处取代内阁作为中枢机构。清代最高统治者为少数民族，其原本的政治体制为原始的部落会议制，各个部落的首领都能参与重大事件的决策。因此，入关后的清王朝一直在寻求削弱部落首领权力的方法。

学生活动二：通过分析表13-1，了解清代军机处的特点。

出示表格：

表13-1　明代内阁与清代军机处的区别

	明代内阁	清代军机处
工作内容	辅佐处理政务	处理机要，承旨上谕
人数	无定员（2~7人）	雍正15人，乾隆6~7人，后世更少
入选	三品以上，首辅位卑权重	正二品，军机大臣无专门官职

学生回答（预设）：①提高行政效率，介入核心决策；②保证政务处理的集中性；③保证军机大臣地位的崇高性。

教师解释：首先，就人数上而言，军机大臣没有定员，少则数人，多则十余人，如雍正时期军机处曾一度有11位大臣，乾隆年间则缩减为六七人，后世则更少，一般只有四到六人。军机大臣的数量是在不断减少的，这也是为了保证政务处理的集中性。其次，入选军机大臣的官员多在正二品以上，这也保证了军机大臣地位的崇高性，与明代内阁权高位卑有鲜明的差异。最后承旨上谕是军机大臣最为主要的职责，负责皇帝下达的谕旨的撰拟以及参与对官员上报奏折的处理，这也是军机处介入核心决策的主要方式。

学生活动三：从材料中找出清代专制主义中央集权形成的深层原因？

材料三：作为清朝中央决策特色机构，军机处的出现绝非针对内阁，而是试图将已经形成的皇帝"乾纲独断"局面制度化和规范化……在另一方面又因其改变了顺康以来传统统治方式和权力结构，逐渐给皇权带来了一些新的异己因素……清朝专制皇权的形成与加强，绝非军机处或内阁一两个官僚机构所能促成，它是历史传统、思想文化和制度改革等多种因素共同作用的结果，其中，皇帝的个人素质（主要是其统治思想），尤其具有至关重要的意义，它在很大程度上决定了清朝政治的演变方向。

——高翔：《略论清朝中央权力分配体制——对内阁、军机处和皇权关系的再认识》，载《中国史研究》1997 年第 4 期。

学生找出关键词：①皇帝"乾纲独断"局面制度化和规范化；②异己因素；③它是历史传统、思想文化和制度改革等多种因素共同作用的结果。

课后思考：结合初中所学知识，材料中提到"清朝政治的演变方向"是什么？

> **【设计意图】**通过对比内阁与军机处设置的目的，让学生认识到清承明制，但是制度也有变革。通过分析明代内阁与清代军机处的表格，让学生更明显地了解军机处的特点。分析清代专制主义中央集权到底形成的深层次的原因是什么，学生了解到这是与中国几千年的封建传统一脉相承的，这是与皇帝个人的需求有关的。本环节的设计有技能和知识两个方面考虑：一方面，通过分发资料包、史料分析，锻炼学生史料解读的能力；另一方面，了解教材中没有涉及的知识点，帮助学生完善知识体系，培养思辨精神。

2. 地方制度创新：少数民族管理

教师活动：提供给学生从秦朝到清朝的统一多民族国家进程的图（图 13 - 3）

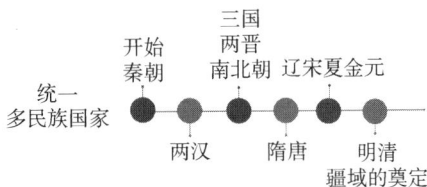

图 13 - 3　秦朝到清朝的统一多民族国家进程

教师过渡：中国，作为一个统一的多民族国家，历经先秦、秦汉、三国两晋南北朝、隋唐五代十国、辽宋夏金元、明清，是在漫长的历史进程中孕育、开始、发展、巩固的，是由劳动、生活在中国历史疆域之内的汉族和各少数民族共同缔造的，共同的疆域奠定了各民族认同、民族团结的基础。

学生提问：为什么教材中说，清朝是对疆域的奠定？

教师活动：教师简单地帮助学生回顾一下民族关系示意图的画法，以唐朝为例，首先示意图需要有几个要素，方位、中心王朝、周边少数民族建立政权、中原与各民族政权的关系（相关史实）。

教师展示（图13-4）：

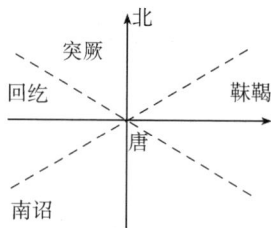

图13-4 唐周边少数民族分布

学生活动四：阅读教材，请画出明代民族关系示意图。

课件展示（图13-5）：

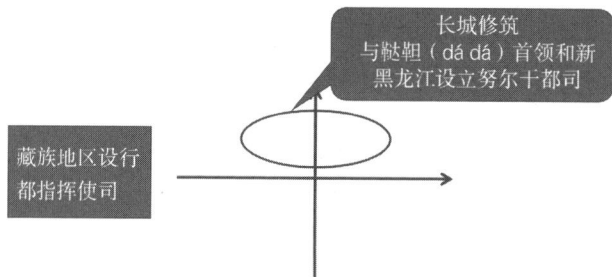

图13-5 明代民族关系

注：利用《中外历史纲要》（上），第75页地图，做明朝民族关系示意图。

学生活动五：通过明清民族关系示意图的绘制结果（图13-5、图13-6），思考清朝在边疆治理的创新点？

预设学生回答：①尊重其习俗和信仰的前提下，直接治理；②设置重要机构，如台湾府；③采用法律手段明确管辖。

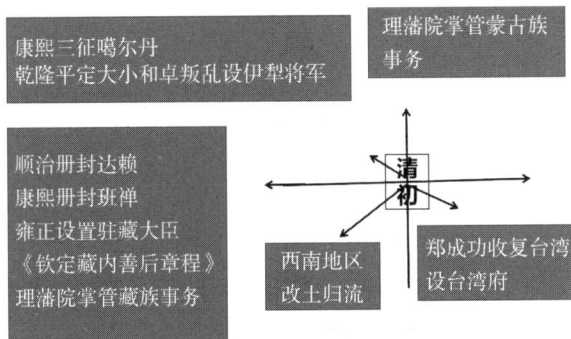

图 13－6　清朝民族关系

学法指导：利用《中外历史纲要》（上），第80页地图，做清朝民族关系示意图。

教师过渡：从民族关系上看，清朝做到了各民族亲如一家，新教材中更突出了清朝民族政策对各民族的尊重与平等，康雍乾时期从历代的招抚为主转变为政府直接控制。从古代历代王朝对边疆的治理和疆域的巩固来看，清朝在边疆问题上突破了历代中原王朝的局限，把疆域内活动的各民族都纳入它的统治范围之内。由此，统一多民族国家最终确立，奠定了现代中国版图的基础，也为后世中国解决领土争端提供了不可动摇的法理依据。

【设计意图】 本环节中，通过让学生画民族关系示意图，培养学生对地图的运用能力。将历史与地理紧密地结合在一起，学生认识到，自古以来台湾、西藏与新疆就是中国的领土，培养学生的家国情怀。

（三）板书设计

第13课　明清统一多民族封建国家的发展

明清统一多民族
封建国家的发展
├─ 中央行政机构变革：从内阁到军机处
└─ 地方制度创新：少数民族管理

（四）教学反思

（1）本课的创新点：思路较为清晰，从中央行政机构的变革以及地方制度两个角度来入手，理清明清统一多民族国家的发展过程。

（2）本课的不足：由于本课对单元内容进行了整合，所以很多细节的知识点没有设计，如明朝建国以及清朝建国的过程，需要引导学生进行课前预习。

（五）推荐阅读书目

1. 刘炜：《中华文明传真》，上海辞书出版社。

2. 宫本一夫、平势隆郎、鹤间和幸等：《讲谈社·中国的历史》，广西师范大学出版社。

3. 樊树志：《国史概要》，复旦大学出版社。

4. 王家范：《中国历史通论》，生活·读书·新知三联书店。

5. 费正清、崔瑞德：《剑桥中国史》，中国社会科学出版社。

6. 郭建龙：《中央帝国的财政密码》，鹭江出版社。

7. 金观涛、刘青峰：《中国思想史十讲》，法律出版社。

8. 徐瑾：《白银帝国》，中信出版社。

第14课1　清朝前中期的鼎盛与危机

（一）教学主旨

1. 课程标准

通过了解清朝统一全国和经略边疆的相关举措，知道南海诸岛、台湾及其包括钓鱼岛在内的附属岛屿是中国版图一部分，认识这一时期统一多民族国家版图奠定的重要意义。通过了解清朝封建专制的发展、世界的变化对中国的影响，认识中国社会面临的危机。

2. 教材分析

（1）在知识体系上，清朝是中国古代最后一个王朝，清前期至中期的历史是中国古代史最后的篇章。深刻理解这一时期清王朝的成就与危机有助于后续中国近代史的学习。

（2）在单元脉络上，本课为《中外历史纲要》（上）第四单元《明清中国版图的奠定与面临的挑战》中的第2课，也是最能反映单元主题的一课——清朝国家疆域的开拓与巩固奠定了中国今日的版图；世界形势的巨大变化则对故步自封的清朝形成了严峻的挑战。因此，本课在单元中具有重要地位。

（3）在教学内容上，本课主要讲述了鸦片战争之前清朝的历史，康乾盛世时期的君主专制与疆域奠定，以及康乾盛世后期统治危机的出现。本课的三个子目一脉相承：君主专制集权的进一步强化使统一多民族国家更趋稳固，使康雍乾盛世出现并延续；疆域的开拓与奠定、中国的版图逐渐定型则是康乾盛世的重要表现；康乾盛世之中也隐藏着危机，并于盛世后期逐渐显露，使清王朝对内遭遇起义，对外渐趋落后，使中国社会面临发展的危机。

3. 学情分析

（1）知识储备：今年高一学生中考时有历史学科，大部分具有比较扎实的初中历史知识储备。本课内容与初中历史教材多有重复，仅奏折制度在初中课本上没有涉及。

（2）学习习惯：高一学生每天收看新闻联播，关心时政热点。

（3）认知特点：高一学生已经具备一定的抽象思维能力与逻辑分析能力，在纵向对比上已经能做得比较好，但由于知识体系还不够完善，在横向对比上还略有不足。

4. 教学目标

（1）通过观察1820年清朝版图，知道康乾盛世时期疆域的开拓奠定了中国今日的版图；了解奏折制度、军机处、文字狱，知道康乾盛世时期君主专制发展到新的高度；分析盛世危机并进行横向比较，认识康乾盛世后期出现的统治危机。

（2）在分析史料、填写表格及观察地图的过程中，锻炼材料分析能力、归纳梳理能力，培育学生的历史解释能力。

（3）通过清朝故步自封与世界变化发展的横向对比，理解保持开放心态、顺应世界潮流、关注民生的重要性，树立正确的国家发展观，使学生形成对中国共产党的认同。

（4）通过设置解决台湾问题的学生讨论活动，使学生形成对祖国、中华民族的认同感和正确的民族观，铸牢中华民族共同体意识。

5. 教学重难点

重点：清朝疆域奠定的重要意义，康乾盛世中的危机。

难点：世界形势变化对中国的影响。

6. 教学策略

通过创设问题情境，研习史料，实证历史，探究历史，以落实历史学科的深度学习，培育学生的历史学科核心素养。

（二）教学过程

导入：

在中国几千年的历史中，盛世并不多见，可以称得上"盛世"的大概有三个时期：第一个是西汉"文景之治"到汉武帝、昭帝、宣帝统治的时期，大约在公元前179年到公元前49年之间，约130年；第二个为唐太宗"贞观之治"到唐玄宗开元年间，120多年；第三个盛世就是清朝的康雍乾盛世，从康熙元年到乾隆六十年，长达134年。

——戴逸《清前期史》，中国人民大学出版社，2018年

18世纪的康雍乾盛世，貌似太平辉煌，实则正在滑向衰世凄凉。

——戴逸《清代中国与世界》，中国人民大学出版社，2018年

为什么中国有康雍乾盛世的到来？康雍乾盛世的背后潜藏着怎样的隐患？今天我们来学习第14课《清朝前中期的鼎盛与危机》

【设计意图】开门见山，引入清史专家观点，让学生了解本课主题。

1. 盛世之疆——天下一统，金瓯完璧

康雍乾盛世历时百余年，盛世的表现是什么？政局稳定，经济繁荣，人口增长迅速，疆域开拓并巩固。清朝疆域辽阔，有1300多平方千米。请同学们观察地图，指出清朝疆域范围。

学生回答：清朝疆域西跨葱岭，西北达巴尔喀什湖，北接西伯利亚，东北至黑龙江以北的外兴安岭和库页岛，东临太平洋，东南到台湾及其附属岛屿，包括钓鱼岛、赤尾屿等，南至南海诸岛，西南抵喜马拉雅山脉。

教师设问：在政治方面，清朝最突出的成就是奠定了中国版图辽阔的多民族统一国家的基础，统一的巩固程度大大超过了汉唐。阅读教材第78～79页和学案材料回答：清朝前期统治者采取了哪些有效的措施（表14-1）、策略来开拓边疆并巩固边疆？

表14-1　清朝巩固边疆的措施

	军事手段	政治手段	法律手段	经济手段	文化手段	民族政策
东南	统台湾	台湾设府，隶属福建省		移民实边，开发边疆	崇儒重教	"天下一家"，因俗而治，团结各民族
东北	逐沙俄	将军	1689年中俄《尼布楚条约》			
蒙古	征准噶尔部	盟旗				
新疆	平大小和卓	伊犁将军				
西藏		册封；雍正设驻藏大臣	乾隆：《钦定藏内善后章程》			
西南		改土归流				

材料一：清以前，历代所行"大一统"，以边疆诸民族"非我族类"，不能与华夏（汉族）同列，只能行羁縻之策，以朝贡体制，保持名义上的隶属关系。……因此，历代"边患"不断。

——李治亭《清史》上卷，人民文学出版社，2020年

材料二：与历代及孔子主张大不同，清破除"华夷之辨"的"大一统"的民族局限，废长城，撤藩篱，摒弃"别内外""辨华夷"的狭隘民族观，

创立并实践不分华夷的"中外一家""天下一家"的全面"大一统"。

——李治亭《清史》上卷，人民文学出版社，2020年

研习史料，讨论总结：

（1）阅读材料一、二，清朝的民族观念发生了什么变化？

清朝否定了儒家强调的"华夷之辨"，主张"天下一家""内外一家"。

（2）阅读材料一、二，清朝如何实践这个"天下一家"民族观念？清朝废华夷的界标——长城，那么清朝满族怎样处理与蒙古族的关系？起到了怎样的作用？

教师讲述：清朝实行了全面的满族上层与蒙古王公贵族和亲通婚的政策，奠定了满、蒙不分家的族盟友情。从康熙时开始修建的木兰围场、避暑山庄和外八庙，直到乾隆时期达到宏大的规模，主要都是团结蒙古族。每年秋天举行木兰秋狝（xiǎn），皇帝与蒙古的王公贵族一起去打猎，然后回避暑山庄，晚上在蒙古包共说蒙古语，共享野味大餐，从中培养满、蒙亲密无间的民族感情，并实行因俗而治的民族政策，实行了和蒙古原社会组织相结合的蒙旗制度等。清朝处理好了与蒙古族的关系，解决了自汉代匈奴、唐代突厥、宋代契丹、明代蒙古以来历代的"北患"问题。乾隆还在外八庙多次接见新疆、西藏来的少数民族上层人士，用亲和、怀柔的政策，使少数民族心悦诚服归顺，乾隆皇帝用自己的经验之谈"一座庙胜十万兵"。清朝"天下一家"民族观念，缓和了民族矛盾，减少了对立、冲突，促进了民族和睦相处和交流交往交融。

（3）清朝真正实现"大一统"的有效手段是什么？

秦朝开始"大一统"，但汉、唐的"大一统"实行的羁縻政策，还是朝贡、怀柔政策，是名义上的隶属关系，症结在地方首领是世袭的。清朝因地制宜设立地方行政机构，地区长官是中央任命，把边疆地区归入中央直接管辖之下，这就确立了中央与地方的行政隶属关系。这是重大制度创新，起到了怎样的作用？清朝中央对地方的控制比历朝都更有效、更稳定，疆域更稳固。

（4）清朝还在边疆民族地区实行了哪些经济措施和文化措施？起到了怎样的作用？

通过移民实边，开发了边疆地区，缩小了边疆与内地的经济差距；通过崇儒重教，文化建设，促进地区文化的发展，增进文化的认同。在汉唐，全国各民族之间的经济文化联系还比较松弛，到了清代，中原和边疆地区的经济文化联系大大加强，中央政权对边疆的政治管辖也更为稳定，形成和巩固

了统一的多民族国家。

（5）清朝疆域奠定的重要意义是什么？

清朝实现了中华民族空前大一统、政治大一统、经济大一统、文化大一统，为中国今天的疆域定型、奠基，为中华民族大家庭的最后格局定型。清朝促进了各民族政治、经济、文化的发展，加强了边疆与内地的交流与发展，增强了中华民族的凝聚力和向心力，完成了空前大一统的多民族国家的建构。

【设计意图】通过补充清朝民族观念、经济开发、文化建设等材料，构建清朝政治、经济、文化大一统，理解清朝疆域奠定的意义，突破本课重点。

2. 盛世之治——专制集权，历任勤政

（过渡）清朝能够开拓边疆，背后还需要什么做支撑？皇帝身在深宫大内，怎样加强集权？

（1）密折制——输入信息系统的集权

教师讲述并设问：奏折制度，也叫密折制度。密折相对于明折来说的。奏折上报皇帝的正常渠道是经过通政使司和内阁，奏报内容和皇帝朱批内容通过内阁明发，大臣都能看到。从康熙帝开始，官员将奏折密封，可直接呈给皇帝，皇帝批红后发回，没有其他中转、收发环节，密奏和朱批内容都不能有一字一句泄露。那奏折制度的特点是什么？

①康熙时期只有百余官员有密奏权，雍正帝扩大到1200多人，要求在京满汉大臣、各省督抚总兵都要密奏，还特许一些职衔低微的官员密奏权。雍正帝为什么要扩大密奏人的范围？

方便皇帝直接、广泛地获取全国的信息，提高了行政效率。雍正时期的重大改革，如"改土归流""摊丁入亩"等都是通过密奏，皇帝和大臣再三酌议讨论，最后颁布施行的。

②同学们思考一下教材第78页的学思之窗：奏折制度如何能强化皇帝对官僚机构的控制？

教师讲述：各级官员彼此监督，相互告密，便于皇帝直接驾驭群臣、官僚。大家看这折雍正二年（1724年）十二月十五日，给河南巡抚田文镜的朱批："朕就是这样汉子，就是这样秉性，就是这样皇帝。尔等大臣若不负朕，朕再不负尔等也，勉之。"从奏折中我们看到了雍正帝的直率幽默，说说密折制度还有什么作用？还有皇帝勉励或教育臣下、笼络臣下的作用。

教师小结：利用密折制，皇帝在这个信息系统中处于一个优势地位，皇帝站在山顶，知道所有的信息，而大臣之间信息是隔绝的。皇帝通过密折制度，通过输入信息系统来集权，发展了君主专制制度。

（2）军机处——输出决策系统的集权

雍正朝与准噶尔部进行长期斗争，为了处理西北军务，雍正设军机处。

教师设问：①读图，说出军机处位置特点，试分析原因。

材料三：每日陈旨书谕，需经皇帝审阅同意，方可发出，议奏军政大计需合朕意，督察政务、审讯案件也需秉承皇帝的旨意，就连军机处的印信也收藏在"大内"。

——刘灵芝《清朝军机处权限述论》

材料四：乾纲独断，乃本朝家法。自皇祖、皇考以来，一切用人听言大权从无旁假。

——《清高宗实录》

②为什么说军机处的设立标志着君主专制达到顶峰？

无论是信息系统还是决策系统，皇帝都一个人大权独揽，乾纲独断，君权得到空前发展和加强，君权发展到了登峰造极的程度。

（3）文字狱——思想意识集权

实行文字狱的实质是什么？因言论文字而获罪，皇帝严控天下人的思想意识。带来了什么消极影响？

教师小结并设问：清朝统治者通过实行奏折制、军机处、文字狱，实现了君主的高度集权，带来了什么积极影响？

学生回答：为康乾盛世的出现和大清帝国的强盛提供了强有力的政治保障，政局稳定，推动了统一多民族国家的巩固，行政效能得到提升。

（4）历任勤政。

密折制、军机处的高效率和皇帝的勤政都脱不开关系。雍正在位期间共处置各种题本192000余件，平均每年达14700件，亲自朱批41600多件奏折，有的批语，竟1000多字，比奏折本身内容还要多。奏折制、军机处、文字狱、历任皇帝的勤政，共同缔造了康雍乾盛世之治。

【设计意图】通过迁移政治课内容"信息是决策的依据和基础"来解构历史知识，层层设问，突破盛世之治：强化君主集权独断。并辩证分析君主集权的积极、消极影响，认识君主集权既是盛世之由，也是危机之源。

3. 盛世之患——内外隐患，落日余晖

材料五：至乎得国之正，扩土之广，臣服之普，民庶之安，虽非大当，可谓小康。

——乾隆《御制古稀说》

（过渡）乾隆在 70 岁时对自己执政的盛世做了自我总结，认为自己在位期间出现的极盛，称为"小康"。

教师设问：你认为符合实际吗？哪里基本符合实际？扩土之广、臣服之普，正是我们刚学过的盛世之疆、盛世之治。哪里并不符合实际？庶民有没有安定？有没有亡国的乱政者？清朝中期面临什么统治危机？

学生回答：内有权臣，阶级矛盾尖锐，外有外患。

（1）内乱

材料六：松桃厅苗民石柳邓、湖南永绥厅苗民石三保等秘密起义，约定起义，"穷苗闻讯，无不攘臂相从"，铜仁、镇远、思南、石阡等地苗民响应。

——李治亭《清史》

（2）对外闭关锁国。学生讨论：结合材料，谈谈你对清朝对外交往态度的认识。（表 14 - 2）

表 14 - 2　清朝对外交往态度

	英国使团的礼品与要求	清朝政府的态度
祝寿礼品	英国使团带来了天体运行仪、地球仪、赫歇尔望远镜、帕克透镜、巨型舰艇"君王"号舰艇模型，甚至还有热气球、复滑车表演	视其为"奇巧"之物，未加重视
具体要求	将舟山附近一处海岛划给英国商人居住和收存货物；在广州附近划出一块地方，听任英国人自由来往，不加禁止；允许英国商船在舟山、宁波、天津等处经商贸易；英国商货自澳门运往广州者，享受免税或减税	拒绝了英国使团的一切要求。天朝尺土俱归版籍，疆址森然，即岛屿沙洲，亦必划界分疆，各有专属；天朝物产丰盈，无所不有，原不借外夷货物以通有无。……尔国船只到彼……定当立时驱逐出洋。 ——乾隆敕谕英国国王，《清高宗实录》

学生回答：清朝一定程度上维护了国家主权，但是统治者故步自封，拒绝适应新形势，扩大对外交流，关闭了与世界潮流交流的大门，导致中国渐趋落后。

教师设问：乾隆对当时世界大势的变化没有丝毫的敏锐感。18 世纪的世界发展大势是什么？

材料六：从 18 世纪起，历史开始跑步前进。英国 1765 年开始工业革命，新的生产力，工农业产值成百上千地增加，物质财富滚滚而来，络绎不绝。18 世纪的政治文明并不慢于物质文明。乾隆十三年（1748 年），孟德斯鸠发表了名著《论法的精神》。乾隆四十一年（1776 年），美国宣布独立。乾隆五十四年（1789 年），法国爆发资产阶级大革命，提出了"主权在民"的原则。乾隆皇帝退位后的第二年（1796 年），华盛顿宣布拒绝担任第三任总统，完善了美国的民主政体。18 世纪，世界文明大潮的主流是通过立宪制和代议制"实现了对统治者驯化，把他们关到法律的笼子里……"而中国完成了中国历史上最缜密、最完善、最牢固的专制统治，把民众关进了更严密的专制统治的笼子里。

　　——张宏杰《饥饿的盛世：乾隆时代的得与失》，重庆出版社，2016 年

　　教师引导学生分析总结：纵向来看，比之汉唐，康雍乾盛世是更辽阔的盛世、经济总量更高的盛世，但是是在固守传统经济结构和专制统治的束缚下取得的自身进步。横向来看，长期与世隔绝的状态中形成的中国封建政治、经济结构、文化制度、观念形态与世界存在极大的鸿沟。比较欧洲资本主义生产力的进步，中国社会经济的停滞是明显的，比较欧洲把统治者关进了制度的笼子，中国把民众关进了专制制度的笼子，对比世界发展潮流，显然康雍乾盛世下的中国已是落日余晖。清朝囿于天朝上国观念，昧于世界发展大势，这预示着，明清时期的中国面临西方资本主义"千年未有之强敌"的挑战即将到来。

　　【设计意图】通过史料和时间轴的对比分析，认识 18 世纪中后期的清朝面临的外部危机。

4. 盛衰之鉴——千年局变，以史为鉴

　　从危机看教训：清朝前中期的衰落，给我们的教训是什么？

　　正是由于清朝的君主专制，政治僵化、文化控制、故步自封、腐朽落后，有志之士才要用革命推翻清朝统治，发出"救亡图存"的呐喊和"振兴中华"的吼声。也正是在爱国主义精神的激励下，中国共产党人承担起先辈们未完成的事业，接续奋斗，一个生机盎然的社会主义中国才屹立在世界东方。

　　如今，从清朝内部农民起义到中国共产党执政关注民生、民本思想（精准扶贫、乡村振兴）；从清朝闭关锁国政策到今天中国勇于纠正错误，解放思想，关注世界大势，坚持改革开放。

　　【设计意图】让历史照亮未来，引导学生关注时政，以史为鉴，解决现实问题。

（三）板书设计

第14课　清朝前中期的鼎盛与危机

一、盛世之疆——天下一统，金瓯完璧

民族观念："天下一家"

政治大一统

经济大一统

文化大一统

二、盛世之治——专制集权，历任勤政

奏折制：信息系统集权

军机处：决策系统集权

文字狱：思想意识集权

三、盛世之患——内外隐患，落日余晖

内乱

外患

四、盛衰之鉴——千年局变，以史为鉴

关注民生、解放思想、改革开放

积极影响

消极影响

（四）课后反思

本课内容线索清晰，介绍了康乾盛世的原因、表现和隐患。笔者对本课比较满意的是：①整合教材，建构整节课的框架为"盛世之疆—盛世之治—盛世之患—盛衰之鉴"，辩证分析封建君主专制制度的积极、消极影响，君主集权既是盛世之由，也是隐患之源。②解构知识，厘清知识。迁移高中政治课内容"信息是决策的依据和基础"，来解构历史知识，把奏折制度概括为输入信息系统的集权，把军机处概括为输出决策系统的集权，来点明奏折制度和军机处之间的联系。③全面拓展了清朝康雍乾巩固边疆的手段，清朝实现了中华民族空前大一统、政治大一统、经济大一统、文化大一统，让学生深度认识清朝的大一统及意义。④通过时间轴对比分析18世纪中后期中外发展大事件，简明扼要地指出了清朝面临的外部危机，也落实了时空观念的核心素养。

对本课有遗憾的地方在于：补充了清朝康雍乾时期巩固边疆的民族、经济、文化等措施，课堂教学时间明显不够，应结合学情，适当拓展或不补充，围绕本课重难点即可。教学大忌是面面俱到，教师备课时要全面熟知，但在教学设计和实践中要有所取舍、突出重点。

（五）推荐阅读书目

1. 刘炜：《中华文明传真》，上海辞书出版社。

2. 宫本一夫、平势隆郎、鹤间和幸等：《讲谈社·中国的历史》，广西师范大学出版社。

3. 樊树志：《国史概要》，复旦大学出版社。

4. 王家范：《中国历史通论》，生活·读书·新知三联书店。

5. 费正清、崔瑞德：《剑桥中国史》，中国社会科学出版社。

6. 宫崎市定：《宫崎市定中国史》，浙江人民出版社。

7. 白寿彝：《中国通史》，上海人民出版社。

8. 白至德：《白寿彝史学二十讲》，红旗出版社。

第14课2　从《幼童》纪录片中看15～18世纪的中国与世界

（一）教学主旨

1. 内容要求

通过了解明清时期封建专制的发展、世界的变化对中国的影响，认识中国社会面临的危机。

2. 教材分析

明清时期社会面临的危机，实际上分散于本单元三课内容之中。本课的设计是将单元整合之后，为铺垫中国近代史鸦片战争的背景进行设计的。从政治、思想、经济三个方面，让学生了解明清之际，中国为什么与西方工业文明失之交臂的深层次的原因，培养学生的家国情怀。

3. 学情分析

通过初中的学习，高一学生对于明清时期的政治制度、社会经济和文化的相关史实有了一定的了解，没有把中国放在世界史观的背景来考虑，所以也就没有形成宏大的历史观。

4. 教学目标

（1）史料实证：通过提供史料，让学生从政治的角度来分析，清朝为何与西方工业文明失之交臂的原因。

（2）家国情怀：通过《幼童》纪录片中费城万国博览会的片段，学生可对比出中西方农业文明和工业文明的不同，以此培养学生的家国情怀。

（3）唯物史观：通过阅读教材内容，了解到清朝人口膨胀的现状。以及小农经济在明清时期发展的动力不足。让学生了解到经济基础决定上层建筑，中国拒绝西方工业文明的经济原因。

5. 教学重难点

重点：明清时期社会政治、经济、文化领域的变化和面临的危机。

难点：通过了解农业文明和工业文明的差距，培养学生的家国情怀。

6. 教学策略

引导学生通过历史解释、史料实证等方法，深入地理解这一时期若干重要的历史事件或者历史现象出现的原因和背景，从世界史观的角度来分析中西方的不同，以此来巩固学生的家国情怀。

（二）教学过程

导入：1872 年的皇宫，不是很太平，皇帝和大臣急得焦头烂额。泱泱大国内忧外患，被人欺负却没本事还手，憋屈之余，总要想办法。几个大臣商量出一个主意：挑选这个国家最为聪慧的一批幼童，送到大洋彼岸的美国留学，以此希冀救国之解药。他们的经历，被拍成 5 集纪录片《幼童》，豆瓣评分 9.4 分，有人看后感叹："他们是最早的开路人，是最激进的前行者。被顽固派讽刺，被新文化鄙视，然孜孜以行，荣辱不言。"

——中央电视台《幼童》纪录片

播放《幼童》视频

提问：你对视频中的什么内容印象深刻？

学生回答（预设）：①幼童留着长辫子穿着长袍大衣；②幼童与母亲道别，是跪在地上。

教师过渡：长辫子是封建制度的代表，而跪在地上是中国传统儒家思想的传统。我们就从政治与经济的角度来了解一下清朝末年面对工业文明的冲击是如何表现的？

1. 政治：封建制度与资本主义制度的碰撞

出示表 14－3：新航路开辟和郑和下西洋对照。

表 14－3 新航路开辟和郑和下西洋

	新航路开辟	郑和下西洋
时间（年）	1492	1405
船队人数	487（哥伦布、达·加马、麦哲伦三支船队人数总和）	2.7 万人
掌舵人数	几十人	二三百人

——陈旭麓《近代中国的新陈代谢》

引导学生提出问题：为什么新航路开辟是划时代，而郑和下西洋却没有那么高的评价？

提供材料两则：

材料一：芽蘖初生的资本主义生产方式正在渴求原始积累，并因此而推动一批一批的人走向世界，寻找财富。

——方豪《中西交通史》

材料二：马戛尔尼说："吾实未见中国禁止外人在北方各埠贸易之规定明文。其所云云，不过华人欲掩其真正动机，而不欲宣诸口者。彼等以为苟不如此，则恐外人之交际频繁，有碍于安谧，而各界人等之服从上命，以维持皇威于不坠，乃中国政府唯一不易之格言。"

——朱杰勤《中外关系史译丛》

学生回答（预设）：航海者为资本主义发展提供经济动力；郑和出使西洋却是宣扬国威，维护封建制度。

教师解释：15 世纪，东西方之间好像出现了一场航海竞赛。哥伦布、达·伽马和麦哲伦在西方航海史上是接连出现的，三者在纵向上前后相承，在横向上独立完成各自的创举，在他们的前后左右，还有一大批那个时候的二流和三流航海家，由此构成了整个地理大发现。他们被神秘的东方有大量而且易取的黄金、香料和其他货利之物深深吸引。而郑和七下西洋，却是前无古人，后无来者，楼船东返，海域寂寞。如果要说寻找，那么他所寻的不是财富，而是下落不明的建文帝。他的船队同中国社会经济发展的内在要求并没有必然的联系。

教师过渡：清政府也并不是没有西方科技的影子，康熙皇帝就被称为"皇帝科学家"，他创造一个古老中国新的科学高潮，那他为什么会想成为"皇帝科学家"呢？接下来我们来看两段材料。

材料三：1692 年初，康熙在乾清门把大学士、九卿招至御前，命人取来日晷，用笔画出正午时光影应该的位置，及至正午，皇帝的预测果然与事实吻合。于是大臣们面面相觑，自愧不如，深为钦佩。

——王国伟《从明清易代看李约瑟难题》

康熙认为"授时乃国家要务"，天象关系到人间的祸福，预示着人间王朝和统治家族的兴亡消长，"天道关于人事"。

——王国伟《从明清易代看李约瑟难题》

学生回答（预设）：宣扬皇威，巩固统治。

教师解释：正像他推崇并学习儒家文化一样，动机的根源还是落后民族的英明统治者吸收先进文化，根本目的是为了驾驭臣民、巩固统治，而不是为了社会发展的需要。这种狭隘的需要对科技发展的动力来讲，是远远不够的。

教师小结：从政治角度看，清朝时期中国为何与工业文明失之交臂？

①航海的目的是宣扬国威。

②学习科技的目的是为了维护封建统治。

【设计意图】通过对比郑和下西洋以及新航路开辟的细节，了解中西方对外交往的原因；通过阅读材料了解康熙想要成为"皇帝科学家"的动因，学生从政治层面的角度来分析中国为何与工业文明失之交臂。培养学生的史料阅读能力以及材料对比能力。

2. 思想："儒"本位与理性主义的碰撞

学生活动：从表14-4中分析14~18世纪中西方文化的差异？

表14-4   14~18世纪中西方文化

时间	中国		外国	
	思想运动	文学代表作品	思想运动	文学代表作品
14—15世纪	王阳明：心学			
16世纪	明清时期活跃的儒家思想；实用主义、经世致用	李时珍：《本草纲目》	文艺复兴	莎士比亚：《哈姆雷特》
17世纪		宋应星：《天工开物》	启蒙运动	新教作品：《失乐园》
18世纪		曹雪芹：《红楼梦》		《鲁滨逊漂流记》

教师引导：①王阳明的心学是对儒家思想的新变化，关注社会伦理道德，而文艺复兴与启蒙运动则是关注人与理性；②明清时期所谓的实用主义是在没有物质基础的情况之下，由少数的知识分子与时代格格不入的思想，所以它不具有推广性；③李时珍的《本草纲目》是对中国古代传统农业的经验型的概括，《红楼梦》则完全没有脱离官僚的世俗内容，还是存在许许多多的三纲五常儒家思想。同时代的《鲁滨孙漂流记》符合新航路开辟之下西方宣扬的勇于探索的精神。

教师小结：从思想角度看，清朝时期中国为何与工业文明失之交臂？

①儒本位官僚思想体系不具创新性。

②著作多以农业经验总结为主。

③清代小说仍为官僚主义之下的产物。

【设计意图】将中国与西方 14 到 16 世纪典型的书籍以及重大的思想运动进行整合形成表格，学生通过表格以及教师的讲述，可以了解到中西方文化在明清时期的差异，培养学生比较材料的能力，以及调动储备知识的能力，符合学生的学情与深度学习的要求。

3. 经济：农业文明与工业文明的碰撞

教师活动：播放《幼童》美国费城万国博览会片段

提问：你对片段中什么情节印象最为深刻？

学生回答：美国的展览品分别为蒸汽机、火车，而中国的展览品是刺绣以及牌坊，这是工业文明与农业文明的较量。

教师过渡：接下来就让我们一起从经济的角度来了解清末农业文明与工业文明的碰撞。1876 年美国费城万国博览会清朝政府第一次派出一位叫李圭的工商业代表参加了展会，这是中国人看世界的一个重要事件。作为当时中国举足轻重的大报《申报》，非常有远见地约稿李圭，将其所见所闻刊登了出来，部分内容如下：

材料四："所居赤土黄沙 …… 自创车路以来两旁始有居住，渐成村落。如三藩城现为巨镇……从前皆为荒野也，可见国家之有铁路轮车获益非小……以七昼夜工夫行路一万余里，其便捷亦可谓极矣……"。

——东行日记接续前稿，登于 1876 年 9 月 8 日《申报》

教师提问：李圭认为火车对美国的发展有何积极作用？

学生回答（预设）：推动城市化进程；交通更加便利。

教师过渡：关于火车，清政府对火车的态度是什么呢，我们来看一下材料。

材料五：1880 年，顽固守旧人士刘锡鸿等众官员纷纷反对修建铁路，"山川之神不安，易招致旱涝之灾"；仿西洋造火车，借英、法等国金钱，无由归还；等等。

——全国统一考试·北京卷

学生回答（预设）：破坏风水，修建成本高。

教师过渡：清政府拒绝了火车推动近代化的这样的一个时代潮流，接下来当面对西方冲击，清政府还拒绝了一些什么呢？

材料六：教材内容表述：清朝人口膨胀迅速。1741 年，统计全国人口为 1.4 亿，到 1840 年已达到 4.1 亿。

——《中外历史纲要》（上）

教师提问：阅读教材，人口膨胀的后果是什么？

学生回答（预设）："人口急剧增长使得资源危机日益显露""农民起义屡屡爆发"。

教师过渡：到了清朝时期，经济并非是落后，而是发展到了鼎盛，人口膨胀暴露出传统小农经济的问题，那就是分散的、一家一户的手工生产方式，已经无法解决更多人口的生计，传统小农经济发展到了"瓶颈"。

教师提问：通过世界的大历史思维导图的绘制，相信同学们已经了解了当时的时代发展，已经为农业文明破局提供了全新的解决方案，采用机器大工业生产方式和对外殖民扩张。那么，请同学们阅读教材中探究与拓展，当时的康雍乾三位皇帝是否看到这些新方案了呢？

材料七：教材内容表述：英国曾两次派使团来华，"昨据尔使臣以尔国贸易之事禀请大臣等转奏，皆系更张定制，不便准行……天朝物产丰盈，无所不有，原不借外夷货物以通有无……尔国船只到彼……定当立时驱逐出洋，未免尔国夷商徒劳往返，勿谓言之不豫也！"

——《中外历史纲要》（上）第 14 课《清朝前中期的鼎盛与危机》

学生回答（预设）：当一种全新的生产技术摆在眼前时，清朝明君们却选择了"断然拒绝""视而不见"，错失了与工业时代接轨的千载良机，人口资源未充分转化为工业劳动力。

教师过渡：拒绝交通与劳动力的工业转换，使清政府面对工业文明的冲击时略显被动。清朝也有一些较为有钱的大商人，比如说晋商与徽商，他们又发挥了什么样的时代作用呢？

材料八：国内外，山西票号共 133 地，657 家。南帮票号源丰润，曾在新加坡设分号。

——田树茂《清代山西票号分布图》

材料九：有民谣称："山西人大褥套，发财还家盖房置地养老少。"

"殖民地在欧洲以外直接靠掠夺、奴役和杀人越货而夺得的财宝，源源流入宗主国，在这里转化为资本。"

——马克思

教师提问：明清时期中国资本流向与殖民国的差异？

学生回答（预设）：明清时期中国资本流向农业系统，殖民国流向工业系统。

教师小结：从经济角度看，清朝时期中国为何与工业文明失之交臂？

①拒绝发达的交通工具。

②人口资源未充分转化为工业劳动力。

③农本位阻碍资本工业化。

【设计意图】本环节中让学生回归课本，体现了教材就是最好的课堂材料。并且让学生从教材内容中归纳出当西方列强进入工业文明时，农业文明的明清仍然固执己见，最终落后于工业文明。培养学生想要变、勇敢变的思维。

4. 结语

教师小结：

让我们一起回顾《幼童》中的孩子们的宗旨：

材料十："此去西洋，深知中国自强之计舍此无所他求。背负国家之未来，取尽洋人之科学。赴七万里长途，别祖国父母之邦，奋然无悔。"

——《幼童》

这一批孩子为中国的近代化做出了重要贡献，他们之中，出现了一些我们今天或许熟悉的名字：

詹天佑："中国铁路之父"，带领修建京张铁路等工程，中国首位铁路总工程师。

唐国安：清华大学首任校长。

梁诚：驻美公使，促成美国退还1500万美元庚子赔款。

蔡绍基：北洋大学（现天津大学）首任校长。

……

(三) 板书设计

第 14 课　从《幼童》纪录片中看 15～18 世纪的中国与世界

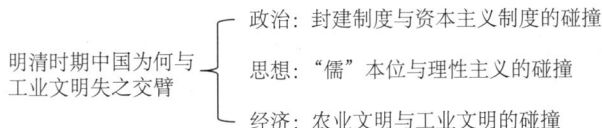

明清时期中国为何与工业文明失之交臂 ——

政治：封建制度与资本主义制度的碰撞

思想："儒"本位与理性主义的碰撞

经济：农业文明与工业文明的碰撞

(四) 教学反思

创新点：①遵循了深度教学的方法以及新课改中提出的大单元的设计理念，创新式地将本单元的内容打乱为三课。分别从中央集权的加强、明清时期鼎盛与衰亡、明清时期为何与世界工业文明失之交臂三个角度来对明清时期进行探讨。②第14课中，提出问题明清时期中国为何与工业文明失之交臂。从《幼童》纪录片中切入政治、思想、经济三个角度，并且补充了大量的史料。学生可以从世界史观的角度看待明清历史，是停滞时期还是展望。通过本课学习还能顿悟中国的历史即将过渡到近代史的颠沛流离中，最深刻的政治、经济文化根源是什么。

不足之处：本节课由于主线设计，所以对部分细节知识讲述不到位，如戚继光抗倭以及李自成起义等，需要学生在课前复习初中知识并且课后多阅读高中教材。

（五）推荐阅读书目

1. 刘炜：《中华文明传真》，上海辞书出版社。

2. 宫本一夫、平势隆郎、鹤间和幸等：《讲谈社·中国的历史》，广西师范大学出版社。

3. 樊树志：《国史概要》，复旦大学出版社。

4. 王家范：《中国历史通论》，生活·读书·新知三联书店。

5. 崔瑞德、费正清：《剑桥中国史》，中国社会科学出版社。

6. 宫崎市定：《宫崎市定中国史》，浙江人民出版社。

7. 白寿彝：《中国通史》，上海人民出版社。

8. 白至德：《白寿彝史学二十讲》，红旗出版社。

第 15 课　明至清中叶的经济与文化

（一）教学主旨

1. 内容要求

了解明清时期社会经济、思想文化的重要变化；通过了解明清时期封建专制的发展、世界的变化对中国的影响，认识中国社会面临的危机。

2. 教材分析

第 15 课《明至清中叶的经济与文化》是《中外历史纲要》（上）第四单元《明清中国版图的奠定与面临的挑战》第 3 课的内容。上承明朝至清中叶专制集权空前强化，统一多民族封建国家更趋稳固的内容，下启晚清时期的内忧外患与救亡图存，既要认识到在封建统治更趋稳固的保障下农耕文明的繁荣鼎盛，也需认识到封建专制的强化和闭关锁国导致中国逐渐落后于世界发展的潮流，社会经济局限凸显，以更好理解晚清时期的内忧外患。这一历史转折阶段也极大影响到思想文化的发展，经济的繁荣和统治的危机促成了早期启蒙思想的产生和反叛文学艺术的兴起。

3. 学情分析

本课教学对象是高一上学期的学生，通过初中的历史知识学习，高一上学期学生对明清时期经济兴盛，科技、文学艺术取得较大成就等社会发展的基本史实已有一定的了解，有一定的史料研读能力和基本的历史学科学习思维。通过高中阶段前三个单元的学习，较低水平层次的核心素养得到了一定程度的培养。本课教学在学生已有知识水平和学习能力的基础上，需要注意在回顾基本史实的基础上深化学生的历史认识，利用史料阅读和时空构建，培养学生用唯物史观的历史思维方法认识明清时期繁盛之下潜伏危机，以及社会存在对社会意识的影响等内容。

4. 教学目标

（1）通过再现明清时期社会经济发展、思想文化成就的基本史实，了解明清时期社会经济、思想文化的重要变化。

（2）通过史料研读，认识到明清时期是中国农耕文明的鼎盛之时，领先世界，树立对传统文化的认同与自信。

（3）通过与同时期资本主义文明发展相对比，认识到明清时期社会经济、思想文化发展的局限性，分析理解封建专制制度阻碍了中国社会转型，增强忧患意识。

（4）通过问题探究，认识并理解社会经济发展与思想文化萌新的辩证关系。

5. 教学重难点

重点：明至清中叶经济发展新现象、思想文化新成就。

难点：明至清中叶经济、思想的历史局限。

6. 教学策略

构建时空情境，设置探究问题，以师生合作探究的教学方式，激发学生兴趣，落实学科核心素养。

（二）教学过程

导入：《盛世滋生图》赏析

教师活动：介绍《盛世滋生图》，又名《姑苏繁华图》，清朝画家徐扬历时 24 年绘制。全卷长 12 米有余，比《清明上河图》超出一倍多，用一幅气势恢宏的画卷描绘了当时苏州繁华的城市风貌，为我们了解苏州的韵味和清朝社会经济的繁盛提供了一个文化链接。

【设计意图】绘画作品再现历史情境，开门见山进入本课主题，生动有趣。培养学生史料实证核心素养，知道史料的多样性、判断史料价值、从史料中提取历史信息。

任务一：看明清盛世

自主学习：快速浏览教材，结合教材第 83 至 86 页内容，完成表 15－1，归纳概括明至清中叶经济与思想文化的新现象。

表 15－1　明至清中叶经济与思想文化

明至清中叶经济与思想文化的新现象		
经济	农业	
	手工业	
	商业	
思想文化	思想	
	文学	
	艺术	
	科技	

学生活动：结合《盛世滋生图》与文献记载，透过苏州经济的繁盛了解社会经济发展的新现象。

教师活动：设置思考问题，展示材料。

材料一：《盛世滋生图》局部，山前村家庭生产场景

"匹夫匹妇，五口之家，日织一匹，赢钱百文。"

——《嘉定县志》

思考 1：结合材料分析苏州农村的经济结构有何变化？

材料二：《盛世滋生图》局部，苏州城中染坊生产场景

教材第 84 页 "历史纵横" 部分，介绍 17 世纪初苏州丝织业中的自由雇佣劳动。

思考 2：苏州城中纺织业的经营方式有何特点？

材料三：《盛世滋生图》中部分市招，突出介绍苏州发达的纺织业

据统计，图中画 12000 人之多，舟楫排筏近 400 只，桥梁 50 余座，可辨认的市招 260 余家，中有丝绸 4 家，棉布、染坊 26 家，典当钱庄 14 家，医药 14 家，日用杂货 2 家，珠宝首饰、鞋帽、凉席、乐器、盆景等共 50 多个行业，所售商品除众多土特产外，还有山东茧绸、川广药材、云贵杂货、胶州腌猪、南京板鸭、金华火腿、宁波淡鲞、河南腌肉等等，可谓商贾千里，八方来汇。

——《贺野全集·苏州美术史卷》

材料四：教材第84页"史料阅读"部分，介绍徽州地区的经商习俗。

材料五：《盛世滋生图》局部，春台社戏情景

汤显祖《牡丹亭》介绍，说明文学的世俗化倾向及追求自由、反抗封建礼教的精神诉求。

材料六：教材第87至88页"问题探究"部分内容，体会陆王心学衍生出的思想解放倾向及其对封建传统思想的冲击。

思考3：明清时期思想家从哪些方面对传统思想进行了批判和挑战？

学生活动：思考并回答问题。

【设计意图】利用自主学习，完成简单的史实梳理，帮助学生完成"了解""识记"水平层次的学习。通过史料分析，一方面培养学生史料实证和历史解释的素养；另一方面通过结合史料，深刻认识家庭手工业商品化程度提高、自然经济渐趋松弛，出现手工工场和自由雇佣劳动、地域性商人群体、长途贸易得以发展等经济发展新现象。绘画、文学作品赏析，增加历史课的美学享受，同时帮助学生生动理解明清社会思想文化的新变化。对第一部分学习内容进行总结，形成对明至清中叶经济、文化新变化的总体认知，完成本课教学重点。

任务二：析盛世动因

教师活动：展示材料，设置探究任务。

学生活动：阅读材料，探究思考。

材料七：美洲在17世纪和18世纪分别生产了3.7万吨和7.5万吨白银，各有2.7万吨和5.4万吨运到欧洲，两个世纪合计8.1万吨。其中，大约一半（3.9万吨）又转手到亚洲，其中17世纪为1.3万吨，18世纪为2.6万吨，这些白银最终主要流入中国。另外，有3千吨到1万吨，甚至高达2.5万吨白银是从美洲直接通过太平洋运到亚洲，而这些白银的大多数也最终流入中国。此外，日本至少生产了9千吨白银，也被中国吸收……这些加起来，中国获得了大约6万吨白银，大概占世界有记录的白银产量的一半。中国大量的生丝、丝绸、棉布流向各国，这就是著名的"丝—银"对流。

——贡德·弗兰克《白银资本：重视经济全球化中的东方》

材料八：商业经济得到了极大的发展，市民阶层不断壮大，人们对物质追求的欲望空前膨胀，消费观念也随之转变，传统的封建礼俗崩坏，进入了"走出中世纪"的人性大解放时代。作为官方思想的程朱理学已不再适应人

心的需要，人们不再推崇"存天理，灭人欲"的理学思想，而是转向"心即天理"的人性追求。

————李秀霞《秋风执扇——明代仕女画研究》

探究问题1：概括促进明清时期经济发展的因素？

探究问题2：归纳推动明清时期思想文化发展的因素？

探究问题3：分析明清时期出现启蒙思想的时代背景？

【设计意图】组织学生合作学习，引导学生用唯物史观的思维方法思考时代环境与历史现象的成因，既关注到大一统王朝集权统治为经济发展、文化繁荣带来的保障，又能从国际视野中看到中国社会的变迁，认识到西方文化对明清社会发展的影响，培养学生的唯物史观、时空观念核心素养。

任务三：思转型困局

教师活动：引入新航路开辟后世界发展新变化。在新航路开辟的推动下，东西方都与白银相遇，却殊途异路，西方走入资本主义时代，逐步发展起工业文明，中国则继续在农业文明中沉沦。展示材料，设置思考问题。

学生活动：阅读材料，结合所学，思考回答问题。

材料九：白银成为赋役缴纳手段后，改变了整个赋税财政体系的运作机制。明中期开始越来越重要的白银，更多不是作为流通手段在市场上发挥职能，而是作为支付手段，被用于处理权力和资源的再分配。白银确实被广泛应用，但流通的结果是白银大量流入权力运作的体系。在这种情况下，白银流通就不必然伴随着市场发育，甚至可能导致市场的萎缩。

————刘志伟《贡赋体制与市场：明清社会经济史论稿》

材料十：大量贵金属源源不断流入欧洲，导致货币贬值、物价上涨、投机活跃。价格波动搅乱了传统的经济关系，依赖固定地租收入的封建领主经济地位下降，商业资产阶级实力上升，资本主义加速发展，封建制度濒于解体。欧洲从殖民掠夺、商业贸易和奴隶贸易中获得的财富最终转化为资本，推动了欧洲资本主义的发展，人类社会开始进入大变革时代。

————《中外历史纲要》（下）

材料十一："农暇之时，所出布匹，日以万计，以织助耕，女红有力焉。"

————《康熙松江府志》

材料十二：对比同时期中西方历史发展历程（表15-2）。

表15-2 同时期中西方历史发展历程对比

时间	中国	外国
14—15世纪	朱元璋在位期间，与占城、爪哇、暹罗等30余国进行官方贸易。 废除丞相制度。 郑和七下西洋，是世界航海史和中国古代对外交往史上的壮举	德国人古登堡发明了最早的印刷机。 哥伦布到达美洲大陆。 佛罗伦萨200余家纺织工场雇佣3万余名工人
16世纪	张居正进行赋役合一、统一征银的"一条鞭法"改革。 李时珍《本草纲目》刊刻。 玉米、番薯、马铃薯等高产作物传入中国。 汤显祖出生，代表作《牡丹亭》表现男女主人公冲破礼教束缚，追求爱情自由	哥白尼提出"太阳中心说"。 意大利传教士利玛窦到中国，传播了西方自然科学知识。 莎士比亚出生，代表作《哈姆雷特》
17世纪	朱子学在日本为官方推崇，成为显学。 茶叶大量输往欧洲。 宋应星《天工开物》刊刻。 美洲白银大量流入中国。 郑成功收复台湾	英国入侵印度，英属东印度公司在印度开展殖民活动。 英国早期移民乘"五月花号"到达北美
18世纪	清朝开始派遣驻藏大臣 清朝设立伊犁将军 清朝颁布治理西藏的章程 设军机处	英国责任内阁制建立 美国1787年宪法 法国大革命 英国开始第一次工业革命 启蒙运动兴起并形成高潮

——据李亚凡《世界历史年表》等

思考4：结合材料与教材内容，总结明清时期未完成社会转型的原因？

教师活动：引导学生进行思考，并做总结。

【设计意图】构建时空情境，比较同一时期中西方发展概况，培养时空观念核心素养，帮助学生全面分析明清社会鼎盛背后的转型困局，增强忧患意识。

(三) 板书设计

第15课 明至清中叶的经济与文化

一、看明清盛世——农业、手工业、商业出现新气象

提倡个性自由、反对专制

西学东渐，科技发展

二、析盛世因——大一统王朝的集权保障

新航路开辟 白银流入

经济发展推动文化繁荣

三、思转型困局——封建社会制约社会转型

（四）教学反思

本课内容涉及基础史实较多，在进行教学时需要认真分析初中教材，了解学情，在回顾基础史实的前提下，引导学生探究思考明清社会发展的原因与转型存在困难的原因。运用丰富的史料为学生提供探究思考的参考，以达成教学目标。

（五）推荐阅读书目

1. 张岂之：《中国历史十五讲》，北京大学出版社。

2. 江晓原：《科学史十五讲》，北京大学出版社。

3. 蔡东藩：《蔡东藩中华史》，北京联合出版公司。

4. 袁行霈：《中华文明史》，北京大学出版社。

5. 李怀印：《重构近代中国：中国历史写作中的想象与真实》，中华书局。

6. 费正清、崔瑞德：《剑桥中国史》，中国社会科学出版社。

7. 陈旭麓：《近代中国社会的新陈代谢》，上海社会科学院出版社。

8. 唐德刚：《晚清七十年》，岳麓书店。

9. 张海鹏：《中国近代通史》，江苏人民出版社。

第五单元 晚清时期的内忧外患
与救亡图存

一、课标要求

认识列强侵华对中国社会的影响，概述晚清时期中国人民反抗外来侵略的斗争事迹，理解其性质和意义；认识社会各阶级为挽救危局所做的努力及存在的局限性。

二、课标解读

本单元有两个学习要点：①中国近代社会的两对主要矛盾虽然复杂地交织在一起，但帝国主义与中华民族的矛盾是最主要的矛盾，近代中国人民的斗争主要是以挽救民族危亡为出发点的。但在资本主义、帝国主义与中国的反动统治阶级结成同盟共同压迫中国人民时，尤其是当封建专制主义统治特别残酷时，阶级矛盾会上升为主要矛盾。②在资产阶级民主革命时代，农民阶级已无法完成历史提出的新课题这个重任，中国革命需要一个代表时代发展方向的阶级力量来领导。

19世纪中叶，英、法等西方列强接连发动了对中国的侵略战争，中国的主权独立和领土完整不断遭到破坏，西方列强与中华民族的矛盾迅速激化。1840年第一次鸦片战争后，古老的中国在列强坚船利炮的轰击下，进退失据，中华民族危机不断加剧。1860年第二次鸦片战争导致京师失守，圆明园在英法联军的劫掠中成为一片废墟。1885年中法战争战守失当，中国"不败而败"。在1894年中日甲午战争中，在朝廷越发腐败的背景下，清朝水、陆两军一败涂地。1900年，中华民族带着八国联军侵占京师、烧杀抢掠的巨大民族耻辱步履蹒跚地进入20世纪。从《南京条约》《马关条约》到《辛丑条约》，列强在中国掀起一轮又一轮瓜分势力范围的狂潮，中国的国家主权和领土完整受到严重损害，中国在列强的殖民侵夺中一步步沦入半殖民地半封建社会的深渊。在这一过程中，中国自然经济的基础虽然遭到破坏，但封建剥削制度的根基即封建地主的土地所有制依然在广大地区内保持着，成为中国走向现代化和民主化的严重障碍。日益衰败的封建势力同外国侵略势力勾结，成为资本主义和帝国主义压迫、奴役中国人民的社会基础和统治支柱。

中华民族危机日益深重的同时，中国人民为反抗列强侵略和封建统治、争取民族独立，进行了英勇顽强的斗争，开始了救亡图存的探索。主要有林则徐、魏源等一批有识之士提出"师夷长技以制夷"，大力提倡放眼看世界；农民阶级兴起太平天国和义和团运动；李鸿章等为代表的地主阶级洋务派提倡"自强""求富"，掀起洋务运动，客观上刺激了中国近代资本主义的产生和发展；资产阶级维新派为了挽救民族危亡，掀起了戊戌变法运动。这一时期，一方面，面对列强侵略的不断加剧，中国人民不断斗争，挽救民族危亡，各阶级为挽救民族危亡进行了积极的探索；另一方面，在资产阶级民主革命时代，农民阶级、地主阶级已经无法完成拯救中国的历史使命，中国革命需要一个代表时代发展方向的阶级力量来领导。

三、初中、高中教材对比

第16课　两次鸦片战争

（一）教材知识结构的对比

初中历史教材（八年级上册）	高中历史教材《中外历史纲要》（上）
第一单元　中国开始沦为半殖民地半封建社会 第1课　鸦片战争 1. 鸦片走私与林则徐禁烟 2. 英国发动侵略战争 3.《南京条约》的签订 知识拓展："东方威尼斯" 第2课　第二次鸦片战争 1. 英法再次发动侵华战争 2. 火烧圆明园与《北京条约》的签订 3. 沙俄侵占中国北方大片领土 知识拓展：葡萄牙逐步占据澳门	第五单元　晚清时期的内忧外患与救亡图存 第16课　两次鸦片战争 1. 19世纪中期的世界与中国 2. 两次鸦片战争 3. 开眼看世界 学习拓展：阅读史料了解三元里人民抗英斗争史实

解读	从教材对比来看： 相同点： 初中、高中教材对两次鸦片战争涉及的相关要素如战争爆发的时代背景、具体原因、战争经过及条约做了介绍。 不同点： 1. 从课程设置上看，高中教材将初中 2 个课时的内容整合为 1 个课时，梳理西方工业文明与东方农耕文明的碰撞和交流，以及近代中国发生的变化。引导学生在中西方文化的交流与碰撞这个背景下理解近代中国的发展变化。 2. 关于两次鸦片战争的内容，初中教材分别将两次战争爆发的背景、经过、结果和条约的内容、影响进行了十分清晰具体的介绍，注重对历史事实的梳理；高中教材则是将两次鸦片战争进行整合，明确了两次鸦片战争的共同性质，分析了晚清时期中外文化发展的差异，两次鸦片战争及战败后签订的条约对中国社会产生的影响，以及在受到西方侵略的情况下，地主阶级中先进的仁人志士开眼看世界，对之后近代中国思想解放所产生的影响，启发学生思考和分析鸦片战争标志着中国进入近代社会的原因，以及鸦片战争后中国社会变化的表现。 3. 高中教材对初中教材的内容进行了删减与补充。删减的内容有：两次鸦片战争的具体经过。增加的内容有：鸦片战争爆发前清政府统治下的危机表现，战争爆发后人民群众的抵抗，《瑷珲条约》，鸦片战争后林则徐、魏源、徐继畬开眼看世界等内容

（二）教材相同内容表述的对比

相同知识点	初中历史教材	高中历史教材	解 读
两次鸦片战争的背景	1. 西方资本主义发展，英国成为头号工业强国，向外殖民扩张。 2. 中国对外贸易处于出超地位。 3. 为扭转贸易逆差，英国向中国走私鸦片。 4. 虎门销烟。 5. 鸦片战争后西方列强不满足既得利益，企图进一步打开中国市场，扩大侵略权益。 6. "亚罗号事件""马神甫事件"	1. 19 世纪初英国对华贸易出现逆差，向中国走私鸦片寻求贸易平衡。 2. 工业革命后，英国对市场和原料的需求愈发强烈。 3. 资本主义国家殖民斗争日趋激烈。 4. 中国仍停留在封建社会，君主专制顽固；小农经济是主要的生产方式，科技落后，军事实力弱；社会阶级矛盾激化。 5. 进一步扩大侵略权益，修约遭到拒绝。 6. 英法联军进攻大沽炮台遭到反击，损失严重	1. 鸦片战争的背景分析，高中教材围绕"大变局"，将中西社会发展放在一起比较，在进行这一部分内容教授时，需从时空观念的核心素养出发，分析在同一历史时期文化差异的表现和影响。 2. 在进行第二次鸦片战争爆发背景的介绍时，高中教材补充了对英法联军进攻大沽炮台受挫内容的介绍，在讲授时可在此处理下伏笔，帮助学生更好理解《辛丑条约》的危害

续表

相同知识点	初中历史教材	高中历史教材	解　读
两次鸦片战争的影响	1. 战败签订不平等条约，中国丧失完整独立主权，自然经济遭到破坏，开始从封建社会变为半殖民地半封建社会。 2. 鸦片战争成为中国近代史开端。 3. 第二次鸦片战争使中国的半殖民地化程度进一步加深	1. 中国主权丧失，鸦片战争成为中国近代史开端。 2. 战败签订不平等条约，中国从一个独立的封建社会逐渐沦为半殖民地半封建社会。 3. 地主阶级抵抗派开眼看世界，向西方学习以求自强	关于战争的影响，初中教材从细致分析不平等条约内容着手，强调战败的危害，高中教材除了介绍危害外，还补充了地主阶级抵抗派开眼看世界的相关内容。在进行这一部分内容教授时，引导学生看到签订不平等条约的危害与客观影响，一方面培养学生全面分析历史事件的能力，另一方面感悟近代各阶级挽救危局的探索。培养学生勿忘国耻的家国情怀的同时，激励学生在"数千年未有之大变局"下思考如何应对，承担青年责任

第17课　国家出路的探索与列强侵略的加剧

（一）教材知识结构的对比

初中历史教材（八年级上册）	高中历史教材《中外历史纲要》（上）
第一单元　中国开始沦为半殖民地半封建社会 第3课　太平天国运动 1. 洪秀全与金田起义 2. 定都天京 3. 天京陷落 知识拓展：曾国藩与赵烈文预感清朝的危亡 第二单元　近代化的早期探索与民族危机的加剧 第4课　洋务运动 1. 洋务运动的兴起 2. 创办近代军事和民用企业 3. 建立新式海陆军 知识拓展：京师同文馆 第5课　甲午中日战争与列强瓜分中国狂潮 1. 甲午中日战争 2.《马关条约》的签订 3. 列强瓜分中国狂潮 知识拓展：台湾人民的抗日武装斗争	第五单元　晚清时期的内忧外患与救亡图存 第17课　国家出路的探索与列强侵略的加剧 1. 太平天国运动 2. 洋务运动 3. 边疆危机与甲午中日战争 4. 瓜分中国狂潮

解读	从教材对比来看： 相同点： 1. 初中、高中教材相同的地方是均按照时间顺序梳理历史事件。 2. 基础内容都强调了列强侵略的不断加剧，中国人民的探索。 不同点： 1. 高中教材一课所讲的内容，在初中教材中，跨越了两个单元，分为3课来讲述。 2. 初中教材把太平天国运动归于中国民族危机加深、阶级矛盾激化带来了人民的反抗；而高中教材对于太平天国运动着重于农民阶级的探索

（二）教材相同内容表述的对比

相同知识点	初中历史教材	高中历史教材	解读
太平天国运动	1. 太平天国运动兴起的背景。 2. 太平天国兴亡的过程。 3. 太平天国运动颁布的重要文献。 4. 太平天国运动的影响	1. 太平天国运动发展的过程。 2.《天朝田亩制度》和《资政新篇》。 3. 深度评价太平天国运动	1. 初中课本中主要了解太平天国运动的发展历程，分析其历史意义和失败的原因，思考和认识农民运动的作用和局限性，锻炼历史思维能力。 2. 在高中课本中，简要了解太平天国运动的过程，分析太平天国运动的影响，在当时除了沉重打击清王朝统治外，也使得中央权力下移，对洋务运动等历史发展产生重大影响。 3. 此外在高中教学中，随着民族危机的加深，农民是外国侵略者和本国封建势力的主要压迫对象和反抗力量。随着侵略的加重，自然经济逐步瓦解，阶级矛盾激化，太平天国运动爆发，沉重打击了清王朝的统治。但农民阶级不是新的生产力和生产关系的代表，无法克服其阶级局限性，不可能提出科学的政治纲领和社会改革方案，另外民族矛盾逐渐上升为中国的主要矛盾，中华民族的历史任务已转变为争取民族独立和实现国家富强，所以这场农民运动注定失败。 4. 在新的历史时期中国革命需要新的阶级结构和代表时代发展方向的阶级力量充当领导者，探索新的道路
洋务运动	1. 洋务运动兴起的背景。 2. 洋务运动的具体活动内容。 3. 洋务运动开启了中国近代化运动	1. 地主阶级为挽救统治危机，探索出路的一系列措施。 2. 洋务运动早期近代化的尝试，但不改变封建统治，探究其注定失败原因	1. 在初中课本中对于洋务运动，要了解其时间、代表人物、口号、内容及对洋务运动的评价等历史知识，提高学生辩证看待历史事件的能力。 2. 在高中课本中，要了解洋务运动的内容，学生能够搜集、选择、运用相关史料，去正确评价洋务运动。 3. 掌握地主阶级对中国道路的探索，理解洋务运动对中国近代化的作用

续表

相同知识点	初中历史教材	高中历史教材	解　读
甲午战争与瓜分中国狂潮	1. 甲午战争爆发的原因。 2. 甲午战争的详细过程。 3.《马关条约》的内容及影响。 4.《马关条约》签订后，列强瓜分中国的具体史实及危害	1. 19世纪60年代以后，我国的边疆危机，人民和各少数民族反抗外来侵略的斗争与探索，以及清政府的腐败。 2. 甲午战争的简要过程，以及《马关条约》的签订及危害。 3. 列强瓜分中国的史实	1. 初中课本中，要了解甲午中日战争的概况，知道《马关条约》的主要内容，了解帝国主义强占租借地和划分"势力范围"的史实和美国的"门户开放"政策。通过对《马关条约》和之前签订的不平等条约的比较，分析《马关条约》的影响，培养学生对问题的综合分析能力。 2. 在高中课本中，增加了19世纪60年代以后列强对中国边疆地区的侵略，从空间上了解我国西北、西南、东南边疆地区的危机，认识到清王朝的腐朽，民族危机空前严重。 3. 在高中教材中，针对甲午战争和《马关条约》，除了简单了解概况和内容外，更要从近代以来，在民族资本主义发展等大环境下去全面分析其影响，促进了民族的觉醒等。 4. 甲午战争后，在高中教材中，要理解列强在经济、政治的等方面侵略方式的变化，体会中华民族危机的不断加深，从民族振兴的角度感悟家国情怀

第18课　挽救民族危亡的斗争

（一）教材知识结构的对比

初中历史教材（八年级上册）	高中历史教材《中外历史纲要》（上）
第二单元　近代化的早期探索与民族危机的加剧 第6课　戊戌变法 1. 康有为与公车上书 2. 百日维新 知识拓展：京师大学堂 第7课　八国联军侵华与《辛丑条约》签订 1. 义和团运动 2. 抗击八国联军 3.《辛丑条约》的签订 知识拓展：侵略者眼中的中国与中国人	第五单元　晚清时期的内忧外患与救亡图存 第18课　挽救民族危亡的斗争 1. 戊戌维新运动 2. 义和团运动 3. 八国联军侵华 4. 民族危机的加深
解读	从教材对比来看： 相同点： 1. 从内容编排来看，初中、高中历史教材均按照时间顺序梳理历史事件。 2. 都强调近代中国民族危机加深的情况下，中国人民做出的斗争与探索。 不同点： 1. 高中教材一课所讲的内容，在初中教材中，用了两课内容讲解。初中教材突出强调历史事件的讲述。高中教材则强调救亡与斗争。 2. 从子目标题来看，初中教材主要概述了戊戌维新变法的过程、八国联军侵华的前因后果，高中教材突出历史大事件，强调救亡斗争。 3. 初中教材在知识拓展中补充了本课相关的知识点，便于学生更全面地了解历史史实；高中教材最后是探究与拓展，主要加强学生对历史史实的分析，对学生思维的训练等

（二）教材相同内容表述的对比

相同知识点	初中历史教材	高中历史教材	解　读
戊戌变法	1. 从背景、经过、影响三个方面叙述公车上书。 2. 从背景、内容、结果、影响四个方面叙述百日维新	1. 简要叙述维新运动的背景及过程。 2. 辩证分析戊戌变法的影响。 3. 重点探讨戊戌变法失败的原因	1. 初中课本主要通过史料、图表等，知道康有为、梁启超等维新派代表，了解"百日维新"的主要史实，通过学习维新人士变法图强、不畏牺牲的事迹，激发学生的爱国热情，以及树立以天下为己任的历史责任感。此外通过对戊戌变法的学习，变法对中国近代社会的影响，初步掌握分析、归纳历史问题的方法。 2. 在高中课本中，要站在初中知识的基础上，除了简要介绍戊戌维新运动的基本史实外，结合"百日维新"的具体内容，选择性介绍变法涉及的政治、经济、军事、文化等方面除旧布新的变法诏令，具体说明维新运动对于推动中国民族资本主义的发展和新思想的传播起到的积极作用，并在一定程度上冲击了旧式官僚体制。 3. 在高中教学中，关于维新运动未能实现预期目标的原因，也要从不同方面进行分析，一是以慈禧太后为主的守旧势力的阻碍，二是要讲清楚维新派还缺乏坚实的社会基础，同时没有严密的组织，只把希望寄托于并不完全掌权的皇帝手里
义和团运动	1. 义和团运动的过程，主要从义和团运动兴起的背景、性质、清政府对其态度的转变，以及义和团运动的主要活动几个方面叙述。 2. "扶清灭洋"口号的提出，从口号提出的背景、内容和作用等方面理解	1. 简要介绍义和团运动兴起的原因、口号及过程。 2. 义和团运动的性质，以及辩证分析义和团运动的影响	1. 在初中课本中，对于这一内容，主要了解义和团运动的兴起和发展概况，通过分析"扶清灭洋"口号的进步性与局限性，培养学生初步学会运用唯物主义观点，分析历史问题的能力，最后通过学习义和团战士反抗外来侵略的史实，体会中国人民不屈不挠的斗争精神。 2. 在高中课本中，理解和评价义和团运动的关键是要分析西方势力不断深入中国社会的历史背景。所以，要说明义和团运动的兴起是由于西方势力深入中国后引发的教民与当地民众的冲突，尤其是德国强占胶州湾后，进一步刺激了山东民众，推动了反洋教斗争蔓延到山东、直隶很多州县。 3. 高中在讲解义和团运动时，还要厘清义和团与清政府、列强的关系。一方面对义和团的迅猛发展，列强向清政府施压，进而决定联合出兵镇压；另一方面，清政府在义和团问题上态度反复，最初采取剿抚兼施的举措，后又以"招抚"办法，企图加以利用。 4. 高中阶段要正确认识义和团运动的双重性。一是义和团运动展现出来的朴素的爱国思想，二是强调其盲目排外的局限性。同时要认识到义和团展现出来的中国人民的不畏牺牲的精神，打击列强瓜分中国的野心

相同知识点	初中历史教材	高中历史教材	解　读
八国联军侵华和《辛丑条约》	1. 义和团运动抗击八国联军侵华的斗争。 2. 八国联军侵华的暴行。 3.《辛丑条约》的内容及影响	1. 八国联军侵华的背景、经过，强调列强对我国主权的破坏，以及中国南方在列强侵略后洽商的"东南互保"，动摇了清政府的统治根基。 2.《辛丑条约》的签订、内容，着重分析其影响，探究中国一步步沦为半殖民半封建社会的过程	1. 初中课本中，要了解八国联军侵华战争的爆发、义和团抗击八国联军的基本史实，通过图片等资料的展示，了解八国联军侵华的暴行，揭露帝国主义的残暴性，认识落后就要挨打的道理。 2. 初中课本中，要了解《辛丑条约》的内容，通过其与其他不平等条约的比较，逐条分析它对中国政治、经济、外交等方面的影响，掌握具体分析史实的基本方法，培养学生归纳、比较史实的能力。 3. 在高中课本中，首先要遵照时间线索，通过图片等史料，把握八国联军侵华的时间节点和过程，另外要了解清政府对此是如何应对的，出现了哪些反复。另外重点是要知道在八国联军侵华、义和团运动抗争的过程中，中国南方各督抚与列强洽商"东南互保"协定，让学生认识到这已严重动摇了清政府的统治根基，也对之后了解武昌起义后各地纷纷响应的原因有一定作用。 4. 在高中教材中，关于《辛丑条约》的签订，关键是要认识中国半殖民地半封建社会的完全形成。要对照《辛丑条约》的主要内容逐条分析它给中国带来的危害，其一是巨额赔款带来经济上的危害，列强进一步掌握了中国经济的命脉，加剧了中国的贫困和经济上的衰败；其二是驻兵等内容，严重破坏了中国主权的完整。适当补充课外资料，了解清政府通过该事件受到重挫，逐渐认识到要挽救统治危机，是必要进行改革，为接下来的"新政"学习做铺垫

四、教学建议

本单元《晚清时期的内忧外患与救亡图存》包含第 16 课《两次鸦片战争》、第 17 课《国家出路的探索与列强侵略的加剧》和第 18 课《挽救民族危亡的斗争》共三课内容。在对本单元教学时，要通过与世界发展的横向关联、与鸦片战争前后中国历史发展的纵向贯通，铺就一个理解近代中国变化的知识背景，帮助学生在一个长时段和大视野中对历史进行整体把握。本单元要注意理解以下几点：

（1）中国逐步沦为半殖民地半封建社会的过程与近代列强侵略不断加剧的影响。

19 世纪中叶后从英法两国开始，到多国列强发动了对中国的侵略战争，中国的主权独立和领土完整不断遭到破坏，西方列强与中华民族的矛盾迅速激化。而且在西方列强的侵略过程中，以甲午中日战争为界，前后的侵略方式和重点发生变化。甲午战争前，主要是几个国家单独侵略中国，以商品输出为主，主要是打开中国国门，攫取原料和拓展市场；甲午战争后，是西方列强联合起来侵略中国，以资本输出为主，这不利于中国本民族企业的发展，对中国的危害更严重。

（2）各阶层的救亡图存与近代中国的新陈代谢。

近代中国面对列强的侵略，中国人民进行了英勇顽强的斗争，刺激了先进中国人"开眼看世界"。在天朝危机和民族危亡的关头，中国农民阶级掀起了自下而上的太平天国和义和团运动，地主阶级和资产阶级分别进行了自上而下的洋务运动和戊戌维新运动，寻求强国御辱之道，开启了近代中国的征程。在探索救亡图存的道路中，也促进了近代中国的新陈代谢，孕育着从帝制走向共和的社会基因。

因此，可以将本单元3课内容整合为2课，即第16、17课《天朝的崩溃——晚清民族危机的加深》和第17、18课《晚清变局下的斗争与探索》。具体教学建议如下：

（1）针对两次鸦片战争的学习，初中阶段强调"是什么"的基本史实，如虎门销烟、《南京条约》内容、火烧圆明园等。高中阶段在近代中国的线索梳理时，将近代中国面临的"大变局"与各阶级的应对相整合，呈现出近代中国的复杂性，在"是什么"的基础上更注重了"为什么""怎么样"和"怎么做"，是基于历史事实之上的历史解释。因此，在进行高中课程的教学设计时，需明确社会形态由低级向高级形态发展，揭示历史发展的客观规律，引导学生要用开放的眼光看待文明的交流与碰撞，感受民族在阵痛中发展、在苦难中前行的历程，对历史以温情的理解，培塑学生家国情怀和民族责任意识。要在初中理解中华民族苦难和斗争的基础上深入分析两种不同文明的差异与碰撞，呈现出思维的深度和广度。

（2）要充分发掘和利用好教材资源。①关注"学习聚焦"版块的内容总结，判断"核心问题"并围绕"核心问题"进行问题的设计，引导学生的深入思考。例如，教材第二子目"两次鸦片战争"的"学习聚焦"总结：

两次鸦片战争的失败，使清政府被迫签订一系列不平等条约，中国开始沦为半殖民地半封建社会。初中教学重点对战争过程、条约内容进行分析介绍，但在高中教学时，需要利用条约内容进行思维的提升，加深思维的深度。可围绕蒋廷黻在《中国近代史》中分析的"道光年间的中国人，完全不懂国际公法和国际形势，所以他们争所不当争，放弃所不应当放弃的"进行问题设置——根据不平等条约内容，思考哪些是作者认为争所不当争，放弃所不应当放弃的？产生这种现象的根源是什么？这样一来，基本知识加深记忆与理解，学生对近代中国统治阶级的局限也有所了解，能更清楚地把握鸦片战争战败的社会根源。②挖掘教材史料，引用教材外史料，在培养学生史料实证素养的同时创设情境，帮助学生由浅入深理解两次鸦片战争爆发的背景与战败对近代中国的影响。例如，在进行鸦片战争战败原因的分析上，除了依靠教材的总结性文字，还可补充茅海建先生在《天朝的崩溃：鸦片战争再研究》中对清军编制、武器装备情况等的介绍，更能让学生从具体的材料和环境中感受专制制度的弊端、军事制度的落后等因素。③利用好"探究与拓展"栏目。例如，第16课的"学习拓展"是阅读史料，了解三元里人民抗英斗争史实，可以结合此版块，用鲜活的历史细节与历史图片，让学生感知中国人民的民族精神与爱国情怀。

五、教学设计

第16、17课　天朝的崩溃——晚清民族危机的加深

（一）教学主旨

1. 内容要求

认识列强侵华对中国社会的影响，概述晚清时期中国人民反抗外来侵略的斗争事迹，理解其性质和意义；认识社会各阶级为挽救危局所作的努力及存在的局限性。

2. 教材分析

根据对本单元内容的梳理，可以将本单元3课内容整合为2课，即《天朝的崩溃——晚清民族危机的加深》和《晚清变局下的斗争与探索》。

对于《天朝的崩溃——晚清民族危机的加深》，首先要从本单元3课内容要整合出中国从两次鸦片战争我们开始沦为半殖民地半封建社会，到甲午战争半殖民地半封建社会的性质加深，最后到八国联军侵华我们完全沦为半

殖民地半封建社会。除了要整合清楚我们一步步沦为半殖民地半封建社会的过程，还要横向和世界比较，西方国家从一国到多国对我们的侵略，以及西方资本主义发展的过程与对我们侵略方式等的转变。最后通过对以上知识的学习，让学生认识列强侵华对中国社会的影响，不仅仅是深重的灾难，也有客观上带来的觉醒等。

3. 学情分析

本课教学对象是高一上学期学生，通过初中阶段对列强侵华战争基础史实的学习，学生已经对侵华战争有了基本的了解。通过高中阶段前四个单元的学习，史料研读的能力得到了提升，历史学科的学习思维也得到一定程度的锻炼和提升。本课教学需要在列强侵华战争基本史实的基础上，构建世界发展的时空环境，分析史料进行历史解释，分析列强侵华的时代背景和对中国社会带来的影响，既要认识到中国沦为半殖民地半封建社会的深重苦难，也要认识到中国开启近代化的艰难探索。

4. 教学目标

（1）通过时间轴梳理、中外大事年表对比，培养学生的时空观念，思考中国在 19 世纪中后期的国际格局中的处境，分析侵略战争爆发的原因，认识殖民扩张的非正义性。

（2）能够运用地图和相关史料，了解列强侵略的过程，解读不平等条约的内容，清楚中国社会不断沦为半殖民地半封建社会的过程，并分析列强侵略战争对中国社会的影响。提高学生史料实证、历史解释的能力。

（3）通过总结列强对华侵略的加剧，认识晚清时期中国民族危机的不断加深，强化学生爱国热情和责任担当；通过史料研读增强学生忧患意识，感悟家国情怀。

5. 教学重难点

重点：了解中国一步步沦为半殖民地半封建社会的原因及过程。

难点：认识列强侵华对中国社会的影响。

6. 教学策略

工业革命后，资本主义迅速发展，殖民扩张日趋激烈，世界主要殖民主义国家都把矛头指向中国。本课通过不同时期侵略中国的列强船只为切入，在清政府对外界变化浑然不觉和统治危机渐显下，资本主义的冲击使民族危机不断加深，封建王朝逐渐崩溃。

在教学过程中，通过史料研读等方式，让学生知道列强侵华的背景和对中国社会的影响，进一步认识到近代中国社会性质的变化，并探究面对侵略，中国人的救亡图存之路，为本单元下一课做好铺垫。

（二）教学过程

导入：以船导入，了解中国古代与近代以来船的变化（展示郑和下西洋的宝船。展示工业革命后的蒸汽机船。）

【设计意图】船不仅仅是交通工具，近代以来，它给人类社会带来福泽，也有灾难，通过对比古代中国的大型船只和近代蒸汽机船，一方面从微观上可以了解到中国的落后，另一方面西方列强通过新式船只开启了殖民掠夺，从而也引起学生兴趣。

第一部分：复仇女神号的"复仇"

展示第一次鸦片战争时期，中英双方在广州穿鼻洋面上激战的场景，引出"复仇女神号"，并通过地图，了解"复仇女神号"殖民侵略的过程，设问为什么其下一个目标为中国。

展示中国水师与英国海军在穿鼻洋面上激战画面的图片，可以借鉴《中外历史纲要》（上），第92页的图片。

通过图片，以时间轴的形式总结鸦片战争爆发的原因（图 16 - 1）。

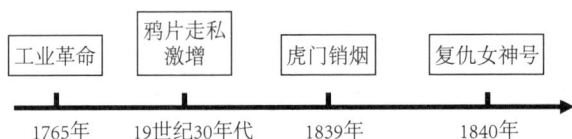

图 16 - 1　鸦片战争爆发的原因

【设计意图】以图片引出，引起学生兴趣，以时间轴归纳，能够更好地整合学生初中已学知识，并架构好时空观念。

再从中英双方在广州穿鼻洋面上激战的场景图片入手，观察中英双方的战船，并结合材料，分析清政府战败的原因。

材料一：复仇女神号的一个明轮罩上被炮弹打了一个小洞，这是它此次作战唯一的损伤。

———马歇尔：《复仇女神号：铁甲战舰与亚洲近代史的开端》

材料二：从毛呢到棉布，英国人贸易思路转变，复仇女神号不会去亲自托运这些货物，而是选择在前面用坚船利炮打开其他国家的大门。

材料三：英勇无畏的清军将士———上至水师提督，下至普通士兵和水手———给英军留下了深刻印象。

———马歇尔：《复仇女神号：铁甲战舰与亚洲近代史的开端》

材料四：道光帝却不这么看……在上谕中更有"不知是何肺腑，如此辜恩误国，实属丧尽天良"之语。

——茅海建《天朝的崩溃》

材料五：高度集权的方式，对皇帝的人选提出了接近于神的要求……

——茅海建《天朝的崩溃》

材料六：尽管在辩论中，反对派抨击了毒品走私，但是议会仍以微弱多数同意内阁侵华政策。

——郭廷以《近代中国史纲》

探究：历史学家陈旭麓认为，鸦片战争是先进西方对古老中国的最初胜利。引导学生从经济、政治、思想文化、军事实力和对外政策上，对陈旭麓先生的话加以诠释。

【设计意图】通过图片及材料，更能直观地分析出清政府战败、英国胜利的原因。有利于提高培养学生历史解释、史料实证的能力。

面对战败，教师可以根据《南京条约》的内容从三个方面进一步看战争失败的原因，首先从以道光皇帝为主的封建统治者角度来看。教师提供道光皇帝对于《南京条约》中赔款、割地和五口通商内容的看法的材料，让学生感受统治者还沉浸在天朝上国的迷梦中。

材料七：（英国）拨发军士讨求伸理……大皇帝准为偿补……

因大英商船远路涉洋，往往有损坏须修补者，自应给予沿海一处……（道光曾要求用"赏借"一词）

大皇帝恩准英国人民带同所属家眷，寄居大清沿海之广州、福州、厦门、宁波、上海五处港口……

其次从士大夫角度看。教师提供材料，让学生分析面对五口通商和协定关税，士大夫们的态度

材料八：时任浙江巡抚：中国之凋敝在于漏银，新开口岸后漏银更易……

——茅海建《天朝的崩溃》

新的税则……比旧日的自主关税还要略微高一点。负交涉责任者计算以后海关的收入比以前还要多。所以他们洋洋得意，以为他们的外交成功。

——蒋廷黻《中国近代史》

根据材料可知，面对国家主权的丧失，士大夫们还在纠缠于短时利益的得失，或认为是"外交"的成功。

最后从侵略者的角度看，列强在掩盖鸦片战争的侵略性质。

材料九：中国……冲破了长久以来包围着她的愚昧和迷信，将要走到光天化日之下，享受到更为宽广之文明的自由，进入到不可限量的辉煌前景。

——1842 年《伦敦新闻画报》

鸦片战争一直是件很尴尬的事……（所以要）宣传中国人令人难以忍受的恶行，这些恶行使得有必要打这第一场对华战争……

——蓝诗玲《鸦片战争》

【设计意图】在初中已有的知识上，进一步从不同人的角度看这次战争，能够更加全面地认识这次战争，提高学生史料实证能力，也培养学生爱国情怀。

阅读课本让学生总结鸦片战争后美国、法国等列强的侵华，签订的条约，理解领事裁判权、片面最惠国待遇等历史概念，并进一步分析给中国带来的影响。

接下来，通过数据表格和数线图（表16－1、图16－2），思考鸦片战争后英国对华商品输出情况，引出第二次鸦片战争。

表 16－1　1853 年中国和洪都拉斯对英国棉纺织品的消费量

国家	人口（人）	消费量（便士）
洪都拉斯	14600	人均 934.5
中国	3.6 亿	人均 0.75

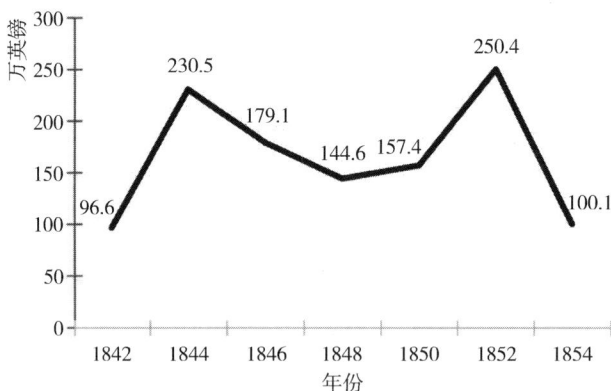

图 16－2　鸦片战争后英国对华输出货物总值的统计表

结合书本总结第二次鸦片战争签订的《天津条约》《北京条约》的内容，通过动态地图，思考第二次鸦片战争的影响——民族危机的加深。

综合两次鸦片战争，探究列强强加的不平等条约对中国造成了什么危害，引出中国从第一次鸦片战争开始沦为半殖民地半封建社会，到第二次鸦片战争半殖民地半封建社会性质的加深，让学生思考何为半殖民地半封建社会。

【设计意图】通过对第二次鸦片战争的学习，让学生在初中知识的基础上进一步了解两次鸦片战争对中国的影响，更加理解核心概念。

第二部分：从"黑船"到吉野号

第一，先从甲午战争前的世界、日本和中国三个方面了解甲午战争的背景。

结合材料及图片，了解第二次工业革命，推动了主要资本主义国家进入帝国主义阶段，美国在第二次工业革命后壮大，把侵略矛头又指向了日本，制造了"黑船"事件，但这一事件激发了日本的文明开化，掀起了明治维新，从而推动了日本的全面进步，尤其在海军事业上，制造、引进吉野号等现代战舰，为发动对中国的侵略奠定了坚实的基础。

根据初中所学，当时的清政府，为挽救统治危机，一帮开化的地主阶级，也赶上了工业革命的趋势，掀起了洋务运动，也在军事等方面壮大了清政府的实力，尤其是海防实力，但在发展过程中，由于清政府的腐败等原因，与日本相比较，不断地落后。综上可以认识到甲午战争爆发的背景内容。

【设计意图】现在高一学生已有的初中知识，对甲午战争背景有零星的了解，但是系统地分析还是欠缺的，所以从世界、日本、中国一体分析，能让学生更深入地了解甲午战争爆发的原因及必然性。最后教师再简单提及日本"大陆计划"和朝鲜农民起义，完整战争背景，引出大战爆发及结果。

第二，了解战争过程，知道《马关条约》内容及危害。这一部分内容学生在初中就学过，所以首先教师根据地图，很快过一遍战争的经过，其次让学生根据课本，通过表格形式（表16-2），完成对《马关条约》内容的总结，最后教师结合两次鸦片战争的危害，引导学生根据《马关条约》内容分析其危害，重点强调何为资本输出及其影响。

表16-2　《马关条约》内容及影响

项目	内容	影响
割地		
赔款		
开埠		
设厂		

教师再根据梁启超所说："唤起吾国四千年之大梦，实自甲午一役始也……"强调甲午战争进一步把中国社会推向半殖民地半封建社会的深渊，宣告了洋务运动的破产，列强掀起瓜分中国的狂潮，但客观上促进了国人民族意识的觉醒。

【设计意图】从分析《马关条约》的危害里可以看出甲午战争使我们半殖民地半封建的民族危机大大加深，但我们要更进一步地分析甲午战争的影响，比如瓜分狂潮等，但也要让学生认识这场战争在客观上促进了我们的民族觉醒。

通过展示《时局图》等图片，展示列强瓜分中国的情况，由此可知激化了我们的民族矛盾，引起了义和团运动，开启下一子目。

第三部分："万舰穿心"

简单介绍义和团运动，强调义和团运动阻止了列强对中国的瓜分，也成为八国联军侵华的导火线。图片展示停在渤海湾的各国军舰，以图片形式，简单讲解八国联军侵华的过程，其中要讲清楚清政府对义和团态度的变化。

在讲述八国联军侵华过程中，要让学生知道清政府的危机不仅来自列强的侵略，还有来自内部的统治危机，引出东南互保，介绍东南互保的原因及概念，让学生分析其影响。

【设计意图】关于义和团运动在本单元下一课会详细讲到，所以略讲；在介绍八国联军侵华时，过程略讲，但要讲清楚东南互保，这样让学生更全面地了解危机所在。

八国联军侵华以清政府惨败告终，签订了《辛丑条约》。学生通过阅读课本，总结条约内容，并在教师的引导下分析条约带来的危害，最后认识到此时中国已完全陷入了半殖民地半封建社会的深渊。

最后请学生总结中国是如何一步步沦为半殖民地半封建社会的。之后播放关于1901年与2021年同样是辛丑年，中美的对话场景却不一样，引出有今天的盛世，是经过无数仁人志士的努力，为下一课晚清变局下的斗争与探索做个铺垫。

（三）板书设计

第16、17课 天朝的崩溃——晚清民族危机的加深

一、复仇女神号的"复仇"——初现危机

二、从"黑船"到吉野号——加重危机

三、"万舰穿心"——深陷危机

（四）教学反思

本课的难点是对教材的整合，列强对中国的侵略分散在 3 课当中，以船的变化为引子，一方面把凌乱的知识串起来，在这里知识的串联中，首先要让学生了解中国沦为半殖民地半封建社会的过程，这在初中就学习过，可以最后简单请学生总结；其次要注重对中外时空的把握和对比，让学生在一个宏观的视野下，了解列强的侵略。另一方面通过船的变化，首先让学生认识到列强侵略的特点，其次更为重要的是从列强侵略中总结其给清政府、给中国带来的影响。所以对本单元整合的这一课，要把列强侵略的阶段特点等讲述清楚，更好地为下课《晚清变局下的斗争与探索》打好基础。

（五）推荐阅读书目

1. 费正清、崔瑞德：《剑桥中国史》，中国社会科学出版社。

2. 陈旭麓：《近代中国社会的新陈代谢》，上海社会科学院出版社。

3. 唐德刚：《晚清七十年》，岳麓书店。

4. 张海鹏：《中国近代通史》，江苏人民出版社。

5. 柯文：《历史三调：作为事件、经历和神话的义和团》，社会科学文献出版社。

第 17、18 课　晚清变局下的斗争与探索

（一）教学主旨

1. 内容要求

认识社会各阶级为挽救危局所做的努力及存在的局限性。

2. 教材分析

第五单元《晚清时期的内忧外患与救亡图存》共有 3 课内容：《两次鸦片战争》《国家出路的探索与列强侵略的加剧》《挽救民族危亡的斗争》，围绕着在殖民主义国家侵略下我国不断沦为半殖民地半封建社会、面对民族内忧外患困局各阶级挺身而出探索国家出路两条线索。故可将本单元进行整合，一条主线讲晚清时期民族危机的加深，另一条主线讲面对民族危机、封建统治的弊端各阶级的救亡图存。整合后，本课主要讲述鸦片战争后，地主阶级、农民阶级、资产阶级为国家出路所做的探索历程。包括农民阶级担救亡重任、地主阶级救封建统治、资产阶级助政治改良三大内容。

3. 学情分析

本课教学对象是高一上学期学生，通过初中阶段对近代中国基础史实的学习，学生已经对各阶级探索史实有了基本的了解。通过高中阶段前四个单元的学习，史料研读的能力得到了提升，历史学科的学习思维也得到一定程度的锻炼和提升。本课教学需要在梳理各阶级救亡探索基本线索的基础上，引导学生分析各阶级的历史作用和局限，既要感悟责任使命，也要认识到20世纪之后，仍需先进的能够代表更广大人民利益的政党领导国家出路的探索。

4. 教学目标

（1）通过时空定位，分析各阶级斗争探索的时代背景和历史影响，在长时段中感知各阶级斗争探索的历史价值。

（2）通过对各阶级斗争探索方向和内容的了解，辩证看待各阶级斗争探索在历史发展进程中的作用和局限，认识到19世纪中期至20世纪初对国家出路探索的实践不能真正实现民族独立、国家富强。

（3）通过了解晚清时期各阶级斗争探索的代表人物的事迹，培养学生的家国情怀与使命担当；在较长的历史发展阶段中认识各阶级斗争探索的作用和局限，理解并认同中国走社会主义道路的合理性和必然性，增强道路认同与自信。

5. 教学重难点

重点：各阶级救亡图存的史实和意义。

难点：各阶级救亡图存的局限。

6. 教学策略

构建时空情境，设置探究问题，以师生合作探究的教学方式，激发学生兴趣、落实学科核心素养。

（二）教学过程

导入：

（1）简要回顾本单元前一课教学内容：19世纪中期至20世纪初，列强铁蹄蹂躏河山、封建统治危机重重、中国社会不断沉沦的基本状况。

（2）展示材料：

"臣窃惟欧洲诸国，百十年来，由印度而南洋，由南洋而中国，闯入边界腹地，凡前史所未载，亘古所未通，……合地球东西南朔九万里之遥，胥聚于中国，此三千年一大变局也。"

【设计意图】本单元进行整合教学,对教材内容有所调整,对上一课内容进行回顾,帮助学生回忆近代中国社会不断沉沦的基本概况,分析各阶级救亡图存的外因,认识到顺应时代变化是近代中国寻求国家出路的必然选择。

任务一:西方冲击下的时代变局

教师活动:展示材料,设置探究问题。

材料一:自洋布、洋棉入口后,"其质既美,其价复廉,民间之买洋布洋棉者,十室而九,由是江浙之棉不复畅销,商人多不贩运。而闽产之土布、土棉遂亦因之壅滞不能出口。

——敬穆上呈道光帝奏折

1836—1838年,中国茶叶内销与外销所占比例分别为76.78%与23.22%;1894年,比例变为44.32%与55.68%。

八国联军在北方横行之时,南省中国"东南互保",免除了列强的南顾之忧。南省初指刘坤一、张之洞管辖的五省,不久浙江、福建相继参加。后李鸿章声明自保两广,断不尊奉慈禧对列强的宣战诏书。……互保的区域实际上包括了十三省。地方坐视朝廷危机,不发兵勤王,而且事后也未追究。

——郭廷以《近代中国史纲》

问题1:近代中国社会的主要矛盾是什么?

问题2:鸦片战争以来,清王朝封建统治面临哪些危机?

学生活动:回顾所学,结合材料,思考并回答问题。

【设计意图】结合所学分析近代中国社会的两对主要矛盾:民族矛盾和阶级矛盾,帮助学生利用唯物史观分析历史发展走向。由两对主要矛盾点明救亡图存的双重性:反侵略、反封建;总结封建统治面临的危机,一是解决列强侵华的影响——加深清政府统治危机,二是引出近代中国社会发展模式新的变化:从传统封建国家向近代国家转变。为下一环节教学做铺垫。

任务二:思变应变中的斗争探索

1. 农民阶级担救亡重任

(1)太平天国运动

问题1:结合所学与材料,分析太平天国运动的背景。

材料二（图 17－1）：

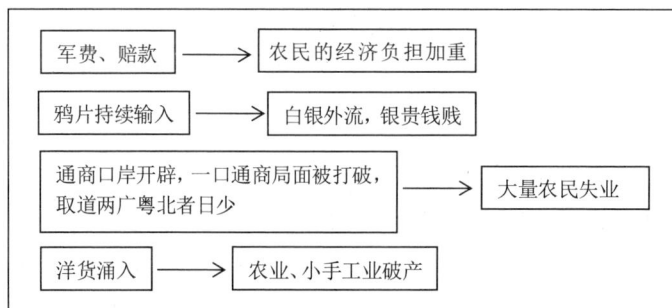

图 17－1　太平天国运动发生的背景

满洲又纵贪官污吏，布满天下，使剥民脂膏，士女皆哭泣道路，是欲我中国之人贫穷也。官以贿得，刑以钱免，富儿当权，豪杰绝望，是使我中国之英俊抑郁而死也。

——《太平天国讨清檄文》

1800—1850 年间，中国的气候异常……1840 年前后全国平均气温达近 300 年来最低点，同时，全国涝灾、雹灾和雪灾比以往 100 年明显增多……其间广西南宁地区农业失收更为严重，至少有 10 个坏年景。

——葛全胜、王维强《人口压力、气候变化与太平天国运动》

自主学习：阅读教材第 95～96 页，了解太平天国运动的过程。

问题 2：如何评价太平天国运动时期的纲领性文件？

问题 3：结合材料，分析太平天国运动失败的原因。

材料三：李秀成弟弟所用的"砚是玉制的，盛水的盂是用红石雕成的，笔是金制的……王弟之手上则是金镯银镯累累也"。

——谢世诚《太平天国与吏治》

教师总结：改朝换代而非改朝换制，反封建的人没有办法洗净自己身上的封建东西。

问题 4：结合材料，分析如何理解"太平天国运动引起政治和权力机构的变化"？

材料四：洪杨之乱，经制之绿营兵，既腐败不能作战，而总司兵符之钦差大臣，亦往往得罪以去。江忠源、曾国藩以团练起兵远征……全国之地方大吏，在同治年间，几尽为湘淮军人物所占据。是以太平乱后之地方长官，胥藉军队之实力以为重。

——萧一山《清代通史》（下卷）

（2）义和团运动

问题1：结合材料，分析义和团拳民对清政府与西方势力是何态度？

材料五：神助拳，义和团，只因鬼子闹中原。

劝奉教，自信天，不信神，忘祖先。

男无伦，女行奸，鬼孩俱是子母产。

如不信，仔细观，鬼子眼球俱发蓝。

天无雨，地焦干，全是教堂止住天。

神发怒，仙发怒，一同下山把道传。

非是邪，非白莲，念咒语，法真言。

升黄表，敬香烟，请下各洞诸神仙。

仙出洞，神下山，附着人体把拳传。

兵法艺，都学会，要平鬼子不费难。

折铁路，拔线杆，紧急毁坏火轮船。

大法国，心胆寒，英美德俄尽萧然。

洋鬼子，尽除完，大清一统靖江山。

——义和团揭贴

点明义和团运动的口号："扶清灭洋"。

问题2：简要了解义和团运动的历程，思考如何评价义和团运动？

【设计意图】鉴于学生对基础知识已经有所掌握，通过设计一些思考问题，串联起农民阶级斗争探索部分的内容，培养学生的历史思维能力，认识到农民阶级的局限性。

2. 地主阶级救封建统治

（1）开眼看世界

问题1：阅读教材第94页，了解林则徐、魏源、徐继畲"开眼看世界"的表现。

问题2：如何看待当时的有识之士提出的向西方学习的主张？

（2）洋务运动

问题1：结合材料思考洋务运动的目的和指导思想。

材料六：况今日和议既成，中外贸易，有无交通，购买外洋器物，尤属名正言顺，购成之后，访募覃思之士，智巧之匠，始而演习，继而试造，不过一二年，火轮船必为中外官民通行之物，可以剿发逆，可以勤远略。

——曾国藩《复陈购买外洋船炮折》

取西人器数之学，以卫吾尧舜、禹汤、文武、周孔之道，俾西人不敢蔑视中华。

——薛福成《筹洋刍议论》

问题 2：梳理洋务运动的内容。

问题 3：评价洋务运动。

材料七："我办了一辈子的事，练兵也，海军也，都是纸糊的老虎，何尝能实在放手办理？不过勉强涂饰，虚有其表。"

——吴永《庚子西狩丛谈》

（3）清末新政

问题 1：结合材料思考清末新政的实质是什么？

材料八：1901 年，慈禧以光绪帝名义颁布"预约变法"上谕，开始清末新政。内容：改革官制，改革兵制：扩练新军；改革学制，废科举、设学堂、奖留学；依法保护和奖励工商业……

1906 年，清政府宣布"筹备立宪"。

1908 年，颁布《钦定宪法大纲》：

"一、大清皇帝统治大清帝国，万世一系，永永尊戴。二、君上神圣尊严，不可侵犯。三、钦定颁行法律及发交议案之权。凡法律虽经议院议决，而未奉诏命批准颁布者，不能见诸施行。……"

1911 年 5 月 8 日，清政府成立责任内阁，内阁由 13 人组成：8 名满族、1 名蒙古族、4 名汉族。

【设计意图】通过思考题设置，引导学生理解地主阶级斗争探索的实质是维护封建统治，由此分析封建统治最终瓦解的原因，启发学生认识到顺应时代发展潮流的重要性。

3. 资产阶级助政治改良：戊戌变法

问题 1：思考康有为宣传变法为何要从孔子和经学入手？

问题 2：结合戊戌变法内容，思考这场变法能否挽救民族危亡？

【设计意图】通过思考题的探究思考，认识到戊戌变法所面对的时代局限和 19 世纪末 20 世纪初资产阶级存在的局限。

任务三：救亡图存后的余思回响

合作探究：20 世纪前农民阶级、地主阶级、资产阶级探索到国家和民族的出路了吗？如果没有，原因是什么？

【设计意图】 通过本课内容学习，引导学生认识到 19 世纪中期至 20 世纪初救亡探索的局限，对近代中国的复杂性有所理解的同时，感悟探索国家出路的艰难。

小结："予室翘翘，风雨所飘摇。前路漫漫，上下共求索"，启发学生在新时代承担新使命，走好新时代的赶考路！

（三）板书设计

第 17 课　晚清变局下的斗争与探索

一、西方冲击下的时代变局

1. 社会主要矛盾

2. 晚清统治危机

二、思变应变中的斗争探索

1. 农民阶级担救亡重任：太平天国运动、义和团运动

2. 地主阶级救封建统治：开眼看世界、洋务运动、清末新政

3. 资产阶级助政治改良：戊戌变法

三、救亡图存后的余思回响：时代局限、阶级局限

（四）教学反思

本单元基础史实内容繁杂，教学过程中，通过设置思考问题引发学生结合基础史实进行深度思考，更好达成新时代背景下的教育教学要求。通过本课教学，需要引导学生认识到随着西方资本主义国家侵略的不断加深，民族危机、统治危机随之加深。被迫打开国门后，近代中国各阶级在大变局下或为维护封建统治，或为争取民族独立，或为适应时代发展潮流，纷纷进行国家和民族出路的探索，推动着近代中国的社会转型。

（五）推荐阅读书目

1. 费正清、崔瑞德：《剑桥中国史》，中国社会科学出版社。

2. 茅海建：《戊戌变法史事考》，生活·读书·新知三联书店。

3. 苏同炳：《中国近代史上的关键人物》（上中下），百花文艺出版社。

4. 刘广京：《李鸿章评传：中国近代化的起始》，上海古籍出版社。

5. 雷颐：《走向革命——细说晚清七十年》，山西人民出版社。

第六单元　辛亥革命与中华民国的建立

一、课标要求

了解孙中山三民主义的基本内容，理解辛亥革命与中华民国建立对中国结束帝制、建立民国的意义及局限性；了解北洋军阀的统治及特点；概述新文化运动的主要内容，探讨其对近代中国思想解放的影响。

二、课标解读

本单元共有两个学习要点：①了解孙中山三民主义的基本内容，理解辛亥革命的必然性和伟大的历史意义，了解辛亥革命失败的原因。②探讨新文化运动及其对近代中国思想解放的影响。

维新运动的失败说明在半殖民地半封建的旧中国，企图通过走自上而下的改良道路是根本行不通的，这促使一部分人放弃改良主张，开始走上革命的道路。在这样的背景下，以孙中山为代表的革命派在中国掀起了一场资产阶级革命运动。

《辛丑条约》签订后，中国完全沦为半殖民地半封建社会，清王朝统治危机空前加深，为挽救危局，清政府试图以新政和预备立宪扶大厦于将倾，并试图以预备立宪革新政治。以孙中山为首的资产阶级革命派，针对清政府的弊政，建立同盟会，提出三民主义。武装起义风起云涌，武昌起义后，清政府统治分崩离析。1912 年元旦，民主共和由理想变为现实。辛亥革命推翻了清王朝的统治，结束了在中国延续几千年的君主专制制度，是一次比较完全意义上的资产阶级民主革命，是中国人民为救亡图存、振兴中华而奋起的一个里程碑，使中国发生了历史性巨变。它虽然未能改变近代中国的社会性质，但却为中国的进步打开了闸门，具有伟大的历史意义。

　　辛亥革命之后，近代资本主义经济有了进一步发展。北京政府统一货币，金融业开始繁荣；欧战时西方国家暂时放松了对中国的经济侵略，我国的民族工业有了较快的发展，农村也出现一些资本主义性质的农场；在社会风俗方面也出现了一些变化，如剪辫、放足、废除跪拜等；西方各种思潮被广泛介绍到国内，新式教育、新式学校开始出现。

　　但由于半殖民地半封建社会性质和资产阶级的局限性，革命果实落入了以袁世凯为首的北洋军阀手中。北洋政府在政治上实行军阀官僚的专制统治，在经济上维护帝国主义、地主阶级和买办资产阶级的利益，在文化思想方面大力提倡尊孔复古思潮，攻击民主共和，宣传封建伦常。1916年袁世凯败亡后，中国陷入了军阀割据的局面。军阀的专制统治、割据和混战，给人民带来无穷的祸害，使经济遭到极大破坏。中国重新落入黑暗的深渊。辛亥革命的失败说明在帝国主义时代，在半殖民地半封建的中国，由资产阶级领导的资本主义建国方案是行不通的。

　　中国革命期待新的领导阶级的产生。而在危局中成长起来的无产阶级，迎来了新文化运动的洗礼，国人思想在运动中得到解放，革命前途正在孕育，奋斗的使命开始交接，中国即将迎来新的、更为深刻的革命浪潮。

　　因此，可以将本单元教学主题确定为"近代中国资产阶级民主共和政体的尝试与近代化的再奋斗"。

三、初中、高中教材对比

第19课　辛亥革命

（一）教材知识结构的对比

初中历史教材（八年级上册）	高中历史教材《中外历史纲要》（上）
第三单元　资产阶级民主革命与中华民国的建立 第8课　革命先行者孙中山 1. 孙中山早年的革命活动 2. 同盟会与三民主义 第9课　辛亥革命 1. 革命志士的奋斗 2. 武昌起义 第10课　中华民国的创建 1. 中华民国的建立 2. 袁世凯窃取革命果实 3.《中华民国临时约法》	第六单元　辛亥革命与中华民国的建立 第19课　辛亥革命 1. 资产阶级民主革命的兴起 2. 武昌起义与中华民国的建立 3. 辛亥革命的历史意义

解读	从教材对比来看： 相同点： 1. 从内容编排来看，初中、高中历史教材均呈现出完整的时空线索。 2. 初中与高中历史教材均将政治事件作为核心内容。 不同点： 1. 初中教材将本部分内容分为 5 个课时，跨越两个单元，而高中教材仅分为 2 个课时。 2. 初中教材内容详细而丰富，这一阶段的政治事件非常清晰地呈现，并将思想文化部分单列在另一单元中呈现出来。高中教材突出对事件的概览，侧重于近代化这一主线。增加了经济和社会生活变化的内容，同时将部分事件简略化甚至删除

（二）教材相同内容表述的对比

相同知识点	初中历史教材	高中历史教材	解读
资产阶级民主革命的兴起	1. 孙中山的个人介绍及早期革命经历。 2. 兴中会、同盟会的建立，三民主义的提出，武装起义的兴起	1. 清末新政和"预备立宪"。 2. 兴中会、同盟会的建立。 3. 一系列武装起义	1. 高中教材注重培养学生的史学思维，突出改革与革命的双主线，以此实现对辛亥革命背景的全面认识。 2. 高中教材的补充史料更为丰富，有利于学生史料实证能力的培养。 3. 初中教材有关于人物的详细介绍，同时在知识拓展中详细介绍了三民主义
武昌起义与中华民国的建立	1. 武昌起义的过程。 2. 中华民国建立的史实。 3. 袁世凯窃取革命果实过程。 4. 《中华民国临时约法》的颁布	1. 四川保路运动。 2. 武昌起义的过程。 3. 中华民国的建立。 4. 清帝退位与袁世凯就任临时大总统。 5. 《中华民国临时约法》的颁布	1. 高中教材增加了保路运动这一事件，有利于全面认识武昌起义爆发的背景；初中教材侧重于过程的描述。 2. 关于清帝退位和袁世凯就任临时大总统，高中教材侧重于史实描述，培养学生的历史解释能力；初中教材使用带有政治倾向性的"窃取"一词，价值观、导向明显。 3. 《中华民国临时约法》初中、高中教材都进行了较为详细的介绍，高中教材明确提及其产生的直接目的是限制袁世凯专权，明确了责任内阁制的确立；初中教材侧重于约法民主共和制构建的意义
辛亥革命的历史意义	1. 结束了封建帝制。 2. 推动思想解放。 3. 打开中国进步潮流的闸门	1. 结束了封建帝制。 2. 推动思想解放。 3. 推动经济、思想文化、社会风俗等方面的变化。 4. 打击帝国主义势力。 5. 存在局限和不足	1. 高中教材全面分析了辛亥革命对政治、经济、思想文化、社会风俗等方面的影响，并提出其不足，注重培养学生的辩证思维。 2. 初中教材正面导向明显，并且在介绍和表达上比较简单。 3. 初中、高中教材均以史论形式直接呈现，缺少史料实证支撑

第20课　北洋军阀统治时期的政治、经济与文化

（一）教材知识结构的对比

初中历史教材（八年级上册）	高中历史教材《中外历史纲要》（上）
第三单元　资产阶级民主革命与中华民国的建立 第11课　北洋政府的统治与军阀割据 1. 二次革命 2. 袁世凯复辟帝制 3. 护国战争 4. 军阀割据 第四单元　新民主主义革命的开始 第12课　新文化运动 1. 新文化运动的兴起 2. 新文化运动的内容与意义	第六单元　辛亥革命与中华民国的建立 第20课　北洋军阀统治时期的政治、经济与文化 1. 袁世凯复辟帝制与护国战争 2. 北洋时期的军阀割据 3. 民国初年经济、社会生活的新气象 4. 新文化运动的开展

解读	从教材对比来看： 相同点： 　从内容编排来看，初中、高中历史教材均呈现出完整的时空线索，均将政治事件作为核心内容。 不同点： 　1. 部编版初中历史教材将本部分内容分为5个课时，跨越了两个单元，而高中教材仅分为2个课时。 　2. 高中教材将北洋军阀统治时期的政治、经济、文化置于一个课时之中，知识容量大。初中教材对事实描述更细，高中教材则突出对事件的概览

（二）教材相同内容表述的对比

相同知识点	初中历史教材	高中历史教材	解　读
袁世凯复辟帝制与护国运动	1. 二次革命的过程。 2. 袁世凯复辟帝制的史实。 3. 护国战争与袁世凯病逝	1. 袁世凯复辟帝制过程。 2. 护国战争的史实	1. 高中教材重在介绍袁世凯走上复辟帝制之路，并激起全国人民的反对；初中教材有关于"二次革命"的详细介绍。 2. 高中教材在补充资料中有关于"中日民四条约"和"宋教仁案"的详细介绍
北洋时期的军阀割据	直系、皖系、奉系等军阀割据的史实	1. 直系、皖系、奉系军阀的割据。 2. "府院之争"和张勋复辟。 3. 护法运动。 4. 中国参加第一次世界大战	高中教材对军阀割据混战描述较为详细，同时提及了"府院之争"和"护法运动"，同时介绍有这一时期为争取国际地位的相关举措；初中教材只是简单提及，在补充材料中呈现"护法运动"

续表

相同知识点	初中历史教材	高中历史教材	解　读
民国初年经济、社会生活的新气象	教材未涉及	1. 民族资本主义的发展。 2. 社会陋习的革除和新习俗、新风尚的出现	高中教材从经济和社会风俗领域对辛亥革命的历史意义进一步加强学习，补充材料能够较好印证民族资本主义的发展；初中教材并未涉及经济和社会习俗变迁领域
新文化运动的开展	1. 新文化运动的背景和兴起史实。 2. 新文化运动的内容和意义	1. 新文化运动兴起史实。 2. 新文化运动的内容。 3. 新文化运动的意义	高中教材仅用一个子目来对新文化运动进行学习，背景部分介绍欠缺，对新文化运动的不足也没有涉及；初中教材则单独置于一个单元的独立课时中，更为详细地重构了历史

四、教学建议

本单元《辛亥革命与中华民国的建立》包含第 19 课《辛亥革命》和第 20 课《北洋军阀统治时期的政治、经济与文化》2 课内容。本单元呈现的时代在中国近代显然是乱世，但将其置于中国近代化的浪潮中加以认识，实际上在政治、经济、文化等多个层面都处于近代化的盛世之中。本单元教学要注意理解以下几点：

（一）以政治民主化及其挫折为主线

辛亥革命是旧民主主义革命的高潮，它推翻了封建帝制，建立起近代中国人梦寐以求的民主共和政体。但民主共和背景下的中国并不太平，专制残余依然存在，袁世凯及其后继者都试图厉行专制，但终因政治民主化的浪潮冲击使专制君主政体的基础已经缺失，但民主的真正实现依然任重道远。

（二）突出经济的基础性作用

不管是辛亥革命还是北洋政府时期的局势，都突出了经济近代化发展的影响。清末新政推动了民族资本主义的初步发展，为资产阶级民主革命的到来提供了经济基础和阶级基础。而在北洋政府统治时期，民国变为"战国"，但经济上却迎来了快速发展的内外环境，民族资本主义进一步发展，不仅避免了专制主义的复辟，同时为无产阶级登上政治舞台、近代中国新的革命阶段的到来提供了可能性。

（三）以中国的全面近代化为主要特征

政治上呈现出民主化曲折发展的特征，尤其是封建帝制的终结。虽然后期民主一再遭受挑战，但民主与法制的推进始终是本单元呈现的主要特征之一；经济的工业化在政治民主化发展推动下，显然也成为一种发展趋势，虽然置于近代中国整体经济结构中依然不占主体，但已经在不断发展壮大；文化层面随着新文化运动的到来，进入到真正的近代化，即科学化、大众化阶段。

五、教学设计

第19课　辛亥革命——民主共和政体的尝试

（一）教学主旨

1. 内容要求

了解孙中山三民主义的基本内容，理解辛亥革命与中华民国建立对中国结束帝制、建立民国的意义及局限性。

2. 教材分析

根据课标要求和本单元教学主题，本课的学习主题是"近代中国资产阶级民主共和政体的尝试"，需要在学习中明确资产阶级民主革命的指导思想和结束帝制、建立民国的意义和局限等内容。在对教材进行深入分析和重新整合的基础上，确定从以下四个方面展开教学。一是"专制与民主的冲突"，主要梳理《辛丑条约》签订后清政府的革新尝试，清末新政和"预备立宪"，本质上还是为强化专制服务的。而这些举措，也推动着资产阶级民主革命思想的传播和发展，一系列追求民主的革命实践活动方兴未艾。二是"民主共和制的践行"，主要对武昌起义和民国建立的史实进行梳理，通过《中华民国临时约法》明确革命的性质和目标追求。三是"逐鹿权利中的妥协"，通过梳理民国元年各股势力及其意图，认识到妥协的必然性，同时这种妥协背后也蕴藏着不安，为军阀割据的到来埋下了隐患。四是"革新与局限的思辨"，主要是对辛亥革命进行思辨性的全面分析，认识其意义和不足。

3. 学情分析

辛亥革命是旧民主主义革命阶段的重要事件，学生在日常影视作品中有一定的认识，加上初中阶段的相对体系化学习，因此从基本事实层面来看，学生已有基础。因此，在教学中积极利用学生已有知识，从而实现对学生深层次思维能力的培养。

4. 教学目标

（1）通过图文材料及讲解，引导学生分析辛亥革命前中国的社会状况，掌握革命爆发的大背景；引导学生完成革命进程的坐标图，知道中国同盟会、武昌首义、中华民国建立、清帝退位等基本史实。

（2）通过生动的图文史料，培养学生解读信息、提取信息的能力，在此基础上具备一定的史料实证、历史解释等学科素养。

（3）通过林觉民、秋瑾等辛亥人物的介绍升华主题，让学生感悟辛亥先烈为国家和民族勇于探索、敢于牺牲的精神，树立爱国主义思想，培养学生的家国情怀。

5. 教学重难点

重点：辛亥革命的背景。

难点：对辛亥革命的全面认识及评价。

6. 教学策略

以情境教学为导向，深入挖掘学生的最近发展区，以深度学习理论为基础，构建学生的整体性认识，以此实现对学生学科素养和关键能力的培养。

（二）教学过程

导入：以教材引言中关于对邹容及其作品《革命军》的介绍与人物生活背景的拓展为导入，突出对邹容生活时代背景的挖掘，以此说明开展资产阶级革命的必然性；《革命军》的介绍突出作品中的思想对革命进程的影响，以此说明革命的可能性。

【设计意图】借用教材资料，突出人物生平，在人物生平介绍中实现对辛亥革命前时空脉络的梳理。

1. 专制与民主的冲突

教师活动：展示《辛丑条约》的内容材料和慈禧太后照片及其"量中华之物力，结与国之欢心"这一对待列强的基本态度，教师进行必要解读，引导学生分析《辛丑条约》对中国社会造成的影响，并针对这些影响思考当时中国的出路。

学生活动：在教师指导下，分析中国半殖民地半封建社会的社会性质的形成原因，并认识到中华民族空前的民族危机，认识改革或革命的必要性。

【设计意图】了解辛亥革命的背景，认识到革命的必然性，在相关概念解析中培养学生的历史解释能力。

教师活动：展示清末新政内容和"预备立宪"内容，教师进行解读，认识到清政府面临危局，也展开一系列的自救运动。新政主要是从经济层面效仿西方，发展实业，而"预备立宪"虽名为立宪，实际上却是行专制之实。从而认识到清政府虽为新政，实际上仍然是换汤不换药，只是力求通过经济变革维护清政府的专制统治。

学生活动：结合教师的讲解，认识到清政府的变革本质上仍是维护专制统治，但却进一步促进了民族资本主义的发展，推动了民族资产阶级队伍的壮大。正是清政府维护专制体制的本质，使民众对清政府的离心力进一步增强，越来越趋向支持革命。

【设计意图】通过对新政和"预备立宪"的学习，认识到在改良主义背景下维护封建专制在中国是行不通的，以此培养学生的史料实证能力和历史解释能力。

教师活动：以孙中山生平介绍为主线，通过时间轴形式梳理其革命的过程，以"兴中会""同盟会"建立和一系列民主革命实践等史实学习为抓手，着重分析三民主义的内容及其影响。在讲解中突出辛亥革命的可能性，即阶级、组织、思想、实践等基础，最后以黄花岗七十二烈士之一林觉民的介绍作为总结升华，引用《与妻书》和《与父书》中的相关表达，突出在对家国大义和民主的追求面前林觉民的大公无私。

学生活动：在教师指导下，认识到孙中山先生的民主革命历程，掌握辛亥革命兴起的条件，品味民主革命人士舍小家为大家的精神。

【设计意图】以人物生平主要事件为主线，突出时空观念培养，在主要事件学习中，认识辛亥革命的历史条件，并从林觉民的介绍中，感悟其家国观念和追求民主的决心，实现家国情怀的培养。

过渡：专制与民主的较量，代表着近代中国在国家民族危亡面前不同力量的角逐。清政府力求新瓶装旧酒，在维护封建专制前提下开展的新政和"预备立宪"注定了其失败的命运。资产阶级革命党人随着民主思想的广泛传播实力不断发展壮大，此消彼长，清政府的覆亡其实早已注定。

2. 民主共和制的践行

教师活动：展示保路运动材料和辛亥革命进程图，认识到铁路修建与列强侵略之间的关系，并理解保路运动这一重要革命契机。再通过地图演示和时间轴的形式，认识武昌起义后革命的发展形势，并引导学生分析革命进程发展迅速的原因。

学生活动：了解保路运动对武昌起义的影响，通过地图，了解武昌起义后革命的发展进程，并从中分析革命形势发展迅速的原因。

【设计意图】认识到历史事件发展之间的内部联系，并从武昌起义后革命的发展形势认识到清政府中央集权的衰落和民主革命潮流的高涨。

教师活动：展示"大总统誓词"，并介绍孙中山在民国建立前后的相关活动，认识到孙中山对民国建立的贡献及其在国家民族大义面前的无私。同时，梳理民国建立相关史实，认识到民国与大清帝国的区别。

学生活动：感悟孙中山的革命无私精神和为国为民的情怀，并对民国建立相关事实有明确的认识，尤其是公元纪年、民国纪年等核心概念。

【设计意图】通过孙中山的个人活动培养学生家国情怀，从民国建立史实中认识民国的新之所在。

教师活动：对比展示《中华民国临时约法》和《钦定宪法大纲》的内容，引导学生进行比较，认识到《中华民国临时约法》的进步性意义。

学生活动：在教师指导下，认识到《中华民国临时约法》从法律上，用主权在民否定了主权在君、用自由平等否定了封建等级制、用分权制衡和责任内阁否定了君主个人专权，这是近代中国里程碑性的重大事件，是近代中国政治民主化的丰碑。

【设计意图】通过对比两部法律的内容，培养学生的历史比较意识，并从相关内容中实现历史解释和史料实证能力的培养。

过渡：民国的建立和《中华民国临时约法》的颁布，是近代中国追求政治民主化、变革近代中国落后面貌的重要举措，代表资产阶级革命党人建立民主共和政体的一种尝试。但由于当时中国的特殊国情，这条道路无法从根本上解决中国的现实问题，在多方势力的角逐下，资产阶级革命党人不得不做出妥协。

3. 逐鹿权利中的妥协

教师活动：以图示形式展示并介绍民国元年（1912 年）中国政坛的四个主要势力，即南京临时政府、清政府、袁世凯的北洋势力、帝国主义国家，并引导学生分析各自的利益诉求和实力状况。

学生活动：在教师引导下认识到妥协是一种无奈的抉择，多股势力角逐下袁世凯的上台也是一种必然，认识到资产阶级的软弱性和妥协性。

【设计意图】让学生了解袁世凯上台是多方势力角逐下的无奈选择，也许是当时的最优选择。

教师活动：引用并展示马勇《晚清二十年》中的表达"辛亥革命之所以能够从一个武装暴动转化为一场和平的权力交接，不能不说是当时各大政治势力以大局为重、以国家民族的根本利益为重而促成的，这里不仅有孙中山的大公无私，也有袁世凯的勇于担当，还有隆裕太后的深明大义！堪称中国版的'光荣革命'"。进一步加深学生对民国元年（1912年）中国局势的认识，对历史事件进行更客观和合理的分析。

过渡：由于中国的特殊国情，辛亥革命最终没有完成改变中国半殖民地半封建社会面貌的革命任务，但其对近代中国民主化进程的影响是深刻的，意义是深远的。

4. 革新与局限的思辨

教师活动：展示以下材料，引导学生合作探究辛亥革命的成败得失，并强化指导学生认识历史事件的一般方法。

材料一：辛亥革命把历来被奉若神明的君主专制政体一举推翻，把它彻底废除。《临时约法》破天荒第一次明确宣告："中华民国之主权，属于国民全体。"普通老百姓从历来的"子民""臣民""蚁民"一下子变成了国家的主人，这是一个了不起的变化。

——金冲及《辛亥革命史稿》

材料二：南京临时政府成立后，社会上迅速掀起一个如火如荼兴办实业的热潮。1912年至1914年三年之间，全国共设厂3937家，平均每年设厂1312家。

——金冲及《辛亥革命史稿》

材料三：任凭你像尧、舜那样贤圣，像秦始皇、明太祖那样强暴，像曹操、司马懿那样狡猾，再要想做中国皇帝，乃永远没有人答应。

——梁启超

材料四：有一位新国民，戴一顶自由帽，穿一套文明装，着一双进步靴，走过了交通路，来到了模范街，踏进了公益会，说几句义务话……

——金冲及《辛亥革命史稿》

材料五：孙中山在他革命的起始阶段，曾经将中国当时的司法比喻为希腊神话中国王奥吉亚斯的"牛圈"，养了三千头牛，三十年从不打扫，粪秽堆积如山。实际上，中国的皇权专制地主小农社会也是这样的"牛圈"。辛亥革命……难以一下子清除"牛圈"中全部的"粪秽"，中国的面貌也难以一下子焕然大变。

—— 杨天石《辛亥革命若干问题辨识》

学生活动：在教师指导下，展开合作探究，就辛亥革命的得失结合材料进行交流讨论，并积极分享作答。

【设计意图】通过全面分析辛亥革命的得与失，培养学生辩证看问题的能力，从而实现对辛亥革命历史意义的深刻认识。

教师总结：孙中山为首的资产阶级革命党人领导下的辛亥革命，实现了建立资产阶级民主共和政体的尝试，虽然没有实现改变中国半殖民地半封建社会性质的任务，但其对中国社会历史的影响是深远的，推动了民主共和思想的深入人心，推动了民主资本主义经济的进一步发展，是中国旧民主主义革命时代的高潮。

（三）板书设计

第 19 课　辛亥革命——民主共和政体的尝试

必要性：新政、预备立宪 ⎫
　　　　　　　　　　　 ⎬ 辛亥革命 ⎧ 民国建立、《临时约法》、妥协
可能性：阶级、思想、组织、实践 ⎭　　　　 ⎩ 历史意义：积极性、局限性

（四）教学反思

本课内容知识点繁多，时空跨度相对较大，在学习过程中，学生现有思维在理解上相对较难。在教学过程中，以"民主共和政体的尝试"为主题，以此为基础，拓展学生对构建民主共和政体的全面认识，从而实现对本课基础知识的梳理和相关能力的培养。但由于学生基础知识的相对不足和思维能力的欠缺，教学中问题设计有的难以达到教学预期，以期通过后期的改进来不断地深化对本课内容的学习。

（五）推荐阅读书目

1. 宫本一夫、平势隆郎、鹤间和幸等：《讲谈社·中国的历史》，广西师范大学出版社。

2. 费正清、崔瑞德：《剑桥中国史》，中国社会科学出版社。

3. 陈旭麓：《近代中国社会的新陈代谢》，上海社会科学院出版社。

4. 唐德刚：《晚清七十年》，岳麓书社。

5. 张海鹏：《中国近代通史》，江苏人民出版社。

6. 李剑农：《中国近百年政治史（1840—2916 年)》，复旦大学出版社。

7. 李育民：《近代中国的条约制度》，湖南人民出版社。

8. 张鸣：《重说中国近代史》，台海出版社。

第20课 1 北洋军阀统治时期的政治、经济与文化
——近代化的再奋斗

（一）教学主旨

1. 内容要求

了解北洋军阀的统治及特点；概述新文化运动的主要内容，探讨其对近代中国思想解放的影响。

2. 教材分析

根据课标要求和本单元教学主题，确定本课的学习主题为"中国近代化的再奋斗"，需要在教学中明确北洋军阀的统治及特点，并能概述新文化运动的主要内容，探讨其对近代中国思想解放的影响。在对教材进行深入分析和重新整合的基础上，确定从以下四个方面展开教学。一是"帝制对民主的乏力"，主要梳理北洋政府统治下的民主化趋势，尤其是袁世凯复辟帝制和张勋复辟背景下的民主呼声；二是"乱局中的民主遗存"，主要梳理民国初年社会生活领域的移风易俗，从社会生活的变迁突显民主思潮影响的日益深化；三是"发展中孕育的新生"，主要就这一阶段民族资本主义发展对壮大资产阶级和无产阶级力量的影响进行梳理和分析，认识到其为近代民主革命的继续奋斗提供了经济基础和阶级立场；四是"启蒙中孕育的前程"，主要就新文化运动的内容和影响进行全面分析，认识到新文化运动背景下中国的启蒙，以及马克思主义传播对中国革命的影响。

3. 学情分析

北洋军阀统治时期因政局混乱，派系林立，从而导致学生对这一阶段的认识极其有限。但学生对辛亥革命和此后的国民革命时期有较为深刻的认识，因此具备一定的知识基础。但由于知识的系统性欠缺，从而导致对这一时期的时空构建不完整。而本课内容由于涉及政治、经济、文化等多个方面，更进一步加深了学生学习的难度。

4. 教学目标

（1）通过时间轴的形式，梳理北洋军阀统治时期的主要事件，在其中体会民主化的影响，同时实现时空观念的培养。

（2）通过表格数据和文字材料，引导学生对北洋军阀统治时期的经济发展状况进行分析，认识发展的原因及影响，培养学生的历史解释能力。

（3）通过文字材料和情境设置，认识北洋军阀统治时期文化的发展在中国近代化过程中的积极作用。

5. 教学重难点

重点：北洋军阀统治时期政治、经济、文化主要史实。

难点：北洋军阀统治时期对中国近代化的影响。

6. 教学策略

以新情境作为切入点，通过设置层层递进的问题，以此实现基础知识网络的构建和学科素养的达成。

（二）教学过程

导入：以《觉醒年代》中陈独秀关于中国社会思想启蒙的重要性演讲片段作为导入，认识到北洋政府统治下中国社会的乱局，亟须思想的革新以塑造新的国民，引领中国社会向新的方向发展。正如陈独秀所言："所有觉悟，归根结底，就是思想的觉悟、道德理念的觉悟，这最后的觉悟，说到底——人的觉悟。"

【设计意图】以热播剧片段作为导入，有利于增强学生的有意注意，同时也能对本阶段的时代特征有一个整体性的认识。

过渡：北洋政府统治下中国社会政治局势虽然异常混乱，但经济领域却是一个相对快速发展期，文化领域更是一个足以和春秋战国时期相媲美的"百家争鸣"时代，也正是在这样的社会环境下孕育着中国社会的新生。

1. 帝制对民主的乏力

教师活动：以时间轴的形式，梳理北洋政府政治时期的主要事件，二次革命、护国战争、府院之争、张勋复辟、参加第一次世界大战、护法战争等，教师进行必要的补充讲解。同时，就袁世凯复辟帝制和张勋复辟帝制等事件背景下中国社会各阶层的反应，并结合以下材料，思考民国初年政治局势演变的基本规律。

材料一：革命派缔造了民国的基石，袁世凯得到了民国的名器。这是当时中国社会选择的结果。但前者并不甘心于这种结果，后者并不满足于这种结果。于是，开始于清末的民主与专制之争斗，注定在新的历史条件下展开新的肉搏。

——陈旭麓《近代中国社会的新陈代谢》

学生活动：在教师指导下，认真听讲和进行笔记，并将主要事件与时间有效结合，通过阅读分析材料并思考民国初年两度帝制复辟失败的原因。

【设计意图】以时间轴的形式梳理主要历史事件，有利于培养学生的时空观念。从帝制复辟与民主的对峙中，体会辛亥革命对终结帝制和促进民主共和深入人心的深刻影响。

过渡：袁世凯复辟帝制失败后，中国陷入军阀割据时代，"民国"变成了"战国"。自民国建立以来，专制与民主之间的冲突是始终存在的，但从总的趋势来看，民主思潮显然已经占据了上风。

2. 乱局中的民主遗存

教师活动：通过地图展示奉系、直系、皖系等军阀的割据状况，并通过表格形式引导学生结合地图和教材归纳各军阀的领导人物、势力范围、支持国家等内容，并认识到军阀割据与封建帝制之间的不同，思考军阀割据时期中国社会的政治特点。

学生活动：通过地图准确把握各军阀势力的范围，并完成表格内容填写，同时积极思考军阀割据背景下中国政治的特点。

【设计意图】通过明确各军阀势力范围，培养学生的时空观念，通过表格内容填写，培养学生自主学习能力和有效提取信息的能力，并通过军阀割据的形势，引导学生积极思考，辩证地看待军阀割据对中国社会的影响。

教师活动：展示近代移风易俗的相关照片和以下材料：

材料二：共和政体成，专制政体灭；……新礼服兴，翎顶补服灭；剪发兴，辫子灭；……天足兴，纤足灭；放足鞋兴，菱鞋灭；阳历兴，阴历灭；鞠躬礼兴，拜跪礼灭。

——《时报》（1912年3月5日）

引导学生思考移风易俗背后的本质问题。

学生活动：结合教师讲解，了解近代中国社会移风易俗的状况和与政治运动的关联，思考中国近代移风易俗的实质。

【设计意图】通过分析移风易俗的实质，认识到移风易俗实际上是政治革命的一种重要补充，同时也能推动政治变革的深化，以此培养学生的历史解释能力。

过渡：自民国以来的乱局，实际上正是中国社会转型背景下的一种阵痛。军阀割据虽然成为中国近代史上的黑暗一页，但军阀们盛行"主义"，摒弃帝制的现实却是中国社会民主遗存的真实写照。

3. 发展中孕育的新生

教师活动：展示以下材料和民主资本主义发展状况的柱状图，使学生认识到民族资本主义发展短暂春天呈现的快速发展态势。

材料三：据《欧战前后农商部注册工业公司年别表》，战前（1914年8月）注册的工业公司，共计146个，资本总额41148205元；而自1914年8月至1920年，新注册的公司就有272个，资本额为117434500元。所涉及的行业众多，尤以纺织业和面粉业这两个关系民众衣食的行业发展得最快。

——《中国年鉴·第一回》商务印书馆，1924年版

学生活动：根据材料，认识到民族资本主义快速发展的史实，并从中认识到主要发展的行业和发展呈现的特点。

【设计意图】认识民族资本主义的快速发展，并能有效提取关键信息，培养学生史料阅读及分析能力。

教师活动：展示以下材料和"欧洲列强对华商品输出对比数据"，引导学生分析这一时期民族资本主义快速发展的原因。

材料四：从1912—1916年间，北京政府所颁发的有关发展实业的条例、章程、细则、法规等达96项之多。……有关工商业方面的重要法令有：《暂行工艺品奖励章程》《公司条例》《公司注册规则》《商人通例》《商业注册规则》《商会法》《商标法》……

——张静如、刘志强《北洋军阀统治时期中国社会之变迁》

学生活动：结合材料，在教师指导下，认识到近代中国由于半殖民地半封建社会的社会性质，导致民族经济的发展深受列强在华势力的影响。同时国内的政治局势和经济发展政策也成为推动民族资本主义发展的重要因素。

【设计意图】认识到西方列强与战争成为这一时期民主资本主义发展的主要原因，加强对中国近代社会性质的认识，并从材料释读中加强史料的分析和解读能力。

教师活动：展示这一时期民族资本主义代表性企业的分布地图，并展示企业数量和产业工人数量统计表，引导学生思考这一时期民族资本主义发展的特点和对中国近代社会发展的影响。

学生活动：在教师指导下，思考民族资本主义发展呈现的地域分布和产业布局不均衡的特点，并认识到民族资本主义发展背景下推动无产阶级力量的进一步壮大，为中国近代新的革命阶段的到来做好了准备。

过渡：民国初年的政治局势虽是动荡的，但民族资本主义却迎来了快速的发展，正是这种发展，壮大了近代中国新的社会阶级，扩展了民主共和思想的影响，为新文化运动的开展和中国社会的新生提供了条件。

4. 启蒙中孕育的前程

教师活动：展示以下材料，引导学生思考近代中国社会变革面临的主要任务和新文化运动的原因。

材料五：三年以来，吾人于共和国体之下，备受专制政治之痛苦。自经此次之实验，国中贤者，宝爱共和之心，因以勃发，厌弃专制之心，因以明确。吾人拜赐于执政，可谓没齿不忘者矣。然自今以往，共和国体，果能巩固无虞乎！立宪政治，果能施行无阻乎？以予观之，此等政治根本解决问题，犹待吾人最后之觉悟。

——陈独秀《吾人最后之觉悟》

学生活动：在教师指导下，结合教材分析新文化运动的起因，理解辛亥革命后时局的动荡和前途未卜是其主要原因，并认清中国社会的主要问题是思想的启蒙和民智的开启，单纯的政治革命已经没有出路。

【设计意图】认识到中国社会的主要问题，从材料中提取有效信息，培养学生史料阅读和分析能力，并从材料中认识到新文化运动对于思想启蒙的重要作用。

教师活动：引导学生阅读教材，提取新文化运动内容的相关信息，并阅读以下材料，通过表格形式概括新文化运动主要内容。

材料六：近代欧洲之所以优越他族者，科学之兴，其功不在人权说之下，若舟车之有两轮焉。国人欲脱蒙昧时代，羞为浅化之民也，则急起直追，当以科学与人权并重。

——陈独秀《敬告青年》

学生活动：根据材料和教材，在教师指导下完成新文化运动内容的概括总结，并积极分享自己对相关内容的认识。

【设计意图】了解新文化运动的主要内容，认识到民主与科学在近现代人类社会发展中的重要作用，并从教材阅读中体会新文化运动各主要内容之间的内在关系。

教师活动：新文化运动除了宣扬民主与科学之外，更为重要的是推动了文化的大众化，推动了中国社会的近代化进程，展示两则新文学改革的相关材料。

材料七：一曰，不言之无物；二曰，不摹仿古人；三曰，不作不合文法的文字；四曰，不作无病呻吟；五曰，不用套语滥调；六曰，不用典；七曰，不讲对仗；八曰，不避俗字俗语。

——胡适《文学改良刍议》

材料八：推倒雕琢的阿谀的贵族文学，建设平易的抒情的国民文学；推倒陈腐的铺张的古典文学，建设新鲜的立诚的写实文学；推倒迂晦的艰涩的山林文学，建设明了的通俗的社会文学。

——陈独秀《文学革命论》

学生活动：认识文学革命的重要意义，从材料中分析文学革命对推动新文化运动的深化和推动中国近代化进程的重要影响。

【设计意图】用材料证实教材的观点，培养学生史料实证的能力，并从文学革命的内容中认识其对中国近代化的深刻性影响。

教师活动：展示以下材料，引导学生分析新文化运动的影响。

材料九：成千上万的中国人在寻找信仰的同时形成了百家争鸣。……诸多主义在论争中起落，展示了百舸争流的绚丽境界。

——陈旭麓《近代中国社会的新陈代谢》

材料十：在新文化运动的推动下，一批受过新思想熏陶的青年男女，开始反对包办婚姻，主张婚姻自主；恋爱自由、婚姻自主成为一种时尚。社会上出现了许多抗婚、逃婚、离婚等现象。婚礼也由中式开始效仿西方的新式婚礼。

——《上海妇女志》

材料十一：《新青年》惊醒了整个时代的青年。他们首先发现自己是青年，又粗略地认识了自己的时代，再来看旧道德、旧文学，心中就生出了叛逆的种子。一些青年逐渐地以至于突然地打碎了身上的枷锁，歌唱着冲出了封建的堡垒。

——杨振声《杨振声选集》

学生活动：结合材料和已学知识，对新文化运动在思想启蒙、妇女解放、塑造新青年新国民等领域的重要影响。

教师活动：展示李大钊与马克思主义传播的相关材料，引导学生认识到新文化运动后期五四运动的开展，认识到中国社会的新生即将到来，并以此作为本课的主题升华。

材料十二：试看将来的环球，必是赤旗的世界！

——李大钊

学生活动：在材料分析和教师的引导下，认真听讲，认识到新文化运动与五四运动和中国共产党诞生之间的关系，并将新文化运动与马克思主义的传播结合起来，认识到中华民族即将走向新的起点。

【设计意图】拓展学生对新文化运动的认识，在对新文化运动的影响分析中认识到近代思想启蒙和新的革命阶段到来的内在关系，培养学生的家国情怀。

教师总结：新文化运动是近代中国的重要思想启蒙运动，它推动了中国文化的近代化，一定程度上开启了民智，对五四运动的开展和中国共产党的诞生起到了重要作用，也正是在这次思想启蒙中孕育了中国社会的新生。纵观北洋军阀统治时期，政治上虽然分崩离析、动乱不断，但却保留了政治民主化的火种；经济上由于一些特定的时代契机，促成近代中国新生经济因素尤其是民族资本主义进一步发展，促进了中国经济的近代化；文化上经历了新文化运动等事件，思想文化近代化进一步深化，民智进一步得到启蒙，马克思主义的传播也预示着中国新的革命阶段的到来。

（三）板书设计

第20课　北洋军阀统治时期的政治、经济与文化
——近代化的再奋斗

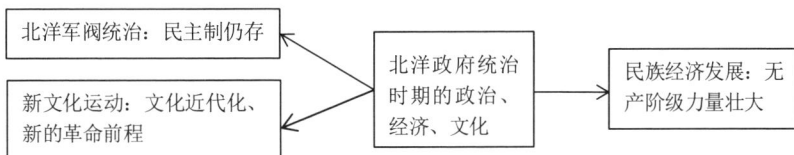

（四）教学反思

本课内容涵盖政治、经济、文化三个方面，其中尤其是政治的演变脉络，属于较难梳理的部分。在教学过程中，围绕"近代化的再奋斗"这一主题，明确政治民主化、经济工业化、思想文化科学大众化这一主线，学生结合对近代化这一概念的相关知识，有了一个较好的认知基础。①政治方面，突出了以时间轴的认知方式，虽然其中事件未必能够完全明了，但能够有效把握其中的核心事件，实现历史认识的升华。②经济方面，借助一些数据和图标，以此分析民族资本主义的发展，并就其经济模式下新兴阶级力量进行分析。③思想文化方面，新文化运动是近代中国最重要的思想启蒙运动，教学中突出材料分析和人物介绍的方式，将趣味的人物介绍与相对枯燥的思想内容有机结合起来，丰富了学生对思想文化近代化的认识。

（五）推荐阅读书目

1. 费正清、崔瑞德：《剑桥中国史》，中国社会科学出版社。

2. 陈旭麓：《近代中国社会的新陈代谢》，上海社会科学院出版社。

3. 张海鹏：《中国近代通史》，江苏人民出版社。

4. 李剑农：《中国近百年政治史（1840—1926 年)》，复旦大学出版社。

5. 李育民：《近代中国的条约制度》，湖南人民出版社。

6. 张鸣：《重说中国近代史》，台湾出版社。

7. 刘东：《海外中国研究丛书》，江苏人民出版社。

第 20 课 2　北洋军阀统治时期的政治、经济与文化

（一）教学主旨

1. 内容要求

了解北洋军阀的统治及特点；概述新文化运动的主要内容，探讨其对近代中国思想解放的影响。

2. 教材分析

本课为第六单元《辛亥革命与中华民国的建立》中的第 2 课，上承第 19 课《辛亥革命》，辛亥革命虽然取得了巨大的成功，但是中华民国建立后，未能在短时间内重建社会秩序，开始了北洋军阀统治时期。北洋军阀对内实行独裁专制统治，对外依靠列强，争权夺利，混战割据，给人民带来无穷祸害。同时民国初年民族工业有了较快发展，民众生活也出现了文明开化的新气象，在思想领域也兴起了巨大浪潮，新文化运动对近代中国思想解放产生深远影响。本课为第 21 课的学习做了重要铺垫，理解民族工业发展和新文化运动为中国共产党的成立打下了阶级基础和思想基础。本课与前后两节课构成紧密的逻辑关系，需综合讲解。

3. 学情分析

（1）学生有一定的初中储备知识，八年级上已学习了第 11 课 "北洋政府的黑暗统治" 和第 12 课 "新文化运动"，为本课学习奠定了知识基础。

（2）关于北洋军阀统治时代的影视剧和书籍较多，学生比较感兴趣，但认识误区也较多，需要教师全面客观解读和评价北洋时代。

4. 教学目标

（1）全面认识北洋军阀统治时期的阶段特征，客观评价北洋时代。

（2）归纳新文化运动的主要内容，理解新文化运动的巨大影响。

（3）认识革命党人、实业家、新文化运动代表人物救国救民的爱国心，

激发今天青年学生的家国情怀。

5. 教学重难点

重点：北洋军阀的统治及特点；新文化运动的内容及影响。

难点：掌握北洋军阀统治时期的阶段特征。

6. 教学策略

通过创设问题情境，研习史料，实证历史，探究历史，以落实历史学科的深度学习，培育学生的历史学科核心素养。

（二）教学过程

导入：本课导言鲁迅先生说："见过辛亥革命，见过二次革命，见过袁世凯称帝、张勋复辟，看来看去，就看得怀疑起来，于是失望、颓唐得很了。"鲁迅先生为什么失望、颓唐？

教师讲述并设问：辛亥革命最重要的成果是什么？中华民国正式诞生，结束千年帝制，开启了共和时代，为此不仅革命者欢心，而且民众也抱有很大的希冀和憧憬。历史似乎为近代中国的发展翻开了新的一页，但历史的演进却并没有像国人们所设想的那样简单，并没有出现人们所期待的民主政治，所以引发国人极大的失望。此后的中国步入了什么样的境况？中国历史进入了北洋军阀统治时期。什么叫北洋军阀？北洋军阀统治时期的时间是什么时候？你印象中的北洋军阀统治时期是个什么样的时代？黑暗专制，除此之外，北洋究竟是个怎样的时代？今天我们学习第 20 课，北洋军阀统治时期的政治、经济、文化。

【设计意图】 挖掘教材资源，开门见山，直接入题，且能把上节课学习的辛亥革命与本课内容北洋时代联系起来，建构起严密的逻辑关系。

1. 沉沦的年代

教师设问：民国并没有出现人们所期待的民主政治。请同学们阅读教材第一子目，利用时间轴归纳袁世凯复辟帝制的过程，并梳理革命党人争取民主共和的斗争。

学生回答后教师设问：哪些形式和力量限制了袁世凯的权力？

教师讲述：当时革命派控制南方数省，试图通过临时参议院、临时约法、责任内阁制来限制袁世凯搞专制独裁。1912 年 12 月，以宋教仁为代表的国民党在参众两院的选举中获得胜利，宋教仁准备北上组织内阁，被刺杀于上海火车站。宋教仁案没有证据表明是袁世凯所为，但确实是与以袁世凯为首的政治势力激烈斗争导致的结果。革命党人发动了二次革命，结果南方革命党军队全部被袁世凯打垮，二次革命失败。打败了南方革命势力后，袁世凯开始一步步走向专制独裁。1913年11月，袁世凯下令解散国民党。国会不足法定人数，无法表决通过议案。

1914年5月公布《中华民国约法》，年底修正大总统选举法，总统可以世袭终身。临时约法、责任内阁、国会都被袁世凯破坏殆尽。专制独裁的统治被袁世凯用法律的形式固定下来，但他的野心并没有满足于此，竟然违背历史发展潮流，想复辟帝制。第一次世界大战爆发，欧洲帝国主义国家都卷入其中，无暇东顾。日本企图趁机扩大在中国的势力，向袁世凯递交了企图灭亡中国、独霸中国的"二十一条"。虽然经过了84天的谈判，1915年5月，北洋政府被迫接受了大部分内容，这就是民四条约。1915年10月参议院召开国民代表大会，商讨实行君主立宪制。1915年年底，改中华民国为中华帝国，准备元旦登基，1916年为洪宪元年。

教师设问：袁世凯的倒行逆施，激起了全国人民的反对，以孙中山为首的革命党人如何应对？结果如何？1915年12月25日，护三杰：蔡锷、唐继尧、李烈钧在云南宣布独立，并组织护国军，发动护国战争，讨伐背叛共和的袁世凯。随后，贵州、广西、广东等省也相继宣告独立。1916年3月，袁世凯被迫取消帝制，恢复中华民国纪年。同学们，此后的中国变好了吗？

学生回答：虽然护国战争的结果推翻了洪宪帝制，埋葬了袁世凯，但护国战争胜利的果实最终又归于了北洋军阀。

教师设问：请同学们观察《中外历史纲要》（上）第114页的北洋军阀统治时期军阀割据示意图，思考：北洋军阀统治有何特点？

学生回答：1916年6月袁世凯去世后，没有一个人能统领北洋派、维系全国统治，北洋军阀内部派系纷争，占据地盘，割据一方，国家分崩离析。除此之外，北洋军阀由不同的帝国主义国家支持，争权夺利，混战不已。北京政权实际由不同的军阀所控制，政权更替频繁，民不聊生。

【设计意图】用时间轴对比梳理袁世凯复辟帝制的过程和革命党人的斗争事件，用地图展示1916—1928年北洋军阀混战割据的特点，既能清晰直观说明史实，又能落实时空观念素养。

教师设问：请同学们梳理1916年后中国民主与专制的较量。

教师讲述：总统黎元洪与总理段祺瑞之间，在很多问题上发生了冲突，形成了总统府与国务院相对立的府院之争，导致政权几度动荡。在中国参加第一次世界大战上各持己见。最终中国 1917 年 8 月向德、奥宣战，加入一战协约国一方，派 14 万劳工远渡重洋，赴欧洲战场，担任了最艰巨繁重的战勤任务，中国劳工的巨大付出，为一战协约国的胜利做出了重大贡献。1917 年张勋以调解为名，率兵入京，拥清废帝溥仪复辟，这些士兵被称为辫子军，张勋被称为辫帅。张勋复辟失败后，段祺瑞再造共和，但是破坏临时约法，拒绝恢复国会。以孙中山为首的革命党人，以恢复国会和维护临时约法，联合西南军阀，反对北洋军阀独裁统治的斗争，又称为护法运动。借孙中山名望的西南军阀，却千方百计排挤孙中山，孙中山愤而辞去大元帅职，发表通电，深刻反思到："顾吾国自大患，莫大于武人之争雄，南与北如一丘之貉。虽号称护法之省，亦莫肯俯首于法律及民意之下。"

教师设问：专制现象为什么仍频频出现？

学生回答：专制的传统强大。

教师设问：复辟帝制企图为什么均告失败？

学生回答：民主共和观念逐渐深入人心。

教师设问：维护民主共和的无力，又说明了什么？

学生回答：旧民主主义革命陷入困境，需要革新。

【设计意图】用时间轴对比和三个短小设问，让学生理解民主与专制的较量与民主失败的原因，为后面内容的学习做铺垫。

2. 发展的年代

教师设问：民国初年，中国民族工业的迅速发展与思想文化的革新，就是这一束束光明，给灾难深重的中国带来的希望。请同学们完成第 116 页"学思之窗"，并结合课文，分析第一次世界大战期间中国民族工业的发展状况和发展原因。

学生回答：欧洲国家深陷第一次世界大战，对华商品输出和资本输出都大大减少，国内市场突然扩大，产品价格上涨，民族工业利润大增，企业抓住了第一次世界大战的历史性机遇。欧洲列强忙于第一次世界大战，暂时放松侵略，这是民族工业发展的有力的契机或机遇。内因有：中华民国建立，扫除了政治上的障碍。北洋政府出台了一系列鼓励发展实业的政策。第一次世界大战列强，美国和日本加紧侵略中国，尤其是日本灭亡中国的二十一条，激起了中国抵制日货运动，这有助于民族工业扩大市场。还有实业家们的"实业救国"精神。内外因共同促使民国初年民族工业迅速发展，进入到发展的"黄金时代"。

材料一：辛亥革命以前，中国近代产业工人不超过 60 万人，到 1919 年五四运动前，已达 200 万人左右。

——李侃《中国近代史》（第四版）

教师设问：民族工业迅速发展带来了哪些影响？

学生回答：促进了民族资产阶级的壮大和产业工人力量的增强。

教师设问：教材中为什么说"中国产业工人成为不可忽视的力量"？

学生回答：因为中国工人阶级为五四运动和中国共产党的成立奠定了阶级基础。

【设计意图】研习补充史料与课文，让学生掌握更多史实，充分理解民国初年经济发展的原因和重要影响。

3. 文明的年代

教师设问：辛亥革命建立了共和政体，这是破天荒的大事，给民众日常生活也带来了新气象。民国初年社会出现了什么新气象？

学生回答：民众逐渐认识到陈规陋俗不符合时代潮流，开始接受文明开化的新习俗、新风尚。

【设计意图】用图片史料展现民国初年社会生活的新气象，民众思想观念的解放。

（过渡）辛亥革命唤起的新希望、自由平等和民国初年社会黑暗形成了巨大的落差。

4. 觉醒的年代

材料二：三年以来，吾人于共和国体之下，备受专制政治之痛苦。……此等政治根本解决问题，尤待吾人最后之觉悟。

——陈独秀《吾人最后之觉悟》，《青年杂志》第 1 卷第 6 号

教师设问：经历了种种乱象之后，知识分子的觉悟是什么？

学生回答：认识到要改造大多数国民头脑里的专制和愚昧，要对旧思想、旧文化、旧礼教进行彻底批判。

教师设问：新文化运动的主要内容是什么？民主和科学并不是第一次出现在中国思想界，为什么新文化运动还要提倡民主和科学？

学生回答：原来提倡的民主是制度、政体，科学是应用知识、生产技术，可是有了理论指导、民主实践，但是有没有实现民主政治？原因在哪？新文化运动倡导的民主是人权、国民具有个人权利的意识，倡导的科学不仅

仅是科学知识、科学技术，而是求是的一种认知原则、科学法则、理性思维，新文化运动提倡的民主和科学是在前人的奋斗和发展中来，认识从制度层面切入思想文化心理层面。

材料三：孔氏主尊卑贵贱之阶级制度，由天尊地卑演而为君尊臣卑，父尊子卑，夫尊妇卑，官尊民卑，贵贱遂别；所几无一不含有阶级之精神意味。守孔教之义，故专制之威愈演愈烈。

——吴虞

教师设问：为什么要把斗争矛头指向儒家传统道德？

教师设问：为什么要文学革命？

学生回答：旧文学是旧思想文化的载体，新文学是传播民主和科学的工具。

教师设问：阅读材料，新文化运动的开展，具有怎样的历史意义和影响？

学生回答：猛烈冲击了封建思想统治地位，深刻影响了五四一代以及以后数代中国人，推动了思想文化革新，价值观念的民主，思维方式的科学，表达方式的白话文，有着解放思想的重大意义。

【设计意图】通过设问与史料研习分析，突破新文化运动的内容与重要影响。

教师总结：北洋军阀统治时代究竟是一个怎样的时代？我们了解到了北洋军阀统治时期政治上的专制黑暗，同时也感受到了经济的发展与进步、社会的光明与希望、思想的觉醒与解放。这是一个黑暗中孕育光明的时代，一个混乱中艰难前行的时代，折射出一个努力摆脱传统走向近代的中国，一个转型期的中国，进步的闸门已经打开，新的力量与新的思想已经走来。

【设计意图】前后呼应，回答导入时的悬念，也突破本课难点，全面掌握北洋时代的阶段特征，客观评价北洋时代。

拓展升华：陈独秀在《敬告青年》中说："青年如初春，如朝日，如百卉之萌动，如利刃之新发于硎（xíng），人生最可宝贵之时期也。青年之于社会，犹新鲜活泼细胞之在人身。"一代人要有一代人的使命和担当，今天的中国正处于中华民族复兴的伟大时刻，诸位作为建设中国的新一代，要不负使命，不负韶华，常怀赤子心，弘扬爱国情。

（三）板书设计

第20课　北洋军阀统治时期的政治、经济与文化

政治：黑暗专制、割据混战——沉沦的年代

经济：民族工业迅速发展——发展的年代

社会：文明开化新气象——文明的年代

思想：新文化运动兴起——觉醒的年代

（四）课后反思

本课内容涉及的历史人物较多、重大历史事件多且杂，极易混淆，需要教师对重要历史事件和历史人物进行适当讲解，把基本史实讲清楚。笔者对本课比较满意的是：①充分挖掘教材资源。因为新教材知识容量大、知识点密集的特点，而课时有限，所以不建议教师另起炉灶，笔者充分利用了本课教材的导言、图片、学思之窗、史料阅读的功能性栏目，以让学生厘清历史脉络，夯实学生的主干知识。②把握历史阶段特征，突破重点。本课把北洋时代放在整个中国史大背景下进行思考和分析，引导学生把握历史宏观知识结构，引导学生全面掌握北洋时代的阶段特征，构建知识的联系和融会贯通。③引用历史前沿知识。八年级上历史教材明确叙述"袁世凯便密令国务总理赵秉钧策划刺杀宋教仁""为了实现皇帝梦，袁世凯接受日本'二十一条'的大部分内容，以换取日本的支持"，初中教材叙述与史实不符合，高中教师要有所甄别，引用历史前沿研究成果。对本课不满意的地方在于：一节课时的设计内容较多，教师要根据学情适当增减。

（五）推荐阅读书目

1. 费正清、崔瑞德：《剑桥中国史》，中国社会科学出版社。

2. 陈旭麓：《近代中国社会的新陈代谢》，上海社会科学院出版社。

3. 张海鹏：《中国近代通史》，江苏人民出版社。

4. 李剑农：中国近百年政治史（1840—1926年）》，复旦大学出版社。

5. 李育民：《近代中国的条约制度》，湖南人民出版社。

6. 张鸣：《重说中国近代史》，台海出版社。

7. 刘东：《海外中国研究丛书》，江苏人民出版社。

第七单元　中国共产党成立与新民主主义革命兴起

一、课标要求

认识五四爱国运动的历史意义，认识马克思主义在中国的传播与中国共产党成立对中国革命的深远影响；认识国共合作领导国民革命的历史作用；了解南京国民政府的成立；认识中国共产党开辟革命新道路的意义；认识红军长征的意义。

二、课标解读

本专题有三个学习要点：①认识五四运动与新民主主义革命兴起的内在联系，知道五四运动在思想、政治、文化等方面所具有的革命意义，是中国新民主主义革命的开端；知道五四运动与中国共产党成立的因果关系；知道中国共产党的成立是中华民族历史上开天辟地的大事变，中国革命的面貌从此焕然一新。②认识中国共产党成立后制定革命纲领，发动工农运动，推动国共合作，掀起大革命高潮，开创中国革命新局面的史实及其伟大意义；了解大革命失败的原因及中国共产党从中吸取的重要教训。③了解国民党在全国统治的建立及其性质；知道中国共产党对中国革命新道路的探索，知道走农村包围城市、武装夺取政权道路的确立及其意义；知道反"围剿"战争与土地革命的史实和意义；知道红军长征的原因、过程及遵义会议的重要意义；了解长征胜利的伟大意义。

（1）认识五四运动与新民主主义革命兴起的内在联系，知道五四运动在思想、政治、文化等方面所具有的革命意义，是中国新民主主义革命的开端；知道五四运动与中国共产党成立的因果关系；知道中国共产党的成立是中华民族历史上开天辟地的大事变，中国革命的面貌从此焕然一新。

对于第一个要点，主要在于要认识五四运动同新民主主义革命兴起的内在联系，理解中国共产党的成立是中华民族历史上开天辟地的大事变。在五四运动中，中国无产阶级登上历史舞台，让具有初步共产主义思想的先进知识分子认识到了工人阶级的力量，促使他们深入工人群众中宣传马克思主义，促使最先进的马克思主义理论同最先进的阶级力量相结合，使新民主主义革命的指导思想在五四运动中开始广泛传播，为中国新民主主义革命的到来准备了阶级基础和思想基础。五四运动中的骨干和领导，为中国共产党早期组织的成立奠定了干部基础。

随着中国工人阶级开始作为独立的政治力量登上历史舞台和马克思主义在中国的逐步传播，建立一个以马克思主义理论为指导的工人阶级政党的任务被提上议事日程。1921年，中国共产党的成立，是中国历史上开天辟地的大事变，这个是高中历史教材的新提法。可从以下几个角度理解：①中国共产党的成立，标志着中国工人阶级有了自己的战斗司令部和精神中枢，是中国工人阶级自觉领导中国革命的根本标志。②中国共产党的成立，标志着中国人民的革命事业有了自己的政治领袖。中国人民在长期奋斗中选择了中国共产党做自己的政治领袖，从根本上改变了中国革命中各阶级的相互关系。中国共产党对中国革命的领导是中国革命能够取得完全胜利的根本保证。③中国共产党的成立，标志着国际共产主义运动发展到一个新的里程碑，极大地加强了世界无产阶级革命的力量。由于中国共产党是共产国际在东方的一个支部，中国的民族解放运动实际上与世界无产阶级社会主义革命结合起来了。中国革命成为世界无产阶级社会主义革命的一部分。④中国共产党的成立，预示着马克思列宁主义将会在中国这块土地上生根、开花、结果，是马克思主义中国化的起点。（周刘波《中外历史纲要：学习精要与史学导读》）

（2）认识中国共产党成立后制定的革命纲领，发动工农运动，推动国共合作，掀起大革命高潮，开创中国革命新局面的史实及其伟大意义；了解大革命失败的原因及中国共产党从中吸取的重要教训。

中国共产党诞生后，制定了反帝反封建的民主革命纲领，发动工农群众开展革命斗争，推动国共合作，掀起了中国历史上空前广泛而深刻的大革命高潮。推动了新民主主义革命的发展。但是，一方面，由于当时的中国共产党还处于幼年时期，没有经验，缺乏对中国社会和中国革命基本问题的深刻认识，还不善于将马克思主义的基本原理同中国革命的实践结合起来。另一方面，由于反革命力量强大和资产阶级发生严重动摇等客观原因，大革命失败了。大革命虽然失败了，但它的历史意义是不可磨灭的。中国共产党人从中吸取了严重的历史教训，开始懂得进行土地革命和掌握革命武装的重要性，为开辟革命新道路，把中国革命推进到土地革命战争的新阶段准备了必要的条件。

（3）了解国民党在全国统治的建立及其性质；知道中国共产党对中国革命新道路的探索，知道走农村包围城市、武装夺取政权道路的确立及其意义；知道反"围剿"战争与土地革命的史实和意义；知道红军长征的原因、过程及遵义会议的重要意义；了解长征胜利的伟大意义。

1927 年大革命失败后，国民党专制统治确立，张学良的东北易帜，表明国民政府在形式上实现了全国的统一。此时的国民党是一个代表地主阶级、买办性大资产阶级利益的反动集团所控制的政党。由于国民政府实现暂时的、表面上的、不稳定的"统一"，为社会经济提供了一定条件。20 世纪 20 年代末至 30 年代中期，中国的民族工业出现短暂的繁荣。

大革命失败后，中国共产党一方面积极探索新的斗争方式，先后领导了南昌起义、秋收起义、广州起义等武装起义。以毛泽东为主要代表的中国共产党人从中国实际出发，提出农村包围城市、武装夺取政权的理论。开创了井冈山等农村革命根据地，中国革命开始走向复兴。另一方面，中国共产党召开"八七"等会议，纠正革命斗争中的错误，确定了土地革命和武装反抗国民党反动统治的总方针。面对蓬勃发展的革命力量，蒋介石国民政府进行反革命围剿，由于中国共产党的出现"左"倾错误，导致第五次反"围剿"失利，被迫实行战略转移，进行二万五千里长征。长征的胜利铸就了伟大的长征精神，为中国革命的胜利提供了精神动力。

三、初中、高中教材对比

第21课　五四运动与中国共产党的诞生

（一）教材知识结构的对比

初中历史教材（八年级上册）	高中历史教材《中外历史纲要》（上）
第四单元　新民主主义革命的开始 第13课　五四运动 1. 五四运动的爆发 2. 五四运动的扩大 3. 五四运动的历史意义 第14课　中国共产党诞生 1. 马克思主义的传播	第七单元　中国共产党成立与新民主主义革命兴起 第21课　五四运动与中国共产党的诞生 1. 五四运动和马克思主义的传播 2. 中国共产党的诞生 3. 国共合作与国民革命

续表

初中历史教材（八年级上册）	高中历史教材《中外历史纲要》（上）
2. 中国共产党的成立 3. 全国工人运动的高涨 第五单元 从国共合作到国共对立 第15课　北伐战争 1. 国共合作的实现 2. 北伐胜利进军 3. 国民党右派叛变革命与南京国民政府的建立	
解读	从教材对比来看： 相同点： 初中、高中教材目录这部分所涉及历史大事件大致相同，且都按时序进行编排。 不同点： 1. 在内容编排上，初中教材将新文化运动纳入第四单元，而高中教材则将这一知识点放在了第六单元，不在本课本单元；初中教材的北伐战争独成一课纳入第五单元，高中教材本课目录则未体现。 2. 在篇幅长短上，初中教材这部分教学内容共3课，涉及两个单元；高中共1课，涉及一个单元。由此可见，初中教材这部分教学内容较多、容量更大，课时也划分得更细。 3. 高中教材将五四运动和马克思主义的传播整合为一个子目，初中教材则将其编排在了两课四个子目。 4. 高中教材以一个子目讲述了中国共产党的诞生，初中教材则以一课三子目进行阐述。初中教材对中国共产党的成立称为是一件大事，而高中教材则称为是一件大事变，提法略有不同。 5. 高中教材以一个子目讲述了第一次国共合作与国民革命，初中教材则以一课三子目讲述了此部分，从15课标题可知其侧重于北伐战争

（二）教材相同内容表述的对比

相同知识点	初中历史教材	高中历史教材	解读
五四运动和马克思主义的传播	1. 巴黎和会外交失败与北京学生的爱国斗争。 2. 上海工商界的支持与全国各地各阶层的支持。 3. 五四运动的意义。 4. 五四运动后马克思主义得到更多关注。 5. 李大钊为马克思主义在中国的传播做出的贡献。	1. 五四运动的导火索。 2. 北京学生的爱国斗争。 3. 上海工商界的支持，中国工人阶级登上政治舞台。 4. 五四运动的意义。 5. 十月革命后马克思主义开始在中国广泛传播。	1. 从内容选择来看，高中教材内容强调五四运动标志着中国工人阶级登上政治舞台，初中教材未涉及；高中教材强调十月革命对马克思主义传播的推动作用，初中教材强调五四运动对马克思主义传播的推动作用；高中教材提及了李大钊、陈独秀等多人的贡献，初中教材仅以李大钊为代表进行介绍；初中教材提及的马克思主义与工人运动的结合，高中教材未涉及。 2. 从叙事风格来看，初中教材第13课前两子目都用以讲述五四运动的过程，注重"北洋政府出动军警镇压，逮捕了30多名爱国学生"此类细节刻画，仅用最后一子目分析了五四运动的意义；高中教材则仅在

续表

相同知识点	初中历史教材	高中历史教材	解　读
五四运动和马克思主义的传播	6. 马克思主义与工人运动的结合	6. 李大钊、陈独秀等人为马克思主义在中国的传播做出的贡献	第21课第一子目的前三段简述了五四运动经过，以"北京大批学生被捕"等语言简略带过，但是却用了几乎同等的篇幅分析了五四运动的意义。初中教材相对更重视历史过程的描绘，故使用更多篇幅讲述过程、刻画细节，力图还原历史情境的生动性；高中教材则相对更重视对史实的分析评价，尝试拓宽学生学习探究历史的视野。 　　3. 初中、高中教材对五四运动的历史意义分析及表述基本一致
中国共产党的诞生	1. 将马克思主义的传播这一知识点纳入本课主线，较为详细地介绍中国共产党成立的条件。 　　2. 中共一大的召开。 　　3. 简单提及中国共产党的诞生使中国革命面貌焕然一新，强调中国共产党诞生是历史选择的必然结果	1. 简单介绍了中国共产党成立的条件。 　　2. 中共一大的召开，简单提及会议经过。 　　3. 从领导力量、前进方向、凝聚力量、发展前景总结中国共产党的诞生使中国革命面貌焕然一新	1. 关于中共一大的召开，高中教材正文部分简提及了会址转移的细节，初中教材正文未提及，但在辅助栏目中详细地讲述了这一经过并点出了"红船精神"，初中教材这一编排旨在渗透正确价值观引导。 　　2. 关于中国共产党成立的意义，即"中国共产党的诞生使中国革命面貌焕然一新"，初中教材一笔带过，而高中教材则从多角度阐释了"新"在何处，高中教材这一处理旨在培养学生历史解释素养，提升学生史论结合的历史思维方式
国共合作与国民革命	1. 第一次国共合作的实现与黄埔军校的创办。 　　2. 北伐战争的详细过程与工农革命运动的蓬勃发展。 　　3. 国民党右派的反革命政变与南京国民政府的成立	1. 第一次国共合作正式形成。 　　2. 北伐战争的简要经过。 　　3. 国民党右派的反革命政变，国共合作破裂，国民革命失败	1. 关于第一次国共合作，高中教材描述相对简要，初中教材描述更加详尽，并提及了"黄埔军校"的成立；关于北伐战争，高中教材以一段简要概括了战争经过，而初中教材则较为详细地描述了战争经过，并提及了工农运动的发展，初中教材以历史细节来填充历史的生动性，帮助学生了解历史事件的经过，培养学生对历史的兴趣。 　　2. 限于篇幅，高中教材在这部分内容上较为简略，且涉及历史事件也不如初中多，仅是将主干脉络梳理清楚，说明高中教材在内容选择上侧重点不在历史过程描述

第22课　南京国民政府的统治和中国共产党开辟革命新道路

（一）教材知识结构的对比

初中历史教材（八年级上册）	高中历史教材《中外历史纲要》（上）
第五单元　从国共合作到国共对立 第15课　北伐战争 1. 国共合作的实现 2. 北伐胜利进军 3. 国民党右派叛变革命与南京国民政府的建立 第16课　毛泽东开辟井冈山道路 1. 南昌起义 2. 秋收起义与井冈山会师 3. 工农武装割据 第17课　中国工农红军长征 1. 战略转移与遵义会议 2. 过雪山草地 3. 红军胜利会师陕甘	第七单元　中国共产党成立与新民主主义革命兴起 第22课　南京国民政府的统治和中国共产党开辟革命新道路 1. 南京国民政府的统治 2. 工农武装割据开辟革命新道路 3. 红军长征
解读	从教材对比来看： 相同点： 初中、高中教材目录这部分所涉及历史大事件大致相同，且都按时序进行编排。 不同点： 　1. 在内容编排上，从单元名称可见初中教材以国共关系的变化为主线，高中教材则以中国共产党领导的新民主主义革命为主线。 　2. 在篇幅长短上，初中教材这部分教学内容共涉及3课时；高中只安排1课时。由此可见，初中教材这部分知识容量相对较大，内容详细，课时也相对较多。 　3. 高中教材将南京国民政府的统治独立为一个子目，初中教材则将南京国民政府的成立与国民党右派叛变编为一个子目，可见在高中教材中这一部分内容相对初中教材知识容量更大。 　4. 高中教材以一个子目讲述了中共开辟革命新道路，初中教材则以一课三子目进行阐述。 　5. 高中教材以一个子目讲述了红军长征，初中教材则以一课三子目讲述了此部分内容

（二）教材相同内容表述的对比

相同知识点	初中历史教材	高中历史教材	解　读
南京国民政府的统治	1. 南京国民政府的建立。 2. 南京政府在"分共清党"、镇压工农运动的同时继续北伐。 3. 东北易帜，南京政府名义上统一全国	1. 南京国民政府成立与"宁汉合流"。 2. 国民政府继续北伐。 3. "济南惨案"后东北易帜，国民政府形式上基本统一全国。	1. 关于南京国民政府的建立与演变，初中教材在描述"四·一二"反革命政变之后一笔带过，高中教材则是在本课导言部分提出，并介绍了其法律文件与政权构成，还在正文提到了"宁汉合流"，强调国民政府的实质是国民党专制统治。 2. 关于国民政府继续北伐，初中教材强调北伐是在打压共产党和工农运动的同时进行的，高中教材仅一笔带过。

相同知识点	初中历史教材	高中历史教材	解　读
南京国民政府的统治		4. 国民政府统治时期民族资本主义的发展与官僚资本主义的膨胀	3. 关于国民政府的统治这一部分，初中教材仅简单提及东北易帜与名义上统一全国，高中教材除了上述内容之外，还提及"济南惨案"并以历史纵横补充说明。此外，初中教材未提及国民政府统治时期的经济状况，高中教材则讲述了民族资本主义的发展与官僚资本主义的膨胀。高中教材增补的这部分内容应是旨在点明这一时期的反侵略反封建主题。 4. 总体来看，初中教材简单提及此部分内容，主要将其编排在国共合作的国民革命这一条主线中；高中教材更加重视这一部分内容，主要侧重于将其编入中国共产党武装反抗国民党反动统治、探索革命新道路这一条主线，用以说明中国共产党革命的背景
工农武装割据开辟革命新道路	1. 南昌起义打响了武装反抗国民党统治的第一枪。 2. 八七会议。 3. 秋收起义。 4. 较为详细介绍了井冈山会师。 5. 古田会议。 6. "工农武装割据"与农村革命根据地的发展。 7. 中华苏维埃共和国的成立	1. 南昌起义打响了武装反抗国民党反动派的第一枪。 2. 八七会议。 3. 秋收起义创立了第一个农村革命根据地。 4. "工农武装割据"与农村革命根据地的发展。 5. 中华苏维埃共和国的成立及其意义	1. 关于南昌起义、秋收起义，初中、高中教材所用篇幅相当，对过程的描述有细微差异，对其意义的解读基本一致。 2. 关于八七会议，高中教材提及会议总结国民革命失败的教训，纠正了陈独秀的右倾错误，初中教材则未提及这一部分。 3. 初中教材提及了古田会议，高中教材正文未涉及这一事件，以历史纵横做了补充。 4. 关于"工农武装割据"与农村革命根据地的发展，初中教材描述更为详细，高中教材则较为简要。 5. 关于中华苏维埃共和国的成立，初中教材仅进行史实陈述，高中教材还分析了其意义。 6. 总体来看，这一部分内容，初中教材的数据和细节更丰富，事件经过更为详尽；高中教材更侧重梳理主干史实，分析历史意义，旨在提升学生的历史思维能力
红军长征	1. 长征的背景。 2. 长征的详细过程。 3. 遵义会议的内容及标志性意义。 4. 长征的意义	1. 长征的背景。 2. 长征的简要过程。 3. 遵义会议的内容及意义。 4. 长征的意义	1. 关于长征的过程，初中教材以大量篇幅详细描述了这一事件经过，旨在丰富学生对长征的了解，深刻感悟"长征精神"的内涵；而高中教材限于篇幅，且因侧重不在史实描述，故对长征过程仅简要概述。 2. 关于遵义会议的意义，初中教材点出了遵义会议是党生死攸关的转折点，是中国共产党从幼稚走向成熟的标志，高中教材则省去了这部分的表述。 3. 关于长征的意义，初中教材从粉碎国民党企图、保存基干力量、使革命转危为安、播下革命种子、铸就长征精神几方面说明长征打开了中国革命新局面；高中教材则是从实现战略大转移、宣传中国共产党政治主张、播下革命种子、鼓舞广大群众、铸就长征精神几方面说明长征打开了中国革命新局面

四、教学建议

本单元《中国共产党成立与新民主主义革命兴起》包含第 21 课《五四运动与中国共产党的诞生》和第 22 课《南京国民政府的统治和中国共产党开辟革命新道路》共两课内容，核心内容是中国共产党领导中国人民进行新民主主义革命。本单元教学要注意理解以下几点：

（一）五四运动成为新旧民主主义革命的分水岭

1917 年俄国爆发的十月革命推动了中国的先进分子把目光从西方转向东方、从资产阶级民主主义转向社会主义，国内旧民主主义革命时期进行了政治救亡、经济发展和思想启蒙的斗争与探索，国际国内的新形势孕育了五四运动。五四运动成为新旧民主主义革命的分水岭，它带来了新的革命力量——中国工人阶级登上政治舞台，新的革命思想——马克思主义的广泛传播，新的领导力量——推动了中国共产党的诞生，从而推动了新的革命局面——国共合作与国民革命。

（二）中国共产党领导新民主主义革命深入发展

随着大革命失败而建立的南京国民政府是一个矛盾的复杂体，政治上虽实现形式上统一全国，但实行一党专政；经济上虽推动民族工业发展，但官僚资本膨胀，可见其本质仍是代表大地主和大资产阶级的旧政权，从而可见其不能代表广大人民群众的利益、不能领导中国完成反帝反封建的革命任务，进而理解中国共产党领导中国革命探索革命新道路继续前进的必要性与必然性。中国共产党奋起抗争，独立探索革命新道路，经过顿挫和调整，最终找到农村包围城市的正确革命道路，推动了新民主主义革命的深入发展。这一过程充分体现了作为革命指导思想的马克思主义中国化的进程，也体现了作为革命领导力量的中国共产党从幼稚走向成熟的历程。

教师在进行本单元的教学时，要站在横向和纵向的视角来分析此时期中外历史上发生的事件对中国后续历史发展走向的影响。本单元的教材编排符合这一视角特点，建议按照教材排列的顺序进行教学。

五、教学设计

第 21 课　五四运动与中国共产党的诞生

（一）教学主旨

1. 内容要求

认识五四爱国运动的历史意义，认识马克思主义在中国的传播与中国共产党成立对中国革命的深远影响；认识国共合作领导国民革命的历史作用。

2. 教材分析

本课是第七单元《中国共产党成立与新民主主义革命兴起》中的第 1 课，上承第六单元第 20 课《北洋军阀统治时期的政治、经济与文化》，下启本单元第 22 课《南京国民政府的统治和中国共产党开辟革命新道路》，在中国近代史具有重要地位。本单元主线为中国共产党领导中国人民进行新民主主义革命，本课主要介绍了五四运动开启了新民主主义革命，并推动了中国共产党的诞生，中国革命自此有了新的前进方向与坚强的领导力量。

本课共有三个子目，时序相承、因果相接，重点讲述五四运动与中国共产党的诞生。第一子目"五四运动和马克思主义的传播"重点关注五四运动作为新民主主义革命开端的重要意义，及其对中国共产党诞生起到的推动作用，为第二子目做了背景介绍。第二子目"中国共产党的诞生"是本课核心内容所在，重点关注中国共产党诞生使中国革命面貌焕然一新，尤其强调共产党对中国革命的领导作用。第三子目"国共合作与国民革命"重点关注第一次国共合作正式实现对反帝反封建的国民革命的推动作用。

初中教材以两个单元的三个课时来介绍本课涵盖的内容，但在高中历史教学课时更紧凑的前提下，本课除删减了大量历史事件的过程性描述之外，增加了五四运动标志中国工人阶级登上政治舞台的意义、多角度阐释中国共产党诞生的意义等内容，使得本课教学重点更为突出。

3. 学情分析

从知识基础来看，学生在初中曾对本课五四运动、中国共产党诞生等史实有过初步了解，具备一定知识基础。但更多局限于"知其然"，没有上升到"知其所以然"层面，故对历史现象背后的原因及产生的影响掌握不够。

从能力基础来看，高一学生相对初中阶段历史思维能力更强，可以在教师的引导下进行更深入的探究与思考，故教学时教师可在史实梳理部分适当放手，应更侧重于引导学生对历史事件的起因、性质与影响等方面深入探究。

4. 教学目标

（1）通过回顾梳理中国不同阶级救亡图存的探索，认识五四运动所处的特定时空背景及其爆发的必然性。

（2）通过阅读辨析不同类型的史料，在内容上印证五四运动的过程与马克思主义在中国传播的渐进性发展过程。并能运用人民群众创造历史及辩证分析看待历史的有关理论评价五四运动，培养用唯物史观分析历史问题的能力，深刻感悟运动中所体现的"五四精神"。

（3）通过解读史料并迁移所学知识，能够分析五四运动、马克思主义、中国共产党的诞生之间的内在逻辑，能说明中国共产党的诞生使中国革命面貌焕然一新等历史结论，理解他人的历史解释并形成自己的历史解释。并通过了解中国共产党的成立及无数革命先烈为最广大人民的利益前仆后继、英勇献身的革命事迹，深刻感悟"红船精神"，培养高尚的人格，学会从自身做起为实现中华民族的伟大复兴贡献力量。

5. 教学重难点

重点：五四运动的意义；中国共产党的诞生及其意义。

难点：五四运动与新民主主义革命兴起的内在联系；中国共产党使革命面貌焕然一新。

6. 教学策略

（1）知识结构的关联建构。学生学习历史的困境之一是认为相对其他学科历史知识比较零散琐碎，其实历史本身是连贯发展的，之所以学生会有这样的学习误区是因为没有将所学知识关联起来建构自己的历史知识架构，停留在信息孤立分散、机械记忆史实的浅层学习。故在教学中需要引导学生学会在不同的知识点所处的时间、空间、人物、事件等不同维度间搭建联系，纵横交织构建全面知识体系。例如，本课将学生之前所学知识迁移运用，构建前后知识关联，梳理近代中国民主主义革命的发展历程，认识近代中国旧民主主义革命向新民主主义革命转变的必然性。

（2）合理选用史料构建历史情境。在学习活动中的学生全身心投入并获得知识、思维、情感的"体验"是"深度学习"达成的重要表征之一。但学生对历史的认知和体验，不应来源于死记硬背的知识点，而应处于历史时空之下，感受历史的生动与真实，才能自发产生对历史的兴趣去主动探究，基于其感受的生动感与真实感，从而产生自己对历史独特的解读与阐释。例如，本课选用了图片及文献、一手及二手史料构建情境，引导学生深入感受五四运动给中国社会带来的影响，由此切入深入分析五四运动的性质及意义。

(二) 教学过程

导入：近代中国逐渐沦为半殖民地半封建社会的历程及近代中国各阶级救亡图存的探索。

问题1：近代中国社会性质是怎样变化的？哪些阶级为救亡图存都做过什么探索，结果如何？

【设计意图】引导学生回顾梳理鸦片战争以来到五四运动前近代中国社会半殖民地半封建程度的逐步加深的历程，回顾各阶级救国的实践探索与思想主张，明确农民阶级、地主阶级、资产阶级的方案不能真正挽救中国，中国革命需要新的革命方向、新的领导力量、新的革命道路。

材料一：中国的土地可以征服而不可以断送！

中国的人民可以杀戮而不可以低头！

国亡了！同胞起来呀！

——罗家伦《北京学界全体宣言》(1919 年 5 月 4 日)

过渡：中国革命"新"的转折点随着1919年五四运动的爆发而到来。

任务一：新方向——新民主主义革命的崛起

材料二：1918 年，孙中山在《建国方略·自序》中怀着痛苦的心情回顾以往的历史说："夫去一满洲之专制，转生出无数强盗之专制，其为毒之烈，较前尤甚。于是而民愈不聊生矣！"

——陈旭麓《近代中国社会的新陈代谢》

材料三："巴黎和会，各国都重在本国的权利，什么公理，什么永久和平，什么威尔逊总统十四条宣言，都成了一文不值的空话。"

——陈独秀《两个和会都无用》

问题2：根据材料并结合所学，为何1919年会爆发如此波澜壮阔的五四运动？

主要原因：帝国主义侵略加剧加深民族危机；北洋军阀黑暗统治激化阶级矛盾。

导火索：巴黎和会上中国外交的失败。

【设计意图】通过引导学生联系五四运动前夕中国社会所面临的内忧外患，结合巴黎和会外交失败的导火索，多角度认识五四运动爆发的背景条件，落实历史解释素养。

自主学习1：根据教材完成表21-1。

表21-1 五四运动

五四运动	时间	中心	先锋/主力	口号	主要方式	结果
第一阶段	5月4日起	北京	学生	"外争主权，内除国贼""取消二十一条""还我青岛"等	学生罢课	遭到北洋军阀政府的镇压，学生被捕
第二阶段	6月5日起	上海	工人		学生罢课、商人罢市、工人罢工	释放被捕学生，拒绝在和约上签字

【设计意图】通过引导学生阅读教材完成表格，培养学生自主学习、提取关键信息的能力，了解五四运动的时空变迁，落实时空观念素养。

材料四：在工商机构以外，也有数量众多的市民也参加了罢工。此次运动的影响力深入社会底层，连乞丐、小偷……都参加罢工。后来，邮局职员、警察、消防队员都威胁，如果政府仍然对学生保持这样的态度，他们也要停止工作。

——周策纵《五四运动史》

材料五：学生罢课半月，政府不惟不理，且对待日益严厉。乃商界罢市不及一日，而北京被捕之学生释；工界罢工不及五日，而曹、章、陆去。

——《上海学联告同胞书》（1919年6月12日）

材料六：1919年以后，有关社会主义的文献进入中国，其数量之多令人吃惊，全国主要报纸、杂志都以大幅版面介绍社会主义思想。五四爱国运动后，许多革命的青年知识分子开始身体力行，到田间去，到工厂去。共产主义小组的成员穿起工人的服装，学习工人的语言，从事工人的劳动，力求与工人打成一片。

——石川祯浩《中国共产党成立史》

问题3：根据材料并结合教材，思考五四运动是一场什么性质的运动？

广大人民群众参加彻底的反帝反封建的伟大爱国运动，中国人民为拯救民族危亡、捍卫民族尊严、凝聚民族力量的伟大社会运动，传播新思想、新文化、新知识的伟大思想启蒙运动。

问题4：根据材料并结合教材，五四运动使中国民主主义革命出现了哪些"新"转折？

新力量——促使中国工人阶级登上
　　　　　政治舞台
新思想——促进马克思主义在中国　　新方向——新民主主义革命的开端
　　　　　进一步传播
新实践——促进马克思主义同中国
　　　　　工人运动的结合，推动
　　　　　共产党早期组织的建立

【设计意图】通过出示多种类型的史料构建历史情境，引导学生通过解读史料，直观感受五四运动的影响，深入探究历史现象背后的实质及意义，认识五四运动的性质及其对新民主主义革命崛起的推动作用，落实史料实证、历史解释素养，并认识到人民群众是历史的创造者，落实唯物史观素养。

任务二：新领导——中国共产党的诞生

问题5：根据所学并结合教材，归纳中国共产党诞生的条件有哪些？

（1）思想基础：马克思主义的广泛传播同工人运动紧密联合。

（2）阶级基础：无产阶级壮大并登上政治舞台。

（3）组织基础：各地共产党早期组织的成立。

（4）外部条件：共产国际的帮助。

【设计意图】通过引导学生回顾五四运动的意义，从中国共产党成立的角度重新运用所学所知，培养学生转换思维角度、迁移所学解决新问题的能力。

自主学习2：根据教材内容自主梳理中共一大的概况，根据材料并结合所学谈谈你的感悟。

材料七：中共一大的出席代表及其结局（表格）

时间地点：1921－07－23，上海

主要代表：毛泽东、董必武、李达等13人及共产国际的代表。

主要内容：确定党的名称；明确奋斗目标；确定中心工作；选举领导机构。

感悟："红船精神"——开天辟地、敢为人先的首创精神，坚定理想、百折不挠的奋斗精神，立党为公、忠诚为民的奉献精神。

【设计意图】通过引导学生自主梳理教材，培养学生自主学习的能力；通过引导学生解读材料，感受"红船精神"，落实家国情怀素养。

材料八：（1）革命军队必须与无产阶级一起推翻资本家阶级的政权，

必须支援工人阶级，直到社会的阶级区分消除的时候；

（2）承认无产阶级专政，直到阶级斗争结束；

（3）消灭资本家私有制，归社会公有。

——1921年《中国共产党第一个纲领》

材料九：最高纲领：组织无产阶级，建立劳农专政的政治，铲除私有财产制度。

最低纲领：（1）消除内乱，打倒军阀，建设国内和平；

（2）推翻国际帝国主义的压迫，达到中华民族完全独立；

（3）统一中国为真正的民主共和国。

——1922年《中国共产党第二次全国代表大会宣言》

材料十：中共一大对"党的要求——无产阶级专政——悬在半空"，到中共二大时"脚踏实地了……找到了中国的实际并决定了党要走的道路"。

——陈独秀

问题6：根据材料并结合所学，指出从党的一大到党的二大，党的纲领有何异同？如何理解陈独秀的评价？

异同：党的共产主义的信念以及无产阶级性质得到继承；准确分析了中国社会性质，修改了党在现阶段的奋斗目标，提出了反帝反封建的最低纲领。

理解：反映了中国共产党第二次全国代表大会党的纲领变化是中国共产党将马克思主义与中国国情相结合的体现，是中国共产党成长的体现。

问题7：中国共产党的成立使中国革命有了坚强的领导力量，使中国革命面貌焕然一新，"新"在何处？

新领导阶级：无产阶级。

新领导核心：中国共产党。

新指导思想：马克思主义。

新奋斗目标：实现共产主义。

【设计意图】通过对比解读两则一手史料，学会辨析史料价值，并结合陈独秀的评价认识到党的革命目标的发展变化，认识中国共产党将马克思主义与中国国情相结合的探索与智慧，理解中国共产党的诞生如何使中国革命焕然一新，落实史料实证、历史解释素养。

二七惨案：1923年2月3日，京汉铁路工人举行大罢工，将全国工人运动高潮推向了顶峰。2月7日，罢工运动遭到帝国主义和直系军阀吴佩孚的残酷镇压。

过渡：中国共产党成立后，领导了一系列工人阶级罢工运动，然而却因帝国主义和封建军阀的残酷镇压陷入低潮。

任务三：新局面——国共合作与国民革命

材料十一：（三）依中国社会的现状，宜有一个势力集中的党为国民革命运动之大本营，中国现有的党，只有国民党比较是一个国民革命的党。

（五）工人阶级尚未强大起来，自然不能发生一个强大的共产党——一个大群众的党，以应目前革命之需要，因此，共产国际执行委员会议决中国共产党须与中国国民党合作，共产党党员应加入国民党……

——据1923年中国共产党第三次全国代表大会《关于国民运动及国民党问题的议决案》

材料十二：中华民国就像我的孩子，他现在有淹死的危险……我向英国和美国求救，他们只顾着站在岸上嘲笑我。这时候，漂来了苏俄这根稻草。因为要淹死了，我决定抓住它。

——孙中山谈话录

材料十三：《国民革命歌》词曲

问题8：国共双方对中国革命的思考达成了怎样的共识？双方做出了怎样的选择？对中国革命有何推动作用？

共识：共产党认识到工人阶级力量不够强大，必须建立革命统一战线；孙中山革命活动的失败，急需要改组国民党，认识到联合的重要性。

选择：1924年在共产国际的推动下达成第一次国共合作。

作用：推动中国革命进程，以"打倒列强，除军阀"为目标的国民革命席卷全国，北伐战争基本推翻北洋军阀的反动统治；推动了工人运动和农民运动的展开。

问题9：第一次国共合作与国民革命结局如何？共产党能从中获取什么教训？

结局：1927年国民党右派蒋介石发动"四一二"反革命政变、汪精卫集团"七一五""分共"，国共合作破裂，国民革命失败。

教训：必须坚持无产阶级对革命的领导权，必须掌握革命的武装，坚持武装斗争。

【设计意图】通过引导学生解读史料，培养学生在了解作者意图的前提下对材料进行解读的能力，进一步深化史料实证与历史解释的落实。通过辩证分析国民革命失败的原因与教训，培养学生以辩证观点看待问题，落实唯物史观素养。

课堂小结：

内忧外患下的五四运动使得中国社会各阶层都参与到了救亡图存的运动当中，工人阶级作为独立的力量登上政治舞台，促使中国革命进入新民主主义革命的新阶段，推动中国共产党的诞生，中国革命面貌从此焕然一新。中国共产党成立后积极进行救国实践探索，与国民党合作推动了国民革命的发展。但总体上讲，中国共产党处于幼年时期，缺乏对中国社会和中国革命基本问题的深刻认识，还不善于把马克思主义基本原理和中国革命的实践更好地结合起来，没能完成革命目标与任务，这就对开创新的革命道路提出了要求，对中国共产党进一步成长提出了要求。国民革命失败后中国革命该何去何从？中国共产党很快交出了一份新的答卷，书写了新的革命篇章！

（三）板书设计

第 21 课　五四运动与中国共产党的诞生

1. 新方向——新民主主义革命的崛起

2. 新领导——中国共产党的诞生

3. 新局面——国共合作与国民革命

（四）教学反思

本节课创设历史情境，设置相关问题，激发学生参与的兴趣，引导学生深入探究问题、主动获取并运用知识，又让学生在此过程中理解五四精神和中国共产党诞生的意义，落实历史学科核心素养的培养。

但是本节课仍存在一些问题，如本课内容较多，想在有限的时间里更好地实现课程标准的目标，还有待进一步研究与探讨。

（五）推荐阅读书目

1. 费正清、崔瑞德：《剑桥中国史》，中国社会科学出版社。

2. 陈旭麓：《近代中国社会的新陈代谢》，上海社会科学院出版社。

3. 张海鹏：《中国近代通史》，江苏人民出版社。

第22课　南京国民政府的统治和中国共产党开辟革命新道路

（一）教学主旨

1. 内容要求

了解南京国民政府的成立；认识中国共产党开辟革命新道路的意义；认识红军长征的意义。

2. 教材分析

本课是第七单元《中国共产党成立与新民主主义革命兴起》的第 2 课，

前承第 21 课《五四运动与中国共产党的诞生》，后启第八单元《中华民族的抗日战争和人民解放战争》。本单元主线为中国共产党领导中国人民进行新民主主义革命，本课主要介绍了中国共产党领导新民主主义革命所进行的革命道路探索。

本课共有三个子目，第一子目与第二、第三子目呈并列关系，第二、第三子目之间时序相接，讲述国民革命失败后国共双方不同的道路抉择，重点关注中国共产党对新革命道路的探索与实践。第一子目"南京国民政府的统治"介绍了南京国民政府专制统治的确立，旨在说明第二子目中共开辟革命道路的必然性。第二子目"工农武装割据开辟革命新道路"是本课核心内容所在，侧重中国共产党革命新道路的开创与实践。第三子目"红军长征"介绍了红军长征的原因、过程及意义。

初中教材简单提及了南京国民政府的成立及对全国的名义统一，此部分内容涉及较少；关于中国共产党开辟革命新道路也侧重对基本史实的介绍，相比高中教材较少涉及对历史事件的原因与意义的分析。说明高中教材的理解难度与认识深度相对初中教材都有所提升。

3. 学情分析

在知识基础方面，学生经过初中的学习，已经对本节课涉及的国共十年对峙时期的重大事件有一定了解，然而更多停留在基础史实层面，并且南京国民政府的统治初中阶段并没有进行过系统学习，故学生有一定知识基础，但缺乏系统化、结构化的知识体系。

在能力基础方面，初中阶段历史教学对史实背后的原因、规律、内在关联并没有深挖。但高一学生相对初中阶段，历史思维能力已经有了明显提升，故高中历史教学应该在此基础上加强对学生历史思维的培养和锻炼，落实历史学科核心素养的培养要求，发挥历史学科立德树人的育人功能，引领学生对本节课内容的认识达到新的高度。

4. 教学目标

（1）通过分析南京国民政府的性质，认识中国共产党独自领导中国革命探索革命新道路继续前进的必要性与必然性，认识中国共产党领导中国人民进行新民主主义革命是中国革命正确的前进方向。

（2）通过运用时间轴梳理中国共产党探索革命新道路的主要历程，建立历史事件之间的时序关联，并结合对不同类型史料的解读，能够说明中国共产党开辟革命新道路的意义，认识马克思主义中国化及中国共产党从幼稚走向成熟的曲折历程，感悟"井冈山精神"，体会中国共产党发展过程中所体现的自我革新、自我完善的勇气。

（3）通过阅读图文史料，理解红军长征的意义，感悟"长征精神"，认识革命先烈的初心和使命，增强学生坚持党的领导、坚持道路自信的历史信念，树立对实现中华民族伟大复兴的责任意识和使命意识。

5. 教学重难点

重点：中国革命新道路的开辟及实践。

难点：南京国民政府统治的实质；对"工农武装割据"思想的理解。

6. 教学策略

（1）教学史料的合理选择及深度挖掘。历史过程是不可逆的，认识历史只能通过现存的史料，故史料的选择应是合理严谨的，史料的挖掘应是尽量充分的。本课精选了大量史料构建历史情境以引导学生对历史现象进行深入探究，如在探究农村包围城市、武装夺取政权的革命道路形成的必然性时，提供毛泽东在国民革命时期及秋收起义时期，对中国农村及农民情况的分析，既能用以解读分析"城市中心论"在中国屡屡失败的原因及"工农武装割据"成功实践的原因，也能用以印证毛泽东等共产党人促进马克思主义中国化与党的成长历程。

（2）探究问题的分层设计。要使学生不被动地接受知识灌输，就要给学生创设主动体验的途径，"问题"即是引导学生主动探索的有效途径之一。问题教学法已是老生常谈，绝大多数教师都能意识到问题教学的重要性，但问题的设置方式还是一个值得进一步深入探讨的话题，故围绕某一主题进行问题的分层设计显得尤为重要。例如，本课第二部分"工农割据之路"则通过两组问题"面对苏俄'城市中心论'在中国的失败，毛泽东等共产党人如何抉择？根据材料并结合教材，归纳中国共产党做了哪些探索？""如何理解'工农武装割据'思想？这一思想对中国革命有何意义？"引导学生逐步认识开创"工农割据之路"的必要性、探索内容及意义。

（二）教学过程

导入：旧途·新路——国民革命后国共两党不同的道路抉择

材料一："官僚资本"：在中国近代国家资本主义经济体系中，官僚利用对资源的控制，利用对信息的独占，利用对企业的使用权、收益权、处置权和转让权的掌握，无制约地牟取私利并损害全社会福利的一种历史现象。

——杜恂诚《中国近代经济史概论》

材料二：国民党新军阀的统治，依然是城市买办阶级和乡村豪绅阶级的统治。

——毛泽东《中国的红色政权为什么能够存在?》

问题1：根据材料并结合教材，从政治经济方面谈谈你如何认识南京国民政府的统治？

南京国民政府的统治 $\begin{cases} 政治：形式统一，专制统治 \\ 经济：民族工业夹缝生存 \end{cases}$

（1）政治方面，南京国民政府的在形式上统一了中国，但代表的是大地主大资产阶级的利益；

（2）经济方面，民族资本主义取得一定发展，但受到了官僚资本主义等压迫。

总的来说，其统治本质上是一种专制独裁统治，不能代表广大人民群众的利益，不能领导中国革命完成反帝反封建的任务。

【设计意图】引导学生充分认识国民党从政治到经济的专制统治本质，进而理解中国共产党独自领导中国革命探索革命新道路继续前进的必要性与必然性。

自主学习：以时间轴梳理1927—1937年中国共产党探索革命新道路的重要事件（图22-1）。

图22-1 1927—1937年中国共产党探索革命新道路的重要事件

【设计意图】通过引导学生阅读教材自主绘制时间轴梳理基本史实，建立历史事件的时序关联，帮助学生构建系统化、结构化的知识体系，初步落实时空观念素养，也为之后深入探究历史事件背后的原因及影响奠定基础。

新道路——中国共产党的三次道路抉择

抉择一：屈服还是反抗？——武装反抗之路

材料三：1927年3月到1928年上半年，被杀害的共产党员和革命群众达 31 万多人，其中，共产党员 2.6 万多人。

——中共中央党史研究室《中国共产党历史》

问题 2：面对国民党反动派的屠杀政策，中国共产党如何抉择？根据教材归纳中国共产党做了怎样的斗争？

抉择：国民革命失败后，中国共产党认识到掌握武装力量的重要性，决定武装反抗国民党反动统治。

材料四："中国共产党和中国人民并没有被吓倒、被征服、被杀绝。他们从地下爬起来，剩下的人擦干了身上的血迹，掩埋好同伴的尸体，又继续战斗了。"

——毛泽东

斗争 1：南昌起义（1927 年 8 月 1 日）

（1）背景：国民大革命失败的惨痛教训

（2）经过：1927 年 8 月 1 日周恩来、贺龙等领导起义军占领南昌城。后南下受阻，兵分两路，一部分转入湘南，一部分进入海陆丰地区。

（3）意义：打响武装反抗国民党第一枪，标志着中国共产党独立领导武装斗争、创建人民军队和武装夺取政权的开始。

斗争 2：八七会议（1927 年 8 月 7 日，汉口）

（1）内容：总结了国民革命失败的经验教训，纠正了陈独秀的右倾机会主义错误；确定开展土地革命、武装反抗国民党统治的总方针；毛泽东提出"政权是由枪杆子中取得"的思想；决定发动秋收起义。

（2）意义：指明了党的前进方向。

斗争 3：秋收起义（1927 年 9 月，湘赣边界）

（1）领导者：毛泽东。

（2）经过：进攻长沙受挫。

【设计意图】引导学生通过阅读史料理解中国共产党选择武装反抗之路的艰难与必然，感悟中国共产党的顽强斗争的勇气与智慧，落实家国情怀素养；通过阅读教材认识中国共产党在坚持武装反抗之路上所作的斗争，培养学生提取关键信息并进行分析的能力，能形成自己的历史理解。

问题 3：根据材料并结合所学，思考为什么俄国十月革命通过中心城市起义夺取了全国政权，而中国共产党走同样的道路却接连失败？

材料五：五个中国人中就有四个人在农业中就业，生产着占国民产量

65%的产品。

——费正清《剑桥中华民国史》

材料六：若无农民从乡村中奋起打倒宗法封建的地主阶级之特权，则军阀与帝国主义势力总不会根本倒塌……乡村的农民则一起来便碰得那土豪劣绅大地主几千年来持以压榨农民的政权（这个地主政权即军阀政权的真正基础），非推翻这个压榨政权，便不能有农民的地位，这是现实中国农民运动的一个最大的特色。

——毛泽东《国民革命与农民运动》

失败原因：近代中国是半殖民地半封建社会，无产阶级不能通过合法公开的斗争夺取政权；近代中国农民占全国人口的绝大多数，是无产阶级可靠的同盟军和革命主力军；中国革命的敌人长期占据着中心城市，农村是其统治的薄弱环节。

【设计意图】通过引导学生阅读材料结合教师讲授，对比中俄革命实际的差异，认识到照搬苏俄"城市中心论"的革命道路不符合中国国情，理解毛泽东对中国国情的合理认知，认识到结合国情开创革命新道路的必要性，即马克思主义中国化的必要性，落实唯物史观素养。

抉择二：城市还是农村？——工农割据之路

问题4：面对苏俄"城市中心论"在中国的失败，毛泽东等共产党人如何抉择？根据材料并结合教材，归纳中国共产党做了哪些探索？

材料七：大家都想进长沙，可是长沙打不下来，目前长沙那样的城市，还不是我们蹲的地方，那就不要去了。我们要到敌人管不着或难得管的地方去，到乡下去，在乡下站住脚跟，养精蓄锐，发展我们的武装力量。

——毛泽东在文家市对起义军的讲话

抉择：毛泽东率领秋收起义部队进军敌人力量薄弱的井冈山，创立了第一个农村革命根据地，开创了"农村包围城市，武装夺取政权"的革命道路。

材料八：国民党实行"进剿朱毛"军事进攻的同时，对根据地进行严密的经济封锁政策。"（红区白区）两区几乎完全断绝贸易，食盐、布匹、药材等项日常必需品的缺乏和昂贵，木材、茶、油等农产品不能输出，农民断绝进款，影响及于一般人民。"

——毛泽东《井冈山的斗争》

探索1：武装斗争——开展游击战，先后打退敌人四次"围剿"。

探索 2：土地革命——打土豪、分田地，废除封建剥削，得到农民的拥护，积极发展生产，支持革命。

表 22 - 1　部分南京国民政府农村政策

1927 年国民政府	"二五减租" 仅湘、鄂、粤、桂、苏、浙等省下过命令，"其他各省大都连提都没有提起，自然更说不到实行了。"
1928 年 10 月财政部	《限制田赋令》
1932 年内政部	《保障佃农办法原则》
1932 年 10 月豫鄂皖三省当局	《各省农村土地处理条例》共产党实行分田的地区 "一律以发还原主确定其所有权为原则"

（来源于金普森、张忠才：《一九二七至一九三七年南京国民政府农村土地政策述评》，1989 年《浙江学刊》第 4 期，第 155 页至 159 页）

探索 3：根据地建设——巩固并扩大根据地，建立人民革命政权。

【设计意图】通过引导学生阅读不同类型的材料，学会辨析史料价值，能够用史料印证土地革命等史实，并通过对比史料理解国共双方土地政策的差异，感悟中国共产党在探索革命新道路中的智慧与成长，认识到人民群众是历史的创造者，落实史料实证与唯物史观素养。

毛泽东在革命实践的基础上，对中国革命过程中的武装起义和根据地建设进行了理论探讨，相继写成了《中国的红色政权为什么能够存在?》《井冈山的斗争》和《星星之火，可以燎原》等著作，分析了中国社会的特点，建立了"工农武装割据"的理论。

问题 5：如何理解"工农武装割据"思想? 这一思想对中国革命有何意义?

理解："工农武装割据"道路即"农村包围城市，武装夺取政权"的道路。它包括土地革命、武装斗争和根据地建设，三者相辅相成，缺一不可。土地革命是基本内容，武装斗争是斗争形式，根据地建设是物质基础。三者之间的关系如图 22 - 2 所示。

图 22 - 2　工农武装割据示意图

意义：它是马克思主义原理同中国革命实践相结合的典范，是毛泽东思想的重要组成内容，也丰富发展了马克思主义。

【设计意图】通过展示结构图帮助学生更加具象地理解"工农武装割据"思想的内涵，引导学生理解理论与实践的辩证关系，深化对工农武装割据理论产生的时代背景的认识，让学生认识到工农武装割据理论是马克思主义理论与中国国情相结合的正确思想。

问题6：中共中央第五次反"围剿"为何失利？结合地图梳理长征历程中的主要事件。

失利原因：蒋介石对第五次"围剿"做了充分准备；中国共产党内部在王明领导下受共产国际影响存在着"左"倾错误指挥和领导。

长征历程：PPT 地图演示

【设计意图】通过引导学生从国共双方、内因外因多角度理解红军长征的原因，通过利用红军长征路线示意图动态演示引导学生回顾红军长征的相关史实，通过文字材料展示红军长征相关数据，引导学生初步感悟"长征精神"，培养学生的时空观念、历史解释和家国情怀素养。

抉择三：遵从还是自主？——独立自主之路

材料九：长征前夕，中共中央与共产国际之间的联系已经中断了。而恰恰是这种中断，使中国共产党人终于获得了自主选择自己领导人的机会。

——金一南《苦难辉煌》

问题7：根据材料结合所学，为何1935年的遵义会议被称作"党的历史上生死攸关的转折点"及"党从幼稚走向成熟的标志"？

转折点：结束了"左"倾错误在中央的统治，在事实上确立了以毛泽东为核心的党中央的正确领导，挽救了党和红军，挽救了中国革命。

成熟标志：中国共产党第一次独立自主地解决路线、方针和政策问题。

【设计意图】通过引导学生解读材料并迁移所学，解读遵义会议"党生死攸关的转折点""党走向成熟的标志"的含义，认识遵义会议的伟大意义，落实历史解释素养。

新局面——长征胜利的伟大意义

材料十：长征是历史纪录上的第一次，长征是宣言书，长征是宣传队，长征是播种机……长征一完结，新局面就开始。

——毛泽东《论反对日本帝国主义的策略》

材料十一：面对生死存亡的严峻考验，从 1934 年 10 月至 1936 年 10 月，红军第一、第二、第四方面军和第二十五军进行了伟大的长征。我们党领导红军，以非凡的智慧和大无畏的英雄气概，战胜千难万险，付出巨大牺牲，胜利完成震撼世界、彪炳史册的长征，宣告了国民党反动派消灭中国共产党和红军的图谋彻底失败，宣告了中国共产党和红军肩负着民族希望胜利实现了北上抗日的战略转移，实现了中国共产党和中国革命事业从挫折走向胜利的伟大转折，开启了中国共产党为实现民族独立、人民解放而斗争的新的伟大进军。

这一惊天动地的革命壮举，是中国共产党和红军谱写的壮丽史诗，是中华民族伟大复兴历史进程中的巍峨丰碑。

——习近平《在纪念红军长征胜利 80 周年大会上的讲话》

问题 8：根据材料并结合所学，谈谈你如何理解此处所说的"新局面"？

长征是回春手——实现红军的战略大转移，使中国革命转危为安。

长征是播种机——播下革命的种子，广泛宣传中国共产党的主张。

长征是栋梁池——保存并锤炼了中国革命的骨干和精英力量。

长征是不朽碑——铸就了伟大的长征精神，激励革命后继者。

【设计意图】通过引导学生分析毛泽东与习近平在不同历史阶段对长征影响的解读，认识长征胜利的伟大意义，深切感受革命先辈坚定的革命信念和共产主义信仰。培养学生自律自强的个人品质，激发学生励志成才的热情，培养学生爱党、报国、为民的家国情怀，培养学生家国情怀素养。

课堂小结：

1927 年 7 月，随着国民革命的失败，一方面"宁汉合流"，国民党一党专制统治确立；另一方面中国共产党吸取大革命失败的教训，发动武装起义、纠正右倾机会主义错误，建立井冈山革命根据地，最终找到了工农武装割据的革命新路。由于"左"倾错误，红军被迫长征，长征途中遵义会议召开，挽救了中国革命，迎来长征的胜利，打开了中国革命的新局面。

自中国共产党诞生之日起，便负担起了领导中国人民进行新民主主义革命而艰苦奋斗的时代重任，将人民群众的利益看得高于一切，展示了中国共产党将马克思主义与中国革命国情相结合，开创革命新道路的智慧和作为。中国共产党人在具体的革命实践中逐步将马克思主义普遍原理同中国革命实际结合，使马克思主义中国化深入发展，同时丰富了马克思主义学说，体现了中国共产党人对国情的认识逐步深入的智慧，这一过程同时也是中国共产党从幼稚走向成熟的历程，体现了中国共产党发展过程中所体现的自我革新、自我完善的勇气。

材料十二：中国共产党一经成立，就把实现共产主义作为党的最高理想和最终目标，义无反顾肩负起实现中华民族伟大复兴的历史使命。所以，真正把中国人民和中华民族带上实现"中国梦"的人间正道的，是中国共产党。

——习近平

（三）板书设计

第 22 课　南京国民政府的统治和中国共产党开辟革命新道路

新道路 ⎰ 武装反抗之路
⎱ 工农割据之路 ⎱ 新局面：长征胜利
⎰ 独立自主之路

（四）教学反思

本节课重难点突破较好，通过绘制时间轴结合问题链设置，基本厘清了中国共产党开辟革命新道路的发展脉络，线索较为清晰。

但是本课教学内容较多，需要进行适当取舍，为服务本课"中国共产党领导中国人民进行新民主主义革命"的主线，对第一、第三子目进行了简单处理，舍去了部分知识点的讲解，如古田会议。下次教学可尝试课前预学案的设置以补足课堂教学未涉及的知识点。

（五）推荐阅读书目

1. 费正清、崔瑞德：《剑桥中国史》，中国社会科学出版社。
2. 陈旭麓：《近代中国社会的新陈代谢》，上海社会科学院出版社。
3. 张海鹏：《中国近代通史》，江苏人民出版社。
4. 李育民：《近代中国的条约制度》，湖南人民出版社。
5. 张鸣：《重说中国近代史》，台海出版社。
6. 刘东：《海外中国研究丛书》，江苏人民出版社。
7. 蒋廷黻：《中国近代史》，江苏人民出版社。
8. 黄道炫：《张力与限界：中央苏区的革命（1933—1934）》，社会科学文献出版社。

第八单元　中华民族的抗日战争和人民解放战争

一、课标要求

了解日本军国主义的侵华罪行；通过了解正面战场和敌后战场的抗战，感悟中华民族英勇不屈的精神，认识中国共产党是全民族团结抗战的中流砥柱；认识中国战场是世界反法西斯战争的东方主战场，理解十四年抗战胜利在中华民族伟大复兴中的历史意义。

通过了解全面内战的爆发及人民解放战争的进程，分析国民党在大陆统治灭亡的原因，探讨中国共产党领导人民取得中国革命胜利的原因和意义。

二、课标解读

本单元将抗日战争和解放战争放在一起，故涉及的学习要点比较多，一共有七个学习要点：①深刻揭露日本侵略中国的种种暴行。②了解中国军民团结抗战的主要史实。了解正面战场和敌后战场的特点，真正理解和体会抗日战争中全民族团结一致、共同抗敌的意义。知道在中华民族面临亡国灭种的危急关头，国共两党在团结一致、共同对外的口号下，实现两党第二次合作对于推动全国各界走向全面抗战、全民抗战的意义，这是能坚持持久抗战和取得抗战最终胜利的保证。③知道中国共产党在抗战中坚持实行全面抗战路线和独立自主原则，坚持抗战、团结、进步，反对妥协、分裂、倒退，巩固抗日民族统一战线对抗战胜利的意义，加深对中国共产党在抗战中中流砥柱作用的理解。④理解中国的抗日战争是世界反法西斯战争的东方主战场的地位和作用。⑤了解抗日战争胜利后中国面临着两种命运、两个前途的决战的严峻局面，知道解放战争的基本过程。⑥知道土地改革、中国共产党与民主党派的团结合作对于解放战争胜利的意义。⑦了解筹备与召开人民政协会议的史实和意义。

从课程设置上看，高中一个单元 3 节课的教学内容，在初中教材中则分布在两个单元，共 7 个课时。高中教材以时间发展为脉络，以重要历史事件为节点，以阶级矛盾和民族矛盾为重要线索展开。主要梳理了抗日战争爆发的背景，包括 1927 年的东方会议和 1929 年经济大危机的爆发，表明日本发动侵华战争有其历史原因和现实原因，这场战争日本蓄谋已久，厘清了 1931 年九一八事变爆发的原因。从局部抗战开始后国共两党截然不同的态度和应对举措，凸显阶级矛盾、民族矛盾的交织发展，随着日本侵华的步步紧逼，中华民族危机日趋严重，中国社会的主要矛盾发生变化，民族矛盾日益上升为当时中国社会的主要矛盾，这也是西安事变为什么会爆发又为什么能够得到和平解决的原因，并为七七事变后国共两党实现第二次合作奠定了重要基础。抗战的胜利离不开国民党正面战场的抗战和共产党敌后战场的抗战，以及两个战场之间的相互配合。从战略防御阶段进入战略相持阶段，国民党反共倾向日益增长，制造了"皖南事变"。共产党方面则从《论持久战》到百团大战到"三三制"原则到党的七大，增强了全民族抗战胜利的信心，团结和巩固了抗日民族统一战线，在抗战中起到中流砥柱的作用。全民族的浴血奋战是抗战获得胜利的根本原因，世界反法西斯同盟的援助是重要因素。日本侵华的种种暴行给中华民族带来了空前深重的灾难，战争的胜利来之不易，战争的胜利也开辟了中华民族伟大复兴的光明前景。抗战胜利后，人民解放战争爆发，人民解放战争是我国新民主主义革命的重要组成部分，既是国民党反动统治走向败亡的转折点，也是中国共产党在全国领导地位逐步确立的历史，还是中国广大人民翻身解放的关键时期。因此，本课内容具有承上启下的作用，为之后学习新中国历史起到了铺垫作用。

三、初中、高中教材对比

第23课　从局部抗战到全面抗战

（一）教材知识结构的对比

初中历史教材（八年级上册）	高中历史教材《中外历史纲要》（上）
第六单元　中华民族的抗日战争 第18课　从九一八事变到西安事变 1. 九一八事变 2. 华北危机与一二·九运动 3. 西安事变 知识拓展：张寒晖与歌曲《松花江上》 第19课　七七事变与全民族抗战 1. 七七事变 2. 第二次国共合作 3. 淞沪会战 4. 南京大屠杀 知识拓展：知识青年奔赴延安	第八单元　中华民族的抗日战争和人民解放战争 第23课　从局部抗战到全面抗战 1. 局部抗战 2. 全面抗战的开始 3. 日军的侵华暴行

解读	从教材对比来看： 相同点： 　　初中、高中教材保持了较大的一致性，在内容上互相补充，丰富了学生对抗战历史的了解。 　　不同点： 　　1. 高中教材并没有简单地对初中教材进行精简，部分内容的叙述篇幅较初中教材有所增加，且通过功能栏目的设置，关注学生能力的培养。 　　2. 从局部抗战到全面抗战，全民族的抗战是如何形成的是本节需要关注的重要问题，需要做部分细节的补充。 　　3. 鉴于初中、高中教材有较大的一致性，建议教学中注重素养导向，加深学生对抗战历史的认识

（二）教材相同内容表述的对比

相同知识点	初中历史教材	高中历史教材	解　读
局部抗战的爆发	1. 日本发动战争的原因及九一八事变。 2. 东北军撤至山海关内。 3. 从抗日义勇军到东北抗日联军的抗战	1. 日本发动战争的原因及九一八事变。 2. 国民政府推行"攘外必先安内"方针。 3. 东北民众抗日救亡运动兴起	1. 初中、高中教材都通过教材正文和功能栏目的设置讲述日本发动战争一是蓄谋已久，二是受经济大危机的影响，初中正文讲述了日本蓄谋已久，而高中正文部分则讲述了经济危机的影响，通过初中、高中教学的衔接完善学生对战争爆发原因的认识。 2. 九一八事变后南京国民政府的反应，初中教材通过东北军撤至关内的具体史实讲述，

相同知识点	初中历史教材	高中历史教材	解　读
局部抗战的爆发			高中教材则从南京国民政府的政策方针上讲述，且内容叙述比初中教材更加详细，在教材叙述上起到了很好的承上启下的作用。 　3. 初中、高中教材都突出了东北各族民众的抗战和在东北抗战中中国共产党的重要作用，初中教材介绍了杨靖宇，高中教材介绍了赵一曼，丰富了学生对抗战历史的了解，突出了初中、高中历史教学的整体性
华北危机与一二·九运动	1. 华北危机。 2. 一二·九运动爆发的原因、过程及影响	1. 华北事变。 2. 一二·九运动爆发的原因、主张及影响	1. 初中教材通过史实的罗列体现出华北危机，高中教材以"华北事变"来概括，适应初中、高中学情变化的需要。 　2. 一二·九运动限于篇幅，高中教材运动过程部分做了适当的精简，突出了运动的主张
西安事变	西安事变的背景、过程，事变的解决和影响	西安事变的背景、过程，事变的解决和影响	整体上这部分内容初中、高中教材保持了较大的一致性。同时，高中教材在西安事变的"背景"在初中教材的基础上进行精简。"过程"部分正文进行了精简，但设置了"史料阅读"进行了一定的丰富。"事变的解决"部分内容有所增加且设置了"思考点"，引导学生思考为什么西安事变能够和平解决？"影响"部分初中、高中教材差距不大。整体上高中教材为学生铺设了一定的基础，引导学生对历史问题进行思考，体现了素养导向
全面抗战的开始	1. 七七事变和保卫北平的战斗。 2. 国共两党分别发表抗日声明。 3. 第二次国共合作，抗日民族统一战线正式建立。 4. 淞沪会战	1. 七七事变。 2. 国共两党分别发表抗日通电和讲话。 3. 中国共产党洛川会议和全面抗战路线形成。 4. 国共第二次合作实现，抗日民族统一战线正式形成	1. 七七事变部分高中教材保留了初中教材的整体框架，进行了适当精简，保卫北平战斗部分高中教材不再重复。 　2. 国共两党分别发表的抗日声明，初中教材只是提及，高中教材则在正文中引入了部分声明的原文，丰富了教材内容，展现了史料的魅力。 　3. 高中教材增加了洛川会议和全面抗战路线形成的相关内容，有利于学生认识中国共产党是全民族团结抗战的中流砥柱。 　4. 国共第二次合作部分初中、高中教材保持了较大的一致性，围绕课标要求，高中教材进行了适当的补充和丰富。 　5. 淞沪会战部分内容，初中教材体现了以时间为叙述主线，高中教材进行了适当的整合，放在第24课中讲述

续表

相同知识点	初中历史教材	高中历史教材	解　读
日军的侵华暴行	南京大屠杀	1. 南京大屠杀。 2. 政治上，实行"以华制华"方针。 3. 经济上，实行"以战养战"。 4. "三光"政策、"治安强化运动""扫荡"。 5. 对重庆的无差别轰炸。 6. 细菌战和731部队。 7. 强征随军性奴隶，推行"慰安妇"制度	高中教材以更加翔实的史实多方面揭露了日本军国主义的侵华罪行，通过功能栏目"史料阅读"证明南京大屠杀的真实性，通过"学习聚焦"引导学生从南京大屠杀和政治、经济等领域了解日本军国主义的侵华罪行

第24课　全民族浴血奋战与抗日战争的胜利

（一）教材知识结构的对比

初中历史教材（八年级上册）	高中历史教材《中外历史纲要》（上）
第六单元　中华民族的抗日战争 第20课　正面战场的抗战 1. 台儿庄战役 2. 武汉会战 3. 第三次长沙会战 知识拓展：中国远征军入缅作战 第21课　敌后战场的抗战 1. 平型关大捷 2. 毛泽东《论持久战》和抗日根据地的建立与发展 3. 百团大战 4. 知识拓展：八路军挥师东进 第22课　抗日战争的胜利 1. 全民族坚持抗战 2. 中共七大 3. 战略反攻和日本投降 4. 抗日战争胜利的原因与伟大意义 知识拓展：中国抗战在世界反法西斯战场上的地位与作用	第八单元　中华民族的抗日战争和人民解放战争 第24课　全民族浴血奋战与抗日战争的胜利 1. 正面战场的抗战 2. 敌后战场的抗战 3. 东方主战场 4. 抗日战争的胜利

续表

解读	从教材对比来看： 相同点： 从内容编排来看，初中、高中历史教材均按照时间顺序梳理历史事件。 不同点： 1. 高中教材把抗日战争与解放战争归为一个单元，初中教材则分设为中华民族的抗日战争、解放战争两个单元。由此可见，高中教材的突出特点：时间跨度大，知识容量大。初中教材内容较为丰富，对正面战场的抗战、敌后战场的抗战、抗日战争的胜利三个方面的相关基础史实进行详细的介绍，而高中教材史实叙述简洁，更多的是用结论性语言来表述历史事件。 2. 部编版高中历史教材更多地体现出思想性和学术性的倾向，同时教材的更新率高。新增加了"东方主战场"一个子目的内容，着重强调中国战场是世界反法西斯战争的东方主战场，要求学生理解十四年抗战胜利在中华民族伟大复兴中的历史意义

（二）教材相同内容表述的对比

知识点	初中历史教材	高中历史教材	解　读
正面战场的抗战	1. 台儿庄战役（李宗仁）。 2. 保卫大武汉（蒋介石下令炸决黄河大堤）。 3. 广州、武汉失陷，抗日战争进入相持阶段。 4. 第三次长沙会战。 5. 中国远征军入缅作战	1. 淞沪会战。 2. 太原会战。 3. 徐州会战，台儿庄大捷。 4. 武汉会战。 5. 毛泽东发表《论持久战》。 6. 抗战相持阶段，第三次长沙会战取胜。 7. 抗战时期大撤退，民族工业、教育西迁。 8. "学习聚焦"：中国军队在正面战场展开了抵抗日军进攻的作战。抗日战争是全民族战争，充分体现了中华民族誓死不屈反抗外来侵略的精神。毛泽东的《论持久	1. 高中教材新增介绍淞沪会战、太原会战、《论持久战》以及抗战时期民族工业、教育的西迁大撤退。 2. 高中教材省略掉对李宗仁以及蒋介石下令炸决黄河大堤的介绍、枣宜会战。 3. 高中教材内容与初中重合较多，但史实叙述更简单，很多知识点一句话带过。比如"1938年6月中旬，武汉会战开始。……10月下旬，武汉失守，武汉会战结束。这是抗战以来规模最大的一次战役，共毙伤日军近四万人。" 4. 高中教材"学习聚焦"引导学生理解抗日战争是一场全方位、全民族的抗战，感悟中华民族英勇不屈的精神。 5. 高中教材"史料阅读"，着重锻炼高中生阅读分析史料的能力，提升学生论从史出的能力，培养学生史料实证的学科素养。 6. 高中教材"历史纵横"，拓宽学生视野的同时，激发了学生的家国情怀。 7. 高中教材所出现的地图强调要着重培养学生的时空观念

续表

知识点	初中历史教材	高中历史教材	解读
正面战场的抗战		战》增强了全国人民坚持抗战的信心和决心。 9. "史料阅读"：《平型关战役文献资料汇编》；毛泽东《论持久战》，《毛泽东选集》第2卷。 10. "历史纵横"：西南联合大学。 11. 地图：《台儿庄战役示意图》	
敌后战场的抗战	1. 平型关大捷（林彪）。 2. 抗日根据地的建立与发展（陕甘宁边区、群众性的人民游击战争）。 3. 国际友人的支援（白求恩、柯棣华）。 4. 中共制定的政策和措施。 5. 狼牙山五壮士。 6. 百团大战（彭德怀）。 7. 八路军挥师东进	1. 敌后战场的开辟。 2. 百团大战。 3. 皖南事变。 4. 根据地建设，民主选举。 5. "学习聚焦"：八路军、新四军建立巩固的敌后抗日根据地，开展持久广泛的以游击战争为主的战争，战略上配合了正面战场。 6. "学思之窗"：阅读《延安颂》，体会抗日青年奔赴延安的心情。 7. 地图：《华北敌后抗日根据地形势图》《百团大战示意图》	1. 高中教材新增介绍敌后抗日根据地的民主选举。 2. 高中教材内容的编排顺序进行了调整。如"皖南事变"在初中教材是放在"抗日战争的胜利"中。 3. 高中教材限于篇幅，内容较初中教材讲得比较简略。高中教材的知识容量很大，叙述多用概要式语言，不似初中教材那样注重细节叙述。高中教材省略掉了林彪、人民游击战争、双减双交土地政策、狼牙山五壮士、八路军挥师东进等内容。 4. 高中教材"学习聚焦"：强调中共敌后战场的重要性。 5. 高中教材"学思之窗"：体会延安精神，培养家国情怀。 6. 高中教材所出现的形势示意图，提示历史教学要着重培养学生的时空观念

续表

知识点	初中历史教材	高中历史教材	解　读
东方主战场		1. 苏德战争、太平洋战争爆发。 2.《联合国家宣言》。 3. 中国远征军入缅作战。 4.《开罗宣言》。 5. 中国战场是世界反法西斯战争的东方主战场。 6. 中国共产党发挥中流砥柱的作用。 7. "学习聚焦"：中国抗日战争是世界反法西斯战争的重要组成部分，中国战场是反法西斯战争的东方主战场。 8. "历史纵横"：中国远征军著名将领戴安澜。 9. "思考点"：为什么说中国战场是世界反法西斯战争的东方主战场	1. 高中教材新增 "东方主战场" 这一个新子目。增加介绍了苏德战争、太平洋战争爆发、《联合国家宣言》《开罗宣言》，中国共产党发挥中流砥柱的作用。 2. 高中教材内容的编排顺序进行了调整。如 "中国远征军入缅作战" 在初中教材是放在 "正面战场的抗战" 中。"中国战场是世界反法西斯战争的东方主战场" 在初中教材是放在 "抗日战争的胜利" 中的知识拓展里。 3. 高中教材省略掉了国际友人的支援（白求恩、柯棣华）等内容。 4. 高中教材 "学习聚焦"：强调中国战场的重要性和国际地位。 5. 高中教材 "历史纵横"：介绍戴安澜，培养学生的家国情怀。 6. 高中教材 "思考点"：高中历史教学中需着重培养学生分析原因的能力
抗日战争的胜利	1. 全民族坚持抗战（左权、马本斋）。 2. 日军对华策略改变。 3. 汪精卫建立伪国民政府。 4. 皖南事变。 5. 枣宜会战（张自忠）。 6. 中共七大。 7. 战略反攻。 8. 日本投降。	1. 中共七大，毛泽东政治报告《论联合政府》。 2. 日本投降，抗战胜利，台湾光复。 3. 抗日战争胜利的意义。 4. "学习聚焦"：中共七大为中国共产党领导人民争取抗日战争的胜利和新民主主	1. 高中教材新增介绍《论联合政府》、台湾光复。 2. 高中历史教材中省略了全民族坚持抗战、日军对华策略改变、汪精卫建立伪国民政府、抗日战争胜利的原因的介绍。 3. 高中教材 "学习聚焦"：强调中共的作用，抗战胜利的意义。 4. 高中教材 "历史纵横"：补充介绍毛泽东思想成为党的指导思想，强调思想指导作用的重要性。 5. 高中教材 "史料阅读" "问题探究"：培养学生史料实证的核心素养。 6. 高中教材 "学习拓展" 不仅培养学生史

续表

知识点	初中历史教材	高中历史教材	解　读
抗日战争的胜利	9. 抗日战争胜利的原因。 10. 抗日战争胜利的伟大意义。 11. 中国抗战在世界反法西斯战场上的地位和作用	义革命的胜利奠定了基础。抗日战争是的胜利，是近代以来中国抗击外敌入侵所取得的第一次完全胜利。 5. "历史纵横"：毛泽东思想成为党的指导思想。 6. "史料阅读"：罗斯福《炉边谈话》。 7. "问题探究"：依据材料，分析陕甘宁边区是如何进行民主政权建设的。 8. "学习拓展"：结合日本侵华和中国抗战史实，思考东京审判的意义和不足	料实证、历史解释的核心素养，同时也提升学生辩证的思维能力

第25课　人民解放战争

（一）教材知识结构的对比

初中历史教材（八年级上册）	高中历史教材《中外历史纲要》（上）
第七单元　人民解放战争 第23课　内战爆发 1. 重庆谈判 2. 国民党发动内战 3. 解放区军民的自卫反击 第24课　人民解放战争的胜利 1. 解放区的土地改革 2. 三大战役和南京解放	第八单元　中华民族的抗日战争和人民解放战争 第25课　人民解放战争 1. 争取和平民主的斗争 2. 全面内战的爆发 3. 国民党政权的统治危机 4. 新民主主义革命的胜利
解读	从教材对比来看： 相同点： 初中、高中教材目录这部分所涉及历史大事件大致相同，且均按照时间顺序进行梳理。

续表

	不同点： 1. 在教材的表述上，初中两节课内容在高中为一节课的教学内容，即重庆谈判、"双十协定"、国民党发动内战、解放区土地改革、三大战役和解放南京，并在初中的基础上补充了"国民党政权的统治危机""和平谈判"，由此深化对国民党统治灭亡的学习。 2. 人民解放战争是我国新民主主义革命的重要组成部分，既是国民党反动统治走向败亡的转折点，也是中国共产党在全国领导地位逐步确立的历史，还是中国广大人民翻身解放的关键时期。 3. 高中突出了"新民主主义革命的胜利"，使中华民族的历史发生了翻天覆地的变化，实现民族独立和人民解放，中国人民的社会政治地位发生根本变化，改变了中国社会的发展方向，改变了世界力量的对比，深化学习对历史事件的认识

（二）教材相同内容表述的对比

相同知识点	初中历史教材	高中历史教材	解　读
重庆谈判	1. 谈判的背景和目的，"双十协定"的内容和政协会议召开。 2. （图片）毛泽东与蒋介石在重庆谈判期间的合影。 3. （材料研读）重庆《大公报》社评《毛泽东先生来了!》（1945 年 8 月 29 日）	1. 谈判的背景和目的，《双十协定》与政协会议。 2. （图片）当时报纸关于接收的报道、抗日战争胜利后的国内形势图、毛泽东与蒋介石在重庆谈判期间的合影和《双十协定》原稿。 3. 学习聚集：中共争取和平民主的斗争。学思之窗：民主党派的建国主张	1. 重庆谈判的内容在初中、高中教材编写中高度一致，在高中学习过程中要引导学生聚集中共在争取和平民主的斗争中做出的努力，在有理有利有节的前提下，对国民党做出巨大的让步，赢得民心与国内外舆论的支持。 2. 充分利用图片与材料，在初中学习基础上充分挖掘第一史料，培育学生的"史料实证"，利用毛泽东等人物的行为培育学生的家国情怀
全面内战的爆发	1. 国民党发动内战和解放区军民的自卫反击，粉碎了国民党军队的重点进攻。 2. （图片）美国用军用飞机空运国民党军队到内战前线、毛泽东题词——"生的伟大，死的光荣"。	1. 国民党进攻中原解放区，国民党在军队上的优势与中共的自力更生、以自卫战争粉碎国民党军队的重点进攻。 2. 学习聚集：国民党军队向解放区展开大规模进攻，全面内战	1. 全面内战爆发时，利用图表展示国共双方力量对比中的劣势，引导学生更好地认识中共中央准确估计国际、国内形势确定的自力更生、以自卫战争粉碎国民党进攻方针的军事智慧。 2. 注意在此节中，重视东北民主联军做出的贡献，以及在战争过程中人民对中共的支持，将历史落实到细节之中，感受人民的选择。 3. 高中新增"国民党政权的统治危机"，聚集国民党的倒行逆施导致的经济、政治困

相同知识点	初中历史教材	高中历史教材	解　读
全面内战的爆发	3. 相关史实：国共双方力量对比、东北民主联军"四保临江""三下江南"和刘胡兰事迹	爆发；史料阅读：中共中央党史研究室《中国共产党历史》第1卷下册国共兵力对比	局，表明国民党政权面临着统治危机，这有助于学生理解国民党政权统治的灭亡
新民主主义革命的胜利	1. 《中国土地法大纲》，刘邓大军挺进大别山，三大战役，渡江战役和解放南京。 2. 图片：宣传《中国土地法大纲》、翻身农民丈量分配土地、董存瑞、三大战役示意图、人民解放军强渡长江。 3. 材料研读：《中国共产党中央委员会关于公布中国土地法大纲的决议》（1947年10月10日）。问题思考：解放区是如何进行土地改革的？它对解放战争胜利起到了什么作用？相关史实：七届二中全会。材料研读：毛泽东《七律·人民解放军占领南京》（1949年4月）	1. 《中国土地法大纲》，刘邓大军挺进大别山，三大战役，七届二中全会，和平谈判，渡江战役和国民党在大陆统治灭亡和中共领导人民取得新民主主义革命胜利的原因。 2. 图片：刘邓大军千里跃进大别山、三大战役示意图、毛泽东在中共七届二中全会上作报告、人民解放军渡江战役示意图和人民解放军开进南京。 3. 学习聚集：三大战役胜利后，渡过长江，占领南京，国民党在大陆的统治覆灭；史料阅读：《中共关于彻底平分土地问题给中央工委的复示》（1947年9月6日）；史料阅读：中共中央党史研究室《中共国产党历史》第1卷下册人民解放军在质量和数量上的优势	1. 《中国土地法大纲》的彻底性，铲除了封建剥削制度的根基，农民在政治和经济上获得解放，激发了革命和生产的积极性，如淮海战役中人民积极支持中国共产党，有力保证了人民解放战争的胜利，引导学生理解政策要合民心顺民意，理解中共代表广大人民根本利益的体现。 2. 高中教材补充了"七届二中全会""和平谈判""中共领导人民取得新民主主义革命胜利的原因"的内容，在初中学习的基础上，引导学生认识到党的方针政策的与时俱进，特别是党的七届二中全会，中共领导革命的重大转变，党的工作重心、城市工作中心和总任务发生变化。理解"和平谈判"中中国共产党坚持国家统一的重要性。 3. 进一步分析国民党政权统治灭亡和中国共产党领导人民取得中国革命胜利的原因，以及新民主主义革命取得胜利的全方位历史意义，如对国际、国内和中国社会发展方向的影响等

四、教学建议

本单元《中华民族的抗日战争和人民解放战争》包含第 23 课《从局部抗战到全面抗战》、第 24 课《全民族浴血奋战与抗日战争的胜利》和第 25 课《人民解放战争》共三课内容,从 1931 年日本发动九一八事变一直到 1949 年解放战争结束。时间跨度大,内容涵盖两个历史时期,且很多内容在初中学过。如何在有限的时间内完成教学任务、达成教学目标是需要我们思考的一个问题。教材将抗日战争和解放战争放在一个单元,说明它们之间存在着一定的内在逻辑关系。因此,我们要站在一个比较高的视角,在一个长的时空下理解和整合教材。可以将本单元主题确定为中国共产党如何领导中国人民一步步取得革命胜利。抗日战争时期,中国共产党发挥中流砥柱作用,领导中国人民打败日本侵略者,取得抗日战争的胜利,之后又领导中国人民打败国民党的反动统治,取得解放战争的胜利,建立新中国,一步步领导中国人民站起来、富起来、强起来。本单元教学要注意理解以下几点:

(1)中国的抗日战争呈现出长期性、残酷性、广泛性和复杂性的特点。

从 1931 年九一八事变开始,到 1945 年 8 月 15 日日本投降为止,中国人民进行了长达十四年的抗战。为彻底打败野蛮残酷的日本侵略者,中国广大的工人阶级、农民阶级、小资产阶级、民族资产阶级,以及占统治地位的国民党大地主和大资产阶级(投降派除外),都团结在抗日民族统一战线之中,充分体现中国的抗日战争具有广泛的民族性特点。

但由于各个阶层、各种势力在抗日战争中的交织与相融,不可避免地又会产生矛盾和斗争的复杂状态。正面战场和敌后战场两个战场的存在是 1927 年以来,中国政治军事在抗战时期延续和发展的结果,增加了抗战时期中国历史的复杂性,也影响着战后的中国政局和中国前途。

(2)抗日战争的胜利。

中国人民的抗日战争,是中华民族反抗日本帝国主义侵略的一场伟大战争,也是近代以来中华民族反抗外敌入侵第一次取得完全胜利的民族解放战争。抗日战争,彻底粉碎了日本军国主义殖民奴役中国的图谋,收复了近代日本霸占中国的领土,彻底洗刷了近代以来抗击外来侵略屡战屡败的民族耻辱,极大增强了中华民族的自信心和自豪感。这场战争使中华民族的觉醒和团结达到了前所未有的高度,并铸就了伟大的抗战精神。抗战的胜利不仅重新确立了中国在世界上的大国地位,使中国人民赢得了世界爱好和平人民的尊敬；还开辟了中华民族伟大复兴的光明前景，为中国人民在中国共产党领导下开辟实现民族复兴的正确道路创造了重要条件。

（3）新民主主义革命的胜利。

抗战胜利后，中国面临两种命运、两个前途的抉择：战争或和平、独裁或民主。迫于国内外压力，蒋介石三次电邀毛泽东赴重庆谈判。为实现和平，争取民主，中国共产党进行了有理有力的应对，全面内战前以政治谈判为主要方式，充分显示中共和平、民主的诚意，是人民利益和要求的反映。《双十协定》和政治协商会议成果被国民党反动派破坏，教育了广大人民尤其是中间势力，使中国共产党赢得国内外舆论的同情支持，进一步争取了中间力量。

国民党统治危机日益加重，不断走向灭亡。经济上恶性通货膨胀，陷入崩溃；政治上腐败不堪，坚持独裁内战，民心尽失；军事上战略失误，节节败退；依赖美国的外交政策趋向失败。其阶级性质决定其必败，无法解决中国社会的根本矛盾，无法顺应时代发展潮流，最终民心尽丧，失去中国大陆的统治权。

解放战争期间，中国共产党在政治上进一步巩固民主统一战线；经济上土地改革；军事上国共力量发生根本转变。中国共产党能够始终顺应时代发展潮流，代表最广大人民的根本利益，领导人民解决了中国社会的根本矛盾，取得新民主主义革命的胜利，从根本上改变了中国社会的发展方向。

本单元具体教学建议如下：

（1）注重问题引领，形成合理的历史解释。通过初中历史学习，学生对抗日战争和人民解放战争的史实有了一定的了解，在高中阶段的历史学习，就需要教师通过问题设置，加深学生对于所掌握史实的理解，让史实本身的意义得以呈现。教材中功能栏目"思考点"设置的问题是一个重要的导向，合理利用"思考点"有利于激活教材史实，促进学生的思考，帮助学生理解：为什么中国共产党是全民族团结抗战的中流砥柱？为什么说中国战场是世界反法西斯战争的东方主战场？为什么国民党政权在大陆统治会灭亡？为什么中国共产党能够领导人民取得中国革命胜利？

（2）关注学生家国情怀的培养。抗日战争部分要注重对英雄人物和英雄事迹的讲解，尤其是乡土英雄人物事迹的讲解，培养学生的家国情怀。人民解放战争部分通过对中国共产党进行革命斗争史实的学习，让学生认识到中国共产党的策略、方针得到了人民真正的拥护，理解中国共产党和社会主义道路是中华民族正确的选择，对学生展开革命传统教育，激发学生爱国、爱民、爱党的思想感情。从以毛泽东为代表的中国共产党人身上，感悟中国共产党员为国为民的责任担当与英勇气概。通过分析国共两党在这场战争中的得与失，回顾过去展望未来，在中华民族伟大复兴之路上，需要海峡两岸领导人以更大的政治智慧，站得更高看得更远，早日实现中华民族的统一。

（3）注重关联世界背景。中国近代历史的发展离不开世界，抗日战争和解放战争的发生发展同样与世界形势密切相关，不管是高中教材对抗日战争爆发背景的梳理，还是教材内"东方主战场"的论述，都强调站在世界发展形势背景下看中国的抗日战争，也正是要站在世界背景下看抗日战争，学生才能更好地理解抗日战争的世界意义。

（4）适当进行教材内容的整合。本单元涉及的要点内容比较多，不同的教师有不同的呈现方式，适当地对教材内容进行整合，对教学主题和内容的呈现会更加自然一些。

（5）善用图表法、对比法等。本课可以用图表等方式加强对国共两党的对比，从国共两党力量的对比、解放战争战略反攻和三大战役的阶段与概况等方面，引导学生注意到事物从量变到质变的规律，提高认识历史问题的能力。

（6）有效利用教材资源。教材中很重视第一手史料的选择和运用，教材中的史料紧紧围绕教学重难点，具备启发性、典型性、补充性。教师在授课时可以充分利用，让学生联系上下文，去阅读和理解教材中的史料，从史料中获取有效信息，帮助学生理解、掌握历史知识并培养学生的史料研读能力。比如，利用"抗日战争胜利后国内形势图"可以了解抗战胜利后解放区的集中区域与国民党为了独裁统治而在军事上的布局。从"北平学生'反饥饿反内战大游行'队伍通过天安门广场"的图片中，了解在国统区以学生运动为先导的人民民主运动迅速发展，成为配合人民解放战争的第二条战线。从"史料阅读"版块了解全面内战爆发以来在短短两年间国共军事力量的变化，理解中国共产党取得胜利的原因除了有正确的军事战略和灵活的作战方式之外，还有广大人民群众的支持。

五、教学设计

第23、24课1　抗日战争——时空观念下的"全民族抗战"

（一）教学主旨

1. 内容要求

了解日本军国主义的侵华罪行；通过了解正面战场和敌后战场的抗战，

感悟中华民族英勇不屈的精神，认识中国共产党是全民族团结抗战的中流砥柱；认识中国战场是世界反法西斯战争的东方主战场，理解十四年抗战胜利在中华民族伟大复兴中的历史意义。

2. 教材分析

教材通过九一八事变、国民党"攘外必先安内"的方针、东北抗日联军、一二·九运动、西安事变和七七事变讲述了从局部抗战到全面抗战的历史；通过丰富的史实揭露了日本军国主义的侵华罪行；通过正面战场、敌后战场和东方主战场的讲述，展现了中华民族英勇不屈的精神，体现了中国共产党是全民族团结抗战的中流砥柱，帮助学生认识了中国战场是世界反法西斯战争的东方主战场；通过抗战胜利的讲述，帮助学生理解十四年抗战胜利在中华民族伟大复兴中的历史意义。教材内容紧扣课标，内容丰富翔实，与初中教材有较大的一致性，学生易于理解。教学中重复基本史实的意义不大，部分内容应放手让学生完成自主学习。教学中建议围绕"全民族的抗战"展开，在特定的历史时空中，带领学生再认识抗日战争。

3. 学情分析

学生经过初中阶段抗日战争的学习，对抗日战争的基本史实已经有了一定的掌握，同时当前抗日战争相关影视作品的丰富，也加深了学生对这部分历史的认知。结合高中阶段学生学习需要，教学中应不局限于史实的重复，而是加深学生对抗日战争的认识，突出素养导向。

4. 教学目标

（1）通过阅读材料和问题设置，引导学生关注到抗日战争是一场全民族的抗战，站在整个中国近代的历史长河中，突出抗日战争的与众不同，引出历史时空观。

（2）通过 1936 年西安事变相关史料的分析，了解中国共产党在西安事变中决定的转变和七七事变后做出的牺牲，促进了抗日民族统一战线的形成，突显了维护民族利益的民族精神。

（3）通过 1937 年国民党关于上海、南京的防守举措，了解国民党从固守上海、南京到淞沪会战失败后迁都，试图动员农村资源持久抗战的转变。了解国民党抗战的特点。

（4）通过 1941 年四川、河北农民的生活现状，国共两党抗日动员的差异，认识中国共产党是全民族团结抗战的中流砥柱，了解真正意义上全民族抗战的形成。

5. 教学重难点

重点：全民族抗战的形成。

难点：体会全民族抗战中的民族精神。

6. 教学策略

整合教材，通过重要"时间"和"空间"节点的设置，以"全民族的抗战"为中心，以"时空观念"为视角，从抗战的细节出发，加深学生对抗日战争的认识，落实学科核心素养。

（二）教学过程

导入：

师：1945 年 8 月 15 日日本宣布无条件投降，经过艰苦卓绝的抗战，中国终于取得了抗日战争的胜利。先问大家一个问题，中国抗战的起止时间是？（预设答案：1931—1945 年，共 14 年）在这场前现代国家与现代国家之间实力悬殊的战争中，中国坚持了 14 年，与第二次世界大战中仅仅六个星期就投降的法国和得到美国大量物资支援却仍然狼狈不堪的英国比较起来，真是一个奇迹。阅读下面材料，请思考：中国抗战能够取得胜利的原因是什么？

"中国人民抗日战争胜利是全民族抗战的胜利，是全体中华儿女的荣光！"

——习近平《在纪念中国人民抗日战争暨世界反法西斯战争胜利 69 周年座谈会上的讲话》

（预设答案：全民族抗战、全国军民抗战）

师：这是一场中日之间的民族战争，在全民族抗战中，大家能回想起哪些群体，为抗战做出了贡献？（预设答案：国共、工人、农民、学生、资产阶级等，特别是农民，自古以来占中国人口的绝大多数。）中国有一句古话，叫"天下兴亡，匹夫有责"，在国家面临外来侵略，生死存亡的紧要关头，"全民族抗战"，难道不是理所应当的吗？有什么值得大说特说的呢？这需要我们对近代史上的战争做一个回顾。中国近代史上，反抗外来侵略的战争很多，大家能列举出哪些？（预设答案：鸦片战争等）在学者杨奎松的研究中我们看到在以往反抗外来侵略的战争中，中国民众的表现是这样的：

1841 年，第一次鸦片战争期间，广州一带不少民众充当英国军队后援，或背送弹药，或刺探情报，或参与作战。

当年日本人入侵中国的一个理由，就是觉得中国人自己都不认为自己是一个国家，"中国非国"，"支那人没有立国的资格"。

可是，到抗日战争时期，大家有没有发现，一种意识，在中国人的头脑中产生了，这种意识是什么？（预设答案：国家、民族意识）我们属于一个国家：中国；属于一个民族：中华民族。抗战期间，大家意识到，个人的命运是同整个国家、民族的命运紧紧联系在一起的。如果国家民族没有前途，就根本没有什么个人前途可言。

在这里，大家可以发现。我们从"全民族抗战"字面本身，看不出这场抗战的意义。而当我们把"全民族抗战"放在特定的时空里，就会发现，这场"全民族抗战"在中国历史上，前所未有。所有的历史事件都是在特定的时空中产生的，只有将历史事件回归到特定的时空，才能深刻理解它的意义。这就是历史时空观。

今天，就让我们以时空观念为指导，看看中国社会各界在"全民族抗战"的形成和发展中，分别起到了什么样的作用？时间关系，今天我们只能挑选三个最重要的群体：中国共产党、中国国民党和中国农民。

【设计意图】 发现"全民族抗战"，引出主要问题，了解时空观念。

师：首先，结合所学知识，"全民族抗战"的初步形成，与哪一重要的历史事件有关？（预设答案：西安事变）先让我们把目光聚焦在 1936 年的西安。

1. 1936 年 西安：中国共产党

师：1936 年 12 月 12 日，张学良、杨虎城发动西安事变，目的是什么？（预设答案：逼蒋抗日）这次事变震惊中外，受到各种政治力量的密切关注。南京国民政府调集大军，集结潼关，前线甚至已经交火。

师：事变的直接起因是国共冲突，解铃还须系铃人。中国共产党在这场事变中态度如何，就显得至关重要。

12 月 13 日，西安事变发生的第二天，中共中央政治局第一次做出了对西安事变的决策：

"要求南京明令罢免蒋介石，并交人民审判。以西安为中心来领导全国……把蒋除掉，无论在哪方面，都有好处。"

——1936 年 12 月 13 日中共中央政治局会议

师：中国共产党要求干什么？（预设答案：杀掉蒋介石）请问，中国共产党对西安事变的第一反应，是否正确？（预设答案：不正确，杀蒋不利于抗日、中国可能爆发内战等）再请大家结合时空观念回顾一下当时中国共产党的处境和 1936 年以前的国共关系，中国共产党的这一决策有没有合理之处？（预设答案：有，引导学生回顾国共关系大事。在国共十年战争中，蒋介石屠杀了无数革命群众，五次围剿红军，迫使红军从江西辗转来到陕北，数十万红军仅剩三万人。）国共双方可以说是有着血海深仇。现在，中国共产党有了一次复仇的机会。中国共产党要求除掉蒋介石，完全合情合理。

但是，仅仅一周之后，中国共产党就冷静下来，对待蒋介石的态度出现了变化，从杀蒋介石，变为什么？（预设答案：有条件释放蒋介石）

"争取蒋介石……停止讨伐西安、与红军联合抗日……在上述条件有相当保证时，恢复蒋介石之自由，并在上述条件下赞助中国统一，一致对日。"

——1936 年 12 月 21 日 中共中央致电周恩来

中国共产党的态度，最终促成了西安事变的和平解决。

请大家进一步阅读材料，在七七事变爆发之后，中国共产党以哪些实际行动，向全国人民表达了合作抗战的诚意？（给学生一些阅读时间）我们一条条来分析，中国共产党做出了哪些重大牺牲：

"中共中央再次郑重向全国宣言：

一、孙中山先生的三民主义为中国今日之必需，本党愿为其彻底的实现而奋斗。

二、取消一切推翻国民党政权的暴动政策及赤化运动，停止以暴力没收地主土地政策。

三、取消现在的苏维埃政府，实行民权政治，以期全国政权之统一。

四、取消红军名义及番号，改编为国民革命军，受国民政府军事委员会之统辖，并待命出动，担任抗日前线之职责。"

——《中共中央为公布国共合作宣言》（1937 年 7 月 15 日）

在信仰、革命手段、政权、军事几个方面，中国共产党都做出了重大牺牲。说明这时中国共产党思考问题的出发点，不是意识形态，也不是党派利益，而是什么呢？（预设答案：中华民族的利益）

与此同时，蒋介石也做出承诺，要停止内战，联共抗日。1937 年 9 月，抗日民族统一战线正式形成。

【设计意图】从西安事变中国共产党决定的转变，引导学生从细节中体会中国共产党维护民族利益的民族精神和抗日民族统一战线形成的不易。培养学生时空观念、史料实证和历史解释素养。

（过渡）抗战开始后，蒋介石对"全民族抗战"的理解发生了什么变化？让我们把目光聚集在 1937 年的上海和南京。

2. 1937 年 上海、南京：中国国民党

1937 年 8 月，日本大军逼近上海、南京，淞沪会战开始。为什么在七七事变之后，日军没有由北向南进攻，而是选择进攻上海、南京？（南京、上海的地位，企图凭借自身强大的军事优势，速战速决，"三个月内灭亡中国"）面对来势汹汹的日军，蒋介石打算依靠什么力量、采用什么策略应对呢？1937 年 10 月 28 日，蒋介石召开军事会议，提出"不怕阵地毁灭，不怕牺牲一切……大家应抱定牺牲的决心，抵死固守，誓与上海共存亡。"

"要严密纵深配备，强固阵地工事"，"要不怕阵地毁灭，不怕牺牲一切"，"我们已移至沪战最后一线，大家应抱定牺牲的决心，抵死固守，誓与上海共存亡。"

——1937 年 10 月 28 日 蒋介石松江召开军事会议

在这里，蒋介石依靠的力量是什么？（军队）打算采用什么样的策略对付日军？（防御战、阵地战）请大家参考手头的中日国力、军力对照表（表 23 - 1），蒋介石这一策略是否正确？

表 23 - 1 开战前敌我军力比较表

项目	敌军	我军	备注
陆军	常备师 17 师	步骑兵 191 师 52 旅	我初期仅能使用 80 师，炮兵仅 2 旅及 16 团
海军	190 万吨	11 万吨	
空军	2700 架飞机	600 架飞机	我战斗飞机仅 305 架
附记	1. 敌现役兵为 38 万人，预备兵 73.8 万，初期使用兵力为 70 万人，合其预后备役约 448 万人。 2. 我常备兵虽号称 170 万，初期能使用之兵不及三分之一，经训练之壮丁不过 50 万左右		

——陈诚《八年抗战经过概要》

（不正确，敌人拥有海空优势，配备重武器，呆板的防守带来的只能是巨大的伤亡。）

这时，国民党军大部分将领和国外军事顾问都认为，坚守上海和南京没有战略上的好处，但是上海是当时中国的经济中心；南京是我国首都，为国际观瞻所系，又是孙总理陵墓所在。这一仗，蒋介石想打给外国人看，以换取外国的支持；也想打给中国人自己看，以提振士气。

从张宪文、陶涵和易劳逸等学者的研究中，我们可以看到战场上，中国军队的伤亡十分惊人，中日军队的伤亡率几乎是 10：1。尽管中方部队人数是日本侵略军的 5 倍，却抵挡不住日本现代化的杀人机器：

"中国军队在抗战期间的伤亡率高得惊人……战争初期中日军队的伤亡率几乎是 10：1。"

中国最精锐的部队损失殆尽：

"中国守军奋勇坚守上海，鏖战三个月，对日军造成极大伤害……（中国政府）把德国军官训练的精锐师团几乎全部投入上海保卫战。在上海一役，折损了六成精锐部队。"

除了部队的损失，还有军官的损失。在抗战时期，部队中要找到一个小学生都非常困难，然而：

"1929—1937 年从中央军校毕业的大约 25000 基层军官中，有 10000 人死于战争的前四个月。"

从国际角度看，1937 年至 1938 年，西方各国对法西斯的侵略行为是什么态度呢？（绥靖政策、孤立主义，毫无作为，中国几乎是孤军奋战。）

确实，淞沪会战粉碎了日本侵略者三个月灭亡中国的野心，显示了中国军队、中国政府和中国人民坚强不屈的精神，但蒋介石未能正视中日之间的军事差距，在战略选择上存在严重失误，也给军队和人民带来了无可挽回的损失。

1937 年 12 月，上海、南京相继失守，日本旋即发动南京大屠杀。面对穷凶极恶的敌人，接下来怎么办？中国的路应该怎样走下去？军事上的失败加上外交上的孤立迫使蒋介石痛定思痛，对抗战战略做出反思。这是淞沪会战失败后蒋介石的两则日记：

1937 年 12 月 17 日："英美人士一见失败则责难与讥评齐至，而且趁机取利。国不能自立则无论何国皆成敌人也。"

1938 年 3 月 5 日："以广大之空间土地求得时间持久之胜利，积各路小胜而成全局大胜。"

——《蒋介石日记》，斯坦福大学胡佛研究所藏手稿影印件

请大家思考，此时蒋介石的抗战策略发生了什么变化？（外交上，从期盼大国调停到强调自力更生；军事上，从速战速决的防御战变为以空间换时间，积小胜为大胜的持久战。）紧接着，蒋介石做出了一项重要的部署：迁都。蒋介石在特定的时空中对空间目标进行了取舍，迁都到当时四川省的省会——重庆。重庆位于四川盆地东南部，在地理上处于中国的"腹心"位

置，周围崇山峻岭，易守难攻，终年雾锁全城。从湖北宜昌到重庆，无公路、无铁路，只有长江水道，水急、弯多、滩险。日本的陆军、海军、空军均无法发挥优势。但是中国西部地区虽然占有全国土地的 3/4，却只占全国总电量 4%，工厂数的 6%。随着东部大片领土的沦丧和政府西迁，国民政府最主要的经济来源随之阻断。中国抗战，要如何才能维持下去？蒋介石说了这样一番话：

"中国持久抗战，其最后决胜之中心，不但不在南京，抑且不在各大都市，而实寄于全国之乡村与广大强固之民心。"

——《告全国国民书》，《"总统"蒋公大事长编初稿》卷 4（上）

这时，蒋介石对"全民族抗战"的理解有什么变化吗？（从单纯依靠军队、大城市转向重视广大农村的力量。）

【设计意图】通过"时间"从 1937 年到 1938 年，"空间"从上海、南京到重庆，了解国民党抗战的特点和转变。

过渡：20 世纪以来，世界战争进入了"总体战"时代，国家为了支撑长期的大规模战争，需要动员全社会所有的人力和物力资源。农民占中国人口的绝大多数，"全民族抗战"能否得到农民的支持？最后，让我们把目光聚集在 1941 年的四川与河北。

3. 1941 年 四川、河北：中国农民

1941 年，日军入侵印度支那、缅甸，封锁了中国接受外援最重要的通道，中国抗战进入最艰苦的时期。拥有战时陪都重庆的四川，战时负担尤为沉重。首先，通过一段材料，大家看看四川农民为抗战做出了哪些贡献？

"1941 年下半年到抗战结束，中央政府从四川征用的粮食数量占国民政府整个统治区征粮总量的 1/3。……在四川征召的青年男子多达 256 万人，约占整个国民政府统治区征兵总数的 18%，……在四川，为了公路、河川等交通的设施修筑，共动员了民工 250 万人以上。"

——笹川裕史、奥村哲《抗战时期中国的后方社会——战时总动员与农村》

（农民为抗战提供粮食、兵源与劳力）抗战期间，中国遭遇了历史上最严重的外敌入侵，抗击敌寇、保卫家国是中华民族的最大利益所在。但是，在征兵的过程中，我们看到了这样的现象：

1941 年 9 月 13 日，四川三台县中兴乡十六保农民梁尚志、梁光文"为

拒服兵役",持刀将上门征兵之壮丁队队丁苏延奎砍伤。

——笹川裕史、奥村哲《抗战时期中国的后方社会——战时总动员与农村》

大家从材料中可以得出什么结论?（农民似乎不愿意服兵役，甚至将征兵队员砍伤，好像抗战意识薄弱）历史事件本身并不一定能反映历史的真实，时空观念要求我们将历史事件回归到特定的时空。农民的行为，有着深刻的历史原因。

中日战争爆发前，中国人口 4.5 亿人，日本人口 1.05 亿（表 23-2）。从人数来说，我们应该占绝对优势。然而，大家在数据上发现什么问题?（实际参战人数不如日本）

表 23-2 中日战前有关数据比较

	项目	日本	中国
兵役	人口	1.05 亿	4.5 亿
	现役	38 万人	170 万人
	预备役	73.8 万人	50 万人
	后备役	87.9 万人	无
	第一补充兵	157.9 万人	无
	第二补充兵	90.5 万人	无
动员情况	人力	2783 万人	
	兵员	886 万人	140 万人

——陈诚《八年抗战经过概要》

由于日本早就建立了一套比较完善的兵役制度，全国户口严密，按地区、年龄载入精确的"兵籍"，一旦发生战争，可以随时点名，应召入伍。现役兵员的数量虽然没有中国多，但其可用兵源却远远大于中国。战时日本可以召集、参加作战的士兵不下 800 万人。而中国，由于缺乏兵役制度和户籍制度，一旦发生战争，只有抓壮丁。整个抗战期间，中国的动员率远低于第二次世界大战中的其他国家。中国的动员率只有 0.4%，日本为 1.3%，英国为 1.4%，美国为 2.4%，苏联为 3%，德国为 3.8%。由于前线伤亡率高得惊人，大量农民子弟被补充到军队中，这就是中国的农民兵。

战时农民负担沉重：

"抗战时，将国民党征收田赋征买征购等负担和各种杂派合在一起，至少要占农民全部收入的 60% 以上，农民负担普遍比抗战前增加四倍至二十倍不等。"

——金观涛、刘青峰《开放中的变迁：再论中国社会超稳定结构》

征兵过程并不公正：

"1940 年 11 月，（四川）江北县水土镇第 9 保保长范锡彬有七个儿子，按照法律规定，其中三人必须服兵役。然而，该保长仗着自己的权势，连一个儿子都不送出，反而从保内抓走了十余名壮丁。"

——笹川裕史、奥村哲《抗战时期中国的后方社会——战时总动员与农村》

还要遭遇种种非人的待遇：

"抗战中期，蒋梦麟以中国红十字会会长的身份，对兵役状况作过一次实地考察，考察结果令他触目惊心。……在每 4 个壮丁中，往往一逃一病一死，合格入伍者只有四分之一。"

——蒋梦麟《西潮·新潮》

抗战以来，我们可以看到国共两党对抗战的贡献，可以看到资产阶级、知识分子、青年学生、爱国华侨对抗战的贡献。但是，对生活在偏远闭塞地区、远离前线战火又没有接受过近代教育的农民来说，安土重迁，不求发达，但求阖家平安是中国传统农民的自然状态。抗战给农民带来沉重负担，国家利益又显得遥远而抽象，他们能切身体会到的，只有饥饿、贫穷与社会的不公正。国民政府无法有效动员农村资源，这给全民族抗战带来了极大的困难。

【设计意图】 通过材料展现抗战时期农民的现状，了解"全民族抗战"不仅仅是一个口号，而且面临着诸多现实的困难。

然而，当我们把目光转向中国共产党领导的敌后抗日根据地，却看到了完全不同的景象。在敌后农村，农民积极参军、宁死也不透露八路军的去向：

"1941 年初的一个黎明，一队日伪军把河北丰润县的潘家峪团团围住……逼问八路军的去向。潘家峪人宁死不屈，拒不回答。丧心病狂的日军就用机枪、手榴弹进行疯狂扫射。"

——人教版 高中历史必修 Ⅰ

我们不得不问，为什么会有这样的差别？根据一位美国战时记者的记录，大家能不能尝试概括一下为什么敌后根据地的农民愿意走向战场？

"（共产党）真正把农民作为一个人来对待，征求他的意见，让他投票选举地方政府，让他组织自己的警察和宪兵；给予他权力，让他决定自己应缴纳多少赋税，让他自己决定是否减租减息。……如果你再给这个农民提供一支军队和一个政权，为他消灭曾经强奸他妻子、糟蹋他母亲的日本鬼子，那么他就必然会忠于这支军队、这个政府。"

——美国《时代》记者西奥多·怀特

（预设答案：给予权利、减免赋税、尊重、备受日军摧残）

通过对农民的有效动员，家乡饱受日军残害的农民纷纷加入抗日救亡组织。到抗战后期，敌后抗日根据地已经成长为拥有 65 万军队、220 万民兵、9200 万人口的中流砥柱。有了农民的参与，这场抗战才是真正意义上的"全民族抗战"，推动抗战胜利的到来。

【设计意图】了解国共在抗战动员上的异同，认识中国共产党是全民族团结抗战的中流砥柱。渗透史料实证和历史解释。

总结：

今天，运用时空观念的方法，我们回顾了共产党、国民党、农民在全民族抗战中的作用。中国共产党从民族大义出发，把民族利益放在阶级利益和党派利益至上，体现的是民族精神；国民党在淞沪会战失败后迁都，试图动员农村资源持久抗战，体现的是民族精神；农民从抵制征兵到主动加入抗日救亡组织，体现的也是民族精神。当年日本入侵中国的一个理由，就是中国人自己都不认为自己是一个国家，"中国非国""支那人没有立国的资格"。传统中国是一个闭塞的农业社会，十里不同音、百里不同俗，人们不容易形成国家意识。在当时的历史条件下，恰恰是外敌入侵，把国人的民族意识激发出来。除了中国共产党、国民党、农民，我们在全民族抗战中，还可以看到……这份民族意识，是留给后人的宝贵财富。

（三）板书设计

第 23、24 课 1　抗日战争——时空观念下的"全民族抗战"

一、1936 年 西安：中国共产党

二、1937 年 上海、南京：中国国民党

三、1941 年 四川、河北：中国农民

（四）教学反思

本课的课堂教学，对教材进行了整合，突出了素养导向，一是基于抗日战争相关史实，学生经过初中阶段的学习，影视作品的接触，已经较为熟悉；二是高中阶段的学生有了一定的自学能力，部分课标要求，学生通过自

学即可完成学习；三是为了加深学生对抗日战争的认识，落实学科核心素养。

借助时空观念的视角，学生对全民族的抗战有了新的认识，对学科核心素养有了一次新的认识和体验，相信这样的体验会激发学生历史学习的兴趣，促进学生的成长。因为对教材进行了整合，教学中无法面面俱到，教师也要注意引导学生进行部分内容的自学。

（五）推荐阅读书目

1. 费正清、崔瑞德：《剑桥中国史》，中国社会科学出版社。
2. 陈旭麓：《近代中国社会的新陈代谢》，上海社会科学院出版社。
3. 张海鹏：《中国近代通史》，江苏人民出版社。
4. 李育民：《近代中国的条约制度》，湖南人民出版社。
5. 张鸣：《重说中国近代史》，台海出版社。
6. 刘东：《海外中国研究丛书》，江苏人民出版社。
7. 蒋廷黻：《中国近代史》，江苏人民出版社。

第23课2　从局部抗战到全面抗战

（一）教学主旨

1. 内容要求

了解日本军国主义的侵华罪行；通过了解正面战场和敌后战场的抗战，感悟中华民族英勇不屈的精神，认识中国共产党是全民族团结抗战的中流砥柱；认识中国战场是世界反法西斯战争的东方主战场，理解十四年抗战胜利在中华民族伟大复兴中的历史意义。

2. 教材分析

本课内容上承国共第一次合作失败、内战激烈，下启日本对华的侵略以及中华儿女从局部抗战到全面抗战的开始。本课共分三目："局部抗战""全面抗战的开始""日军侵华的暴行"，主要内容包括日本发动侵华战争的背景、经过、侵华暴行，以及中国人民自发局部抗日到全面抗战开始的过程。在当时大环境下，日本军国主义趁火打劫、抱有侥幸心理，发动局部侵华，此时国内内战，国民党攘外必先安内，给日本迅速侵华提供了条件，最终演变为日本的全面侵华。面对日本的暴行、侵华的越演越烈，我们的抗日民族统一战线从无到有、从初具雏形到最终确立。

3. 学情分析

在初中阶段，《中国历史》八年级上册教材用5课时内容讲述了中华民族的抗日战争。内容涵盖九一八事变与西安事变、七七事变与全民族抗战、正面战场的抗战、敌后战场的抗战、抗日战争的胜利。从内容看，对一些重大历史事件介绍得比较详细，高一学生在初中阶段已经学过关于抗日战争的一些基础知识。因此，高中的教学要区别于初中阶段的学习，避免简单重复。高一新生在历史学习上，有一定的基础知识储备，但历史思维尚未形成，历史分析能力相对缺乏。本课在进行教学设计时，对教材资源在内的各类课程资源进行整合利用，创新教学情境，激发学习兴趣，培养学生的历史学科核心素养。

4. 教学目标

（1）了解九一八事变、华北事变、一二·九运动、西安事变、卢沟桥事变、抗日民族统一战线有关抗战的重要史实或概念，了解中国人民抗战的历史脉络，形成时空观念。

（2）通过历史地图等，了解从局部抗战到全面抗战的基本事实，进而理解随着日本对华侵略的不断加剧，中国民族危机不断加深，中日民族矛盾上升为当时中华民族的主要矛盾，并了解国共两党关系随之发生的一系列转变。最后用唯物史观的基本方法，分析抗战必须民族团结一心的原因以及走向团结抗战的基本过程。

（3）理性分析日本发动侵华战争的原因，培养历史解释素养。

（4）从日本侵华暴行的史实中认识日本发动战争的侵略本质，牢记历史，不忘国难；认识到中国人民在民族危亡时以民族利益为重，团结合作，是获得十四年伟大抗战胜利的最强大力量，也是中华民族伟大复兴的依靠力量。

5. 教学重难点

重点：日本的侵华罪行；抗日民族统一战线的形成过程。

难点：日本发动侵华战争和抗日民族统一战线建立的原因。

6. 教学策略

通过多媒体呈现历史资料，分析日本侵略中国的原因。基于日本侵略不断加深，分析中国社会主要矛盾的变化，探究中国社会主要矛盾的变化与西安事变、抗日民族统一战线建立之间的联系。针对卢沟桥事变，呈现不同的史料，提升学生分析、比较、辨别材料的能力。师生共同构建日本从局部侵华到全面侵华的完整的知识体系。

利用历史图片、材料创设历史情境，让学生在特定的时空观念中感受心灵的震撼、激荡。学习日本局部侵华和中国人民的局部抗战内容时，可利用表格、历史地图，直观把握日本侵略势力的不断深入。认识日军的侵华暴行，一方面让学生自主梳理归纳日军的侵华罪行；另一方面通过多媒体展示日军侵华的一些图片，感受日本侵略者的残暴，激发学生的民族自尊心。

（二）教学过程

导入：

以 2021 年 12 月 14 日网络上上海震旦学院一教师公开质疑南京大屠杀人数的视频导入，让学生谈谈感想。引导学生学会用历史事实，以及数据理性反击视频中的言论。

【设计意图】以近期热议的视频导入，首先可以很快与学生拉近距离，更好地点燃学生的热情。更重要的是要让学生学会用历史事实证明历史事件，培养学生史料实证的能力。

1. 中华民族到了最危险的时刻——20 世纪 30 年代日本从局部侵华到全面侵华

学生阅读课本，根据地图以及时间轴，根据时间顺序简单归纳总结日军从备战到局部侵华，再到全面侵华的历史大事件。根据课件展示的时间、事件，学生从中还能得到哪些信息，从而引导学生思考，日本侵华的原因。最后通过具体的材料及图片，让学生总结日本侵华的具体原因。

材料一：按明治大帝遗策，第一期征服台湾，第二期征服朝鲜等，皆已实现，惟第三期占领满蒙，以便征服中国领土尚未实现。

——田中义一密奏

材料二：仅在 1930 年，工商业公司就倒闭了 823 家，资本剧减的达 311 家。1930 年农产品价格暴跌，农业陷入了灾难的深渊。

——《中国抗日战争史》

材料三："外寇不足虑，内匪实为心腹之患，如不肃清内匪，则决不能御外侮。"

——蒋介石对国民党将领的训话

材料四：20 世纪 30 年代，国际形势极度动荡不安。为求苟安……一九三一年日本侵占中国东北，国际联盟尽管派李顿调查团进行了调查，但并没有对日本采取严厉制裁措施。

（1）日本侵华的原因：

①蓄谋已久，既定国策。

②转嫁危机，摆脱困境。

③国共内战，可乘之机。

④西方态度，绥靖政策。

【设计意图】关于日军从局部侵华到全面侵华的史实，学生在初中就已经掌握，所以通过对教材内容的阅读，学生能很快总结出来。但我们更要把当时中外重大历史事件的时间轴整理清晰，首先培养学生的时空观念，其次从中能找到日本侵华原因的一些线索，最后根据教师补充的材料，全面总结日军侵华的原因，培养史料实证、历史解释等素养。

根据图片展示，以及文字解释，让学生总结日本侵华的手段。

展示日本侵华暴行的示意图，突出不同年份发动对中国的侵略战争、强占的领土等，可以参考《中外历史纲要》（上）地图册第49页。

展示伪满傀儡政权成立时部分成员合影的照片。

展示日本军队将掠夺的大批食物运往前线的照片。

（2）手段

军事上：发动侵略战争，占我大片国土。

政治上："以华制华"，在占领区扶植傀儡政权。

经济上："以战养战"，对占领区进行野蛮的经济掠夺。

【设计意图】通过图片展示，以及对图片的解释，让学生理解"以华制华""以战养战"等历史概念，宏观上了解日军的侵略手段，同时引出日军暴行。

（3）日军的暴行

通过图片和对图片的解释，揭露日军违反人道主义、违反国际法则的政府犯罪行为。

简单介绍日军暴行，根据材料，简单地探究，关于南京大屠杀、日本侵略，到底是谁在撒谎？

材料一：日军入城听任军队从事有组织的劫掠，并任意强奸妇女，继复大事屠杀，四日中被杀者约五万人。日军并侵入难民区，而将所有壮丁借口谓系中国士兵，悉数加以枪决，目前尸骸，堆积如山。

——中央社发出的电讯（1937年12月22日）

材料二：南京市的街道依然沉寂。慈和的阳光照耀着城市西北角的难民区。从死里逃生的南京难民，现在已经受到"皇军"的抚慰。他们跪拜道旁，感激涕零。在"皇军"入城以前，他们备受中国反日军队的压迫，……幸而

"皇军"现已入城，伸出慈悲之手，散播恩惠之露……

——摘自《新申报》，《日本军"亲切关怀"难民，南京充满"和睦气氛"》，1938 年

如果要更全面地证明侵华日军的暴行，你觉得还应该补充哪些方面的史料？说明理由？

在学生讨论完后，教师展示拉贝日记、报刊、大屠杀幸存者、远东国际法庭、约翰·马吉的纪录片等，揭露日军暴行。并以《南京大屠杀档案》入选"世界记忆名录"总结，强调侵华日军南京大屠杀不仅是中国人民的记忆，同时它更是全人类的共同记忆。

【设计意图】通过简单的探究，一方面揭露日军暴行，让学生知道"昭昭前事，惕惕后人，勿忘历史，吾辈自强！"培养学生家国情怀的史学素养。另一方面，通过不同史料的展示与理解，让学生知道史料的分类、史料的重要性，培养学生历史解释、史料证实等素养。

面对日军的侵华与暴行，中国人民一步步站起来，向这不正义的战争宣战。

2. 起来不愿做奴隶的人们——从局部抗战到全面抗战

（1）悲壮的起点，不屈的抗争——局部抗战

观察抗日救亡运动示意图（1931—1937 年），思考：国难日亟，国内各方做何反应？

①东北军民

"九一八事变"日军开始了局部侵华，东北军民从组建东北反日游击队，到东北革命军，再到东北抗日联军，介绍东北军民对日军的反抗，同时介绍赵一曼、杨靖宇等革命烈士的英雄事迹，强调抗日民族救亡运动的兴起。

②爱国学生

华北事变爆发后，国难当头，华北学生走向街头，开展"一二·九运动"，展示《清华大学救国会告全国民众书》内容："眼见华北的主权，也要继东三省热河之后而断送了！……华北之大，已经安放不得一张平静的书桌了！……感受到难堪的亡国惨痛。"展现青年学生的责任与担当，同时强调华北事变后中日矛盾上升为主要矛盾。

面对国难日亟，再看国共两党的反应。

③国民党

通过材料补充，了解面对日军侵略，国民党蒋介石向国际联盟请求帮

助，面对一·二八事变、日军进犯长城等，蔡廷锴等国民党爱国将领奋起反抗，面对国难张学良、杨虎城发动西安事变。但国民党领导人还是强调"攘外必先安内"，消极抗日。

④中国共产党

从九一八事变开始，中国共产党领导东北军民浴血奋战。通过"八一宣言"、瓦窑堡会议等积极宣传和组建抗日民族统一战线，并且积极促成西安事变的和平解决，面对日军的侵略，中国共产党全力以赴。

【设计意图】通过日军局部侵华的时间轴，分别看中国军民的反抗，从中了解我们面对困难，中国人团结的过程；全面看待国民党爱国将领的贡献，这也为抗日民族统一战线的建立做出铺垫。让学生客观看待中国人民的抗战历程，增进学生家国情怀的素养培养。

（2）不挠的精神，必胜的决心——全面抗战

①全面抗战的开始

1937 年 7 月 7 日日军制造"卢沟桥事变"，开始全面侵华，中国全面抗战由此开始。中共积极邀请各党派团结共赴国难，蒋介石也发表讲话，要与中共合作，随后红军主力正式改编为国民革命军第八路军、南方红军游击队改编为国民革命军新编第四军，至此抗日民族统一战线建立。

在中国共产党的极力促进下，抗日民族统一战线逐步建立起来，学生通过阅读课本，自行总结统一战线建立的过程。

②抗日民族统一战线的建立（图 23－1）

图 23－1　抗日民族统一战线的建立历程

请学生谈谈对抗日民族统一战线能够形成的理解，强调抗日民族统一战线的形成是由于中日民族矛盾上升为主要矛盾，在中国共产党的倡导下，全国人民和各民主党派爱国人士的积极拥护下，同时国共两党政策不断调整等多种因素共同作用、产生合力的结果，这也是我们抗战取得胜利的根本保

证。并根据《毛泽东选集》中对于统一战线的解释，思考统一战线形成的意义。

【设计意图】随着日军全面侵华，中国全面抗战由此开始。在此要让学生了解抗日民族统一战线建立的过程，更为重要的是要让学生认识到中国共产党在推动统一战线的建立和巩固发展上发挥了巨大作用。

最后展示 1931 年和 1935 年两版义勇军进行曲，让学生从节奏、形式和内容上看，哪一曲更容易凝聚抗日力量，更易传诵，更能代表我们的民族精神？为什么？

展示 1931 年版义勇军进行曲歌词内容的图片。

展示 1935 年版义勇军进行曲歌词内容的图片。

【设计意图】通过对《义勇军进行曲》两个版本的探讨，让学生在借鉴历史解释的基础上，形成对现代民族国家凝聚力的自己的理解，为下一课抗日战争的胜利奠定基础，并且认识在中国共产党的引导下，我们抗日民族统一战线的建立，对于现代民族国家精神的凝聚作用。

（三）板书设计

第 23 课　从局部抗战到全面抗战

1. 中华民族到了最危险的时刻

——20 世纪 30 年代日本从局部侵华到全面侵华

2. 起来不愿做奴隶的人们

——从局部抗战到全面抗战

（四）教学反思

这一课中，是把教材内容打碎，重新组合，所以在让学生阅读课本总结知识时，需要耐心指导，难点在于能让学生把零散的知识串成体系，识记下来。另外在教学设计中，能够增加学生活动，引导学生理性分析，增强学生对材料信息的提取，以及分析史料价值的能力。此外通过分析国家主要矛盾的变化，理性看待国共两党的做法，理解建立抗日民族统一战线的重要性。但本教学设计中，对于本课内容的深度还把握得不够。

（五）推荐阅读书目

1. 费正清、崔瑞德：《剑桥中国史》，中国社会科学出版社。

2. 陈旭麓：《近代中国社会的新陈代谢》，上海社会科学院出版社。

3. 张海鹏：《中国近代通史》，江苏人民出版社。

4. 蒋廷黻：《中国近代史》，江苏人民出版社。

5. 王奇生:《党员、党权与党争》,中国法制出版社。

6. 张宪文等:《中华民国史》,中华书局。

7. 杨奎松:《"中间地带"的革命》,山西人民出版社。

8. 杨奎松:《毛泽东与莫斯科的恩恩怨怨》,江西人民出版社。

第24课 全民族浴血奋战与抗日战争的胜利

(一) 教学主旨

1. 内容要求

通过了解正面战场和敌后战场的抗战,感悟中华民族英勇不屈的精神;认识中国共产党是全民族团结抗战的中流砥柱,认识中国战场是世界反法西斯战争的东方主战场;理解十四年抗战胜利在中华民族伟大复兴中的历史意义。

2. 教材分析

抗日战争是中华民族伟大复兴的转折点,在中国近现代史中占据重要地位。同时,中国抗战也是世界反法西斯战争的重要组成部分。本课选自《中外历史纲要》(上)第24课,大部分内容与初中八年级上第六单元"中华民族的抗日战争"重叠。共分4个子目,前两个子目涵盖了全面抗战爆发后,在抗日民族统一战线旗帜下,中国国民党领导的正面战场和中国共产党领导的敌后战场的大致经过及主要战役,以及民族工业和高校内迁、敌后军民开辟并发展抗日根据地的主要史实。第三子目论述了在世界反法西斯战争爆发后,中华民族的抗日战争对世界反法西斯战争的重要地位和作用。第四子目论述了中国共产党为抗战胜利所作的准备——中共七大,日本最终投降的经过以及抗日战争在中华民族伟大复兴进程中的重大意义。

3. 学情分析

高一学生通过初中历史学习及其他方式,对抗战历史已有一定了解;已初步具备提取有效信息、自主学习、合作学习的能力,但历史学科核心素养尚待提高。高一学生思维活跃,情感丰富,但由于认知水平有限,容易偏激。

4. 教学目标

(1) 通过表格,自主梳理正面战场和敌后战场的主要史实,了解全面抗战的主要过程,培养学生时空观念。

(2) 通过史料分析,小组合作探究认识中国共产党在全民族抗战中的中流砥柱作用、抗战胜利在中华民族伟大复兴中的历史意义，培养学生史料实证意识和历史解释的能力。

（3）通过观看视频、阅读教材、分析史料，感悟中华民族自强、团结、自信的民族精神，培养学生家国情怀。

5. 教学重难点

重点：了解正面战场和敌后战场的抗战，中国战场是世界反法西斯战争的东方主战场的基本史实。

难点：认识中国共产党是全民族团结抗战的中流砥柱；理解十四年抗战胜利在中华民族伟大复兴中的历史意义。

6. 教学策略

以问题为导向，以师生合作探究为教学方式，以激发学生兴趣、落实学科核心素养的培养为出发点，设计本课的教学主题。

（二）教学过程

导入：

教师活动：回顾上一课所学内容，出示日军暴行图片，讲述日军侵华罪行。

学生活动：聆听感受。

教师活动：面对日军全面侵华，中华民族到了最危险的时候，面对国家经济实力、军事能力和技术水平都远远落后于日本帝国主义的现实，中国人民唯有全民族浴血奋战。

【设计意图】以日军的暴行导入，既承上一课的内容，又启发学生思考本课的主题——"全民族浴血奋战"，从而开门见山，导入新课。

任务一：全民族浴血奋战

自主学习：阅读教材，梳理全面抗战时期主要战役及其意义。

学生活动：带着问题阅读教材，提炼信息，完成表格。

教师活动：指导学生阅读，并对其完成的表格进行点评。

【设计意图】引导学生自主预习并了解全民族抗战的基本史实，培养学生自主学习的能力。

问题：除了两个战场的抵抗，中国民众还进行了哪些抗战活动？

学生活动：带着问题阅读教材，从中提炼信息，概括中国民众进行的抗战活动。

教师活动：指导学生阅读，并对其归纳举措进行点评。结合教材内容出示工业和高校的内迁、各阶层各民族海外华侨等参与抗战的图片、文字史料，引导学生感悟中华民族英勇不屈的精神，加深学生对抗日战争是全民族抗战的认识。

【设计意图】 教师设置问题情境，引导学生加深对全民族团结抗战的认识，渗透家国情怀。

探究1：为什么说中国共产党在抗日战争中发挥了中流砥柱的作用？

材料一：中国共产党的中流砥柱作用，表现在整个抗日战争期间，特别在政治斗争方面。当日本开始发动侵华战争制造九一八事变后，蒋介石采取妥协、退让政策，不做任何抗战准备……中国共产党和全国人民一起，不断敦促蒋介石改变对日态度，放弃妥协政策，逐步走上坚决抗日的道路。

——徐中约《中国近代史：1600—2000 中国的奋斗》

材料二：自 1938 年下半年以后，中国共产党……不断抵制蒋介石、国民党的种种反共摩擦行为，以保证国共合作基础，向着有利于抗日方向发展。八路军、新四军及各地游击队，不仅抗击着大部分侵华日军和几乎全部伪军，消灭日伪军达 171 万人，解放区遍及 19 个省区，面积 100 万平方公里，人口达 1 亿，军队数量发展到 130 万人，民兵也有 268 万人。特别是面对国民党不断发生的反共企图和摩擦，以及对日作战的摇摆性，中国共产党始终坚持国共合作，坚持抗日战争方向，发挥了中流砥柱作用。

——张宪文《关于抗日战争几个观点的认识》

学生活动：结合材料从不同角度思考分析中国共产党在抗日战争中发挥了中流砥柱作用的原因。

教师活动：引导学生从不同角度分析，对学生回答进行点评。①最早宣传动员抗战和奋起抗战；②积极倡导并努力促成和维护抗日民族统一战线；③制定实施全面抗战路线和持久战的方针；④开辟敌后战场和敌后根据地，建设抗日民主政权；⑤领导人民共赴国难和铸就伟大抗战精神。

【设计意图】 通过小组讨论、交流，得出中国共产党是抗战的中流砥柱；培养学生史料实证意识和历史解释的能力。

任务二：东方主战场

探究2：为什么说中国战场是世界反法西斯战争的东方主战场？

材料三：从 1937 年到 1941 年，中国独力抗战，抗击了在中国本土的 50 万到 70 万敌军——大约是日本总兵力的一半——此外还有 20 万到 70 万的驻东北关东军。在 1945 年战争结束时，230 万日本的海外派遣军中有 120

万被钉在了中国。

——徐中约《中国近代史：1600—2000 中国的奋斗》

材料四：据不完全统计，抗战期间，中国向苏联提供了 4.5 亿美元的矿石，向美国提供了价值 7.48 亿美元的桐油和锡、钨等矿产品，向英国提供了价值 1.48 亿英镑的农、矿产品，有力地支援了盟国的反法西斯战争。

——步平、荣维木《中华民族抗日战争全史》

学生活动：结合材料从不同角度思考分析中国战场是世界反法西斯战争的东方主战场的原因。

教师活动：引导学生从不同角度分析，对学生回答进行点评。①中国抗日战争开始时间最早，持续时间最长；②中国战场长期牵制和抗击日本主要兵力，有力支援其他盟国，对日本侵略者的覆灭起了决定性作用；③中国积极倡导建立世界反法西斯同盟，实际参与了世界反法西斯战争的谋划和指挥；④太平洋战争爆发前，中国是反法西斯的东方唯一战场……

【设计意图】通过史料探究和分析、归纳教材，得出中国战场是世界反法西斯的东方主战场，进一步感悟中国抗日战争的伟大。

任务三：抗日战争胜利的意义

探究 3：根据教材结合以下材料，谈谈你对抗日战争胜利伟大意义的认识。

材料五："同是侵略，不同结局"

1842 年《南京条约》签订图　　　　1895 年《马关条约》签订图

1901 年《辛丑条约》签订图　　　　1945 年侵华日军投降签订图

材料六：勇敢的中国人民抗击日本的侵略，歼灭了无数日军，摧毁了大量的日本军用物资。援助中国进行的英勇抗战并最终发起反击是非常必要的，因为中国的抗战是最终战胜日本的重要因素。

——罗斯福《炉边谈话》

材料七：一篇全新的民间传说和民族神话，在延安窑洞里、山沟里诞生了，一种新思想、一种新人物，正在地球上最古老、最恒久的文明中心开拓着新天地。

——海伦《续西行漫记》

抗日根据地构成了新中国政权的雏形，奠定了未来中国政治的基本走向，成为中华民族解放与复兴的摇篮。

——荣维木《抗日战争热点问题聚焦》

学生活动：结合材料从不同角度思考分析抗日战争胜利的伟大意义。

教师活动：引导学生从不同角度分析，对学生回答进行点评。（对中国：尊严、主权、领土、觉醒、地位、革命、精神、复兴；对世界：推动战争进程、鼓舞殖民地国家斗争、维护正义及和平）播放纪念抗战胜利视频，加深学生对抗日战争的认识。

【设计意图】通过观看视频、阅读教材、分析史料，感悟中华民族自强、团结、自信的民族精神。培养学生家国情怀。

（三）板书设计

第 24 课 全民族浴血奋战与抗日战争的胜利

1. 全民族抗战
2. 东方主战场
3. 抗日战争胜利的意义

（四）教学反思

本课内容繁杂，在只有一个课时的情况下，如何使这课既有完整的历史知识体系，又对历史思维和历史价值观的培养，仍需思考与改善。

（五）推荐阅读书目

1. 费正清、崔瑞德：《剑桥中国史》，中国社会科学出版社。
2. 陈旭麓：《近代中国社会的新陈代谢》，上海社会科学院出版社。
3. 张海鹏：《中国近代通史》，江苏人民出版社。
4. 蒋廷黻：《中国近代史》，江苏人民出版社。
5. 王奇生：《党员、党权与党争》，中国法制出版社。

第 25 课 1 人民解放战争

（一）教学主旨

1. 内容要求

通过了解全面内战的爆发及人民解放战争的进程，分析国民党政权统治灭亡的原因，探讨中国共产党领导人民取得中国革命胜利的原因和意义。

2. 教材分析

本课是第八单元《中华民族的抗日战争和人民解放战争》的最后一课，是继上一课《全民族浴血奋战与抗日战争的胜利》后国共两党之间进行的一场生死存亡的较量。本课通过四个子目（争取和平民主的斗争、全面内战的爆发、国民党的统治危机、新民主主义革命的胜利）讲述了中国共产党带领人民取得解放战争胜利的过程，关系到国共两党乃至整个中国的命运，在中国近代历史上具有重大意义，并且在教材中起到了承上启下的作用，既是近代中国近百年来屈辱史的终结，又迎来了新中国的全新发展道路。新民主主义革命在这一时期的基本胜利，为新中国的成立奠定了基础，从此新中国走上了独立、民主、统一的道路。本课把"中国共产党带领人民取得新民主主义革命胜利"作为课题主题进行设计，通过学习能较为全面、完整地认识到国民党最终失败的原因，对比理解中国共产党这一时期最终领导中国人民取得胜利是历史的选择，更是人民的选择，加深对新民主主义革命胜利意义的理解，明白人心的向背在政治局势的演变中起着决定性作用的道理，深刻理解中国共产党为民族谋复兴的初心使命。

3. 学情分析

高一的学生经过初中有关内容的学习（本课题内容在初中课本中涉及的是八年级上册第七单元第23、24课），初步具备了一定的阅读分析能力和思考能力，对于人民解放战争这一时期发生的历史事件有了一定的认知和了解，知道了重庆谈判、全面内战、三大战役等内容；明白了国民党大陆统治覆灭的原因以及中国共产党领导中国人民取得中国革命胜利的原因，而且对于这部分内容，一些学生通过影视作品也有所了解。然而初中的学习和平时的了解不甚全面，学生对于国民党失败的原因及中国共产党胜利的原因和新民主主义革命的意义仍然需要加深理解和学习以形成知识体系，并需要教师加以引导。此外，基于已有的知识基础，高一学生的分析能力和辩证思维逐渐增强，身心发展趋向成熟，更希望探究与课本内容相关的更深层次的内容，因此，教师需要运用适当的教学方法和手段创设问题情境，激发学生兴趣，发挥学生主体作用，逐渐培养学生的学科核心素养。

4. 教学目标

（1）通过对教材文字、图片史料的研读，在特定历史时空下了解全面内战的爆发以及人民解放战争的进程，知道国民党军事溃败而中国共产党军事胜利的史实。

（2）通过阅读梳理教材结合史料研读，引导学生认识国民党坚持独裁、内战的政策以及面临的经济崩溃、政治困局等史实，分析国民党政权在大陆统治覆灭的原因。

（3）通过阅读梳理教材中中国共产党为争取和平民主做出的努力以及在解放区做出的举措，分析中国共产党领导中国革命胜利的原因及意义。

（4）感悟中国共产党人为国家民族的前途命运努力奋斗的精神，看到其政策和战略决策的果断和英明，理解人民群众是历史发展的决定性因素，"民心"是革命胜利的关键所在。

5. 教学重难点

重点：重庆谈判、解放战争主要进程、中国共产党领导人民取得中国革命胜利的意义。

难点：国民党政权大陆统治覆灭的原因、中国共产党领导人民取得中国革命胜利的原因。

6. 教学策略

以单元主题引领，构建大单元教学框架，以材料分析为教学的切入点，通过史料研习、师生共学、生生互学达成教学目的。在立足于学情的基础上，将学生的主体地位凸显在教学设计中；以多媒体为主的信息技术融入学科教学为手段，以课堂为依托来实现教学目标；紧紧围绕教师的"教"与学生的"学"，通过讲授法、任务驱动法、自主学习法来完成本课题教学目标（图25-1）。

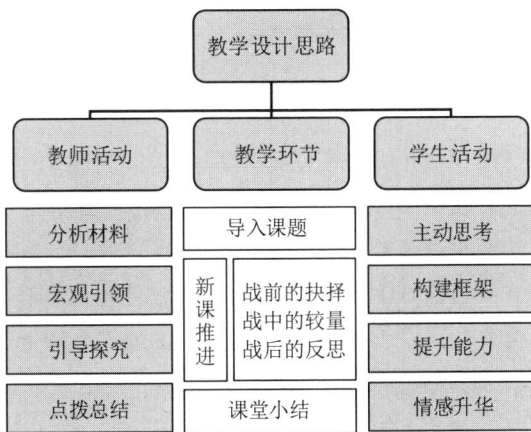

图 25-1　《人民解放战争》教学设计思路

（二）教学过程

导入：

播放歌曲《江山》，在歌声中感悟中国共产党的人民情怀，突出课题设计主题。

展示人民英雄纪念碑全景图及人民英雄纪念碑基座上的"抗日敌后游击战"浮雕。

教师讲述：请同学们看图片，同时教师讲述，进入课题。

学生活动：学生观察图片，听教师讲述并思考，中国共产党是如何带领人民取得革命胜利，最终建立新中国。

【设计意图】创设情境，设疑激趣，导入新课。联系前面已经学习的内容，承上启下。

1. 战前的抉择

出示材料，引导学生思考问题。

材料一：只要在革命建国的最高原则三民主义不致动摇、中华民国国民政府的法统不致紊乱的前提……得合理合法的解决。

——1945 年 9 月 30 日蒋介石《庆祝抗战胜利对全国同胞广播词》

问题：阅读材料，概括蒋介石政府的政策

材料二："……然后，需要在广泛的民主基础之上，召开国民代表大会，成立包括更广大范围的各党各派和无党无派代表人物在内的同样是联合性质的、民主的、正式的政府，领导解放后的全国人民，将中国建设成为一个独立、自由、民主、统一和富强的新国家。一句话，走团结和民主的路线，打败侵略者，建设新中国。"

——毛泽东在中国共产党第七次全国代表大会上所作的政治报告《论联合政府》

问题：阅读材料，概括共产党关于抗战后建国的政治主张。

材料三：自由自主的人民才能创造自由自主的国家。中国人民已经觉悟，保障中国前途的唯一途径，是消灭国外、国内一切束缚他们自由自主的势力，亦唯有顺着中国人民自己的愿望，中国方可由衰败转为兴盛，软弱变为强有力。二十世纪的政治真理，只有自由自主的人民，才能创造自由自主的国家；只有人民有力量，国家才有力量。……非先实行民主决无从实现统一。

——《中国民主促进会对于时局的宣言》（1946 年 1 月 4 日）

阅读材料三，概括民主党派的建国主张。

学生活动：学生研读材料并思考，从材料中提炼观点，进行认识的比较。

【设计意图】采用文字材料，帮助学生更直观具体地认识国共两党在历史拐点上做出的不同选择，同时也为下面中国共产党得到人民的支持做好铺垫。在学生研读材料的过程中提升素养。

教师讲述：国民党迫于人民和平希望的压力，加上内战没有准备好，蒋介石三次电邀毛泽东到重庆进行谈判。中共中央经过慎重的考虑让毛泽东、周恩来、王若飞等赴重庆进行谈判。

教师出示材料，引导学生思考问题。

材料四：有些同志问，为什么要让出八个解放区？……我们的方针是保护人民的利益。在不损害人民的基本原则下，容许作一些让步，用这些让步去换取全国人民需要的和平民主。

——毛泽东《关于重庆谈判》

材料五："我准备坐班房……现在苏联红军不入关，美国不登陆，形式上是中国自己解决问题，三国都不愿中国打内战，国际压力不利于蒋介石……，所以重庆可以去也是必须去。"

——1945 年 8 月 26 日毛泽东在政治局会议上发言

问题：阅读材料并结合所学知识思考，毛泽东为什么亲赴重庆进行谈判？

教师点拨：中国共产党为民族谋复兴，革命领袖高超的政治智慧。

教师讲述：经过 43 天的艰苦谈判，国共双方达成协议即《双十协定》，随后召开政协会议，似乎和平即将到来了，但是国民党很快撕毁了这些协议，正如学者梁漱溟所言："一觉醒来，和平已死了。"1946 年 6 月内战全面爆发。

学生活动：学生研读材料进行思考，从材料中提炼观点，进行认识的比较。

【设计意图】从中国共产党为了追求国家和平与发展的使命担当中，去感悟共产党的初心使命。毛泽东不顾个人安危，以身试险，亲赴重庆，充分体现了革命领袖为民族谋复兴的责任担当，敢于斗争、善于斗争的大智大勇。

2. 战中的较量

教师讲述：中国共产党在三个层面与国民党进行了生死较量，一是军事上的较量；二是经济上的较量；三是政治上的较量。

第一，军事上的较量。

教师播放文献片视频片段，然后引导学生阅读教材内容完成解放战争进程时空轴。

问题：请同学们观看视频后，查找书上第 148～152 页的内容要点完成学案上的解放战争进程时间轴，并简要说明节点事件的历史意义。

教师点拨：1949 年 4 月 23 日，人民解放军解放南京，标志着国民党反动统治的结束，中华民国时代的结束。

第二，经济上的较量。对比国统区与解放区的经济情况，引导学生思考人民为什么选择共产党。

第三，政治上的较量。通过出示 1946 年国民党包办的"国大"和共产党七届二中全会的材料，引导学生对比认识两个政党的性质。

学生活动：学生研读史料，提取观点。

教师点拨：解放战争的胜利为中华民族赢得了新生，今天我们回顾这段历史，可能会产生这样的疑问，为什么中国共产党会战胜国民党取得革命的胜利？

【设计意图】政治上较量这条线索，通过国民党包办的 1946 年"国大"与 1949 年中共七届二中全会的对比，分析国民党独裁专制的本质以及中国共产党的人民性和为人民奋斗的初心使命。

3. 战后的思考

教师出示材料，引导学生思考，为什么人民对国民党失去了信任？

材料六：抗日战争胜利后，国民政府派遣大批军政人员前往原日本占领区，共接收了日伪工厂 2411 座，价值约 20 亿美元；还接收了日本侵占的大量物资、金银等，价值在 10 亿美元以上。这些资产完全由国民党官僚资本集团控制。国民党接收大员们贪婪地掠夺财物，接收变成"劫收"。

——《中外历史纲要》（上）第 25 课

教师出示材料，引导学生思考，共产党是如何赢得人民的信任的。

教师点拨：解放战争的胜利除了共产党的高超军事战略战术之外，更为关键的在于人民群众对中国共产党的拥护和支持。

教师引导学生，归纳总结中国共产党取得胜利的原因。

学生活动：学生观看文献片视频，并结合材料进行研读，回答问题。

【设计意图】这一部分内容学生在初中阶段已经有一定的积累，因此，教师用文献片视频和阅读教材内容梳理和巩固知识。引导学生通过材料研读掌握相对应的历史事实，并锻炼语言组织和表达能力。经济上的较量，这条线索通过图像类史料、文字类史料进行国统区、解放区的人民经济生活的对比，引导学生思考为什么人民选择中国共产党。

拓展探究：

出示材料，思考新民主主义革命胜利的历史意义。

材料七：继八年抗日战争打倒了一个日本帝国主义之后，仅仅在三年的解放战争中，中国人民就已基本上打倒了由美帝国主义所武装起来的国民党反动派，结束了帝国主义、封建主义和官僚资本主义在中国的统治时期，并将中国人民解放战争和中国人民革命运动继续推进向全国的彻底胜利。

——《旧中国灭亡了，新中国诞生了!》，《人民日报》1949年9月22日社论

教师总结，解放战争的胜利也是新民主主义革命的胜利，彻底完成了反侵略反封建的民主革命任务，根本上改变了中国社会的发展方向，开创了中国现代化建设的新纪元。一个崭新的人民共和国即将诞生。

解放战争是人民的胜利，是中国共产党的胜利，在建党百年的历史节点上，回望这场人民解放战争，不禁让我们感慨，中国共产党来自人民、依靠人民，最终又回到人民中去，不忘初心使命。正如习近平总书记所说："江山就是人民，人民就是江山。"（图 25 - 2）

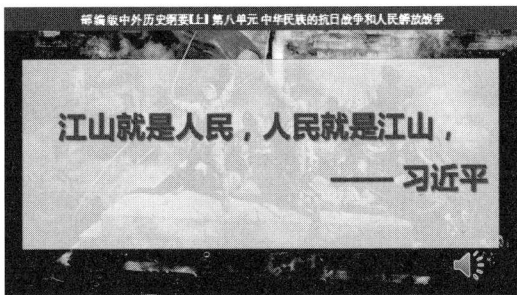

图 25 - 2　本课教学设计配套课件

学生活动：学生思考后进行归纳总结。观察图片，听教师讲述分析，思考为什么人民选择中国共产党。学生通过图像类史料、文字类史料对比国民党与共产党对待人民的态度，进一步深层次地分析革命胜利的关键因素。同学观看文献片视频片段后，查找书上内容要点完成学案上的解放战争进程时间轴。

【设计意图】通过具体的材料和图片信息的解读。进一步进行深层次的分析，引导学生更深刻地认识到"民心"是革命胜利的关键因素，人民才是历史的创造者。

课堂小结拓展提升：中国共产党带领人民取得新民主主义革命胜利。

【设计意图】课堂小结设计为问题探究，出示材料引导学生思考新民主主义革命胜利的历史意义。教师总结，解放战争的胜利不仅是新民主主义革命的胜利，也是中国共产党的胜利，更是中国人民的胜利。回首中国共产党百年道路，不忘初心使命，"江山就是人民，人民就是江山。"

（三）板书设计

第 25 课　人民解放战争

（四）教学反思

本课的重点内容多，讲授难度较大，一个课时完成课题教学任务困难较大，因此需要教师精心进行教学设计，学生积极配合。在教学实际中，为了达到理想的课堂状态，教师要充分地进行学情分析，基于课程标准把握重难点，对教学内容删繁就简，注重课堂的实效与生成。

（五）推荐阅读书目

1. 费正清、崔瑞德：《剑桥中国史》，中国社会科学出版社。

2. 陈旭麓：《近代中国社会的新陈代谢》，上海社会科学院出版社。

3. 张海鹏：《中国近代通史》，江苏人民出版社。

4. 蒋廷黻：《中国近代史》，江苏人民出版社。

5. 王奇生：《党员、党权与党争》，中国法制出版社。

6. 张宪文等：《中华民国史》，中华书局。

第 25 课 2　人民解放战争

（一）教学主旨

1. 内容要求

通过了解全面内战的爆发及人民解放战争的进程，分析国民党政权在大陆统治灭亡的原因，探讨中国共产党领导人民取得中国革命胜利的原因和意义。

2. 教材分析

本课为第八单元《中华民族的抗日战争和人民解放战争》的最后一课，本课主要叙述了从抗战胜利到新民主主义革命胜利这一段史实，由"争取民主和平的斗争""全面内战的爆发""国民党政权的统治危机""新民主主义革命的胜利"四子目构成。是中国共产党领导中国新民主主义革命走向最终胜利的最后一步，为下一课新中国的成立奠定基础。

3. 学情分析

本课的施教对象为刚进入高中学习的高一新生，学生在初中阶段已经初步掌握了解放战争的史实，并且具备了一定的分析问题和解决问题的能力，但是如何对史料做出正确解释的能力还有待加强，因此教师需要引导学生分析和解释史料，并形成正确的认识，通过学习认识到中国共产党代表最广大人民的根本利益，得到了人民的拥护。

4. 教学目标

（1）通过本课学习，学生能够从时空观念角度了解人民解放战争的进程。

（2）通过本课学习，学生能通过对史料的分析了解中国共产党争取和平民主的斗争和国民党的统治危机，并能分析国民党政权在大陆统治灭亡的原因。

（3）通过本课学习，学生能够立足唯物史观认识中国共产党之所以能取得中国革命的胜利是因为中国共产党代表中国最广大人民的根本利益，并且在本课学习中感悟中国共产党为了中华民族的命运与前途不断努力奋斗的精神。

5. 教学重难点

重点：人民解放战争进程的史实以及中国共产党胜利的原因。

难点：国民党政权在大陆统治灭亡的原因。

6. 教学策略

本课主要采用图示法、比较分析法、史料分析法等，以问题为导向、以师生合作探究为教学方式，以激发学生兴趣、落实学科核心素养的培养为出发点，设计本课的教学主题。

（二）教学过程

导入：

七律·人民解放军占领南京

毛泽东

钟山风雨起苍黄，百万雄师过大江。

虎踞龙盘今胜昔，天翻地覆慨而慷。

宜将剩勇追穷寇，不可沽名学霸王。

天若有情天亦老，人间正道是沧桑。

学生活动：思考毛泽东诗词中的"天翻地覆"是指什么事件？为什么能够"天翻地覆"？

【设计意图】通过学生熟知的毛泽东诗词吸引学生注意力，借助诗词内容引发学生思考并由此引入新课。

任务一：抗战后的和平态势

1945年8月15日，日本宣布无条件投降，中国历经百年的屈辱终于取得了完全胜利，那战后的中国走向何方呢？

学生活动：根据教材自行梳理1945年战后至1946年6月中国发生了什么事情。（重庆谈判与召开政协会议）

【设计意图】通过梳理时间轴的形式让学生了解抗战后的历史脉络，加强时空观念。

1. 重庆谈判

学生活动：梳理重庆谈判相关内容，并观察重庆谈判时期的历史图片，思考为什么美国驻华大使陪同毛泽东从延安乘专机到重庆谈判。

教师活动：带领学生分析重庆谈判的主要成果（和平、民主），并得出国共谈判不仅是国内关注，同时国际上也希望中国走向和平。

2. 政协会议

学生活动：梳理政协会议关键信息。

【设计意图】通过梳理重庆谈判和政协会议，让学生能明白战后国内外形势走向和平。

任务二：和平"死了"

教师活动：展示李公朴与闻一多的经历与梁漱溟的话语"一觉醒来，和平已经死了"。让学生思考为什么抗日战争后走向了和平，但却在战后不到一年"和平"就死了呢？

问题1：根据材料，概括战后国民党的方针政策。

材料一：国大代表总数1440名，前已选出950名。尚需选出490名，其中240名由国民党指定。国民党坚持"军令政令统一""先将军队交给政府，再由政府给一点民主"。

——《关于国民大会之意见》

材料二：需要在广泛的民主基础之上……成立……联合性质的民主的正式的政府……将中国建设成为一个独立、自由、民主、统一和富强的新国家。

——毛泽东在中国共产党第七次全国代表大会上所作的政治报告《论联合政府》

学生活动：阅读材料，看战后国共两党对于国家未来的不同设想。并思考国民党追求的是一党独裁，那为什么还要电邀毛泽东谈判呢？

教师活动：引导学生分析国民党电邀毛泽东谈判的原因，从而得出国民党"假和平真内战"的政策。

【设计意图】引导学生理解解放战争爆发的原因，渗透史料实证核心素养。

问题2：根据教材，概括解放战争的战争进程。

学生活动：带着问题阅读教材，从中提炼信息，概括解放战争的战争进程。

教师活动：指导学生阅读并归纳。（战略防御阶段：国民党全面进攻和重点进攻，共产党粉碎国民党的全面进攻和重点进攻；战略反攻阶段：刘邓大军挺进大别山，揭开战略反攻的序幕；战略决战阶段：三大战役；战争胜利：渡江战役）

任务三：走向和平

阅读材料并结合所学，分析解放战争中国共产党胜利的原因？

教师活动：展示图片、文字等材料。

学生活动：阅读材料，从国共两党角度看解放战争过程中双方形式的变化。

教师活动：引导学生根据材料分析国民党因为一党专政、滥发纸币等不得民心，中国共产党则通过土地改革、注重党的建设、以人民利益为出发点而不断壮大。

【设计意图】通过国共两党对比，学生能够立足唯物史观认识国民党政权在大陆统治灭亡的原因和中国共产党能取得中国革命胜利的原因。并且在本课学习中感悟中国共产党人为了中华民族的命运与前途不断努力奋斗的精神。

问题3：解放战争对当今中国梦的实现有何借鉴意义？

学生活动：结合所学，思考解放战争的借鉴意义。

教师活动：引导学生归纳概括。

【设计意图】学生在两党成败之中感悟历史中的智慧，培养学生家国情怀核心素养，有利于落实立德树人的教育目标。

（三）板书设计

第 25 课　人民解放战争

一、走向和平？

二、和平"死了"

三、走向和平

（四）教学反思

本课围绕课标要求，试图让学生在了解解放战争进程的史实基础上，结合诗歌、图片、地图等多种形式的史料去探究发现中国共产党领导人民取得解放战争最终胜利的原因。同时也希望学生能回望历史、立足当下、展望未来，能明白当下中华民族正走在伟大复兴的征途上，更需要海峡两岸领导人以更大的政治智慧，站得更高、看得更远，早日实现中华民族的统一，以此增强学生的家国情怀。

（五）推荐阅读书目

1. 费正清、崔瑞德：《剑桥中国史》，中国社会科学出版社。

2. 陈旭麓：《近代中国社会的新陈代谢》，上海社会科学院出版社。

3. 张海鹏：《中国近代通史》，江苏人民出版社。

4. 蒋廷黻：《中国近代史》，江苏人民出版社。

5. 王奇生：《党员、党权与党争》，中国法制出版社。

6. 张宪文等：《中华民国史》，中华书局。

第九单元　中华人民共和国成立和社会主义革命与建设

一、课标要求

认识中华人民共和国成立的伟大意义；概述新中国巩固人民政权的主要举措；认识新中国为民主政治建设和向社会主义过渡所做出的努力；了解20 世纪50—70 年代中国探索社会主义建设道路的曲折发展和伟大成就，认识"文化大革命"的错误及教训；理解政治、经济、外交、国防等领域所取得的成就在新中国历史上所具有的开创性、奠基性意义；了解和感悟这一时期中国人民艰苦奋斗、奋发图强的精神风貌；了解毛泽东对中国革命和社会主义建设的贡献，认识毛泽东思想对近现代中国的深远影响。

二、课标解读

本单元在课标中被分成了两个专题，即《中华人民共和国成立和向社会主义的过渡》和《社会主义建设道路的探索》。共有 7 个学习要点：①深刻理解中华人民共和国成立的伟大意义，深刻理解《中国人民政治协商会议共同纲领》所规定的新中国的国家性质，以及 1954 年宪法确立的我国的根本政治制度，即人民代表大会制度、中国共产党领导的多党合作和政治协商制度及民族区域自治制度，及其在我国民主建设中的深远意义。②了解中国共产党领导全国人民为巩固人民政权所做出的努力。③认识过渡时期总路线提出的必然性，探索有中国特点的向社会主义过渡的道路与三大改造的胜利完成，以及社会主义基本制度在中国全面确立的深远意义。④了解 1956 年前后是中国社会主义道路探索的良好开端，这里既有第一个五年计划的提前

275

胜利完成，也有在生产关系、上层建筑领域里进行积极探索及所取得的一系列积极成果。⑤了解 1957 年后在探索中发生的严重曲折，从反右斗争扩大化到"大跃进"、人民公社化运动，直至发生了"文化大革命"这样的错误，认识这些错误的性质及其造成的后果；认识这些错误是在探索中发生的，而且在错误中党内外始终存在着纠正"左"的错误的顽强努力；认识全党、全国人民团结一致战胜困难和奋发图强、艰苦奋斗、克服困难的社会风貌。⑥了解在这一段时间里尽管发生了严重的曲折，但我国的社会主义建设仍然取得了很大的成就，对中国社会主义道路的探索也取得了重要的成果；了解正是因为党和人民对错误进行了科学分析，正确地总结了经验教训，深化了对"什么是社会主义，怎样建设社会主义"的认识，在探索中逐渐形成了若干建设社会主义的重要准则，所以才能在"文化大革命"结束后很快地走上改革开放的正确道路。⑦认识毛泽东思想对近现代中国的深远影响。

从时空线索上看从 1949 年中华人民共和国成立到 1976 年社会主义探索时期。内容涉及中华人民共和国成立、社会主义的过渡，讲解了开国大典、土地改革、抗美援朝、独立自主外交、社会主义制度建立，以及 1956—1976 年我国社会主义建设中取得的重大成就和遭受的一系列挫折和教训。中华人民共和国成立和社会主义革命与建设历程，充分体现了中国共产党是社会主义建设的领导核心和中国人民艰苦奋斗的建设精神，也是毛泽东思想指导我国社会主义革命和现代化建设的重要体现。因此，本单元在时间上的长跨度，内容上的大融合，思维能力的大提升，对学生历史学科核心素养的要求层次也更高，核心素养的落地也更难。

三、初中、高中教材对比

第26课　中华人民共和国成立和向社会主义的过渡

（一）教材知识结构的对比

初中历史教材（八年级下册）	高中历史教材《中外历史纲要》（上）
第一单元　中华人民共和国的成立和巩固 第 1 课　中华人民共和国成立 1. 中国人民政治协商会议 2. 开国大典 3. 西藏和平解放	第九单元　中华人民共和国成立和社会主义革命与建设 第 26 课　中华人民共和国成立和向社会主义过渡 1. 中华人民共和国的成立

续表

初中历史教材（八年级下册）	高中历史教材《中外历史纲要》（上）
第2课　抗美援朝 1. 抗美援朝，保家卫国 2. 战斗英雄黄继光和邱少云 第3课　土地改革 1.《中华人民共和国土地改革法》的实施 2. 土地改革的意义 第二单元　社会主义制度的建立与社会主义建设的探索 第4课　新中国工业化的起步和人民代表大会制度的确立 1. 第一个五年计划 2. 人民代表大会制度的确立 第5课　三大改造 1. 农业、手工业合作化 2. 公私合营 第6课　艰辛探索与建设成就 第五单元　国防建设与外交成就 第15课　钢铁长城 第16课　独立自主的和平外交 1. 和平共处五项原则的提出 2. 加强与亚非国家的团结合作 第17课　外交事业的发展	2. 人民政权的巩固 3. 开创独立自主的和平外交 4. 社会主义基本制度的建立
解读	从教材对比来看： 相同点： 初中、高中教材选取主要史实基本相同，主要围绕中华人民共和国成立、一五计划、三大改造、新中国初期外交等。 不同点： 1. 从教材体量上来看，初中、高中课程设置变化极大，初中教材将1949—1976年新中国的建设史编为"中华人民共和国成立""抗美援朝""土地革命""工业化起步和人民代表大会制度""三大改造""独立自主的和平外交""外交事业的发展"等子目和知识点，分别分布在第一、第二、第五单元3个单元，总计11课时内容，而高中教材则将以上内容统一编排到第九单元"中华人民共和国成立和社会主义革命与建设"，并以2个课时集中呈现，高中教材相较于初中教材在内容上高度整合，高度浓缩，高度概括，单课时体量、容量非常大。 2. 从课程主题和线索来看，高中教材主要围绕"中华人民共和国成立和向社会主义过渡"这一主线展开，主线明晰，对历史背景和事件影响分析更为全面。初中教材涉及的相关知识点分于三个单元中，历史事件之间的线索性、整体性稍弱，内部的逻辑连接性不强，缺少一个贯穿这一时期清晰的历史主线和鲜明的历史主题

（二）教材相同内容表述的对比

相同知识点	初中历史教材	高中历史教材	解　读
中华人民共和国成立	1. 1949 年 9 月，中国人民政治协商会议第一届全体会议通过了《中国人民政治协商会议共同纲领》，选举了中央政府委员会，初步建立了中国共产党领导的多党合作政治协商制度。 2. 开国大典的历史情境。中华人民共和国成立，推翻了帝国主义、官僚主义和封建主义的统治，中国人民从此站起来了。 3. 西藏和平解放受到了西藏各界的热烈欢迎	1. 1949 年 9 月，中国人民政治协商会议第一届全体会议制定了《中国人民政治协商会议共同纲领》，是新中国的建国纲领，具有临时宪法性质。 2. 中华人民共和国成立，结束了帝国主义、官僚主义和封建主义的统治，人民真正成为国家的主人，为实现由新民主主义向社会主义过渡创造了前提条件	1. 高中教材因课程容量较大、篇幅有限，在内容上侧重介绍了《中国人民政治协商会议共同纲领》的内容和作用，对于开国大典的具体历史情境并未涉及，而初中教材则详细地介绍了开国大典的过程，这符合初中、高中学生学习的特点，初中教材更为回归历史情境本身，让学生感受历史情境，从情境中激发爱国情感。高中教材部分侧重理论分析，从社会性质、政权性质的角度分析作用和影响。 对于中华人民共和国成立的历史意义部分，高中教材突出其对中国社会发展方向和向社会主义过渡的影响，这在初中教材中是没有涉及的。 2. 西藏的和平解放是初中、高中历史教材明显不同的一点，高中教材并未涉及这一知识点。 3. 在课后活动和知识扩展部分，初中教材要求学生结合《开国大典》《建国大业》等影片，感受中华人民共和国成立的意义。而高中教材要求学生运用唯物史观，阐述中华人民共和国成立的伟大历史意义。对于学生的学科能力培养侧重点不同
抗美援朝	1. 为了抗美援朝，保家卫国，1950 年 10 月中国人民志愿军开赴朝鲜前线。 2. 抗美援朝战斗英雄，详细讲诉了黄继光、邱少云的事迹。 3. 抗美援朝的胜利，为我国经济建设赢得了相对稳定的和平环境，大大提高了我国的国际地位	1. 1950 年 10 月，应朝鲜政府要求，人民志愿军开赴朝鲜，抗美援朝，保家卫国。 2. 抗美援朝战斗英雄，在历史纵横部分介绍了杨根思。 3. 抗美援朝战争胜利打出了国威和军威，提高了新中国的国际地位	1. 关于抗美援朝战争，高中教材是作为"人民政权的巩固"这一子标题下的一个历史事件呈现出来的，介绍较为简略，侧重其对中华人民共和国成立初期政权巩固的作用。初中教材中是作为一课时的内容呈现，介绍较为详细具体。 2. 抗美援朝战斗英雄选取中初中、高中进行了侧重，初中教材重点介绍黄继光、邱少云。高中教材正文部分只是列举了人物名字，在历史纵横部分补充了杨根思的相关事迹。两者都注重培养学生感受抗美援朝精神，培养学生家国情怀

相同知识点	初中历史教材	高中历史教材	解　读
土地改革	1. 中华人民共和国成立后，农村存在大量无地、少地农民，阻碍了农村经济发展，广大农民迫切要求土地改革。 2. 土地改革的实施废除了封建土地所有制，巩固了政权，为国家工业化建设准备了条件	1. 为了肃清一切反革命武装，巩固人民政权，克服财政经济上的巨大困难，应对美国发动的朝鲜战争的威胁，新中国实施了土地改革。 2. 土地改革的实施使得农民从封建土地的束缚中彻底解放出来，农村生产力得到极大解放，为中国逐步实现工业化扫除了障碍	1. 对于土地改革实施的背景，初中教材介绍较为简略，而高中教材从巩固政权、发展经济、国防安全等角度进行了较为全面的分析。 2. 初中、高中教材对于土地改革的意义都从废除封建土地制度作为工业化奠定基础两个方面论述。 3. 初中教材在"相关史事"中给出了湖南、辽宁的相关土地改革数据，进行史料实证，而高中教材给出"思考点"：毛泽东说，土地改革"是中国人民民主革命继军事斗争以后的第二场决战"。你怎样理解这句话？通过设问引导学生深入思考土地改革的意义
一五计划 三大改造	1. 经过三年的经济恢复，国民经济得到好转，但我国仍是落后的农业国，工业水平很低。在此背景下一五计划展开。 2. 农业、手工业的合作化得到了农民、手工业者的热烈欢迎。资本主义工商业则实行公私合营、赎买政策，实现了和平过渡，是社会主义改造的创举。 3. 三大改造的完成实现了生产资料私有制向公有制的转变，社会主义制度在我国确立起来。但也存在着要求过急等缺点	1.1953 年，根据国内经济、政治条件及国际形势的变化，制定了一五计划并进行三大改造。 2. 三大改造的完成，标志着生产资料公有制占绝对优势的社会主义经济制度在我国初步建立起来	1. 初中教材对一五计划和三大改造的背景分析较为具体全面，但主要侧重在国内经济层面。高中教材虽然较为简略，但是提高了国际形势的变化。在讲解这一知识点时，可适当讲两者相结合。 2. 农业、手工业、资本主义工商业改造的方式，高中教材并未涉及，初中教材进行了详细的介绍。 3. 对于三大改造的评价，高中教材侧重于对社会主义制度建立的影响，初中教材在此基础上又指出了存在的缺陷。 整体而言，初中教材在这一知识点的论述更为具体全面

续表

相同知识点	初中历史教材	高中历史教材	解　读
人民代表大会制度	1954 年 9 月，第一届全国人民代表大会在北京召开。会议通过了《中华人民共和国宪法》。以国家根本大法的形式确立了人民代表大会制度	1954 年 9 月，第一届全国人民代表大会在北京召开。会议通过了《中华人民共和国宪法》。大会确立的人民代表大会制度是根本政治制度，中国共产党领导的多党合作和政治协商制度、民族区域自治制度是基本政治制度	初中、高中教材都强调 1954 年 9 月，第一届全国人民代表大会召开，会议通过的《中华人民共和国宪法》确立了人民代表大会制度是我国根本政治制度。但高中教材还突出强调了中国共产党领导的多党合作和政治协商制度、民族区域自治制度是基本政治制度。对于新中国初期的政治制度介绍更为全面
独立自主的和平外交	1. 1953 年，周恩来在接见印度代表团时，首次提出和平共处五项原则。1954 年周总理在访问印度和缅甸时，将和平共处五项原则作为指导两国关系的基本准则，也成为处理国与国关系的基本准则。 2. 1955 年万隆会议，中国提出"求同存异"的方针，促进了会议的圆满召开，加强同亚非国家的团结合作	1. 1953 年，周恩来在接见印度代表团时，首次提出和平共处五项原则。1954 年周总理在访问印度和缅甸时，正式倡议将和平共处五项原则作为国际关系的准则。 2. 1955 年亚非万隆会议上，中国提出并坚持"求同存异"的方针，为进一步开展和亚非各国的友好合作关系创造了条件	1. 初中、高中对于和平共处五项原则表述基本相同。初中教材利用"史料研读"部分深化其对国际关系所起的作用。高中教材通过"学思之窗"结合历史和现实，谈对和平共处五项原则的理解。分别从不同侧面培养学生史料实证和历史解释的能力。 2. 在万隆会议这一知识点中，初中、高中教材都强调了其对发展和亚非国家关系的重要作用

第 27 课　社会主义建设在探索中曲折发展

（一）教材知识结构的对比

初中历史教材（八年级下册）	高中历史教材《中外历史纲要》（上）
第二单元　社会主义制度的建立与社会主义建设的探索 第 6 课　艰辛探索与建设成就 1. 在探索中曲折前进 2. "文化大革命" 3. 建设成就	第九单元　中华人民共和国成立和社会主义革命与建设 第 27 课　社会主义建设在探索中曲折发展 1. 全面建设社会主义 2. "文化大革命" 3. 伟大的建设成就

续表

解读	从教材对比来看： 相同点： 初中、高中教材选取主要史实基本相同，主要围绕艰辛探索与成就展开，包括了社会主义探索时期的成就和挫折，也包括"文化大革命"。 不同点： 1. 初中、高中历史教材都围绕着"艰辛探索和曲折发展"这一主线。在子标题选取中具有一定的相似性。例如，"文化大革命"、伟大的建设成就。 2. 从子目标题的对比来看，初中历史教材将外交从社会主义建设中分离出来，作为单独的一个单元、一个课时进行梳理。而高中教材只在最后一个子目"伟大的建设成就"中列举了外交成就。这是初中、高中教材在处理外交这一知识点的不同之处

（二）教材相同内容表述的对比

相同知识点	初中历史教材	高中历史教材	解读
全面建设社会主义	1. 1956 年中国共产党第八次全国代表大会，分析指出了当时国内的主要矛盾和任务。党的八大以后，中国开始全面大规模的社会主义建设。 2. 1958 年总路线提出。接着，全国掀起了"大跃进"和人民公社化运动，反映了人民群众迫切要求改变我国经济落后状况的愿望，但急于求成，忽视了客观经济规律。 3. 为克服困难局面，中共中央提出了八字方针。1961 年开始实施，到1965 年国民经济调整的任务基本完成，工农业生产取得恢复和发展	1. 1956 年，中国共产党第八次全国代表大会召开。大会指出了中国社会的主要矛盾和任务。这是我国建设社会主义道路的一次成功探索。 2. 1958 年中共中央提出建设社会主义总路线，在全国掀起了"大跃进"和人民公社化运动。总路线反映了广大人民迫切要求改变我国经济文化落后状况的普遍愿望，但由于片面追求经济建设高速度，忽视了客观经济规律。 3. 为克服困难，从1960 年冬开始，中共中央对国民经济实行了"调整、巩固、充实、提高"的方针	1. 初中、高中教材在全面建设社会主义时期的内容选取和文字表述具有很大的相似性。学生经过初中阶段的学习已经掌握了这一时期的基本历史史实。 2. 高中教材注重这一时期建设的全面性。在"历史纵横"部分，补充了"百花齐放、百家争鸣"方针的提出。对全面建设时期的文化事业进行了补充拓展，帮助学生全面构建这一时期的知识体系

续表

相同知识点	初中历史教材	高中历史教材	解　读
"文化大革命"	1. 20世纪60年代中期。毛泽东认为党和国家面临着资本主义复辟的危险。为此，他强调"以阶级斗争为纲"。1966年夏，"文化大革命"全面发动起来。 2. "文化大革命"给党、国家、各族人民造成了巨大的损失。它的发动，有着特殊的社会历史原因	1. 20世纪60年代中期。毛泽东认为党和国家面临着资本主义复辟的危险。为此，他强调"以阶级斗争为纲"。 2. 在党和人民的抵制、抗争中结束了"文化大革命"这场灾难。实践证明，"文化大革命"不是任何意义上的革命或社会进步，而是一场由领导者发动，被反革命集团利用，给党、国家和各族人民带来灾难的内乱	1. 高中教材相较于初中教材在对于"文化大革命"的定性问题上给出了党和国家的准确论述。这有助于学生准确清楚地知道"文化大革命"的性质，体会其对党、国家、人民造成的破坏，并以史为诫，培养学生的民主法治观念。 2. 高中教材在"文化大革命"这一子目下的"史料阅读"部分选取了邓小平在答意大利记者时对毛泽东的评价。辩证地分析了毛泽东的功和过，有助于培养学生的唯物史观。引导学生了解毛泽东对中国革命和社会主义建设的贡献，认识毛泽东思想对近现代中国的深远影响
伟大的建设成就	1. 我国工业生产能力和技术水平大大提高，交通、水利建设取得巨大成绩，国防尖端科技取得重大进展。 2. 社会主义建设中涌现出一大批英雄模范人物，如王进喜、焦裕禄、雷锋。 3. 在"文化大革命"期间，我国仍取得了一系列科技成就	1. 我国在工业、农业、科技、国防、外交、文化教育等方面取得了巨大成就。 2. 社会主义建设中涌现出一大批英雄模范人物，如王进喜、焦裕禄、雷锋、李四光、钱学森、邓稼先、华罗庚等	1. 初中教材对于建设成就的列举集中于工业和科技领域，高中教材则更为全面，涉及了工业、农业、科技、国防、外交、文化教育等方面。这符合高中生全面认知和思考的学习特点。 2. 初中、高中教材都注重通过英雄模范人物的介绍，引导学生了解和感悟这一时期中国人民艰苦奋斗、奋发图强的精神风貌，培养学生的家国情怀。所不同的是高中教材选取人物更为多样化

相同知识点	初中历史教材	高中历史教材	解　读
70 年代外交事业的发展	1. 1971 年 10 月，第 26 届联合国代表大会通过决议，恢复了中国在联合国的合法席位。这是中国外交的重大胜利。 2. 20 世纪 70 年代初，中美关系出现了转机。1971 年，尼克松访华。1979 年，中美正式建交。美国承认只有一个中国，台湾是中国领土的一部分，承认中华人民共和国是中国唯一的合法政府。1972 年，中日建交	1. 20 世纪 70 年代，中国外交打开新局面，迎来了中华人民共和国成立以来与世界各国建交的又一次高潮。 2. 1971 年，中国恢复在联合国的一切合法权利。1972 年，中美结束了长期敌对状态，开始走向关系正常化；中日正式建交。这些外交成就极大地改善了中国的安全环境，扩展了外交活动的舞台	初中教材将外交事业的发展作为一课时内容呈现，内容较详细。高中教材只用一个自然段来进行描述，内容相对较为简略。两者都突出强调了 70 年代我国外交领域取得的成就

四、教学建议

本单元《中华人民共和国成立和社会主义革命与建设》包含第 26 课《中华人民共和国成立和向社会主义的过渡》和第 27 课《社会主义建设在探索中曲折发展》两课内容。本单元有两个鲜明的特点：一是时空跨度长，本单元时间从 1949 年中华人民共和国成立到 1976 年"文化大革命"结束，时间跨度长，阶段划分细。二是内容体量大，本单元内容包括中华人民共和国成立、开国大典、国民经济恢复、社会主义过渡、土地改革、抗美援朝、独立自主外交、社会主义制度建立、社会主义探索、"文化大革命"等，既有新中国发展的重大成就，也包括一些挫折和教训。基于本单元两大特点，如果教师不整合教材，不提炼主题，本单元线索会非常杂乱。基于上述分析，将本单主题定为"理想照耀中国"。具体教学建议有以下三点。

（一）构建和应用大历史观，做到形散神聚

在时间上敢于打破历史阶段束缚，在内容上去敢于整合历史人物、历史事件等。比如，在确立本单元主题为"理想照耀中国"的基础上，从时间上敢于贯穿1949—1976年的历史，不同时期的人物也可以挖掘和整合。

（二）做好"取"与"舍"，不可泛泛而谈，不可面面俱到

由于高中历史教材较与初中教材在体量和编写上进行了大整合，同样的内容由3个单元11课时压缩到1个单元2课时，如果做不好取与舍的权衡，想面面俱到，反而很容易陷入泛泛而谈、走马观花的窘境。比如，初中部编版历史教材对于《社会主义建设在探索中曲折发展》的主要历史史实已经做了较为详尽的介绍，高中学生已经具备了一定的学科基础知识。因此，高中教师在处理本课内容时可适当弱化具体过程，围绕"探索的艰辛和曲折"大胆进行拓展和延伸，对学生进行历史思维的培养。

（三）紧扣历史学科核心素养，做到用历史来立德树人

历史学科的五大核心素养是高中历史教学必须要关注的问题，高中与初中历史教学应是继承和发展的关系，能不能继承好，能不能发展好，关键看历史学科的核心素养是否得到进一步落实。比如，通过学习了解新中国巩固政权的一系列措施、抗美援朝战争、独立自主的和平外交，结合鸦片战争以来的历史，结合新中国面临的国际环境，结合当下国际形势使学生认识到维护国家主权的重要性，从而做到厚植家国情怀。又比如，在评价毛泽东对中国革命和社会主义建设的贡献时，毛泽东思想对于社会主义建设的重要指导作用是很容易被忽略的部分，教师应当也必须带领学生全面客观地评价毛泽东对中国革命和社会主义建设的贡献，真正涵养唯物史观的核心素养。

五、教学设计

第26、27课　理想照耀中国

（一）教学主旨

1. 内容要求

第26课：认识中华人民共和国成立的伟大意义；概述新中国巩固人民政权的主要举措；认识新中国为民主政治建设和向社会主义过渡所做出的努力。

第27课：了解20世纪50—70年代中国探索社会主义建设道路的曲折发展和伟大成就，认识"文化大革命"的错误及教训；理解政治、经济、外交、国防等领域所取得的成就在新中国历史上所具有的开创性、奠基性意义；了解和感悟这一时期中国人民艰苦奋斗、奋发图强的精神风貌；了解毛泽东对中国革命和社会主义建设的贡献，认识毛泽东思想对近现代中国的深远影响。

2. 教材分析

第九单元《中华人民共和国成立和社会主义革命与建设》包含第 26 课《中华人民共和国成立和向社会主义的过渡》和第 27 课《社会主义建设在探索中曲折发展》两课内容。横跨 1949 年中华人民共和国成立到 1976 年社会主义探索时期。内容涉及中华人民共和国成立、社会主义的过渡，讲解了开国大典、土地改革、抗美援朝、独立自主外交、社会主义制度建立，以及 1956—1976 年我国社会主义建设中取得的重大成就，遭受的一系列挫折和教训。时间跨度大，涉及史实多，是新中国建设的历史开篇，内容重要，意义深远。

3. 学情分析

本课的授课对象为高一学生，通过对比部编版初中历史教材内容可知，学生对本课内容已有一定的知识基础。但是初中、高中历史的学习、思考方式存在着一定的差异，学生分析解读历史史料的能力较为薄弱，在教材和历史史料的基础上难以形成准确完整的历史解析。此外，这一时期青年学生人生观、价值观、世界观的形成都处于关键时期。基于此种情况，教师在实际讲解中要注重历史史料的分析方法，注重历史思维和注重家国情怀的培养、问题难度也要符合学生学情。

4. 教学目标

（1）回顾百年来中国人民为实现民族独立而进行的英勇探索，按照建构主义理论创设历史情境，引导学生认识中华人民共和国成立的伟大意义。贯穿 1949—1976 年的新中国建设，引导学生感受新中国的奋斗历程。

（2）运用文字、图片、数据图表等多种史料，按照合作教育理论师生合作交流解读史料内容，进而理解新中国巩固人民政权、三大改造的主要措施和其必要性、分析中美关系缓和的原因、恢复联合国合法席位的原因等。

（3）通过多角度的视角和史料呈现，引导学生分析思考并客观评价新中国三大改造、社会主义探索时期取得的伟大成就、教训、启示。

（4）引导学生归纳总结新中国为民主政治建设向社会主义过渡、建设所做出的努力，认识到人民群众是历史的创造者，形成对社会主义制度和走中国特色社会主义道路的认同，涵养学生家国情怀，增强"四个自信"。

（5）引导学生正确认识新中国建设取得的成就和教训，并用唯物史观分析历史问题。

5. 教学重难点

重点：中华人民共和国成立；新中国巩固人民政权的主要举措；20 世纪 50—70 年代中国探索社会主义建设道路的曲折发展和伟大成就；20 世纪 50—70 年代外交。

难点：部编版初中历史教材将 1949—1976 年新中国的建设史编为中华人民共和国成立、抗美援朝、土地革命等子目和知识点，分 3 个单元，11 课时内容，而高中部编版教材则将以上内容统一编排到第九单元"中华人民共和国成立和社会主义革命与建设"，并以 2 个课内容集中呈现，部编版高中历史教材相较于部编版初中教材课程在内容上高度整合，高度浓缩，高度概括，单课时体量、容量非常大，这是新教材和初中新教材、高中旧版教材相比最大的变化也是最大的挑战。如何立足历史教材？如何落实课程标准？如何紧扣核心素养？如何在本单元中梳理构建清晰的时空观念、对这一时期历史做出正确的历史解释，用唯物史观来审视这一时期的历史，培养学生的家国情怀，从而激发学生的使命感和责任感？如何引导学生正确认识新中国建设取得的成就和教训，并用唯物史观分析历史问题。这些是本单元在具体教学实践中面临的挑战。

6. 教学策略

（1）提炼立足于单元的大主题，在此基础上构建大框架、大线索。第九单元从时空线索上看横跨 1949 年中华人民共和国成立到 1976 年社会主义探索时期。内容涉及中华人民共和国成立、社会主义的过渡，讲解了开国大典、土地改革、抗美援朝、独立自主外交、社会主义制度建立，以及 1956—1976 年我国社会主义建设中取得的重大成就，遭受的一系列挫折和教训。如果不整合教材，不构建主题，单元线索会非常杂乱。基于此，可以将本单主题定为"理想照耀中国"。"理想照耀中国"既可以贯穿新中国的建设历程，同时无数中国人对追求理想的过程也就是新中国奋斗的历程。从公民个体到国家层面，从个人命运到时代变迁，"理想照耀中国"是非常好的一个承载主题。

（2）整合、挖掘教学资源，形散神聚。在时间上敢于打破历史阶段束缚，在内容上敢于整合历史人物、历史事件等，在紧扣课标的基础上，大胆打破课程内容和编排的限制。

（二）教学过程

导入：展示近代中国百年灾难和奋斗图片集（选取图片为八国联军侵华、辛亥革命、卢沟桥事变、日本递交投降书、解放南京、开国大典等历史图片。）

教师设问一：

1. 图中包括涉及哪些重大历史事件？结合这些事件思考近代中国人民最大的理想是什么？

2. 为了实现这个理想中国人民做了哪些奋斗？结果如何？

学生活动：回顾近代中国反侵略求民主过程，得出民族复兴是近代中国的百年梦想。

【设计意图】通过图片和材料，回顾百年奋斗史，让学生意识到近代中国谋求民族独立和复兴的理想，培养家国情怀。

任务一：中华人民共和国成立

材料一：新中国的诞生，像一声惊雷，震撼了全世界，极大地改变了世界政治格局，受到国际社会高度关注。

苏联等社会主义国家媒体对新中国诞生的消息都表示热烈欢迎和高度重视，热情赞扬中国人民政治协商会议第一届全体会议的召开标志着人民民主的中国进入了新的历史时代。资本主义国家的进步媒体也对中华人民共和国成立表示欢迎。1949 年 9 月 22 日，英国《工人日报》在第一版显著位置刊登中国人民政治协商会议的消息，报道认为，"中国人民政府的成立，将有极广泛的国际影响。"法国《人道报》也于 22 日在第一版刊登了政协开幕的消息和毛泽东的开幕词摘要。

英国《泰晤士报》、美国《纽约时报》和日本《朝日新闻》都介绍了毛泽东、朱德、周恩来的生平。1949 年 10 月 4 日，《朝日新闻》报道了苏联承认新中国、与国民党政府断交的消息。英国政府于 1950 年 1 月承认新中国，成为最早承认新中国的西方大国。起初，英国出于"拖延承认新政府将损失惨重"等务实考量，决定尽快承认新中国，但美国媒体对此予以否定，比如，1949 年 10 月 4 日《洛杉矶时报》宣称，"英国愿意重新承认红色中国，但是只有美国同意，英国才会这样做。"但到了 10 月 24 日，面对英国日益明朗的态度，该报只得表示，"英国和美国在承认新中国政府的问题上开始出现分歧。有迹象表明，伦敦可能很快就会与新中国建立全面的外交关系。"

——《震撼世界的惊雷》，《人民日报》，2021 年 2 月 8 日第 5 版，有删减。

教师设问二：根据材料结合所学和中国近代史分析中华人民共和国成立的意义？

学生活动：小组合作交流并概括中华人民共和国成立历史意义。

教师活动：引导学生客观评价中华人民共和国成立伟大意义，对学生认识进行互动评价。

【设计意图】深刻理解认同中华人民共和国成立历史意义，培养学生家国情怀。

任务二：新中国政权的巩固

材料二：黄继光（1931—1952），1931年出生于四川省中江县一个贫苦农民家庭。六七岁时，他便和哥哥们一起下地干活，上山砍柴、割草。父亲去世后，10岁出头的他被迫到地主家打工抵债。在苦难中挣扎的母亲告诉他，长大后一定要为穷苦人闹翻身出力。1951年3月，黄继光积极响应"抗美援朝、保家卫国"的号召，成为村里第一个报名参加中国人民志愿军的人。参军后，他被分配到某部二营六连当通信员，同年7月随部队跨过鸭绿江赴朝作战。

1952年10月中旬，美帝国主义侵略者开始向中国人民志愿军的前沿阵地——上甘岭发起猛烈进攻，上甘岭战役打响了。黄继光所在营与以美军为首的"联合国军"和南朝鲜伪军激战四昼夜后，于19日夜奉命夺取上甘岭西侧597.9高地。部队接连攻占3个阵地后，受阻于零号阵地前。此时，营参谋长心急如焚：天亮前若攻不下敌方阵地，天亮后敌人就会发挥空中火力优势，部队将遭受重大伤亡。要夺取高地，就必须拿下零号阵地这个火力点！

——刘颖《黄继光：舍身堵枪眼的战斗英雄》，中共中央党史和文献研究院，2020年11月10日，有删减。

教师设问三：1949年解放后黄继光家乡发生了哪些重大变化？结合史实，分析中华人民共和国成立初期，面临怎样的形势？我们如何应对？

学生活动：结合材料和教材，梳理同一时期新中国发生的重大历史事件，培养学生时空观念。

【设计意图】通过黄继光的故事，把土地改革和抗美援朝等历史事件巧妙结合起来，也符合历史史实。

合作探究1：土地改革意义

教师设问四：根据上述材料结合教材，谈谈你如何理解毛泽东说"土地改革是中国人民民主革命继军事斗争以后的第二场决战。"

学生活动：阅读教材 175 页，《分到土地的农民》图片，分析土地改革历史意义。

教师活动：与学生互动并指导学生分析、概括总结土地改革历史意义。

阅读教材 176 页，中国人民志愿军跨过鸭绿江。

材料三：受领任务后，黄继光等 3 人马上呈扇形状分开，分 3 路向敌方阵地匍匐前进。他们机智勇敢地摧毁了敌人的数个火力点，但在交战中也伤亡惨重：黄继光的两名战友一死一伤，他自己的左臂也被打穿。在此情况下，面对敌人的猛烈扫射，黄继光毫无畏惧，他忍着伤痛，拖着受伤的身体继续匍匐前行，并接连投下几枚手雷。当后续部队趁势发起冲锋时，残存地堡内的敌人机枪又开始疯狂扫射，此时的黄继光弹药已用尽，身体也多处负伤。为了战斗的胜利，他艰难地爬到敌火力点侧面，在靠近地堡射孔时，奋力一扑，用自己的胸膛，死死地堵住了敌人正在喷射火舌的枪眼。敌人的机枪顿时哑了，但黄继光却永远地闭上了眼睛。

战后，黄继光被追认为中国共产党党员，追记特等功，追授"特级英雄"称号，同时被朝鲜最高人民会议常委会追授"朝鲜民主主义人民共和国英雄"称号以及"金星奖章""一级国旗勋章"。

——刘颖《黄继光：舍身堵枪眼的战斗英雄》，中共中央党史和文献研究院，2020 年 11 月 10 日，有删减。

教师设问五：中国人民志愿军入朝作战在怎样的背景下进行？抗美援朝对于新中国有何重大意义？

学生活动：根据材料分析抗美援朝的历史背景和意义

教师活动：指导帮助学生分析抗美援朝历史背景和意义。

【设计意图】把土地改革、黄继光的事迹、抗美援朝巧妙联系起来，构建了在新中国巩固政权的斗争中普通人民为理想做出了贡献和牺牲，激发学生家国情怀。

任务三：三大改造和一五计划

材料四：荣毅仁（1916—2005）：他是民族资本家荣德生的儿子、荣宗敬的侄子，也是中信公司创始人、曾任中华人民共和国副主席。

中华人民共和国成立后，在中国共产党的民族资本家朋友圈里，他是年龄最小、资历最浅的一位，却在国家对工商业社会主义改造的历次运动中，带头走在前面，因缘际会成长为民族资本家的一面旗帜、一个标杆。

......

父亲垂老，伯父去世，一个哥哥也因常年奔波英年早逝，那个昔日里风光团结的荣氏家族，濒于凋零，四散求生。风云变幻中，有的人去了香港，也有人去了国外。荣毅仁成为家族里唯一留守的年轻人。

1916 年荣毅仁出生时，家族企业正如日中天。当列强忙于应战，荣家抓住时机，创造出了一段民族工商业发展的佳话，成为享誉一时的面粉与纺织大王。等到荣毅仁从上海交通大学毕业，准备大展拳脚，却没有等来属于自己的时运。

淞沪会战后，荣家产业除了在租借区的几个厂免遭侵害外，要么被火烧掉，要么落入日本人手中。荣家随潮流在西南艰难求生，直到抗日战争胜利后迁回上海。

没有盼来安稳的营商环境，他和父辈却经历了一桩桩、一件件匪夷所思的事情。被日本人占领的企业，本以为可以顺利接收，却被官僚资本拦截；官匪合谋把父亲荣德生绑架，还几次三番索要财产；与所有民族资本家一起面对胆战心寒的"经济戡乱急要措施"与银圆券政策，无异于被巧取豪夺；堂兄荣鸿元以私套外汇嫌疑被上海市警察局押交特种刑事法庭审理；荣毅仁自己也没有逃掉厄运，因为国民党官僚之间互相倾轧受到牵连，官方污蔑其为政府提供的面粉是发霉产品。

开庭审判的日子是 1949 年 5 月 25 日，这一天，如果不是解放军解放上海，等待他的可能是牢狱之灾。

种种遭遇让他对时局感到心寒，而中国共产党统战人士也多次与荣毅仁接触，告诉他新民主主义时期保护民族工商业的政策。荣毅仁逐渐放下戒备，慢慢向中国共产党靠拢。

中信时期的助理庄寿仓回忆，"从上海解放到 1955 年，是上海工商业社会主义改造最热闹、也是速度最快、变化最大的时期，多次变革、运动，毅公都能跟得上，而且表现不俗，几次被评为标兵模范。"

……

1956 年，在对资本主义工商业的社会主义改造中，荣毅仁率先把全部企业拿出来交给国家合营。

1979 年春节刚过，邓小平召集荣毅仁、胡子昂、古耕虞、卢绪章等人在人民大会堂开会，希望这些原工商业者继续发挥在工商界的经验，为国家"四化"做贡献。决定由荣毅仁出面主持中国国际信托投资公司后，邓小平对他说，"给你的任务，你认为合理就接受，不合理就拒绝，由你全权处理，处理错了也不怪你"。

这相当于拿到一把"尚方宝剑"。庄寿仓称，自己从未听他做过原原本本的传达，方知其用心良苦，不想借此以势压人，而是要以理服人。

尽管十一届三中全会已经吹响改革的号角，但在此后的一段时间内，人们对市场经济一词仍然讳莫如深，当时的经济体制还是计划经济，经济活动无不由部委承办，中信无权无钱，在夹缝中"摸着石头过河"，举步维艰。

——于静《"红色资本家"荣毅仁的舍得人生》，《中国企业家》2021年5月26日，有删减。

材料五：王崇伦（1927年7月——2002年2月），男，中共党员。从鞍钢机修总厂四机修厂工具车间刨工做起，他历任鞍钢机修总厂北部机修厂副厂长、鞍山市总工会副主任、鞍钢工会主席、哈尔滨市委副书记、中华全国总工会副主席、书记处书记、党组成员等，先后当选第一、二、三、四、五届全国人大代表、中共十二大代表、中共十二届中央委员会委员、第七届全国政协委员。

1953年在鞍钢机修总厂工作期间，王崇伦改进了机加工车床8种工、卡具，其中新型工具胎即"万能工具胎"，提高工效6至7倍，1年完成4年的生产任务，被誉为"走在时间前面的人"。在他的革新精神影响和带动下，我国工业战线掀起了轰轰烈烈的技术革新热潮，极大地推进了我国的工业化进程。

1951年，王崇伦从鞍钢轧辊厂调至鞍钢机修总厂四机修厂工具车间。1952年，他所在的工具车间承担了为中国人民志愿军加工飞机副油箱拉杆的紧急任务。王崇伦设计并制造出利用刨床加工拉杆的特殊卡具，比开始时用铣床加工提高工效24倍，而且全部达到一级品标准。随后，他又革新成功7种工、卡具，成为全厂有名的"技术革新闯将"。

1953年，我国开始实施第一个五年计划，鞍钢的生产建设突飞猛进。就在这时，鞍钢矿山生产一线告急：大批凿岩机因缺少卡动器而被迫停止作业。试制卡动器的重要任务最终落在王崇伦所在的工具车间。试制刚刚开始，就遇到了"拦路虎"。第一道工序——车床加工，只需45分钟就能加工一个工件，而第二道工序——插床加工，加工一个工件却需要两个半小时。全车间只有一台插床，厂长、车间主任都急得团团转。王崇伦便默默地搞起了攻关：用刨床代替插床，制作一个圆筒形的特殊工具胎，把插床垂直切削转变成刨床的水平切削。半个月后，他把特殊工具胎的图纸铺展在车间领导面前。这个工具胎外壳酷似一台小型电动机，由40多个零件组成，工件可以固定在套子中，可任意选择加工角度。车间现有的插床一次只能加工一个工件，而把工件置放在工具胎内，刨床可以成摞切削，十分方便。工友们将其命名为"万能工具胎"。

——《王崇伦：走在时间前面的人》，《共产党员》，2019 年 10 期，有删减。

教师设问六："从上海解放到 1955 年，是上海工商业社会主义改造最热闹，也是速度最快、变化最大的时期"指的是哪一个历史事件？说明当时中国生产关系发生了怎样的变化？根据上述材料说明为什么社会主义改造是大势所趋？

学生活动：分析三大改造历史背景。

合作探究 2："一五"计划和三大改造历史意义。

材料六：在国民收入中，1957 年同 1952 年相比，国营经济所占比重由 19% 提高到 33%，合作社经济由 1.5% 提高到 56%，公私合营经济由 0.7% 提高到 8%，个体经济则由 71.8% 降低到 3%，资本主义经济由 7% 降低到 1% 以下。

——国家统计局国民经济综合统计司编《新中国五十年统计资料汇编》。

材料七：第一，对于资产阶级用赎买和国家资本主义的方法，有偿地而不是无偿地，逐步地改变资产阶级的所有制。第二，要在改造他们的同时，给予他们必要的工作安排。第三，不剥夺资产阶级的选举权，并且对于他们中间积极拥护社会主义改造的代表人物给予恰当的政治安排。

——1956 年《中共中央关于资本主义工商业改造的决议》

教师设问七：材料反映了我党对资本主义工商业改造采取什么样的策略和方式？根据材料结合所学分析三大改造和"一五"计划的意义？

学生活动：根据材料分析"一化三改"历史意义。

教师活动：出示材料，引导学生回答三大改造历史意义并进行点评。

【设计意图】通过荣仁毅公私合营的故事和王崇伦劳动模范的故事，以小见大，让学生深刻理解，三大改造和一五计划历史意义，感悟每个时代的楷模精神。

任务四：社会主义探索的成就与教训

材料八：播放短视频《申纪兰》

材料九：申纪兰 1929 年出生于山西省平顺县。抗战时期，她就曾担任村里纺花织布小组组长。嫁到西沟村后，她一样积极参加劳动。1951 年西沟村成立初级农业合作社时，她担任了副社长。按照当时的规定，干同样的工作，女社员只有男社员一半的工分。

她发现这种不合理的计酬机制严重挫伤了妇女参加社会劳动的积极性，很多妇女只愿操持家务，而这在当时又妨碍着妇女地位的提高。

为了证明"男女同工同酬"的合理性，她组织女社员同男社员开展劳动竞赛，证明了女性劳动能力并不比男性差。1952 年，西沟村就实现了"男女干一样的活，应记一样的工分"。

1954 年 9 月，在中华人民共和国第一届全国人民代表大会上，申纪兰倡导的"男女同工同酬"被写入中华人民共和国第一部宪法。

改革开放以来，申纪兰勇于改革，大胆创新，为发展农业和农村集体经济、推动老区经济建设和老区人民脱贫攻坚做出了巨大贡献。结合她外出考察的经验，1985 年西沟村建起一家村办铁合金厂，当年实现利润 150 万元。此后，西沟村又建立起磁钢厂、石料厂、饮料厂，村办企业办得风生水起。

——《100 位重要英雄模范·申纪兰》，《黄河新闻网》，2021 年 7 月 9 日，有删减。

教师设问八：根据材料分析，申纪兰参加的第一届全国人民代表大会在历史上有何意义？从申纪兰当选人大代表到提案写进宪法说明了什么问题？

学生活动：分析 1954 年第一届全国人民代表大会召开和人民代表大会制度建立的历史意义。

教师活动：引导学生分析人民代表大会制度建立意义，并由此进一步认识新中国初期三大民主制度建立的历史意义。

【设计意图】通过申纪兰故事认识第一届全国人民代表大会，并且进一步理解认识全国人民代表大会制度，并由此拓展对新中国初期三大民主制度建立的认识。

材料十：王进喜（1923—1970），王进喜，甘肃玉门人，是新中国第一批石油钻探工人，全国著名的劳动模范。

1938 年，15 岁的王进喜进入玉门石油公司当工人，中华人民共和国成立后历任玉门石油管理局钻井队长、大庆油田 1205 钻井队队长、大庆油田钻井指挥部副指挥。1956 年加入中国共产党。他率领 1205 钻井队艰苦创业，打出了大庆第一口油井，并创造了年进尺 10 万米的世界钻井纪录，展现了大庆石油工人的气概，为我国石油事业立下了汗马功劳，成为中国工业战线一面火红的旗帜。王进喜以"宁可少活二十年，拼命也要拿下大油田"的顽强意志和冲天干劲，被誉为油田铁人。1959 年，王进喜在全国"群英会"上被授予全国先进生产者称号。王进喜是中国共产党第九届中央委员会中央委员，第三届全国人大代表。

王进喜身上体现出来的"铁人精神"，激励了一代代的石油工人。铁人不仅是工人阶级的先锋战士、共产党人的楷模，更是个为国家分忧解难、为民族争光争气、顶天立地的民族英雄。

——《百名书记讲党史——王进喜：铁人精神》，兰州大学资讯，2021月8月9日，有删减。

教师设问九：王进喜于1956年加入中国共产党，这一年新中国发生了那些重大历史事件？在社会主义探索时期新中国还取得了哪些重要成就？

学生活动：指出1956年中国发生重大历史事件并概括社会主义探索时期取得的成就。

【设计意图】以人物反映大时代，通过典型人物王进喜反映社会主义探索时期的重要成就。

材料十一：一九六〇年冬，党中央和毛泽东同志开始纠正农村工作中的左倾错误，并且决定对国民经济实行"调整、巩固、充实、提高"的方针，随即在刘少奇、周恩来、陈云、邓小平等同志的主持下，制定和执行了一系列正确的政策和果断的措施，这是这个历史阶段中的重要转变。

——1981年《中共中央关于建国以来党的若干历史问题的决议》

教师提设十：根据上述材料，指出在社会主义探索时期出现哪些失误？给国民经济带来了什么样的影响？

学生活动：指出历史事件，并分析"大跃进""人民公社化运动"产生的影响。

教师活动：引导学生分析社会主义探索时期遭受挫折原因，用唯物史观客观评价历史。

认识升华1：责任与担当

材料十二："人就像种子，要做一粒好种子"，这是袁隆平院士生前常说的一句话。他也用一生，为这句话写下了注脚。他是我国研究与发展杂交水稻的开创者，也是世界上第一个成功地利用水稻杂种优势的科学家，被誉为"杂交水稻之父"。他冲破传统学术观点的束缚，于1964年开始研究杂交水稻，成功选育了世界上第一个实用高产杂交水稻品种。杂交水稻的成果自1976年起在全国大面积推广应用，使水稻的单产和总产得以大幅度提高。20多年来，他带领团队开展超级杂交稻攻关，接连实现了大面积示范每公项10.5吨、12吨、

13.5 吨、15 吨的目标。2020 年，又实现了周年亩产稻谷 3000 斤的攻关目标。

——《一稻济世 万家粮足》，《人民日报》，2021 年 5 月 23 日第 4 版，有删减。

教师设问十一：1960 年为什么会出现严重的大饥荒？20 世纪六七十年代以袁隆平为代表的社会主义建设者在党和国家的领导下取得了哪些重要成就？

教师设问十二：社会主义建设中有哪写宝贵的经验和惨痛教训？从袁隆平、彭德怀等身上你有什么启发？

学生活动：小组合作探究，客观评价社会主义建设中的成就和遭遇的挫折，并探讨历史启示，感受劳动模范和无产阶级革命家对人民的无限热爱，对党的无限忠诚。

教师活动：引导学生充分讨论交流，客观分析社会主义探索时期取得的成就和遭受的挫折，进一步理解认同为什么要坚持党的领导，为什么要实事求是，践行新时代新青年的责任与担当。

任务五：新中国的外交

学生活动：观察照片《"乔的笑"》，思考《"乔的笑"》与哪个重大历史事件相关？对新中国有何意义？

【设计意图】通过"乔的笑"感受新中国恢复联合国合法席位的意义，提升学生历史解释能力。

学生活动：观察"周恩来时刻"图集，并按照先后顺序进行排序，并指出与之相关的重大历史事件，进一步分析其历史意义。

【设计意图】通过周恩来的外交时刻，一是梳理新中国外交的时空线索；二是感悟周恩来的外交魅力；三是引导分析新中国外交成就的历史意义。

合作探究 3：中美关系解冻

材料十三：自主阅读《中美联合公报》（人民日报 1972 年 2 月 28 日刊发内容）

教师设问十三：根据材料结合教材和所学，分析 20 世纪 70 年代中美关系为何能够解冻？综合材料谈谈近代中国以来的的外交给你带来的的启示。

学生活动：小组合作分析中美关系缓和原因并探讨新中国外交的启示。

教师活动：引导学生多角度分析中美关系解冻原因，共同探讨新中国取得外交成就原因。

【设计意图】引导学生分析中美关系解冻的原因，提高历史理解和历史解释能力。在此基础上，引导学生对近代以来的中国外交进行思考，培养学生唯物史观和家国情怀。

认识升华2：挑战与机遇

材料十四：《时代周刊》中的中国面孔（展示四个不同时期的《时代周刊》中国封面。）

材料十五：美国总统谈中国

如果中国的抗战崩溃，会导致什么结果?" 这是美国人当时必须评估的一个严重问题。

——第二次世界大战时期罗斯福谈中国

一直在积极考虑对中国使用原子弹。

——1950年杜鲁门讲话

不惜一切代价遏制中国，应对中国的挑战，让美国再次伟大。

——2019年特朗普讲话

材料十六：短视频《这盛世如你所愿》

教师设问十四：第二次世界大战以来中美关系经历了怎样的变化？说明影响外交关系的因素有哪些?

学生活动：根据材料结合所学指出中美关系演变过程并归纳总结影响外交关系的重要因素。

教师总结：同学们，无论是近代中国的救亡图存还是新中国的发展建设，正是无数的中国人将自己的理想选择和时代潮流、国家命运紧密结合，才迎来了中华人民共和国的成立，才迎来了中华民族从站起来、富起来、强起来的历史飞跃。中华民族比历史上任何时期都更接近于中华民族的伟大复兴，比任何是都需要更大的勇气，更大的付出，才能实现中华民族的伟大复兴。

【设计意图】引导学生客观分析影响国家关系的主要因素，客观认识当代中国面临的挑战和机遇。

师生活动：齐读周恩来总理、习近平总书记名言。

为中华之崛起而读书。

——周恩来

中华民族伟大复兴，绝不是轻轻松松、敲锣打鼓就能实现的。我们必须准备付出更为艰巨、更为艰苦的努力！

——习近平

（三）板书设计

第 26、27 课　理想照耀中国

一、当家做主的理想

1. 新中国巩固政权的斗争

2. 民主制度的建立

二、社会主义的理想

1. 一五计划和三大改造

2. 社会主义建设探索的成就和挫折

三、大国外交的理想

1. 50 年代外交政策与成就

2. 70 年代外交突破

（四）教学反思

（1）教学设计以主题对课程进行整合，时间跨度长，内容体量大。教师在进行课堂实践时时空线索极为重要。

（2）以"理想照耀中国"为主题是一个亮点，但如何在不同的人物中回归历史，真正做到在人物的真实经历中反映大历史。

（3）人物故事引用较多，如何避免简单的重复性和故事单调是一个挑战。

（4）历史学科核心素养尤其是家国情怀和唯物史观在本单元中尤为重要，课堂实践中要对学生进行适时、适宜的培养。

（五）推荐阅读书目

1.《国家记忆：新中国 70 年影像志》，新华出版社。

2. 大型文献专题片《我们走在大路上》创作组：《我们走在大路上1949—2019》，人民出版社。

3. 旷晨、潘良：《我们的五十年代》，中国友谊出版社。

4. 陈晋：《新中国极简史》，中国青年出版社。

5.《中华人民共和国简史》，当代中国出版社。

6. 张士义：《新中国：砥砺奋进的七十年》，东方出版社。

第 27 课　从张大荣爷爷人生经历看社会主义建设时期的曲折与发展（20 世纪 50—70 年代）

（一）教学主旨

1. 内容要求

了解 20 世纪 50—70 年代中国探索社会主义建设道路的曲折发展和伟大

成就，认识"文化大革命"的错误及教训；理解政治、经济、外交、国防等领域所取得的成就在中国历史上所具有的开创性、奠基性意义；了解和感悟这一时期中国人民艰苦奋斗、奋发图强的精神风貌。

2. 教材分析

本课为第九单元第二课，包含三个子目，中华人民共和国成立之后，以毛泽东为核心的党的第一代领导集体开始将马克思主义与中国实际相结合，成功开创具有中国特色社会主义建设的伟大探索。

3. 学情分析

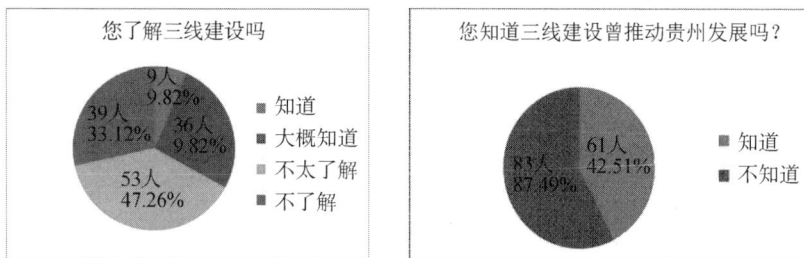

图 27 - 1　三线建设学生问卷调查数据

对学生进行三线建设问卷调查（图 27 - 1）。分析：学生对三线建设几乎不了解，对身边的三线人也不了解，本课以三线建设为线索，培养家国情怀。

4. 教学目标

（1）唯物史观：通过张大荣爷爷的人生历程，了解人民群众是历史的创造者。

（2）时空观念：绘制 20 世纪 50—70 年代新中国建设的时间轴。

（3）史料实证、历史解释：利用口述历史的方法讲解收集的史料，了解三线建设。

（4）家国情怀：领悟张大荣爷爷的奉献精神。

5. 教学重难点

重点：了解全面建设社会主义时期的基本史实。

难点：通过张大荣爷爷的事迹，了解建设时期一代人的奋斗精神。

6. 教学策略

本课从开始全面建设社会主义、"文化大革命"和伟大建设成就三个方面介绍了中国在社会主义建设前 20 年中的曲折探索和取得的伟大成就。

但是由于本课的内容过多，所以说设计起来比较繁杂。教师通过口述历史的方法，与学生一起重温在那个时间段具有代表性的张大荣爷爷的故事，通过张大荣爷爷的故事来折射时代的历史背景，可以拉近学生与历史的距离。

（二）教学过程

第一篇章：建设时代——观全面建设社会主义的历程

任务：阅读张大荣爷爷人生经历表（表 27-1），回归教材，找出张大荣爷爷的经历对应的重大历史事件，画出时间轴。

表 27-1　张大荣爷爷的人生简历（据张大荣爷爷口述资料汇编整理）

时间	事件
1945 年	出生，海南人
1950—1955 年	小学阶段
1960 年	父母双亡
1962 年	考上清华大学
1967 年	大学毕业，分配到贵州省安顺市平坝六〇一库房
1960—1970 年代	不允许私人买卖
1978—1980 年	西北工业大学就读研究生，放弃留校任教回到贵州

学生作品（图 27-2）：

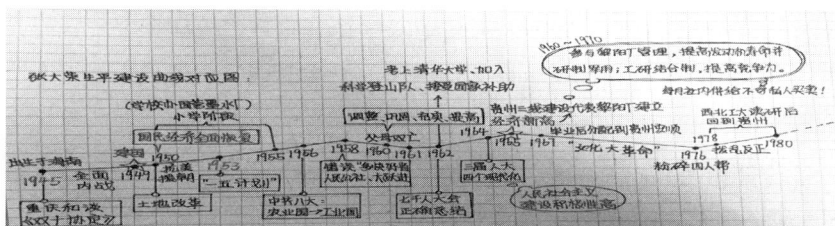

图 27-2

【设计意图】介绍本课主人公背景，激趣导入。本环节结合初中所学知识，利用时间轴，将史实放于大时空框架中，落实时空观念。

探究：黎阳厂为代表的三线建设为何是适合中国国情的建设？

材料一：我们的时代是艰苦的时代，到了 20 世纪 60 年代初，中苏关系开始恶化，毕业时把我分配到贵州省平坝区六〇一库房，当时我就很郁闷的，我是学材料的，库房有材料吗？没办法，我就去啦，要服从分配啊。

——张大荣爷爷

学生回答：

（1）历史背景：中苏关系恶化。

（2）工业布局：均衡工业布局。

（3）人民群众：积极投身社会主义建设。

小结：三线建设代表黎阳厂为何是适合中国国情的建设？

教材结论：在全面建设社会主义时期，探索适合中国国情的社会主义建设道路。

【设计意图】通过史料阅读、地图阅读，探求黎阳厂建厂的背景，了解中国探索适合自己道路的建设。

第二篇章：迷茫时期——悟"文化大革命"的得与失

探究：阅读教材与材料，张大荣爷爷"了解"什么？"不了解"什么？

材料二：我们那时候也要跟着造反，但是我觉得打人就不对头，这个时候就有人脱离底线了，当时就不理解，为什么会这样乱？但又似乎了解了，无论环境如何变化，人都要坚守底线，人生才有迹可循。

1970年3—5月份，我刚来黎阳厂三个月，一个人就提供了半斤咸肉、二两油，所以炒菜的时候油还要加点水，肚子都是咕噜噜叫。

——张大荣爷爷

教材结论："文化大革命"不是任何意义上的革命或社会进步，而是一场由领导者错误发动，被反革命集团利用，给党、国家和各族人民带来严重灾难的内乱。

【设计意图】引导学生回到教材中，完成对教材的阅读，理解教材中对"文化大革命"的定性。

第三篇章：闪耀星河——探建设成果的意义

探究：三线建设的成果？

材料三：在20世纪70年代，当时黎阳有不同的型号，把优点结合起来，原来的寿命只有50个小时，后来改进100个小时、150小时、200小时、300小时……原来是陆军型的用在海军，海上腐蚀性很大，零件就容易坏，所以要加强它的防腐，就变成海军型的。

——张大荣爷爷

图片（图27-3、图27-4）：

图27-3 黎阳厂山洞工厂
（贵阳市新世界学生拍摄）

图27-4 黎阳厂博物馆飞机简史
（贵阳市新世界学生拍摄）

学生回答：国防建设，改善工业布局

小节：播放学生国旗下讲话视频

教师讲解：人的一生，应当这样度过：每当他回首往事时，不会因为碌碌无为而悔恨，也不会因为虚度年华而羞耻。（张大荣爷爷送给同学们的话）

【设计意图】落实史料实证，夯实基础知识

（三）板书设计

　　第27课　从张大荣爷爷人生经历看社会主义建设时期
　　　　　　的曲折与发展（20世纪50—70年代）
　　　　　　1. 适合中国国情道路：三线建设
　　　　　　2. 建设成果：工业布局，国防建设

（四）教学反思

（1）创新点：①本节课紧扣最新教学理论成果，运用了最近发展区、深度学习等理论来指导本节课的设计。②激发学生的兴趣，利用口述史的教学成果。在本节课中学生作为学习的主体，每个环节的参与度都非常高。

（2）不足之处：对教材的基础知识梳理不够，课前准备导学案。

（五）推荐阅读书目

1. 费正清、崔瑞德：《剑桥中国史》，中国社会科学出版社。

2. 陈旭麓：《近代中国社会的新陈代谢》，上海社会科学院出版社。

3. 张海鹏：《中国近代通史》，江苏人民出版社。

4. 蒋廷黻：《中国近代史》，江苏人民出版社。

5. 王奇生：《党员、党权与党争》，中国法制出版社。

6. 张宪文等：《中华民国史》，中华书局。

第十单元　改革开放与社会主义现代化建设新时期

一、课标要求

认识真理标准问题的讨论和党的十一届三中全会的历史意义；认识改革开放以来中国在各个领域取得的成就、综合国力及国际影响力的不断提高，认识"一国两制"对实现祖国完全统一的重大意义；认识邓小平理论对建设中国特色社会主义的重要指导意义；认识"三个代表"重要思想是加强和改进党的建设、推进我国社会主义自我完善和发展的强大理论武器；认识科学发展观是马克思主义关于发展的世界观和方法论的集中体现；认识中国特色社会主义进入新时代的重大意义，认清我国发展新的历史方位；认识习近平新时代中国特色社会主义思想是全党全国人民为实现中华民族伟大复兴而奋斗的行动指南；对中国特色社会主义道路、理论体系、制度、文化的形成过程及意义的系统认识。

二、课标解读

本单元共有四个学习要点：①了解改革开放 40 多年来的基本线索和各个重要发展阶段的基本特征及内在联系；②了解经过长期努力，中国特色社会主义进入了新时代，认清我国发展新的历史方位，我国社会主要矛盾已经转化为人民日益增长的美好生活需要和不平衡不充分的发展之间的矛盾；③了解改革开放 40 多年来中国在政治、经济、外交等各方面所取得的巨大成就；④了解 40 多年来中国在探索"什么是社会主义、怎样建设社会主义"等世界性的重大问题上所取得的巨大成功，以及中国改革开放、和平崛起对当代世界的意义。

1978 年 12 月党的十一届三中全会以来，中国进入改革开放和社会主义现代化建设新时期。

党的十一届三中全会以来，以邓小平同志为主要代表的中国共产党人，总结中华人民共和国成立以来正反两方面的经验，解放思想，实事求是，实现全党工作中心向经济建设的转移，实行改革开放，开辟了社会主义事业发展的新时期，逐步形成了建设中国特色社会主义的路线、方针、政策，阐明了在中国建设社会主义、巩固和发展社会主义的基本问题，创立了邓小平理论。邓小平理论是马克思列宁主义的基本原理同当代中国实践和时代特征相结合的产物，是毛泽东思想在新的历史条件下的继承和发展，是马克思主义在中国发展的新阶段，是当代中国的马克思主义，是中国共产党集体智慧的结晶，引导着我国社会主义现代化事业不断前进。

党的十三届四中全会以来，以江泽民同志为主要代表的中国共产党人，在建设中国特色社会主义的实践中，加深了对什么是社会主义、怎样建设社会主义和建设什么样的党、怎样建设党的认识，积累了治党治国新的宝贵经验，形成了"三个代表"重要思想。"三个代表"重要思想是对马克思列宁主义、毛泽东思想、邓小平理论的继承和发展，反映了当代世界和中国的发展变化对党和国家工作的新要求，是加强和改进党的建设、推进我国社会主义自我完善和发展的强大理论武器，是中国共产党集体智慧的结晶，是党必须长期坚持的指导思想。始终做到"三个代表"，是我们党的立党之本、执政之基、力量之源。

党的十六大以来，以胡锦涛同志为主要代表的中国共产党人，坚持以邓小平理论和"三个代表"重要思想为指导，根据新的发展要求，深刻认识和回答了新形势下实现什么样的发展、怎样发展等重大问题，形成了以人为本、全面协调可持续发展的科学发展观。科学发展观是同马克思列宁主义、毛泽东思想、邓小平理论、"三个代表"重要思想既一脉相承又与时俱进的科学理论，是马克思主义关于发展的世界观和方法论的集中体现，是马克思主义中国化的重大成果，是中国共产党集体智慧的结晶，是发展中国特色社会主义必须长期坚持的指导思想。

党的十八大以来，以习近平同志为主要代表的中国共产党人，顺应时代发展，从理论和实践结合上系统回答了新时代坚持和发展什么样的中国特色社会主义、怎样坚持和发展中国特色社会主义等重大时代课题，创立了习近平新时代中国特色社会主义思想。习近平新时代中国特色社会主义思想是对马克思列宁主义、毛泽东思想、邓小平理论、"三个代表"重要思想、科学发展观的继承和发展，是马克思主义中国化的最新成果，是党和人民实践经验和集体智慧的结晶，是中国特色社会主义理论体系的重要组成部分，是全党全国人民为实现中华民族伟大复兴而奋斗的行动指南，必须长期坚持并不断发展。以习近平同志为核心的党中央，紧紧围绕坚持和发展中国特色社会主义、实现"两个一百年"奋斗目标和中华民族伟大复兴的中国梦，提出一系列治国理政的新理念、新思想、新战略，统筹推进"五位一体"建设，协调推进"四个全面"战略布局，适应经济发展新常态，确立和落实五大发展理念，坚定不移反对腐败，开创党和国家事业发展新局面，成功开辟了中国特色社会主义新境界。在习近平新时代中国特色社会主义思想的指导下，中国共产党领导全国各族人民，统揽伟大斗争、伟大工程、伟大事业、伟大梦想，推进中国特色社会主义进入了新时代。

新时期最鲜明的特点是改革开放。40多年来，从农村到城市、从经济领域到其他各个领域，全面改革的进程势不可当地展开；从沿海到沿江沿边、从东部到中西部，对外开放的大门毅然决然地打开了。改革开放以来我们取得一切成绩和进步的根本原因，归结起来就是：开辟了中国特色社会主义道路，形成了中国特色社会主义理论体系，确立了中国特色社会主义制度，发展了中国特色社会主义文化。

新时期最显著的成就是快速发展。改革开放40多年来，中国国民经济一直保持着快速增长，中国已成为世界第二大经济体。开放型经济新体制逐步健全，对外贸易、对外投资稳居世界前列，国际竞争力持续增强。中国的基础设施建设在众多领域领跑全球。脱贫攻坚战取得决定性成就。国防和军队改革取得历史性突破，中国人民解放军现代化水平整体跃升。祖国统一方面迈出重要步伐，香港和澳门的回归，体现了"一国两制"政策的生命力。在外交方面，全面推进中国特色大国外交，形成全方位、多层次、立体化的外交布局，为我国发展营造了良好的外部条件。民主法治建设迈出重大步伐，思想文化建设取得重大进展，人民生活不断改善，生态文明建设成效显著。全面从严治党成效卓著，反腐败斗争压倒性态势已经形成并巩固发展。

新时期最突出的标志是与时俱进。我们党坚持马克思主义的思想路线，不断探索和回答什么是社会主义、怎样建设社会主义，建设什么样的党、怎样建设党，实现什么样的发展、怎样发展等重大理论和实际问题，不断推进马克思主义中国化，坚持并丰富党的基本理论，给人民带来更多福利，使中华民族大踏步赶上时代前进潮流、迎来伟大复兴的光明前景。

三、初中、高中教材对比

第28课　中国特色社会主义道路的开辟与发展

（一）教材知识结构的对比

初中历史教材（八年级下册）	高中历史教材《中外历史纲要》（上）
第三单元　中国特色社会主义道路 第7课　伟大的历史转折 1. 中共十一届三中全会 2. 拨乱反正 知识拓展：恢复高考制度 第8课　经济体制改革 1. 家庭联产承包责任制 2. 城市经济体制改革 3. 社会主义市场经济体制 知识拓展：北京天桥百货商场的股份制改革 第9课　对外开放 1. 经济特区的建立 2. 对外开放格局的形成 3. 加入世界贸易组织 知识拓展："特区"一词的由来 第13课　香港和澳门回归祖国 1. "一国两制"的构想 2. 香港和澳门回归祖国 知识拓展：香港特别行政区和澳门特别行政区的区旗、区徽 第14课　海峡两岸的交往 1. 推进祖国统一大业 2. 日益密切的交往 知识拓展：台湾同胞赴大陆寻根问祖	第十单元　改革开放与社会主义现代化建设新时期 第28课　中国特色社会主义道路的开辟与发展 1. 伟大的历史转折 2. 改革开放进程 3. "一国两制"与祖国统一大业
解读	从教材对比来看： 相同点： 　　从内容编排来看，初中、高中教材均从政治、经济、思想三个方面讲述改革开放前后的变化发展。都强调制度自信、道路自信。 　　不同点： 　　1. 初中教材将每个问题都单独成为一课，较为细致，史实知识较多，背景与影响弱化。高中教材知识容量大，将初中的五课内容浓缩为一课，更加强调内在逻辑。 　　2. 高中教材高度系统化，需要教师按照唯物史观将政治、经济、祖国统一大业三者之间的关系解析清楚

（二）教材相同内容表述的对比

相同知识点	初中历史教材	高中历史教材	解　读
十一届三中全会	1. 全会背景。 2. 全会内容。 3. 全会影响。 4. 拨乱反正工作	1. 全会内容。 2. 全会影响。 3. 拨乱反正工作	1. 初中课本交代十一届三中全会的背景更加细致，课本从"文化大革命"后积累下的问题，"两个凡是"政策的诞生，真理标准问题的讨论，邓小平《解放思想，实事求是，团结一致向前看》的讲话，十一届三中全会的召开。高中课本在本课导言中交代了《光明日报》发表《实践是检验真理的唯一标准》后，正文就直接介绍全会的内容。 2. 初中直接性结论较多，如拨乱反正调动各个阶层的积极性，投入社会主义现代化建设，初中课本直接给出结论，高中课本需要学生通过第169页"学习聚焦"归纳出这一影响，高中更注重培养学生的阅读归纳能力
改革开放与社会主义市场经济体制的建立	1. 农村家庭联产承包责任制。 2. 城市经济体制改革。 3. 社会主义市场经济体制的建立。 4. 对外开放的过程与开放的格局与结果	1. 农村家庭联产承包责任制。 2. 城市经济体制改革。 3. 社会主义市场经济体制的建立。 4. 对外开放的过程与开放的格局与结果	1. 高中课本按照时间顺序，以农村经济体制改革、城市经济体制改革、对外开放和社会主义市场经济体系的建立为轴，将改革与开放结合起来，简要描述了其过程。增加了世博会的召开与2010年成为经济总量第二大国的内容。但是有关改革开放的背景、影响是以思考题的形式出现，需要教师补充材料，培养学生阅读归纳的能力。 2. 初中课本在描述各个知识点时比较翔实。例如，有关改革开放的背景、过程、结果影响方面所给出的叙述非常详细
"一国两制"与祖国统一大业	1. "一国两制"的构想与内容。 2. 港澳回归的过程。 3. "小三通"与"大三通"和胡连会	1. 20世纪80年代邓小平提出"一国两制"构想。 2. "一国两制"的内容，港澳回归的时间与过程。 3. 台湾问题从1979年《告台湾同胞书》、"九二共识"、汪辜会谈、2005《反分裂国家法》、2015习马会	通过改革开放这一时期的对比，初中教材叙述得更加具体详细，对于历史概念、历史名词的解释比较多，同时直接结论较多；高中教材叙述得更加系统，对于部分名词并没有详细解释，需要教师根据核心素养的要求，补充史料，培养学生阅读史料、分析史料的问题，从而为这一课的学习提供足够的资料。总之在新教材之下，初中历史与高中历史是连贯的，初中的历史知识是高中提高深化核心素养的基石

第29课　改革开放以来的巨大成就

（一）教材知识结构的对比

初中历史教材（八年级下册）	高中历史教材《中外历史纲要》（上）
第三单元　中国特色社会主义道路 第10课　建设中国特色社会主义 1. 邓小平理论指导地位的确立 2. 中国共产党第十六次全国代表大会 3. 中国共产党第十七次全国代表大会 4. 中国共产党第十八次全国代表大会 5. 中国共产党第十九次全国代表大会 知识拓展："三步走"战略部署 第11课　为实现中国梦而努力奋斗 1. 中国梦宏伟蓝图 2. "四个全面"战略布局 3. 新发展理念 4. 经济建设取得重大成就 5. 开启新征程 知识拓展：构建人类命运共同体 第五单元　国防建设与外交成就 第15课　钢铁长城 1. 陆、海、空军的建设 2. 导弹部队的发展 3. 新时代强军之路 知识拓展：百万大裁军 第17课　外交事业的发展 子目3. 全方位外交 知识拓展：亚太经合组织 第六单元　科技文化与社会生活 第18课　科技文化成就 子目3. 文化事业的发展 知识拓展：科教兴国 第19课　社会生活的变迁 1. 日常生活的变化 2. 交通、通信的不断发展 知识拓展：群众体育运动的发展 第20课　生活环境的巨大变化（活动课） 调查研究学生改革开放以来生活环境的变化	第十单元　改革开放与社会主义现代化建设新时期 第29课　改革开放以来的巨大成就 1. 中国特色社会主义理论体系的形成与发展 2. 综合国力不断提升 3. 国际影响力不断扩大 学习拓展：调查了解改革开放后身边的家庭和社区变化
解读	从教材对比来看： 相同点： 1. 初中、高中历史教材都围绕两个主题：中国特色社会主义理论体系的形成，改革开放以来我国在政治、经济、教育、文化、国防、外交等方面取得的巨大成就来编写，认识现当代中国取得的进步及其根本原因，增强学生中国道路自信、理论自信、制度自信、文化自信。

续表

解读	2. 初中、高中历史教材在课后"学习拓展"设计的活动相同：开展"改革开放给人民生活带来的影响"社会调查，目的在于提升学生主动发现和研究历史问题的能力、社会实践能力和家国情怀。 不同点： 1. 部编版初中历史教材将"中国特色社会主义道路"分设在 6 课时，而高中教材只安排了 1 课时。 2. 初中教材介绍的时间是从中华人民共和国成立 70 多年以来军事、外交、科技、文化、经济等领域所取得的重大发展；而高中教材阶段时间划分是从改革开放 40 多年来在各领域取得的成就。 3. 高中教材把改革开放在各领域取得的成就归纳为国内、国际两个方面的成就，高中教材体系结构更简洁清晰

（二）教材相同内容表述的对比

相同知识点	初中历史教材	高中历史教材	解　读
中国特色社会主义理论体系的形成	邓小平理论、"三个代表"重要思想、科学发展观、习近平新时代中国特色社会主义思想	邓小平理论、"三个代表"重要思想、科学发展观、习近平新时代中国特色社会主义思想	1. 初中、高中历史教材都重点介绍：中国特色社会主义理论体系的形成。党的十一届三中全会后，随着社会主义现代化建设的逐步开展，中国共产党也逐步摸索和形成了一套关于社会主义建设、执政党建设和社会发展规律的理论体系。都介绍了各思想理论提出的背景、过程及影响。 2. 初中、高中历史教材都侧重介绍了习近平新时代中国特色社会主义思想，是马克思主义中国化的最新成果，是党和人民实践经验和集体智慧的结晶，是全党全国人民为实现中华民族伟大复兴而奋斗的行动指南。 3. 初中、高中历史教材都介绍了"五位一体"总体布局和"四个全面"战略布局。初中教材是专门子目介绍，而高中教材是设计在"历史纵横"栏目回顾知识点，比较好地兼顾了初中、高中学生的学情。 4. 高中历史教材增加的知识点有：2018 年 3 月 11 日通过的《宪法修正案》把习近平新时代中国特色社会主义思想载入国家根本大法
改革开放以来在各领域取得的巨大成就	改革开放 40 多年来我国在军事、外交、科技、文化、经济等领域所取得的重大发展	改革开放 40 多年来我国取得的巨大成就：综合国力增强，国际地位提高	1. 初中、高中历史教材都侧重于改革开放以来我国取得的巨大成就，涉及方方面面。初中教材关于军事、衣食住行通信等方面具体展开，而高中教材点到为止、高度概括、语言精练。 2. 高中历史教材较初中，增加的知识点有：

相同知识点	初中历史教材	高中历史教材	解　读
改革开放以来在各领域取得的巨大成就			我国天眼和移动通信移动支付等高新技术走在世界前列、教育经费的增长、弘扬社会主义核心价值观、打造新型国际关系、积极发展全球伙伴关系等，可知，高中教材由于编著时间较晚的原因，加入了最新时政内容。 3. 初中历史教材在第10课的课后活动"想一想：中共十一届三中全会以来，我们国家有哪些事让你感到自豪？"比较好，设问方式和内容，都与初中生学情贴近，并能增强学生对国家、民族的自豪感和"四个自信"

四、教学建议

本单元《改革开放与社会主义现代化建设新时期》包含第28课《中国特色社会主义道路的开辟与发展》和第29课《改革开放以来的巨大成就》两课。本单元教学要注意理解以下几点：

（1）教师处理高中教材重点需要让学生认识到在唯物史观指导下，理解党的十一届三中全会为什么被称为伟大的转折，在实践是检验真理的唯一标准的指导下，中国的改革开放和社会主义市场经济的建设取得的成绩，从而加深对于理论与实践之间的关系的理解，树立四个自信，为伟大的中国梦做出奉献。

（2）理解"一国两制"在解决祖国统一方面的巨大作用，理解祖国统一大业在改革开放后迅速取得成绩的原因，培养学科思维能力。

（3）可以采取课前设计学案、运用思维导图来梳理本课知识，帮助学生搭建一个清晰的知识体系，从中认识到中国改革开放取得成就的根本原因，从而坚定走中国道路、中国制度、中国理论体系、中国文化的自豪感与责任感。课后的"活动拓展"，可以以"历史口述史"的形式，采用访谈方法来了解身边的人对改革开放变化的切身感受，让学生能亲近历史、触摸历史、感知历史，继而能感悟到把个人价值和社会价值结合，把个人梦想和国家梦想相联系，提升学生的家国情怀，落实立德树人的根本任务。

五、教学设计

第28课　中国特色社会主义道路的开辟与发展

（一）教学主旨

1. 内容要求

认识真理标准问题讨论和党的十一届三中全会的历史意义；认识改革开放以来中国在各个领域取得的成就、综合国力及国际影响力的不断提高，认识"一国两制"对实现祖国完全统一的重大意义。

2. 教材分析

本课上接建国后30年的探索与曲折，下启社会主义现代化建设的新时期。当今我们的现实生活中的现象就与本课有着密切的联系。因此本课的主旨应为变革或制度创新。

3. 学情分析

高中学生对本课内容已有一定的学习。课前调查显示，多数学生知道党的十一届三中全会的主要内容、改革开放的主要成就，以及邓小平一国两制构想、中国对香港和澳门恢复行使主权等史实。但学生对具体史事的时间概念比较模糊，对改革与开放的关系认识不清；对改革开放和一国两制构想的伟大意义缺乏认识。

4. 教学目标

（1）了解真理标准问题讨论和党的十一届三中全会的主要内容，并结合史料分析，认识真理标准问题讨论和党的十一届三中全会的历史意义。

（2）了解党的十一届三中全会后拨乱反正的基本史实，认识拨乱反正有效地调动了社会各阶层人员的积极性，为改革开放奠定了必不可少的社会基础和群众基础。

（3）了解改革开放的主要进程及成就，认识改革开放以来中国综合国力的不断提高，增强民族自信心。

（4）了解"一国两制"的理论与实践及海峡两岸关系的发展，认识"一国两制"对实现祖国完全统一的重大意义。

5. 教学重难点

重点：党的十一届三中全会的历史意义、"一国两制"的理论与实践。

难点：理解改革开放和社会主义现代化建设的基本经验。

6. 教学策略

以问题为导向，以师生合作探究为教学方式，以激发学生兴趣、落实学科核心素养的培养为出发点，设计本课的教学主题。

（二）教学过程

导入：

邓小平组图，人物介绍：邓小平，原名邓先圣，四川广安人。早年赴欧洲勤工俭学，归国后，他全身心地投入到党领导的争取民族独立和人民解放的革命斗争中，为新民主主义革命的胜利和新中国的诞生，建立了赫赫功勋。中国社会主义改革开放和现代化建设的总设计师，中国特色社会主义道路的开创者。他所倡导的"改革开放"及"一国两制"政策理念，改变了20世纪后期的中国，也影响了世界，因此在1978年和1985年，曾两次当选《时代周刊》"年度风云人物"。那么今天我们就追随者邓小平的脚步，来看看中国特色社会主义道路是如何开辟和发展的。

【设计意图】 利用人物资料，导入新课的同时，激发学生的学习兴趣。

【教学过渡】 1978年11月25日下午，邓小平等人听取中共北京市委负责人报告时说："现在，有的人提出一些历史问题，有些历史问题要解决，不解决就会使很多人背包袱，不能轻装前进"。那么"有些历史问题"是在什么时候解决的？或者说是在哪次会议上解决的？（学生答：党的十一届三中全会）

1. "腾飞之路"——伟大的历史转折

我们先来看看这次会议召开的背景

（1）"文化大革命"后的中国

材料一：凡是毛主席作出的决策，我们都坚决维护；凡是毛主席的指示，我们都始终不渝地遵循。

——《人民日报社论》（1977年2月7日）

材料二：安徽省4000万农村人口中有3500万以上的人吃不饱肚子！

——李向前《旧话新题：关于中国改革起源的几点研究》

材料三：上千万知识青年、下放干部、知识分子和其他城市下放人员要求回城，全国城镇有两千万人等待就业。

——《李先念在中央工作会议上的讲话》（1979年4月5日）

【问题设计】 通过阅读材料，同学们看看1976年"文化大革命"结束后，中国是什么样子的？

【学生回答】思想僵化，经济凋敝，就业压力。

（2）真理标准探讨

师：那么这场"变革"应该先从哪里开始呢？

材料四：一个理论，是否正确反映了客观实际，是不是真理，只能靠社会实践来检验。这是马克思主义认识论的一个基本原理……正是实践，也只有实践，才能够完成检验真理的任务。（四人帮）他们自吹自擂证明不了真理，大规模的宣传证明不了真理，强权证明不了真理。

——胡福明、孙长江《实践是检验真理的唯一标准》

师：针对"文化大革命"结束后"两个凡是"禁锢人们思想，1978 年 5 月，胡福明在《光明日报》上发表《实践是检验真理的唯一标准》一文，掀起了关于真理标准的讨论。在邓小平的支持下，这次讨论强调实践是检验真理的唯一标准，否定了"两个凡是"的错误观点，重新确立了实事求是的马克思主义思想路线，纠正了长期以来束缚人们的"左"的错误，为历史性转折——党的十一届三中全会作了重要的思想理论准备。

【设计意图】介绍"文化大革命"结束后中国情况，从而使学生更好理解党的十一届三中全会是在"山穷水尽"的前提下召开的，中国的改革开放是顺应历史发展潮流作出的重大决策。

（3）峰回路转——十一届三中全会

问题设计：1978 年 12 月，党的十一届三中全会在北京召开。为什么它被称为"伟大的历史转折"？同学们从会议内容中找一找

【学生回答】转折一：阶级斗争→经济建设；转折二："左"倾→实事求是；转折三：民主法制遭践踏→拨乱反正。

师：党的十一届三中全会，实现了中华人民共和国成立以来党和国家历史上具有深远意义的伟大转折，开启了改革开放和社会主义现代化建设新时期。

【设计意图】通过解读会议内容，让学生深刻体会党的十一届三中全会的历史意义。

（4）落实实践

教师讲授：根据党的十一届三中全会的精神，会后加快了平反冤假错案的步伐。使在"文化大革命"中受到迫害的各级党政军机关干部，陆续得到平反，受到诬陷的民主党派人士和知识分子等也恢复了名誉。国家还改正了错划右派分子的案件，重塑法律尊严。另外针对"文化大革命"时期遭

受重创的民主和法制，会后采取一系列措施重建与完善民主法制。

①首要环节：平反冤假错案，重塑法律尊严

②重建与完善民主法制。一是完善人大制度、多党合作和政治协商制度、民族区域自治制度；二是完善法律体系：颁布1982年新《宪法》并多次修订，形成了以宪法为核心的法律体系，使民主政治建设趋于制度化、法律化。

【设计意图】通过讲授，让学生明白党和国家为改变中国做出的实际努力，更好的理解"党的十一届三中全会是伟大历史转折"的意义。

【教学过渡】1984年，邓小平提出，"把改革当作一场革命""改革是中国的第二次革命""这是一场根本改变我国经济和技术落后面貌，进一步巩固无产阶级专政的伟大革命""如果现在再不实行改革，我们的现代化事业和社会主义事业就会被葬送"……

2. "强国之路"——改革开放进程

材料五：由于分配上搞平均主义、吃大锅饭，影响了人们生产积极性的发挥，粮食产量极低，小岗村最好的年景每人每天9两粮食，收入0.11元；最差的一年每人每天2.8两粮食，收入0.04元。小岗村当时共有20户人家，115人，除了1户外，其他户每年都要外出讨饭。

——赵海均《30年：1978—2007年中国大陆改革的个人观察》，世界知识出版社，2008年

材料六：沈阳有两个厂，一个是铜厂，一个是电缆厂，这两个厂虽一墙之隔，但没有横向联系，电缆厂归机械部门管，铜厂归冶金部门管，冶金部门把铜调到别的地方去，电缆厂需要铜又要从云南等地调进，造成了运输上的大量浪费，时间上的浪费，本来两个厂发展横向联合，通过签订合同就可以解决，但是不行。

——张桂昌《社会主义现代化建设迅速发展》，载《中学教学参考》2011年第6期

问题设计：党的十一届三中全会揭开了改革开放的序幕，那么改革，改什么呢？为什么要改？同学们从材料中找一找。

学生回答：改计划经济，因为它影响了人们的生产积极性

教师总结：对，高度集中的计划经济，把经济发展的各个环节都置于政府的监管之下，容易把企业管得过严、管得过死，这就束缚了生产力的发展，不利于经济的进步。为了解放发展生产力，要对内改革。

【设计意图】通过材料，让学生理解对内改革的必要性。

（1）改革篇：农村先行——家庭联产承包责任制

问题设计：先从哪改呢？农村还是城市？怎么改的？

学生回答：农村实行家庭联产承包责任制

教师分析：1978 年，安徽、四川一些农村，开始实行包产到组、包产到户的生产责任制，农民自主经营、自负盈亏，农民有了生产和分配的自主权，"交足国家的，留足集体的，剩下的都是自己的"。但是在家庭联产承包责任制下，农民只有土地的使用权和经营权，没有所有权，不会改变土地公有制。

【设计意图】通过图示，使学生对"家庭联产承包责任制"内涵有更清晰明了的了解。

材料七：实行家庭联产承包责任制后……农民还搞起了养殖业、加工业、经济作物种植、农副产品运销等……很多农民还开始从事粮食种植以外的生产经营活动，开始了向城市的流动，从事着商品零售、服务、修理等行业。

——李文《中华人民共和国社会史（1949—2012）》，当代中国出版社，2016 年

问题设计：家庭联产承包责任制实行对农村与城市的经济分别产生什么影响？

学生回答：调动农民积极性，农民发展副业，劳动力向城市流动。

教师总结：农民积极性提高，促进农村经济发展，乡镇企业发展，劳动力向城市流动；而且农村改革的成功推动城市经济的改革。

【设计意图】利用材料加深学生对于农村改革影响的理解，明白农村改革会促进城市改革的推进。

（2）改革篇：城市后发——中心：增强国有企业活力

材料八：现在我国经济管理体制的一个严重缺点是权力过于集中，应该有领导地大胆下放，让地方和工农业企业在国家统一计划的指导下有更多的经营管理自主权。

——《中国共产党第十一届中央委员会第三次全体会议公报》，1978 年

现行经济体制的种种弊端，恰恰集中表现为企业缺乏应有的活力。所以，增强企业的活力是以城市为重点的整个经济体制改革的中心环节。

——《中共中央关于经济体制改革的决定》，1984 年

问题设计：城市怎么改？中心环节是什么？

学生回答：下放权力，增强企业活力。

教师总结：1984年，城市经济体制改革全面展开。中心环节是增强企业活力，把企业搞活。简政放权，政企分开，扩大企业经营自主权，让企业自主经营，自负盈亏，充分调动了企业的积极性。企业有了竞争机制，增强了活力，经济得到快速发展，效益显著提高。

【设计意图】通过材料了解城市改革的内容，理解改革对于中国经济发展的巨大意义。

教师讲授：就在我们对内改革开展如火如荼的时候，却遭遇了瓶颈，同学们从课本中找找。

学生回答：经济下滑；社会主义运动出现巨大挫折；思想动乱，人心涣散。

教师讲授：在这紧急关头，1992年邓小平在视察深圳、南昌等城市时说："社会主义的本质，是解放生产力，发展生产力，消灭剥削，消除两极分化，最终达到共同富裕……计划多一点还是市场多一点，不是社会主义与资本主义的本质区别。计划经济不等于社会主义，资本主义也有计划；市场经济不等于资本主义，社会主义也有市场。计划和市场都是经济手段。"为处在困惑中的人们指明了方向，我们把这一系列讲话称为"南方谈话"。并在这一年召开的党的十四大上，明确提出"改革开放的下一步目标就是建立社会主义市场经济体制"。揭开了改革开放的新篇章。

【设计意图】通过补充材料使学生理解中国的改革开放是充满曲折的，但在党的带领下，中国人民不怕困难，及时更新思想，在社会主义现代化建设中不断前行，从而激发学生在学习中不怕困难，砥砺前进的动力。

【教学过渡】中国的对内改革取得了巨大成功，那么对外开放呢？
（3）开放篇——逐步开放
教师活动：动态展示"对外开放"的过程。
问题设计：中国对内改革和对外开放具有什么特点？
学生回答：逐步开放，全方位、宽领域、多层次。
教师补充：中国的对内改革是从农村到城市逐层深入的改革，并且改革和开放相辅相成。

【设计意图】通过动态图示使学生对中国对外开放的过程有清晰的了解，材料展示和教师的讲授使学生理解中国的对内改革和对外开放不是"割裂"的，是相互支撑、相互补充的，共同形成了中国经济发展的"双引擎"。

【教学过渡】1979 年 1 月 29 日，邓小平在出访美国前夕，他在会见美国时代出版公司总编辑多诺万时说："我们尊重台湾的现实，台湾当局作为一个地方政府拥有它自己的权力，就是它可以有自己一定的军队，同外国的贸易、商业关系可以继续，民间交往可以继续，现行的政策、现在的生活方式可以不变，但必须是在一个中国的条件下。"这里涉及的也就是 20 世纪 80 年代初，邓小平正式提出的完成祖国统一的伟大构想——"一国两制"。

3. "统一之路"——"一国两制"与祖国统一大业

（1）统一之策——"一国两制"

问题设计：什么是"一国两制"？

学生回答：略

【设计意图】加深学生对"一国两制"科学内涵的理解，并明白推行这一伟大构想的前提是"一个中国"，采取两种社会制度（资本主义只是补充），不会动摇中国的社会主义制度。

（2）统一之果——港澳回归

问题设计："一国两制"的提出本来想解决台湾问题，却是在解决什么问题上成功运用？

学生回答：香港、澳门。

教师补充：港澳回归时间。

问题设计：我们能收回港澳的原因是什么？港澳回归有什么意义？

学生活动：讨论、回答。

【设计意图】通过小组活动，使学生认识到，国家的强盛是港澳得以回归的根本前提和有力保障，港澳回归是祖国统一大业迈出的重要一步，为将来台湾回归提供范例，从而激发学生维护祖国统一的爱国情。

（3）统一之望——台湾回归

教师活动：展示说明海峡两岸关系发展的关键事件。

问题设计：将来的某一天，台湾能不能像港澳一样回到祖国母亲的怀抱？现在为什么不回归？

学生活动：讨论、回答。

教师总结：即便还有岛内的台独势力和国际反华势力，但我们坚信不久的将来某一天，台湾一定会回到祖国母亲的怀抱。因为就在 2021 年 9 月 25 日，经过中国政府的不懈努力，被加拿大政府非法扣押长达 1028 天的孟晚舟，终于回到了日思夜想的祖国，"轻舟虽晚，终回家国"。孟晚舟的回归有力证明，在这场大国博弈中，中国凭借着日益强大的综合国力和不断提升的国际地位，赢得了全面胜利。就像孟晚舟在感言中说的一样："有五星红旗的地方，就有信念的灯塔，如果信念有颜色，那一定是中国红！"

【设计意图】通过小组活动，使学生认识到祖国统一是大势所趋，任何违背历史潮流的做法都将被历史所抛弃，培养学生的爱国主义情感，激发其维护祖国统一、振兴中华的使命感。

教师总结：

1997 年 2 月 19 日，邓小平在北京逝世，享年 93 岁。他曾说"我是中国人民的儿子，我深情地爱着我的祖国和人民！"表达了对你我脚下这片土地深沉的爱。回首中国的现代化建设道路，从 1978 年党的十一届三中全会开辟出中国特色社会主义道路以来，中国人民在党的带领下，40 多年众志成城，40 多年砥砺奋进，用双手书写了国家和民族发展的壮丽史诗。未来的中国会继续高举中国特色社会主义大旗，我们的国家将会更加充满希望！因为在 2021 年建党 100 周年的庆祝大会上，中国的"新青年"振臂高呼："请党放心，强国有我！"发出时代最强音，"青春逢盛世，奋斗正当时"！所以，加油吧，少年！奔腾吧，后浪！

（三）板书设计

第 28 课　中国特色社会主义道路的开辟与发展

1. 腾飞之路——伟大的历史转折

2. 强国之路——改革开放进程

3. 统一之路——一国两制

（四）教学反思

本节课时间跨度长，内容涉及面广，因此，适度取舍尤为关键。在备课过程中，依托课程标准和初中教材跟本课内容的衔接点，对于教材的把握有很大的帮助。本节课以邓小平生平和不同时期的重要讲话作为主线串联三个子目，使得主题明确，前后呼应，整体性比较强。史料的补充和解读，小组的讨论，能够提升学生的史料分析、信息提取和协同合作的能力，有利于培养他们的史学素养。整个课堂师生配合默契，课堂气氛活跃。但是，本节课最大的问题就是"按部就班"的讲授，"新意不够"，这也提醒我在今后的实际教学中要多多研读教材和教辅，洞悉新高考的方向，多思考对教材整合的方法，关注学术前沿成果，实现自我优化。

（五）推荐阅读书目

1. 费正清、崔瑞德：《剑桥中国史》，中国社会科学出版社。

2. 吴承明、许涤新：《中国资本主义发展史》（三卷本），人民出版社。

3. 于光远 著述，韩钢 诠注：《"新民主主义社会论"的历史命运——读史笔记》，长江文艺出版社。

4. 萧冬连：《筚路维艰：中国社会主义路径的五次选择》，社会科学文献出版社。

第29课　改革开放以来的巨大成就

（一）教学主旨

1. 内容要求

认识改革开放以来中国在各个领域取得的成就、综合国力及国际影响力的不断提高；认识邓小平理论对建设中国特色社会主义的重要指导意义；认识"三个代表"重要思想是加强和改进党的建设、推进我国社会主义自我完善和发展的强大理论武器；认识科学发展观是马克思主义关于发展的世界观和方法论的集中体现；认识中国特色社会主义进入新时代的重大意义，认清我国发展新的历史方位；认识习近平新时代中国特色社会主义思想是全党全国人民为实现中华民族伟大复兴而奋斗的行动指南；对中国特色社会主义道路、理论体系、制度、文化的形成过程及意义的系统认识。

2. 教材分析

本课是前一课《中国特色社会主义道路的开辟与发展》的延续与深化，本课梳理了中国特色社会主义理论建设成就和中国改革开放的实践成果和影响，理论性、时代感强。

3. 学情分析

高中生在初中已系统学习本课的基本史实，但多是表象的结论认知，对学生的历史思维挖掘还不够。需要通过生动具体的案例来了解改革开放以来的成就，以增强学生对历史和现实的感悟。

4. 教学目标

（1）通过时间轴和表格梳理中国特色社会主义理论体系的形成和发展过程，从历史的角度认识马克思主义中国化、时代化的重要意义。

（2）通过具体生动的案例展示改革开放以来的巨大成就和影响等史实，增强学生对当今中国发展状况的感性认识和正确理解，形成对历史和现实的全面、正确的解释。

（3）通过对中国特色社会主义道路与中华民族优秀传统文化的关联解

319</br>

读，让学生认识到中华文化的永久魅力，增强学生的文化自信。

（4）通过叙述中国共产党、中国人民的奋斗创造了中国奇迹的事迹，激发学生的爱国主义情怀和奋斗精神，提升学生的民族自豪感和对中国特色社会主义道路、理论、制度、文化的自信，增强学生对中华民族伟大复兴的历史使命感。

5. 教学重难点

重点：改革开放以来取得的巨大原因、成就、影响。

难点：深化对中国特色社会主义道路、中国特色社会主义理论体系的系统认识和高度认同。

6. 教学策略

通过创设真实情境，师生合作探究问题，实证历史；聚焦微观史事以加强对宏观史实的认识，落实培育学生的历史学科核心素养。

（二）教学过程

导入：1929年5月4日，上海《生活周刊》刊发以《未来之中国》为题的号外，其中一篇文章《十问未来之中国》，十个问题涉及政治、经济、军事、文化等各个方面："吾国何时可稻产自丰、谷产自足，不忧饥馑？吾国何时可自产水笔、灯罩、自行表、人工车等物什，供国人生存之需？吾国何时可产巨量之钢铁、枪炮、舰船，供给吾国之边防军？吾国何时可行义务之初级教育、兴十万之中级学堂、育百万之高级学子？吾国何时可参与寰宇诸强国之角逐？……"十问椎心泣血，饱含着当年国人的苦难与屈辱、希冀与梦想。一百年后的中国是什么样的状况？我们来看百年后今天中国的答案。

【设计意图】通过百年前的"中国未来之问"来创设历史情境，带领学生进入本课的学习和思考。让学生切身感受百年前中国衰败凋零的景象，为本课内容"改革开放以来我国发展取得巨大成就"的学习做铺垫和提供历史参照。

1. 100年，中国做到了

教师讲述：不到100年的时间，中国创造了足以告慰祖先的奇迹。稻麦遍地香、产业门类齐、铁路进青藏、公路密成网、高峡出平湖、港口连五洋、"天和"驻太空、"祝融"探火星等。中国共产党带领亿万中国人民，救国、兴国、富国、强国，创造了世所罕见的经济快速发展奇迹和社会长期稳定奇迹，书写了震撼世界的巨变。我们用几十年时间走完了发达国家几百年走过的工业化历程，跃升为世界第二大经济体，综合国力、科技实力、国防实力、文化影响力、国际影响力显著提升。

（1）科技创新，我们有实力

教师讲述：2020年，中国经济总量突破100万亿元。中国基础设施建设在众多领域走在世界前列。看"基建狂魔"的中国：今天的中国14.3万千米的高速公路位列世界第一。3万千米长的高速铁路位列世界第一。中国还有超过35000座、总长约37000千米，接近赤道长度的隧道，中国隧道总里程也居世界第一。隧道连通起大山两侧的世界，促进了彼此的沟通和交流。今天的贵州全省有超过1400座隧道，从贵州通往广州的贵广高铁857千米的里程中，有一半以上都在地下穿行。

今天的中国4358万千米的光缆线路位列世界第一。648万个移动通信基站位列世界第一。220千伏以上的输电线路长达73万千米，足足能绕赤道18圈，位列世界第一。中国还有4.8万千米的特高压输电线路，11.5万千米的天然气和原油管道，整个中国都被密布的基础设施连接起来。

中国也是修建大型工程最多的国家。举世瞩目的大型工程，如跨越17个省级行政区、向东部160多座城市输送天然气的"西气东输"工程，敷设一条横亘西东的能源大动脉、全长4380千米的天然气管道绝非易事，更何况这项必须兼顾产气、送气、用气的系统工程，预计总投资将超过3000亿元。这意味着我们必须拥有足够庞大的资源储量，才可能实现足够的规模效益。这也是为何早在工程立项前10多年无数地质工作者便跋山涉水深入塔里木盆地的荒漠数年如一日地勘测、钻探，直到22个气田相继被发现且天然气累计探明储量达到近5000亿立方米，才让这项工程有了实施的可能。

中国的超级工程还有跨越上千千米、从长江流域向华北调水的"南水北调"工程：北京五棵松地铁站和全国所有地铁站一样，站台之上列车年复一年穿梭呼啸，乘客日复一日来往匆匆。但和全国其他地铁站不同，这座站台之下仅3.67米处，两条巨大的混凝土涵道横贯站台、穿行而过，来自千里之外的滔滔江水由此奔腾北上，一路穿越2条铁路、4条河流、8座过街天桥、23座立交桥与100多条地下管线纵横交错，最终流向河湖、流向水库、流向千家万户。南水北调一期工程干支渠总长达5599千米，混凝土浇筑量为6300万立方米，相当于三峡工程的2倍之多，可谓是我国水利工程建设的又一大奇迹。南水北调是一个在重重难关中规划论证，在重重限制中建设运营，曾经面临种种争议却依然实现的奇迹，也是一个由数十万移民群众、数十万工程建设者、数千名科技工作者，以及那些永远沉睡在岗位上的人们共同创造的奇迹。

这种庞大的基建规模加强了中国各地的连接性，形成了一个涵盖 14 亿人的无论欧美印日都无法企及的"洲际规模"统一市场，这种规模的市场可以支撑比其他国家更为发达的网购电商，每年快递出的货物高达 350 亿件，也可以支撑中国发展一些重大战略产业，如大飞机，大飞机产业资本密集、研发周期长，所以长期以来只有美国、欧洲两个玩家。而据预测中国未来 20 年将需要购买超过 8000 架新飞机，足以支撑中国成为大飞机产业的第三个玩家。这就是中国无与伦比的规模效应，全球独一无二的国家优势。

我们得以进行世界上最大规模的工业化进程，还有一个关键要素是中国大规模的基础教育、高等教育。如今中国高校在校生高达 3700 万人，比许多国家的总人口都多，这同样是人类史上最大规模的高等教育。为中国储备了大量高端人才和高技能产业工人，可以让我国在互联网、移动通信等人力资本需求高、研发周期短的新兴产业上实现弯道超车。与此同时，人类史上最大规模的人口迁徙也在持续进行，受过教育的青壮年大量向沿海流动、向中心城市流动。2001 年中国加入 WTO，向全球供给货物的闸门大开，巨大的生产能力彻底释放，到了 2013 年中国已经超越美国成为一个名副其实的"世界工厂"，成为全球货物贸易的第一大国。今天中国的纺织工业生产着全球一半以上的棉型织物以及三分之二以上的化纤产品，中国的玻璃工业生产着全球一半以上的平板玻璃。中国的半导体产业从一穷二白起步，开始奋起直追。

中国科技领域实现重大突破，一些项目达到世界先进水平。比如中国航天领域的突破层出不穷。例如，2021 年 6 月 17 日，神舟十二号载人飞船与天和核心舱成功对接，中国人首次进入自己的空间站。除了载人航天，还有嫦娥探月工程和北斗导航卫星。今天中国终于有了自己的卫星导航系统，如今中国北斗系统（BDS）已经覆盖全球，与美国的全球定位系统（GPS）、俄罗斯的格洛纳斯系统（GLONASS）、欧盟的伽利略系统（Galileo），并称全球四大卫星导航系统（GNSS）。2000—2020 年，从北斗一号的首星发射到北斗三号的末星入轨已是整整 20 年。为了保证我们随时随地都能接收到 4 颗以上的导航卫星信号，环绕地球的卫星总数往往远远多于 4 颗，例如，美国 GPS 和俄罗斯 GLONASS 系统导航卫星的数量都在 24 颗以上。可是在 20 世纪 90 年代想要短期内发射同等数量的导航卫星，对于航天及导航技术相对落后的中国来讲，几乎是一个不可能实现的梦想。这也是一个艰难的工程，8 万多名工作人员，300 多家研发单位，前前后后奋战 20 多年，终于梦想成真。

如今北斗已经广泛应用于电力、金融、通信、交通、农业、测绘、减灾救灾等生产和生活的方方面面，中国将彻底摆脱对美国全球定位系（GPS）的依赖。我们看：以 350 千米时速行驶的京张高铁，可以实现从驾驶一次制动到停车的停准误差不到 10 厘米。可以精确到建立电子围栏，保证共享单车停在指定范围内。可以精确到监测大坝、大桥等工程的外观变形，目前已经有超过 150 个监测点安装于水电站两侧的边坡，并且不间断提供毫米级精度的数据，以便及时发现安全隐患。在电力线路中，安装北斗线路故障指示仪，准确发现事故地点，及时排除故障，减少停电时间。田地间通过北斗系统与农业机械的配合，可实时掌握耕种深度、行距等信息，令作业效率提高50%，产量提高 5%～8%。借助中国北斗卫星导航系统，中国导弹拥有了超高精度的制导能力，国防利器愈加锋利。可以精确到阅兵方阵中各型装备方队等速行进，各个飞行梯队时间分秒不差，距离误差在正负 10 厘米以内。这大大增强了中国的军事实力。

【设计意图】通过展示我国超级工程、航天工程等具体细节，让学生了解更多的历史背景，认识到中国改革开放取得伟大成就的艰难历程与中国人民付出的努力与奋斗。

(2) 国防发展，我们有士气

材料：新的征程上，我们必须全面贯彻新时代党的强军思想，贯彻新时代军事战略方针，坚持党对人民军队的绝对领导，坚持走中国特色强军之路，全面推进政治建军、改革强军、科技强军、人才强军、依法治军，把人民军队建设成为世界一流军队，以更强大的能力、更可靠的手段捍卫国家主权、安全、发展利益！

——习近平总书记《在庆祝中国共产党成立 100 周年大会上的讲话》

教师讲述：改革开放后，为了维护国家安全和社会稳定，保障社会主义现代化建设，适应世界军事发展新趋势，解放军实施了科技强军战略，形成了直升机、装甲突击车辆、防空和火力压制武器等为骨干的陆上作战装备体系。2015 年 12 月 31 日，第二炮兵正式更名为中国人民解放军火箭军，火箭军形成了以中远程地地导弹为骨干的地地导弹装备体系。解放军逐步实现了由数量规模型向质量效能型的转变。

教师讲述：2012 年 9 月 25 日，中国首艘航空母舰"辽宁号"正式交接入列。蜕变成"辽宁号"航母的前身是"瓦良格号"航母，当苏联解体之时，"瓦良格号"航母还有32%的进度未完工，有人询问"瓦良格号"航母的建造者马卡洛夫："为了将舰完工，我们需要什么？"他回答道："（我们需要）苏联、党中央、国家计划委员会、军事工业委员会和九个国防工业部600个相关专业8000家配套厂家，总而言之，我们需要一个伟大的国家。"

教师设问：同学们，你怎么看待"需要一个伟大的国家"这句话？

（3）文化自信，我们有底气

一个国家，一个民族，要同心同德向前迈进，必须有共同的理想信念做支撑。这就是我们经常说的："人民有信仰，民族有希望，国家有力量。"所以，我们要在全社会弘扬社会主义核心价值观，构筑共同的思想道德基础。要有高度的文化自信，弘扬中华优秀传统文化。加快中国文化走出去的步伐，推动文明互鉴，传播中国声音。

2021年3月22日，习近平总书记来到福建省武夷山朱熹园考察，表示："如果没有中华五千年文明，哪里有什么中国特色？如果不是中国特色，哪有我们今天这么成功的中国特色社会主义道路？"

教师设问：那么，什么是社会主义的"中国特色"？

教师讲述：中国特色社会主义显示出了中华文明的特质，深入挖掘中华优秀传统文化。比如：①重民尚德。中华文明有"民本"传统，习近平总书记曾多次引用朱子名言："国以民为本，社稷亦为民而立。"中国共产党把"民本"传统与马克思主义相结合，创造出群众路线，中国共产党的宗旨是为人民服务，代表和实现人民的利益。②顺时守中。顺应时机基于注重分析时代特征和时代大势，强调与时俱进。③和合共生。西方资本主义文明本质上是一种"竞争型的文明"，奉行的是"弱肉强食"原则，秉持的是零和博弈思维，国际关系上就是单边主义、霸权主义，而中华文明崇尚和合共生。中国特色社会主义强调的是和谐社会，和平发展，合作共赢。这也是我们马上要学习的内容：中国特色大国外交。

【设计意图】挖掘中华民族传统文化的思想观念、人文精神与中国特色社会主义道路的关联，既让学生理解中国的文化、军事、外交政策的源头，也增强学生对中国特色社会主义道路、文化的高度认同感。

（4）大国外交，我们有担当

学生朗读：习近平总书记《在庆祝中国共产党成立100周年大会上的讲话》："新的征程上，我们必须高举和平、发展、合作、共赢旗帜，奉行独立自主的和平外交政策，坚持走和平发展道路，推动建设新型国际关系，推动构建人类命运共同体，推动共建"一带一路"高质量发展，以中国的新发展为世界提供新机遇。中国共产党将继续同一切爱好和平的国家和人民一道，弘扬和平、发展、公平、正义、民主、自由的全人类共同价值，坚持合作、不搞对抗，坚持开放、不搞封闭，坚持互利共赢、不搞零和博弈，反对霸权主义和强权政治，推动历史车轮向着光明的目标前进！"

教师讲述：新时期，中国在坚持反对霸权主义和强权政治、维护世界和平的基本外交政策下，全方位发展与世界各国的友好关系，积极发挥在联合国和区域性国际组织中的作用，国际影响力不断提高。中国大力推动国际经济贸易合作。2013 年，提出"一带一路"倡议，共商、共建、共享是其核心理念。中国不断宣传和倡导互利共赢、包容发展的新理念，在国际事务中的话语权不断增强，正在尽最大努力推动世界经济的协调发展。为了推进人类共同发展，为人类做出更大的贡献，今天中国提出了构建人类命运共同体，为人类的和平和发展事业贡献了中国智慧和中国方案。

2. 中国为什么能做到？

教师设问：中国 40 多年来为什么能在经济、科技、国防、外交等各个领域创造伟大奇迹，取得这么多领域的巨大成就？

教师讲述：原因是开辟了中国特色社会主义道路，形成了中国特色社会主义理论体系，确立了中国特色社会主义制度，发展了中国特色社会主义文化。

教师设问：在 2021 年 3 月 22 日习近平总书记来到福建省武夷山朱熹园考察时，还表示："我们走中国特色社会主义道路，一定要推进马克思主义中国化。"党的十一届三中全会后，随着我国社会主义现代化建设的逐步展开，中国共产党人是如何不断开创马克思主义中国化的新境界，最终形成了自己的道路、旗帜、理论体系的？

（1）邓小平理论

教师讲述：回顾上节第 28 课我们已经学习的内容，1978 年 12 月召开的党的十一届三中全会实现了历史性的转折。1982 年 9 月，邓小平在党的十二大开幕词中指出，把马克思主义的普遍真理同我们的具体实际结合起来，走自己的道路，建设有中国特色的社会主义。表明中国正式驶入建设有中国特色社会主义的正确轨道。1987 年 10 月，党的十三大指出："我们已经是社会主义，必须坚持社会主义制度，不能离开社会主义的发展；中国的社会主义还处于不完善、不发达的初级阶段，研究问题、解决矛盾必须从这个实际情况出发。"并明确了党在社会主义初级阶段"一个中心，两个基本点"的基本路线。1992 年年初"南方谈话"，摆脱了长期以来拘泥于具体模式而忽略社会主义本质的错误倾向，排除了一系列错误观点，使社会主义在中国的发展方向、任务和道路更加明确。自此，中国走上了社会主义市场经济的道路，改革开放由一度迷茫到重燃生机。在邓小平"南方谈话"思想的指引下，1992 年 10 月党的十四大正式提出建立社会主义市场经济体制的目标，中国改革开放走出了困惑徘徊的局面，步入了发展的快车道。1997年，党的十五大正式提出了"邓小平理论"，奠定了中国特色社会主义理论的基础。新时期以来，对"什么是社会主义、怎样建设社会主义"这个根本性问题，邓小平做出了一系列基本理论的回答。

教师设问：继邓小平理论之后，中国特色社会主义理论有何发展？

（2）"三个代表"重要思想

教师讲述：世纪之交，随着改革开放的深入，针对我国社会发生的深刻变化，一是随着中国社会主义市场经济的发展，出现了贫富分化等一系列社会问题和矛盾；二是随着中国社会主义市场经济的快速发展，民营企业、外资企业以及股份制企业如雨后春笋般发展起来，新的社会阶层不断涌现。2000 年 2 月 25 日，江泽民提出了"三个代表"重要思想："始终代表中国先进生产力的发展要求，始终代表中国先进文化的前进方向，始终代表中国最广大人民的根本利益。"创造性地回答了"建设什么样的党、怎样建设党"的问题。"三个代表"重要思想是对共产党执政理论的重大创新。

中国共产党要担负起带领中国人民实现现代化和中华民族伟大复兴的历史使命，不仅要代表工人阶级的利益，还必须代表中国人民和中华民族的利益，这就扩大了党的群众基础，更加有利于形成建设有中国特色社会主义的强大合力，从而全面深刻地回答了时代给我们党提出的课题，丰富和发展了马克思主义党建学说与邓小平的社会主义本质论。

（3）科学发展观

教师讲述：进入新世纪新阶段，随着我国社会主义市场经济的高速发展，出现了一系列新的突出问题，如片面追求经济效益，忽视了人的发展，带来了严重的环境和资源问题，人与自然的关系被破坏，贫富差距、城乡差别、区域发展差距加大以及经济与社会发展不协调更加突出等问题。一些人、一些做法在对物质利益的追逐中失去了方向。随着市场化、全球化、信息化、网络化的不断深化，当代社会形态发生深刻变革，人们的利益分化、思想分化日益严重。通过科学判断国内外形势，2003 年 7 月 28 日，胡锦涛提出"坚持以人为本，树立全面、协调、可持续的发展观，促进经济社会和人的全面发展"的"科学发展观"，回答了"新形势下实现什么样的发展、怎样发展"这个进一步推进改革开放必须回答的关键问题。

（4）习近平新时代中国特色社会主义思想

教师讲述：党的十八大以来，党和国家事业发生历史性变革、取得历史性成就，中国特色社会主义进入一个新的发展阶段，我国发展站到了新的历史起点上。根据我国社会主要矛盾已经转化为人民日益增长的美好生活需要和不平衡不充分的发展之间的矛盾，2017 年 10 月 18 日，习近平提出"新时代中国特色社会主义思想"。从理论和实践结合上系统回答新时代坚持和发展什么样的中国特色社会主义、怎样坚持和发展中国特色社会主义这一重大时代课题。实现了对马克思列宁主义、毛泽东思想、邓小平理论、"三个代表"重要思想、科学发展观的继承和发展。习近平新时代中国特色社会主义思想是马克思主义中国化的最新成果，是全党全国人民为实现中华民族伟大复兴而奋斗的行动指南，必须长期坚持并不断发展。

教师小结：40 多年来，中国共产党在认真总结国内外社会主义实践经验的基础上，深入分析我国基本国情和发展阶段，逐步探索和形成了一套关于社会主义建设、执政党建设和社会发展规律的理论体系，也就是中国特色社会主义理论体系。

教师设问：中国特色社会主义理论体系的形成、发展过程与中国特色社会主义道路建设的历史进程基本一致，二者有何关系？

中国共产党在领导中国人民建设中国特色社会主义的过程中，极大地丰富和发展了马克思主义，马克思主义中国化的理论成果正确指导了改革开放的伟大实践，指引国家建设、社会主义现代化建设不断取得新成就。观念创新和实践探索相互促进，实现了理论和实践的统一。

【设计意图】通过教师对马克思主义中国化理论成果的分析和讲解，帮助学生理解马克思主义中国化理论成果的时代背景、内涵、意义，认识社会主义建设与马克思主义中国化的互动关系，增强学生对中国特色社会主义道路、理论的认同。

3. 展望未来之中国：怎么走？

教师讲述：站在今天，回首过去的岁月，一百年前，中华民族呈现在世界面前的是一派衰败凋零的景象，今天的中国终于终结了衰落，向世界展现了一派欣欣向荣的气象，今天的中国十亿级人口的工业化进程，灿若群星的城市崛起，无与伦比的规模效应，今天的中国日益走进世界舞台中央。今天的中国向历史交出了一份优异的答卷。今天的中华民族正以不可阻挡的步伐迈向伟大复兴。而未来之中国，我们将怎么走？怎么做？

材料：实现中国梦必须走中国道路。这就是中国特色社会主义道路。这条道路来之不易，它是在改革开放30多年的伟大实践中走出来的，是在中华人民共和国成立60多年的持续探索中走出来的，是在近代以来170多年中华民族发展历程的深刻总结中走出来的，是在对中华民族5000多年悠久文明的传承中走出来的，具有深厚的历史渊源和广泛的现实基础。……全国各族人民一定要增强对中国特色社会主义的道路自信、理论自信、制度自信，坚定不移沿着正确的中国道路奋勇前进。

——《习近平谈治国理政》第一卷，外文出版社，2018

4. 展望未来之青年：怎么做？

中华民族的伟大复兴中国梦，这是一代又一代中国人的梦想，是一代又一代中国人从公元1840年起就没有停止过的梦想，是一代又一代中国人愿意为之抛头颅、洒热血的梦想。这是喻培伦、方声洞、陈更新、林觉民等黄花岗七十二烈士在清军的枪炮下死难时的梦想。这是毛泽东、何叔衡、董必武、陈潭秋等各地共产主义小组的代表，在浙江嘉兴南湖的游船上开会时的梦想。这是1949年中华人民共和国成立，钱学森、李四光、邓稼先、华罗庚等2500多名旅居海外的专家学者，放弃海外优渥的条件回归祖国怀抱时的梦想。这是曾在逆境中改变国家命运的中国人的梦想，这也是一代代科技、工程、文艺、国防、外交等各领域的工作者和普通中国人的努力与接力的梦想。诸位是国家未来的希望，是未来各行各业的栋梁，未来的中国，需要诸位，也必将有更多的人接过父辈的旗帜，在这片古老的土地上创造出新的奇迹。

正如习近平总书记《在庆祝中国共产党成立100周年大会上的讲话》中所嘱托：

"未来属于青年，希望寄予青年。一百年前，一群新青年高举马克思主义思想火炬，在风雨如晦的中国苦苦探寻民族复兴的前途。一百年来，在中国共产党的旗帜下，一代代中国青年把青春奋斗融入党和人民事业，成为实现中华民族伟大复兴的先锋力量。新时代的中国青年要以实现中华民族伟大复兴为己任，增强做中国人的志气、骨气、底气，不负时代，不负韶华，不负党和人民的殷切期望！"

【设计意图】用历史映照现实、远观未来，希望学生怀揣爱国之情怀，回归本课导入的设问，展望未来的中国及举措，坚定学生对中国道路、理论、制度、文化的自信，激发学生为民族伟大复兴而奋斗的历史使命感。

课后实践作业：以"改革开放与社会生活的变迁"或"社会主义建设者的奋斗足迹"为主题，口述历史，访谈身边的人，并撰写文章。

【设计意图】通过口述历史的形式来发现、记录身边的历史，展现突出大时代下的小人物的奋斗生活轨迹，体会平凡人的不平凡。培养学生对历史的兴趣，训练他们初步掌握历史研究方法、路径，培养基本的历史写作能力，提升学生时空观念、史料实证、历史解释、家国情怀等历史学科核心素养。

（三）板书设计

第 29 课　改革开放以来的巨大成就

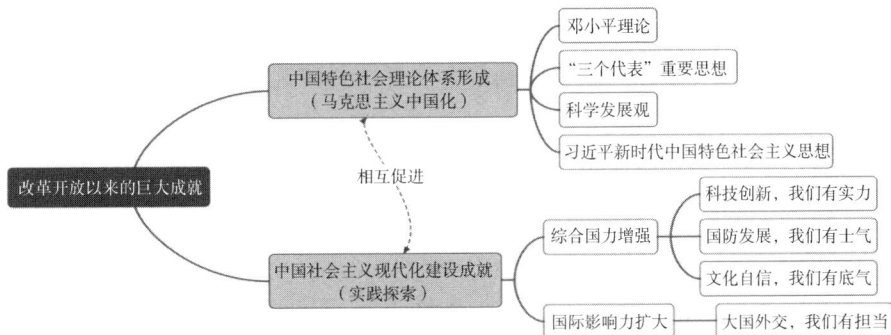

【设计意图】通过结构化的板书，认识中国社会主义现代化建设实践和马克思主义中国化是实践和理论的统一。

（四）课后反思

笔者对本课比较满意的是：①本课要避免上成政治课，要上出历史课的"味道"，所以笔者通过"百年前中国之问"来创设真实情境，引导学生了解我国的过去，激发学生对国家、民族的高度认同感、归属感和对国家富强、民族复兴的责任感、使命感。笔者还引导学生站在历史角度认识国情，理解我国优秀传统文化的价值，渗透社会主义价值观理念，落实立德树人的根本任务。②整合教材，设置了有逻辑、有梯度的问题链。笔者设计了"100 年后的中国做到了吗—中国为什么能做到—展望未来之中国怎么走—

展望未来之青年怎么做"，设问层层递进，既让学生认识到理论与实践的统一，又自然地落地了学生的家国情怀素养的培养。③解构教材。笔者把本课后两个子目"综合国力不断提升""国际影响力不断扩大"解构为四个子目——"科技创新，我们有实力；国防发展，我们有士气；文化自信，我们有底气；大国外交，我们有担当"，让重点内容更直接明了。④设计比较巧妙的地方有：利用北斗导航系统的案例串联了科技创新和国防发展、用中国优秀传统文化的内涵串联了文化自信和大国外交，提升了学生的全球意识，也坚定了学生的"四个自信"。

对本课有遗憾的地方在于：本课教师讲述多，学生展示活动的环节少，所以本课可设计课前作业：以"改革开放成就"为主题，利用信息技术查询资料或开展口述历史实践活动，课堂展示学生的感悟和理解，转变学习方式，以激发学生历史学习的兴趣，培养学生的史料实证、历史解释等学科核心素养。

（五）推荐阅读书目

1. 费正清、崔瑞德：《剑桥中国史》，中国社会科学出版社。

2. 萧冬连：《筚路维艰：中国社会主义路径的五次选择》，社会科学文献出版社。

3. 武力：《中华人民共和国史研究丛书》，当代出版社。

4. 罗平汉、卢毅、赵鹏：《中共党史重大争议问题研究》，人民出版社。

| 参考书目 |

[1] 教育部:《普通高中历史课程标准》(2017年版2020年修订),人民教育出版社,2021年。

[2] 徐蓝、朱汉国:《普通高中历史课程标准(2017年版)解读》,高等教育出版社,2018年。

[3] 朱大渭:《群雄纷争 频繁更迭:朱大渭说魏晋南北朝》,生活·读书·新知三联书店,2018年。

[4] 朱大渭:《中古空间绝后的民族大融合》,《中国社会科学院研究生院学报》,2012年第1期。

[5] 史卫:《建安风骨与魏晋风度》,北京中华书局、上海古籍出版社,2010年。

[6] 施和金:《中国古代战争的时空分布》,《中国社会科学报》,2010年第14期。

[7] 陈寅恪:《陈寅恪魏晋南北朝史讲演录》,万绳楠整理,黄山书社,1987年。

[8] 川本芳昭:《中华的崩溃与扩大:魏晋南北朝》,余晓潮译,广西师范大学出版社,2014年。

[9] 陈寅恪:《李唐氏族推测之后记》,《国立中央研究院历史语言研究所集刊》,1933年第4期。

[10] 周刘波:《中外历史纲要:学习精要与史学导读》,西南师范大学出版社,2020年。

[11] 张海鹏:《统编高中历史教科书的学科体系和学术体系——适应和掌握统编高中历史教材《中外历史纲要》(上)的意见》,《课程·教材·教法》,2019年第9期。

[12] 人民教育出版社、课程教材研究所、历史课程教材研究开发中心:《〈中外历史纲要(上)〉教师教学用书》,2019年。

[13] 人民教育出版社:《中国历史》七年级下册,人民教育出版社,2016

年版。

[14] 朱可：《历史解释是历史学科核心素养的核心——历史解释的内涵诠释与教学实施策略研究》，《历史教学》（上半月刊），2017 年。

[15] 张丽娜：《基于历史解释核心素养在高中历史教学中的初步探索——以新教材〈隋唐制度的变化与创新〉一课为例》，《新课程》（中学），2019 年第 4 期。

[16] 曹磊：《基于素养立意的历史课堂教学转型实践 ——以统编教材〈隋唐制度的变化与创新〉一课为例》，《中学历史教学》，2020 年第 6 期。

[17] 钱穆：《中国历代政治得失》，生活·读书·新知三联书店，2015 年。

[18] 钱穆：《国史大纲》，商务印书馆，2010 年。

[19] 白寿彝：《中国通史》第一卷《导论》，上海人民出版社，1999 年。

[20] 朱绍侯、齐涛、王育济：《中国古代史》，福建人民出版社，2010 年。

[21] 吕思勉：《中国通史》，中国社会科学出版社，2013 年。

[22] 李治安：《元史十八讲》，中华书局，2014 年。

[23] 张帆：《元朝开启了"大中国"时代》，《东方早报·上海书评》，2015 年 6 月 15 日。

[24] 何志虎：《"中国观"在元代的转换》，《内蒙古师范大学学报》（哲学社会科学版），2002 年第 5 期。

[25] 赵永春：《"中国多元一体"与辽金史研究》，《中央民族大学学报》（哲学社会科学版），2011 年第 3 期。

[26] 郑炜、崔明德：《辽金时期民族关系思想的发展与中华民族多元一体格式的形成》，《中南民族大学学报》（人文社会科学版），2010 年第 4 期。

[27] 袁行霈：《中华文明史》第三卷，北京大学出版社，2006 年。

[28] 邹玉峰：《依标循本 萃旨凝神——以〈清朝前中期的鼎盛与危机〉为例》，《历史教学问题》，2022 年第 2 期。

[29] 顾俊：《制度创新立意的清朝前中期的鼎盛与危机的学习设计》，《中学历史教学参考》，2020 年 17 期。

[30] 张志强：《超越民族主义："多元一体"的清代中国——对新清史的回应》，《文化纵横》，2018 年第 7 期。

[31] 陈旭麓：《近代中国社会的新陈代谢》，生活·读书·新知三联书店，2018 年。

[32] 倪兴祥：《上海革命史资料与研究》，上海古籍出版社，2006 年。

[33] 张海鹏：《中国近代通史》，江苏人民出版社，2009 年。

[34] 金一南：《苦难辉煌》，外文出版社，2021 年。

[35] 周策纵：《五四运动史》，世界图书出版公司，2016 年。

[36] 毛泽东：《井冈山的斗争》，人民出版社，1953 年。

[37] 何成刚：《历史课标解析与史料研习·中国近现代史》，复旦大学出版社，2020 年。

[38] 谢军：《抗战前后美国对华政策对国共两党关系转折的影响》，《黑龙江社会主义学院学报》，2005 年第 11 期。

[39] 林志友：《从亨廷顿革命条件论看解放战争爆发之原因》《河南大学学报》（社会科学版），2005 年第 4 期。

[40] 汪朝光：《战与和的变奏——重庆谈判至政协会议期间的中国时局演变》《近代史研究》，2002 年第 1 期。

[41] 金冲及：《三大战略决战中的毛泽东和蒋介石》，《党的文献》，2013 年第 1 期。

[42] 汪朝光：《全面内战初期国民党军事失利原因之辨析》，《民国档案》，2005 年第 1 期。

[43] 刘芳：《国民党大陆失败原因及历史启示》，《人民论坛》，2016 年第 8 期。

[44] 马也：《历史是人民创造的——王树增〈解放战争〉一书记述的往事》，《党的文献》，2010 年第 4 期。

[45] 曲升：《冷战初期美国对华政策的形成，1947—1950》，山东师范大学硕士论文，2000 年。

[46] 韦素玲：《略论新民主主义革命胜利对中国现代化进程的意义》，《社会科学家》，1999 年第 6 期。

[47] 古琳晖、陈志勇：《解放战争时期我军对敌舆论宣传述论》，《南京政治学院学报》，2006 年第 1 期。

[48] 白寿彝：《中国通史》，上海人民出版社，1999 年。

[49] 陈独秀：《独秀文存·随感录》，首都经济贸易大学出版社，2018 年。

[50] 石川祯浩：《中国共产党成立史》，袁广泉译，中国社会科学出版社，2006 年。

[51] 杜恂诚：《中国近代经济史概论》，上海财经大学出版社，2011 年。

[52] 井冈山红色文化教育学院教材编写委员会：《学习井冈山》，新华出版

社，2016年。

[53] 中共中央党史研究室：《中国共产党历史：第一卷（1921—1949）上
册》，中共党史出版社，2011年。

[54] 费正清：《剑桥中华民国史（第2部)》，章建刚译，上海人民出版社，
1992年。

[55] 毛泽东：《论反对日本帝国主义的策略》，人民出版社，1952年。